Zum Jahrhunderte währenden Entzücken der poesiefreudigen Welt
Europas gab und gibt es die Geschichten von König Artus und den
Rittern seiner Tafelrunde, die in englischer, französischer, deut-
scher, italienischer Sprache, auch in den nordischen und slawischen
Sprachen erzählt wurden. Die umfassendsten Darstellungen der
Sage sind in den großen Prosaromanen Frankreichs aus dem
13. Jahrhundert zu finden, und auf ihnen beruht die schönste
Artusdichtung des ausgehenden Mittelalters von Thomas Malory
(gest. 1471).
Aubrey Beardsley wurde 1872 in Brighton geboren, er starb 1898
in Mentone. Als hervorragender Zeichner und Illustrator beein-
flußte er nachhaltig die Meister des Jugendstils.

insel taschenbuch 239
Malory · König Artus
Erster Band

SIR
THOMAS MALORY
DIE GESCHICHTEN VON
KÖNIG ARTUS
UND DEN RITTERN
SEINER TAFELRUNDE

Erster Band
Übertragen von Helmut Findeisen
auf der Grundlage der Lachmannschen
Übersetzung / Mit einem Nachwort von
Walter Martin / Mit Illustrationen
von Aubrey Beardsley
Insel Verlag

insel taschenbuch 239
Erste Auflage 1977
Lizenzausgabe mit freundlicher Genehmigung des
Insel-Verlags Anton Kippenberg Leipzig © 1973
Vertrieb durch den Suhrkamp Taschenbuch Verlag
Typographie: Michael Hagemann
Umschlag nach Entwürfen von Willy Fleckhaus
Satz: Weihrauch, Würzburg · Druck: Ebner Ulm
Printed in Germany

5 6 7 8 9 – 88 87 86

DIE GESCHICHTEN VON KÖNIG ARTUS UND DEN RITTERN SEINER TAFELRUNDE

WILLIAM CAXTONS VORREDE (1485) ✍ Nachdem ich verschiedene Erzählungen beschaulicher Art sowie von geschichtlichen und weltlichen Taten großer Herrscher und Fürsten und eine Reihe von Büchern der Beispiele und Lehre vollendet hatte, kamen viele edle Herren dieses Reiches England zu mir und fragten mich vielmals und oft, warum ich die wunderbare Geschichte des heiligen Grals und des berühmtesten christlichen Königs, des ersten und obersten der drei größten christlichen und ruhmvollen, des Königs Artus, nicht aufgeschrieben und gedruckt hätte, wo er doch unter uns Engländern vor allen anderen christlichen Königen in Andenken gehalten werden sollte. Denn es ist in der ganzen Welt nur allzu bekannt, daß es neun ruhmvolle Könige gibt, die die edelsten von allen waren, nämlich drei Heiden, drei Juden und drei Christen. Was die drei Heiden angeht, so lebten sie vor der Fleischwerdung Christi und hießen: der erste Hektor von Troja, dessen Geschichte sowohl in Balladen wie in Prosa auf uns gekommen ist, der zweite Alexander der Große und der dritte Iulius Caesar, Kaiser von Rom, dessen Geschichte wohlbekannt und im Umlauf ist. Was die drei Juden angeht, so lebten sie ebenfalls vor der Fleischwerdung Unseres Herrn, und von ihnen war der erste Herzog Josua, der die Kinder Israels in das Gelobte Land führte, der zweite David, König von Jerusalem, der dritte Judas Makkabäus; von diesen dreien berichtet die Bibel all ihre Geschichten und großen Taten. Und seit der Fleischwerdung sind drei edle Christen der ganzen Welt in die Zahl der neun besten und würdigsten eingereiht worden, von denen der erste der edle Artus war, dessen ruhmvolle Taten ich in dem Buche, das hier folgt, zu beschreiben vorhabe. Der zweite war Charlemagne oder Karl der Große, dessen Geschichte vielerorts sowohl französisch wie englisch zu haben ist, und der dritte und letzte war Gottfried von Bouillon, über dessen Taten und Leben ich für den trefflichen Fürsten und König würdigen Angedenkens, König Eduard den Vierten, ein Buch herausgebracht habe. Die besagten edlen Herren forderten mich dringend auf, die Geschichte des ruhmvollen Königs und Herrschers König Artus und seiner Ritter, zusammen mit der Geschichte vom heiligen Gral und vom Tod und Ende des Artus, zu drucken; und sie drängten darauf, daß ich seine Taten und ruhmvollen Abenteuer eher drucken sollte als die Gottfrieds von Bouillon oder eines anderen von den acht, weil er ein Mann wäre, der in diesem Reich geboren und König und Kaiser desselben war, und weil es im Französischen verschiedene und zahlreiche Bücher über seine Taten und die seiner Ritter gäbe. Ich entgegnete ihnen, manche Leute seien der Ansicht, es habe ein solcher Artus niemals gelebt, und alle Bücher über ihn seien nur erdichtet und bloße Erfindungen, weil einige Chroniken nicht über ihn berichteten noch irgend etwas über ihn oder seine Ritter erwähnten. Darauf antworteten sie, und einer im besonderen meinte, daß man demjenigen, der sagen oder denken würde, ein solcher König namens Artus hätte niemals gelebt, große Torheit und Blindheit zuschreiben könnte, denn es gäbe viele Beweise vom Gegenteil. Erstens könnt ihr im Kloster Glastonbury sein Grabmal sehen; und im Polychronikon im 5. Buch, 6. Kapitel, und im 7. Buch, 23. Kapitel, steht, wo sein Leichnam begraben und danach gefunden und wie er in besagtes Kloster übergeführt worden ist. Ebenso werdet ihr in der Geschichte des Bochas, in seinem Buch De Casu Principum, manches von seinen edlen Taten und auch von seinem Falle finden. Auch Galfridus berichtet in seinem Britischen Buch über sein Leben, und an verschiedenen Orten Englands gibt es noch viele Andenken an ihn und seine Ritter, und sie werden ewig bleiben. Erstens ist in der Westminsterabtei am Schrein des heiligen Eduard der Abdruck seines Siegels in rotem Wachs, von Kristall umschlossen, erhalten geblieben, auf dem geschrieben steht: Patricius Arthurus, Britannie, Gallie, Germanie, Dacie, Imperator. Ferner könnt ihr in der Burg von Dover Gaweins Schädel und Craddocks Mantel sehen, in Winchester die Runde Tafel, an weiteren Orten Lanzelots Schwert und viele andere Dinge. Wenn man all dies in Betracht zieht, kann kein Mensch vernünftigerweise leugnen, daß es einen König dieses Landes namens Artus gegeben hat; denn überall, bei Christen und Heiden, ist er berühmt und gilt als einer der neun Würdigsten und als der erste der drei Christenmänner. Freilich wird mehr von ihm jenseits des Meeres gesprochen und werden dort mehr Bücher über seine Heldentaten geschrieben als in England, sowohl deutsch, italienisch, spanisch und griechisch als auch französisch. Und doch findet man als nachweisliche Zeugnisse von ihm in Wales, in der Stadt Camelot, die großen Steine und wunderbare Metallarbeiten, die unter dem Erdboden liegen, und königliche Gewölbe, die mehrere jetzt Lebende gesehen haben. Deshalb ist es ein Wunder, daß er in seinem eigenen Lande nicht berühmter ist, es sei denn, es geht nach dem Worte Gottes, daß der Prophet in seinem eigenen Lande nichts gilt. Da nun alle diese Dinge vorgebracht worden waren, konnte ich nicht leugnen, daß es einen solchen edlen König namens Artus gegeben hat; und viele wunderbare Bücher sind über ihn und seine edlen Ritter auf französisch geschrieben worden, die ich jenseits des Meeres gesehen und gelesen habe und die in unserer Muttersprache nicht zu haben sind, nur auf walisisch gibt es viele und auch auf französisch und einige auf englisch, aber nirgends sind annähernd alle beisammen. Und darum habe ich es unternommen, mit der schlichten Kunst, die Gott mir verliehen hat, und mit dem Wohlwollen und der Hilfe vieler vornehmer Herren und Edelleute ein Buch der ruhmvollen Geschichten des besagten

Königs Artus und etlicher seiner Ritter nach einer mir über-
lassenen Handschrift zu drucken, die Sir Thomas Malory
aus gewissen französischen Büchern zusammengestellt und
ins Englische übertragen hat. Und ich habe das Buch meiner
Handschrift getreu in Druck gesetzt zu dem Zweck, daß
edle Männer das edle Betragen des Rittertums sehen und
kennenlernen mögen, die hochherzigen und tugendhaften
Taten, die manche Ritter in jenen Tagen zu vollbringen
pflegten und durch die sie zu Ehren kamen, und wie die
Verderbten bestraft und oft in Schmach und Schande gebracht wurden. Demütig bitte ich alle edlen Herren und
Damen und alle anderen Stände, die in diesem Buch lesen,
welcher Abkunft oder welchen Ranges sie auch seien, daß sie
die guten und ehrenhaften Taten in Erinnerung behalten
und ihnen nacheifern. Sie werden hier viele frohe und unter-
haltsame Geschichten finden und edle und preiswürdige
Taten der Menschlichkeit, des Edelmutes und der Ritterlichkeit; denn hier sind dargestellt edles Rittertum, Höflichkeit,
Menschlichkeit, Freundlichkeit, Kühnheit, Liebe, Freundschaft, Feigheit, Mord, Haß, Tugend und Sünde. Tut das Gute
und meidet das Böse, und es wird euch guten Ruf und Ansehen einbringen! Zum Zeitvertreib wird das Buch ange-
nehm zu lesen sein. Es steht euch frei, ob ihr alles darin
glauben und für wahr halten wollt, doch ist alles zu unserer
Belehrung geschrieben und zur Warnung, daß wir nicht in
Laster und Sünde fallen, sondern vielmehr Tugend üben
und ihr folgen, damit wir einen guten Namen und Ansehen
in diesem Leben bekommen und behalten und nach diesem
kurzen und vergänglichen Leben ewiges Glück im Himmel,
was uns der gewähren möge, der im Himmel regiert, die
Heilige Dreifaltigkeit. Amen.
Um nun mit diesem besagten Buch fortzufahren, so widme
ich es allen edlen Fürsten, Herren und Damen, Edelmännern
und Edelfrauen, die von der ruhmvollen und unterhaltsamen
Geschichte des großen Herrschers und trefflichen Königs

Artus, ehemals König dieses edlen Reiches, damals Britannien geheißen, zu lesen oder zu hören wünschen. Ich, William Caxton, ein schlichter Mann, biete dieses folgende Buch dar, das ich zu drucken unternommen habe. Es handelt von edlen Taten, ritterlichen Kämpfen, Tapferkeit, Kühnheit, Menschlichkeit, Liebe, Höflichkeit und Milde, mit vielen wunderbaren Geschichten und Abenteuern. Um den Inhalt dieses Werkes in Kürze überschauen zu können, habe ich es in einundzwanzig Bücher und jedes Buch in Kapitel eingeteilt. Das erste Buch soll behandeln, wie Uther Pendragon den edlen Herrscher König Artus zeugte, und umfaßt achtundzwanzig Kapitel. Das zweite Buch handelt von Balin, dem edlen Ritter, und umfaßt neunzehn Kapitel. Das dritte Buch handelt von der Vermählung des Königs Artus mit Königin Ginevra nebst einigen anderen Ereignissen und umfaßt fünfzehn Kapitel. Das vierte Buch davon, wie Merlin betört wurde, und weiter von einem Krieg gegen König Artus, und es umfaßt neunundzwanzig Kapitel. Das fünfte Buch behandelt die Unterwerfung des Kaisers Lucius und umfaßt zwölf Kapitel. Das sechste Buch handelt von Sir Lanzelot und Sir Lionel und von wunderbaren Abenteuern und umfaßt achtzehn Kapitel. Das siebente Buch handelt von einem edlen Ritter, namens Sir Gareth, der von Sir Kay Beaumains genannt wurde, und umfaßt sechsunddreißig Kapitel. Das achte Buch handelt von der Geburt des edlen Ritters Sir Tristan und seinen Taten und umfaßt einundvierzig Kapitel. Das neunte Buch handelt von einem Ritter, der von Sir Kay La Cote Male Taile genannt wurde, und auch von Sir Tristan und umfaßt vierundvierzig Kapitel. Das zehnte Buch handelt von Sir Tristan und anderen wunderbaren Abenteuern und umfaßt achtundachtzig Kapitel. Das elfte Buch handelt von Sir Lanzelot und Sir Galahad und umfaßt vierzehn Kapitel. Das zwölfte Buch handelt von Sir Lanzelot und seinem Wahnsinn und umfaßt vierzehn Kapitel. Das dreizehnte Buch handelt davon, wie Galahad zuerst an den Hof des Königs Artus kam und wie die Suche nach dem heiligen Gral begann, und umfaßt zwanzig Kapitel. Das vierzehnte Buch handelt von der Suche nach dem heiligen Gral und umfaßt zehn Kapitel. Das fünfzehnte Buch handelt von Sir Lanzelot und umfaßt sechs Kapitel. Das sechzehnte Buch handelt von Sir Bors und seinem Bruder Sir Lionel und umfaßt siebzehn Kapitel. Das siebzehnte Buch handelt vom heiligen Gral und umfaßt dreiundzwanzig Kapitel. Das achtzehnte Buch handelt von Sir Lanzelot und der Königin Ginevra und umfaßt fünfundzwanzig Kapitel. Das neunzehnte Buch handelt von der Königin und Lanzelot und umfaßt dreizehn Kapitel. Das zwanzigste Buch handelt von dem jammervollen Tode des Artus und enthält zweiundzwanzig Kapitel. Das einundzwanzigste Buch handelt von seinem letzten Abschied und wie Sir Lanzelot kam, seinen Tod zu rächen, und umfaßt dreizehn Kapitel. Das sind insgesamt einundzwanzig Bücher, die zusammen fünfhundertsieben Kapitel umfassen.

1. Buch

WIE UTHER PENDRAGON DEN HERZOG VON CORNWALL UND SEIN WEIB IGRAINE ZU SICH LUD, UND WIE SIE PLÖTZLICH WIEDER ABREISTEN.

 N jener Zeit, als Uther Pendragon König und Beherrscher von ganz England war, gab es einen mächtigen Herzog in Cornwall, der lange gegen ihn Krieg führte. Das war der Herzog von Tintagil. Eines Tages ließ König Uther diesen Herzog zu sich rufen und befahl ihm, sein Weib mitzubringen, denn sie galt als eine sehr schöne und kluge Frau. Ihr Name war Igraine. Als nun der Herzog und sein Weib zum Königsschloß kamen, wurden sie von den großen Herren des Hofes zum König geführt und bei ihm über alle Maßen freundlich aufgenommen; denn dem König gefiel die Dame sehr, und er wollte gern das Lager mit ihr teilen. Aber sie war eine sehr gute Frau und wollte dem König nicht zu Willen sein. Sie sprach zum Herzog, ihrem Gemahl: Mir scheint, wir sind gerufen worden, damit ich entehrt werde; deshalb rate ich Euch, mein Gemahl, daß wir schnell von hier fortgehen und die ganze Nacht hindurch reiten, bis wir unsere Burg erreichen. Und so brachen sie heimlich auf, daß weder der König noch einer seiner Räte etwas davon bemerkte. Als König Uther von ihrem plötzlichen Verschwinden erfuhr, geriet er in schrecklichen Zorn. Er berief seinen Geheimen Rat zu sich und teilte den Herren die unerwartete Abreise des Herzogs und seines Weibes mit. Sie rieten dem König, den Herzog und sein Weib mit strengem Befehl vorzuladen: Und wenn er auf Euer Geheiß nicht kommt, dann könnt Ihr nach Belieben verfahren, dann habt Ihr Grund, mit starker Kriegsmacht gegen ihn zu ziehen. Darauf sandte der König Boten aus, und die Antwort, die sie erhielten, lautete in Kürze, daß weder der Herzog noch sein Weib kommen würden. Da ergrimmte der König furchtbar und schickte ihm eine neue Botschaft

und forderte ihn auf, sich vorzubereiten, auszurüsten und zu versorgen, denn innerhalb von vierzig Tagen würde er ihn selbst aus seiner stärksten Burg herausholen. Als der Herzog diesen Drohspruch erhielt, begann er sogleich, zwei seiner festesten Burgen, Tintagil und Terrabil, herzurichten und auszustatten. Sein Weib, Lady Igraine, brachte er auf der Burg Tintagil in Sicherheit, und er selbst bezog die Burg Terrabil, die viele Geheimausgänge und verborgene Türen hatte. Dann rückte Uther in großer Eile mit einer starken Streitmacht an, baute viele Zelte auf und begann, die Burg Terrabil zu belagern. Es entspann sich ein harter Kampf, und beide Seiten verloren viele Krieger. Nach einiger Zeit wurde König Uther aus purem Zorn und aus großer Liebe zur schönen Igraine krank. Da kam Sir Ulfius, ein edler Ritter, zum König und fragte ihn, was ihm fehle. Der König sprach: Ich bin so krank vor Zorn und vor Liebe zur schönen Igraine, daß ich nicht wieder gesund werden kann. Wohlan, mein König, sagte Ulfius, ich will Merlin aufsuchen, und er soll Euch Hilfe schaffen und Euer Herzweh stillen. Damit nahm Ulfius Abschied. Unterwegs stieß er auf Merlin, der Bettlerkleider trug und ihn fragte, wen er suche. Er gab zur Antwort, er habe keine Lust, es ihm zu sagen. Nun, sagte Merlin, ich weiß, wen du suchst: Merlin suchst du; suche nicht weiter, denn ich bin Merlin, und wenn König Uther mich gut belohnt und mir schwört, meine Bedingung zu erfüllen, werde ich ihm das verschaffen, was er begehrt. Dafür stehe ich ein, sagte Ulfius, daß dir deine Bedingung, wenn sie nur vernünftig ist, erfüllt werden wird. Gut, sprach Merlin, so soll auch der Wunsch des Königs in Erfüllung gehen. Reite du los, und ich werde dir bald folgen.

WIE UTHER PENDRAGON GE-
GEN DEN HERZOG VON CORN-
WALL KRIEG FÜHRTE, UND
WIE ER MIT MERLINS HILFE
BEI DER HERZOGIN LAG UND
ARTUS ZEUGTE. ᏜᎳ Da war Ul-

fius froh, und er ritt in scharfem Galopp, bis er zu Uther Pendragon kam, und sagte ihm, daß er Merlin getroffen habe. Wo ist er? fragte der König. Herr, sagte Ulfius, er wird gleich hier sein. Da bemerkte Ulfius auch schon, daß Merlin am Eingang des Zeltes stand. Sogleich wurde Merlin zum König geführt, der ihn willkommen hieß. Herr, sagte Merlin, ich kenne den Kummer Eures Herzens. Wenn Ihr mir schwört, so wahr Ihr ein gesalbter König seid, meine Bedingung zu erfüllen, sollt Ihr haben, was Ihr begehrt. Das beschwor der König bei den vier Evangelisten. Herr, sprach Merlin, dies ist meine Bedingung: in der ersten Nacht, in der Ihr bei Igraine liegt, werdet Ihr ein Kind mit ihr zeugen, und wenn es geboren ist, soll es mir übergeben werden, damit es dort aufwächst, wo ich es für gut halte, und das soll für Euer Gnaden und das Kind von großem Vorteil sein. Es geschehe so, sagte der König, wie du es wünschst. Dann macht Euch fertig, sprach Merlin, denn noch in dieser Nacht werdet Ihr in der Burg Tintagil bei Igraine liegen, und Ihr werdet wie der Herzog, ihr Gemahl aussehen, Ulfius wird Sir Brastias, einem Ritter des Herzogs, gleichen, und ich werde einem Ritter des Herzogs namens Sir Jordanus ähnlich sein. Doch hütet Euch und sprecht nicht viel mit ihr noch mit ihren Mannen, sondern sagt, daß Ihr Euch nicht wohl fühlt, und legt Euch schnell zu Bett und steht am Morgen nicht auf, bevor ich zu Euch komme, denn die Burg Tintagil liegt nur zehn Meilen entfernt. Und nach diesem Plane handelten sie. Aber der Herzog von Tintagil erspähte, wie der König aus seinem Heerlager vor Terrabil wegritt, und er machte daher in der Nacht durch einen geheimen Gang einen Ausfall aus seiner Burg, um die Schar des Königs anzugreifen. Doch bei diesem Ausfall wurde der Herzog selber erschlagen, noch bevor der König zur Burg Tintagil gelangte. Mehr als drei Stunden nach dem Tode des Herzogs erreichte König Uther die Burg und zeugte mit Igraine in dieser Nacht Artus, und ehe der Tag anbrach, kam Merlin zum König und hieß ihn sich fertigmachen, und so küßte der

König Lady Igraine und schied in großer Eile. Als aber der Lady übereinstimmend berichtet wurde, daß der Herzog, ihr Gemahl, tot gewesen sei, bevor König Uther zu ihr kam, wunderte sie sich, wer da wohl in der Gestalt ihres Herren bei ihr gelegen hatte; so trauerte sie in der Stille und sprach zu niemanden ein Wort. Dann baten alle Barone einmütig den König, doch Frieden mit Lady Igraine zu schließen, und der König schenkte ihren Bitten Gehör, denn er wollte sehr gern in Eintracht mit ihr leben. Der König vertraute die ganze Verhandlung zwischen ihnen Ulfius an, und während der Verhandlungen kamen schließlich der König und Igraine zusammen. Jetzt wollen wir ein gutes Werk tun, sagte Ulfius; unser König ist ein starker Ritter und hat kein Weib, und Lady Igraine ist eine sehr schöne Frau: es wäre eine große Freude für uns alle, wenn es dem König gefiele, sie zu seiner Königin zu machen. Dem stimmten sie alle gern zu und brachten es vor den König, und der willigte sogleich ein, wie es einem starken Ritter ansteht. So wurden sie bald darauf an einem Morgen mit großer Lust und Freude vermählt. Und König Lot von Lothian und Orkney heiratete Margawse, die Gaweins Mutter wurde, und König Nentres aus dem Lande Garlot heiratete Elaine. All das geschah auf Verlangen von König Uther. Und die dritte Schwester, Morgan le Fay, gab man in eine Klosterschule, wo sie so viel lernte, daß sie eine große Meisterin der Nekromantie wurde. Später vermählte man sie mit dem König Uriens aus dem Lande Gore, der der Vater von Sir Iwein le Blanche Mains wurde.

 WIE KÖNIG ARTUS GEBOREN UND AUFGEZOGEN WURDE. ❧ Dann kam die Zeit, da Königin Igraine ein Kind zur Welt bringen sollte. Und es geschah nach einem halben Jahr, daß König Uther, als er bei seiner Königin lag, sie, bei der Treue, die sie ihm schulde, fragte, wessen Kind sie in ihrem Leibe trage. Da schämte sie sich sehr

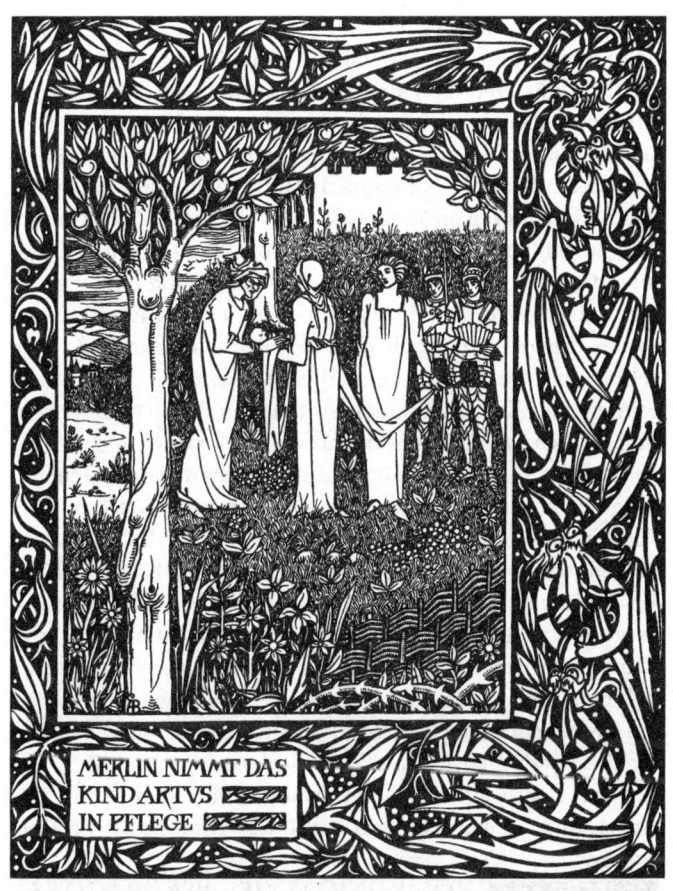

MERLIN NIMMT DAS
KIND ARTVS
IN PFLEGE

zu antworten. Habt keine Bange, sprach der König, aber
sagt mir die Wahrheit, und ich werde Euch, so wahr ich bei
Euch bin, noch mehr lieben. Herr, sprach sie, ich werde Euch
die Wahrheit sagen; und sie erzählte ihm getreulich, was sich in
jener Nacht zugetragen hatte, als ihr Gemahl, der Herzog von
Tintagil, erschlagen worden war. Ihr sprecht die Wahrheit,
sagte der König, ich selbst war es, der in der Gestalt des
Herzogs zu Euch kam; deshalb grämt Euch nicht, denn ich bin

der Vater des Kindes. Und nun berichtete er, wie alles auf Merlins Rat geschah. Da war die Königin von Herzen froh, als sie erfuhr, wer der Vater des Kindes war. Bald darauf kam Merlin zum König und sprach: Herr, Ihr müßt Vorsorge treffen für die Pflege Eures Kindes. Es geschehe so, sagte der König, wie du es wünschst. Nun, sprach Merlin, ich kenne einen von Euern Edelleuten in diesem Lande, der ist ein sehr treuer und verläßlicher Mann, dem soll die Pflege Eures Kindes anvertraut werden. Sein Name ist Sir Ector, und ihm gehören stattliche Besitzungen in vielen Gegenden von England und Wales. Sendet nun nach diesem Edelmann und tragt ihm selber Euer Verlangen vor, daß er, bei seiner Liebe zu Euch, sein eigenes Kind einer anderen Frau zum Stillen anvertraut und daß sein eigenes Weib Eures stillt. Und wenn das Kind geboren ist, so laßt es mir ungetauft an dem und dem Geheimausgang übergeben. Und alles geschah nach Merlins Plan. Als Sir Ector kam, gelobte er, für die Pflege des Kindes zu sorgen, wie der König es wünschte, und der König gab Sir Ector reichen Lohn. Nachdem nun die Königin das Kind zur Welt gebracht hatte, befahl der König zwei Rittern und zwei Damen, den in ein goldenes Tuch gewickelten Knaben zu nehmen und einem armen Manne zu übergeben, den sie am Geheimausgang der Burg treffen würden. So wurde der Knabe Merlin anvertraut, und der trug ihn zu Sir Ector, ließ ihn durch einen heiligen Mann taufen und nannte ihn Artus; und Sir Ectors Weib stillte das Kind selbst an ihrer Brust.

VON KÖNIG UTHER PENDRAGONS TOD. ❧ Nach zwei Jahren befiel König Uther Pendragon ein schweres Leiden. In dieser Zeit drangen seine Feinde ins Land, lieferten seinem Heer eine große Schlacht und erschlugen viele seiner Leute. Herr, sagte Merlin, Ihr dürft nicht daliegen, Ihr müßt ins Feld, und wenn Ihr Euch von den Pferden in einer Sänfte tragen laßt; denn Ihr werdet niemals über Eure Feinde triumphieren, wenn Ihr nicht selbst dabei seid, doch dann wird der Sieg Euer sein. So wie Merlin geraten hatte, führte man da den König in einer Sänfte an der Spitze einer großen Schar gegen den Feind. Bei St. Albans stieß der König auf ein starkes Heer der Nordmänner. An diesem Tage vollbrachten Sir Ulfius und Sir Brastias große Waffentaten, und König Uthers Mannen besiegten die Nordmänner in der Schlacht, erschlugen viele von ihnen und zwangen die übrigen zur Flucht. Darauf kehrte der König nach London zurück und feierte seinen Sieg. Und dann befiel ihn wieder eine schwere Krankheit, so daß er drei Tage und drei Nächte nicht mehr sprechen konnte. Das bekümmerte die Barone sehr, und sie fragten Merlin, was am besten zu tun sei. Es gibt kein anderes Mittel, sagte Merlin, als daß Gottes Wille geschehe. Aber findet ihr Barone euch alle morgen früh beim König ein, und Gott und ich werden ihn zum Sprechen bringen. So traten am nächsten Morgen alle Barone zusammen mit Merlin vor den König, und Merlin sagte laut zu ihm: Herr, soll Euer Sohn Artus nach Euch in diesem Reiche und allen zugehörigen Gebieten König sein? Da wandte sich Uther Pendragon ihm zu und sprach, daß alle es hörten: Ich gebe ihm Gottes Segen und den meinen und bitte ihn, für meine Seele zu beten und nach Recht und Würde die Krone in Besitz zu nehmen, auf daß er meinen Segen nicht verwirke. Nach diesen Worten gab er den Geist auf und wurde dann bestattet, wie es einem König zukommt, und die Königin und alle Barone trauerten sehr.

 WIE ARTUS ZUM KÖNIG GEWÄHLT WURDE UND VON WUNDERN MIT EINEM SCHWERT, DAS ARTUS AUS EINEM STEINE ZOG. ❧ Danach schwebte das Reich lange Zeit in großer Gefahr, denn jeder Lord, der viele Mannen unter sich hatte, machte sich stark, und viele glaubten, sie könn-

Kapitel 5

ten König werden. Da ging Merlin zum Erzbischof von Canterbury und riet ihm, alle Lords des Reiches und alle Ritter bei Strafe des Bannfluches zur Weihnacht nach London zu laden, weil Jesus, der in dieser Nacht geboren und als König der Menschheit gekommen sei, durch ein Wunder zeigen würde, wer der rechtmäßige König des Reiches sein sollte. Und der Erzbischof tat, was ihm Merlin geraten hatte. Viele der Geladenen gingen vorher zur Beichte, damit ihr Gebet um so besser erhört werde, und lange vor Tagesanbruch waren in der größten Kirche Londons, ob in der Sankt-Pauls-Kirche oder in einer anderen, erwähnt das französische Buch nicht, alle Stände versammelt, um zu beten. Als das Morgengebet und die erste Messe vorüber waren, gewahrte man auf dem Platz vor der Kirche, dem Hochaltar gegenüber, einen großen viereckigen Stein, wie ein Marmorblock, und mitten darauf etwas, ungefähr einen Fuß hoch, das wie ein stählerner Amboß aussah, darin stak, tief hineingestoßen, ein blankes Schwert, um das in goldenen Buchstaben geschrieben stand: Wer dieses Schwert aus diesem Stein und Amboß herauszieht, der ist der rechtmäßige König von ganz England. Darüber wunderten sich die Leute und sagten es dem Erzbischof. Ich befehle, sagte der Erzbischof, daß ihr in der Kirche bleibt und weiter zu Gott betet und daß niemand das Schwert anrührt, bevor die hohe Messe zu Ende ist. Nachdem die Messen vorüber waren, gingen die Lords alle hinaus, um den Stein und das Schwert zu betrachten, und als sie die Inschrift lasen, versuchten einige, die gern König geworden wären, das Schwert herauszuziehen, aber keiner konnte es auch nur von der Stelle bewegen. Der ist nicht hier, sagte der Erzbischof, der das Schwert herauszieht, doch zweifelt nicht, Gott wird ihn offenbaren. Ich schlage deshalb vor, daß wir zehn Ritter, Männer von gutem Ruf, beauftragen, dieses Schwert zu bewachen. So wurde es bestellt, und dann wurde überall ausgerufen, daß jedermann versuchen könne, das Schwert herauszuziehen. Auf den Neujahrstag setzten die Barone eine Tjost und ein Turnier an, damit alle Ritter, die tjosten oder turnieren wollten, kämpfen konnten, vor allem aber, um die Herren und die Gemeinen zusammenzuhalten; denn der Erzbischof vertraute darauf, daß Gott den schicken würde, der das Schwert herauszöge. So ritten die Barone am Neujahrstag nach dem Gottesdienst zum Kampfplatz, die einen, um zu tjosten, die anderen, um zu turnieren; und so kam es auch, daß Sir Ector, der um London herum große Besitzungen hatte, zum Tjosten ritt, und mit ihm Sir Kay, sein Sohn, der am vorangegangenen Allerheiligentag zum Ritter geschlagen worden war, und der junge Artus, sein Milchbruder. Als sie auf dem Weg zum Tjostplatz waren, vermißte Sir Kay sein Schwert, das er in seines Vaters Haus zurückgelassen hatte, und er bat den jungen Artus, nach seinem Schwert zu reiten. Als Artus nach Hause kam und das Schwert holen wollte, waren die Lady und alle anderen ausgegangen, um dem Tjosten zuzusehen. Da wurde Artus ärgerlich und sagte zu sich selbst: Ich will zu der Kirche reiten und das Schwert nehmen, das in dem Stein steckt, denn mein Bruder Sir Kay soll heute nicht ohne Schwert sein. Als er zur Kirche kam, stieg Artus ab, band sein Pferd an einen Pfahl und ging zu dem Stein, fand aber keine Ritter dort, denn die waren alle zum Tjosten gegangen. Und so packte er das Schwert beim Griff und zog es mit Leichtigkeit aus dem Stein heraus. Dann nahm er sein Pferd, ritt zurück und übergab das Schwert seinem Bruder Sir Kay. Als dieser das Schwert sah, wußte er wohl, daß es von dem Steine stammte, und er ritt zu seinem Vater Sir Ector und sagte: Herr, seht, hier ist das Schwert aus dem Steine; demnach muß ich König dieses Landes werden. Als Sir Ector das Schwert erblickte, kehrten sie wieder um und kamen zu der Kirche, und alle drei stiegen ab und gingen hinein. Dann ließ er Sir Kay auf eine Bibel schwören, wie er zu dem Schwert gekommen war. Herr, sagte Sir Kay, durch meinen Bruder Artus, denn er brachte es mir. Wie seid Ihr zu dem Schwert gekommen? fragte Sir Ector Artus. Herr, ich will es Euch sagen: Als ich meines Bruders

Schwert holen wollte, fand ich niemanden zu Hause, der es mir hätte geben können, doch ich meinte, mein Bruder solle nicht schwertlos bleiben, und so ritt ich schnell hierher und zog es ohne Mühe aus dem Stein. Habt Ihr keine Ritter bei dem Schwert gesehen? fragte Sir Ector. Nein, entgegnete Artus. Dann, sagte Sir Ector zu Artus, glaube ich, müßt Ihr wohl König dieses Landes werden. Wieso ich? fragte Artus. Herr, sagte Ector, weil Gott es so will; denn niemand hätte dieses Schwert herausziehen können außer dem, der rechtmäßiger König dieses Landes sein soll. Jetzt laßt mich sehen, ob Ihr das Schwert da wieder hineinstoßen könnt, wo es war, und ob Ihr es dann wieder herauszieht. Das ist kein Kunststück, sagte König Artus und stieß es in den Stein hinein. Darauf versuchte Sir Ector, das Schwert herauszuziehen, vermochte es aber nicht.

 WIE KÖNIG ARTUS DAS SCHWERT ETLICHE MALE HER-AUSZOG. ❧ Versucht Ihr es jetzt, sagte Sir Ector zu Sir Kay. Sogleich zog der mit seiner ganzen Kraft an dem Schwert, aber es bewegte sich nicht. Jetzt sollt Ihr es versuchen, sagte Sir Ector zu Artus. Das will ich gern, sagte Artus und zog es ohne Mühe heraus. Da kniete Sir Ector nieder und Sir Kay ebenfalls. Wie das, sagte Artus, mein lieber Vater und mein lieber Bruder, warum kniet ihr vor mir? Nein, nein, Artus, mein Herr, es ist nicht so: ich bin nicht Euer Vater noch von Euerm Blut, aber ich ahnte wohl, daß Ihr aus edlerem Blute seid, als ich anfangs dachte. Und dann erzählte ihm Sir Ector alles, wie und auf wessen Geheiß er ihm zur Pflege anvertraut worden war. Da erhob Artus großes Klagen, als er hörte, daß Sir Ector nicht sein Vater war. Herr, sagte Ector zu Artus, wollt Ihr mir ein guter und gnädiger Herr sein, wenn Ihr König seid? Ich wäre sonst zu tadeln, antwortete Artus, denn Euch

und meiner guten Mutter und Herrin, Euerm Weib, die mich wie ihr eigenes Kind genährt und erzogen hat, bin ich am meisten in der Welt verpflichtet. Und wenn es je Gottes Wille ist, daß ich König werde, wie Ihr sagt, so sollt Ihr von mir verlangen, was in meiner Macht steht, und ich werde es Euch nicht abschlagen. Herr, sagte Sir Ector, ich will von Euch nichts weiter verlangen, als daß Ihr meinen Sohn, Euern Pflegebruder Sir Kay, zum Seneschall in all Euern Ländern macht. Das soll geschehen, sprach Artus, und so wahr ich hier stehe, soll kein anderer als er dieses Amt haben, solange er und ich leben. Darauf begaben sie sich zum Erzbischof und erzählten ihm, wie das Schwert gezogen wurde und von wem. Am Dreikönigstag versammelten sich alle Barone, um zu sehen, wer von ihnen das Schwert herausziehen könnte, aber vor ihrer aller Augen brachte dies keiner fertig außer Artus. Darüber gerieten viele der Barone in Zorn und meinten, es sei eine große Schande für sie alle und das Reich, von einem Knaben beherrscht zu werden, der nicht von hoher Geburt sei. So einigten sie sich nicht und verschoben die Probe bis Lichtmeß auf ein neues Treffen der Barone. Es wurden aber zehn Ritter bestimmt, die das Schwert Tag und Nacht bewachten, und sie errichteten ein Zelt über dem Stein und dem Schwert, und fünf von ihnen hielten immer Wache. Zu Lichtmeß kamen noch mehr große Herren zusammen, um das Schwert zu ziehen, doch keinem gelang es außer Artus, worüber die Barone sehr erbost waren und die Probe auf Ostern verschoben. Und da zog Artus das Schwert wieder heraus, aber einige der großen Herren waren ungehalten, daß Artus König sein sollte, und verschoben die Entscheidung auf Pfingsten. Da ließ der Erzbischof von Canterbury auf Merlins Rat die besten Ritter kommen. Es waren Ritter, die König Uther Pendragon seinerzeit am meisten geliebt und denen er am meisten vertraut hatte; und diese Ritter, wie Sir Baldwin von Britannien, Sir Kay, Sir Ulfius und Sir Brastias waren bis zum Pfingstfest Tag und Nacht immer um Artus.

WIE KÖNIG ARTUS GEKRÖNT WUR-
DE, UND WIE ER WÜRDENTRÄGER
ERNANNTE. 🙧 Zu Pfingsten versuchten
sich die verschiedensten Männer an dem
Schwert, doch es gelang keinem außer Artus;
der zog es vor allen Herren und Gemeinen,
die da waren, worauf alle Gemeinen zugleich
riefen: Wir wollen Artus zum König haben,
wir wollen ihn nicht länger warten lassen;
denn wir alle sehen, daß es Gottes Wille ist, daß er unser
König wird, und wer sich dem nicht fügt, den wollen wir erschlagen. Daraufhin knieten sie alle zugleich nieder, arm und
reich, und baten Artus um Gnade, weil sie ihn so lange hatten
warten lassen. Und Artus verzieh ihnen und nahm das Schwert
in beide Hände und legte es auf dem Altar nieder, an dem der
Bischof stand, und so wurde er von dem ranghöchsten Manne,
der da war, zum Ritter geschlagen. Gleich darauf fand die
Krönung statt, und Artus gelobte seinen Lords und den Gemeinen, ein guter König zu sein und von nun an bis ans Ende
seines Lebens wahre Gerechtigkeit zu üben. Auch ließ er alle
Lords, die königliches Lehensland besaßen, zu sich kommen
und verpflichtete sie zu Diensten, wie es sich gebührte. Viele
Klagen wurden vor Sir Artus gebracht von großem Unrecht,
das seit dem Tode König Uthers geschehen war, von zahlreichen Ländereien, die Lords, Rittern, Edelfrauen und Edelmännern weggenommen worden waren. Und Artus ließ alle
Ländereien denen zurückgeben, denen sie gehörten. Nachdem er alle Besitzungen um London herum eingeteilt hatte,
machte er Sir Kay zum Seneschall von England, Sir Baldwin
von Britannien zum Marschall, Sir Ulfius zum Hofmeister
und Sir Brastias zum Statthalter im Gebiet nördlich des Trent,
denn das war damals meist in den Händen der Feinde des Königs. Aber innerhalb weniger Jahre eroberte Artus den ganzen Norden, Schottland und alles, was diesem untertan war.
Auch ein Teil von Wales stand gegen Artus, aber er besiegte

alle durch seine kühnen Heldentaten und die Tapferkeit seiner Ritter von der Tafelrunde.

WIE KÖNIG ARTUS IN WALES ZU PFINGSTEN EIN GROSSES FEST FEIERTE, UND WAS FÜR KÖNIGE UND HERREN ZU SEINEM FEST KAMEN. ☙ Dann zog der König nach Wales und ließ verkünden, daß zu Pfingsten nach seiner Krönung in der Stadt Carlion ein sehr großes Fest gefeiert werden sollte. Zu diesem Fest kamen König Lot von Lothian und Orkney mit fünfhundert Rittern, König Uriens von Gore mit vierhundert, König Nentres von Garlot mit siebenhundert und der junge König von Schottland mit sechshundert. Ferner kam zu dem Fest ein König, der hieß der König mit den hundert Rittern und war mit seinen Mannen in allen Dingen trefflich gerüstet, und außerdem der König Carados mit fünfhundert Rittern. Und Artus war froh über ihr Erscheinen; denn er glaubte, alle die Könige und Ritter wären aus großer Zuneigung gekommen und wollten ihm an seinem Fest Ehre erweisen, weshalb er aus Freude den Königen und Rittern große Geschenke schickte. Aber die Könige wollten sie nicht annehmen, sondern beschimpften die Boten schändlich und erklärten, sie hätten keine Lust, Gaben von einem bartlosen Knaben zu empfangen, der von niederer Herkunft sei. Und sie ließen ihm sagen, sie wollten seine Geschenke nicht haben, sondern sie seien gekommen, ihm Gaben mit scharfen Schwertern zwischen Nacken und Schultern zu verabreichen; denn es sei eine große Schande für sie alle, daß ein solcher Knabe über ein so erhabenes Reich herrsche. Mit dieser Antwort zogen die Boten ab und überbrachten sie König Artus. Der bezog auf den Rat seiner Barone mit fünfhundert wackeren Mannen eine feste Burg, und die Könige belagerten sie, doch

Artus war wohlversorgt. Nach vierzehn Tagen kam Merlin in die Stadt Carlion. Darüber waren alle Könige froh, und sie fragten ihn: Warum ist dieser Knabe Artus zu unserem König gemacht worden? Ihr Herren, sagte Merlin, ich will euch sagen, warum: Er ist König Uther Pendragons Sohn, geboren in der Ehe mit Igraine, dem Weib des Herzogs von Tintagil. Dann ist er ein Bastard, sagten sie alle. Nein, entgegnete Merlin, Artus wurde nach dem Tode des Herzogs gezeugt, mehr als drei Stunden danach, und dreizehn Tage später heiratete König Uther Igraine, und damit beweise ich: er ist kein Bastard; und wahrlich, er wird König sein und alle seine Feinde besiegen, und bevor er stirbt, wird er lange als König über ganz England herrschen, und Wales, Irland und Schottland und mehr Reiche, als ich jetzt aufzählen kann, werden ihm untertan sein. Einige von den Königen waren erstaunt über Merlins Worte und meinten, es könnte so sein, wie er sagte, andere aber, wie König Lot, lachten höhnisch über ihn, und wieder andere nannten ihn einen Hexenmeister. Doch dann kamen sie mit Merlin überein, daß König Artus herauskommen und mit ihnen sprechen solle, und sie sicherten ihm freies Geleit zu. So ging Merlin zu König Artus und berichtete ihm, was er vereinbart hatte, und bat ihn, nichts zu fürchten und unverzagt herauszukommen und mit ihnen zu sprechen und sie nicht zu schonen, sondern ihnen als ihr König und Oberherr entgegenzutreten: Denn Ihr werdet sie alle unterwerfen, ob sie wollen oder nicht.

 VON DEM ERSTEN KRIEG, DEN KÖNIG ARTUS FÜHRTE, UND WIE ER DAS FELD BEHAUPTETE. 🙟 Darauf kam König Artus aus seiner Burg heraus. Unter dem Mantel trug er einen doppelten Kettenpanzer. Ihn begleiteten der Erzbischof von Canterbury, Sir Baldwin von Britannien, Sir Kay und Sir Brastias, die angesehensten Männer, die um ihn waren. Und als die Gegner zusammentrafen, gab es harte Worte auf beiden Seiten, aber

immer wußte König Artus die rechte Antwort, und er sagte, bei seinem Leben, er wolle sie beugen. So trennten sie sich im Zorn, und Artus kehrte mit seinen Männern wieder in seine Burg zurück und wappnete sich und alle seine Ritter. Was wollt ihr tun? sagte Merlin zu den Königen, zieht lieber ab, denn ihr werdet hier nicht siegen, und wäret ihr zehnmal so viele. Wären wir gut beraten, uns von einem Traumdeuter schrecken zu lassen? sprach König Lot. Da verschwand Merlin und kam zu König Artus und forderte ihn auf, sie scharf anzugreifen. Inzwischen gingen dreihundert von den besten Mannen aus dem Heer der Könige zu Artus über, und das war ihm ein großer Trost. Herr, sagte Merlin zu Artus, kämpft nicht mit dem Schwert, das Ihr durch das Wunder erlangt habt, bis Ihr seht, daß es schlecht mit Euch steht, dann aber zieht es und tut Euer Bestes. So zauderte König Artus nicht länger und griff sie in ihren eigenen Lagern an. Sir Baldwin, Sir Kay und Sir Brastias schlugen mächtig nach rechts und links, daß es wie ein Wunder war, und König Artus, der zu Pferde saß, holte immer mit dem Schwerte aus und vollbrachte ruhmvolle Waffentaten, so daß viele der Könige an seiner Kühnheit große Freude hatten. Dann brachen König Lot und der König mit den hundert Rittern und König Carados nach hinten durch und fielen Artus ungestüm in den Rücken. Da machte König Artus mit seinen Mannen kehrt und kämpfte nach vorn und nach hinten, und er war stets im dichtesten Gedränge, bis sein Pferd unter ihm getötet wurde. Im selben Augenblick schlug König Lot den König Artus zu Boden, aber seine vier Ritter befreiten ihn und halfen ihm schnell wieder auf ein Pferd. Darauf zog er sein Schwert Excalibur, das strahlte so hell in den Augen seiner Feinde, als leuchteten dreißig Fackeln; und so drängte er sie zurück und erschlug viele von ihnen. Da erhoben sich die Gemeinen von Carlion mit Keulen und Knütteln und töteten viele Ritter, und die Könige sammelten ihre Ritter um sich, die noch am Leben waren, und flohen in die Wälder. Merlin aber kam zu Artus und riet ihm, sie nicht weiter zu verfolgen.

WIE MERLIN KÖNIG ARTUS RIET, ZU KÖNIG BAN UND KÖNIG BORS ZU SCHICKEN, UND WIE SIE SICH ZUM KRIEG ENTSCHLOSSEN. ᚥ Nach dem Fest zog König Artus gen London und ließ auf Merlins Rat seine Barone zusammenrufen; denn Merlin hatte dem König gesagt, die sechs Könige, die gegen ihn gekämpft hatten, würden nicht säumen, an ihm und seinen Ländern Rache zu nehmen. Und darum fragte der König sie alle um Rat. Sie wußten keinen, meinten aber, sie seien stark genug. Ihr sprecht gut, sagte Artus, ich danke euch für euern Mut, aber wollt ihr nicht alle, meine Freunde, mit Merlin reden? Ihr wißt wohl, daß er viel für mich getan hat, und er weiß viele Dinge, und wenn er vor euch steht, möchte ich, daß ihr herzlich um seinen besten Rat bittet. Alle Barone versprachen, dies zu tun. So sandte man nach Merlin, und die Barone baten ihn dringend, ihnen guten Rat zu geben. Das will ich, begann Merlin: Ich warne euch alle! Eure Feinde sind gewaltig stark, und sie sind so gute Krieger, wie man sie nur irgend antrifft. Inzwischen haben sie noch vier Könige und einen mächtigen Herzog für sich gewonnen, und wenn unser König nicht mehr Ritter aufbieten kann, als er in den Grenzen seines eigenen Reiches findet, wird er in der Schlacht besiegt und erschlagen werden. Was könnte man in unserm Falle am besten tun? fragten die Barone. Ich will euch meinen Rat geben, antwortete Merlin: Über dem Meere wohnen zwei Brüder, beide Könige und wunderbare Recken; der eine heißt König Ban von Benwick, und der andere heißt König Bors von Gallien, das ist Frankreich. Gegen diese beiden Könige liegt ein mächtiger Kriegsmann im Felde, König Claudas, und kämpft mit ihnen um ein Schloß, und heftiger Krieg tobt zwischen ihnen; dieser Claudas hat so große Besitzungen, von denen ihm gute Ritter zukommen, daß er den beiden Königen übel zusetzt. Deshalb ist mein Rat, unser König und erhabener Herr soll zu den Königen Ban und Bors zwei treue Ritter mit klug abgefaßten Briefen senden, daß er, wenn sie ihn und seinen Hof besuchen kommen und ihm in seinen Kriegen helfen wollen, ihnen schwört, sie auch in ihren Kriegen gegen König Claudas zu unterstützen. Nun, was sagt ihr zu diesem Rat? fragte Merlin. Der Rat ist gut, sagten der König und alle Barone. So wurden eiligst zwei Ritter für die Botschaft an die zwei Könige bestellt und Briefe in der gefälligen Art geschrieben, wie König Artus es wünschte. Ulfius und Brastias waren als Boten ausersehen, und sie brachen mit guten Pferden und in voller Rüstung, wie es damals Brauch war, auf und fuhren übers Meer und ritten auf die Stadt Benwick zu. Aber am Wege waren acht Ritter, die spähten sie aus, und an einer ungeschützten Stelle traten sie Ulfius und Brastias entgegen und wollten sie gefangennehmen. Da baten diese, die Ritter möchten sie ziehen lassen, denn sie seien Boten des Königs Artus und wollten zu König Ban und König Bors. Darum, sagten die acht Ritter, sollt ihr sterben oder unsere Gefangenen werden, denn wir sind Ritter des Königs Claudas. Und darauf legten zwei von ihnen ihre Lanzen ein, und Ulfius und Brastias legten ihre Lanzen ein, und sie sprengten mit voller Wucht gegeneinander, und die Lanzen der Ritter des Königs Claudas zerbrachen, doch die von Ulfius und Brastias hielten, und sie warfen die zwei Ritter aus dem Sattel, ließen sie am Boden liegen und ritten ihres Weges. Die anderen sechs Ritter ritten voraus zu einer anderen Stelle, um sie erneut anzugreifen, und wieder warfen Ulfius und Brastias zwei der Ritter nieder und ritten weiter. Und an der vierten Stelle trafen sie zwei und zwei aufeinander, und wiederum warfen die Ritter des Artus die anderen beiden nieder. So gab es unter den acht Rittern keinen, der nicht schwer verletzt oder zerschunden war. Und als sie nach Benwick kamen, traf es sich gut, daß beide Könige, Ban und Bors, dort waren. Als man den Königen gemeldet hatte, zwei Boten seien angekommen, wurden zwei edle Ritter, Lionses von Payarne und Sir Phariance, zu ihnen gesandt. Sie fragten, woher sie kämen, und sie sagten, von Artus, dem König von England, und da umarmten sie einander und freuten sich sehr. Sowie die beiden Könige erfahren hatten, daß sie Boten von Artus waren, begrüßten sie sogleich die Ritter aufs herzlichste und sagten, sie seien ihnen willkommener als alle Könige der Erde. Die Boten küßten die Briefe und überreichten sie, und als Ban und Bors den Inhalt vernommen hatten, waren die Boten willkommener als zuvor. Und nach dem Lesen der Briefe gaben die Könige ihnen zur Antwort, sie wollten den Wunsch des Königs Artus erfüllen, und Ulfius und Brastias sollten verweilen, solange sie wollten, sie würden die beste Aufnahme finden, die man ihnen in diesem Lande bereiten könnte. Dann erzählten Ulfius und Brastias den beiden Königen von ihrem Abenteuer mit den acht Rittern. Haha! lachten da Ban und Bors, das waren unsere guten Freunde. Hätten wir nur gewußt, daß sie hier sind, sie wären nicht so davongekommen. So fanden Ulfius und Brastias gute Aufnahme und erhielten reiche Gaben, soviel sie tragen konnten, und sie bekamen ihre Antwort mündlich und schriftlich, daß die beiden Könige so schnell wie möglich zu Artus stoßen würden. Dann zogen die zwei Ritter wieder davon und fuhren übers Meer und kamen zu ihrem Herrn und erzählten ihm, was sie erreicht hatten, und darüber war König Artus sehr froh. Wann, meint ihr, werden die beiden Könige hier sein? Herr, sagten sie, vor Allerheiligen. Da ließ der König ein großes Fest vorbereiten und ein großes Turnier ausrufen. Und vor Allerheiligen waren die beiden Könige mit dreihundert Rittern übers Meer gekommen, wohl gerüstet für Frieden und für Krieg. König Artus empfing sie zehn Meilen vor London, und da war so große Freude, wie man sie nur irgend denken oder bezeigen konnte. Und am Allerheiligentag saßen die drei Könige bei dem großen Fest, und Sir Kay, der Seneschall, übernahm den Dienst in der Halle, zusammen mit Sir Lucas, dem Mundschenk, dem Sohn des Herzogs Corneus, und Sir Griflet, dem

Sohn Cardols. Diese drei Ritter führten die Aufsicht über alle, die die Könige bedienten. Und als sie sich gewaschen und erhoben hatten, machten sich alle Ritter fertig, die tjosten wollten; und wie sie gerüstet zu Pferde saßen, waren sie siebenhundert Ritter. Artus, Ban und Bors nahmen mit dem Erzbischof von Canterbury und Sir Ector, Kays Vater, und den Damen und Edelfräulein unter einem aufgespannten goldenen Tuch wie in einer Halle Platz, um zuzuschauen und das Urteil zu fällen, wer der Beste war.

Kapitel 11

VON EINEM GROSSEN TURNIER, DAS KÖNIG ARTUS UND DIE BEIDEN KÖNIGE BAN UND BORS VERANSTALTETEN, UND WIE SIE ÜBERS MEER FUHREN. ❧ König Artus und die beiden Könige teilten die siebenhundert Ritter in zwei Gruppen, und dreihundert Ritter der Reiche Benwick und Gallien wurden der anderen Seite zugeteilt. Dann erhoben viele gute Ritter ihre Schilde und begannen, ihre Lanzen einzulegen. Sir Griflet war der erste, der mit einem Ritter namens Ladinas zusammentraf, und sie stießen so hart aufeinander, daß alle sich verwunderten, und sie kämpften so, daß ihre Schilde in Stücke brachen und Roß und Reiter zu Boden sanken, und der französische wie auch der englische Ritter blieben so lange liegen, daß alle glaubten, sie wären tot. Als Lucas, der Mundschenk, Griflet so liegen sah, half er ihm wieder aufs Pferd, und die beiden vollbrachten wunderbare Waffentaten mit vielen angehenden Rittern. Sir Kay brach mit fünf Rittern aus einem Hinterhalt hervor, und die sechs warfen sechs andere nieder, und Sir Kay vollbrachte an jenem Tage so wunderbare Waffentaten wie kein anderer. Dann kamen Ladinas und Gracian, zwei Ritter aus Frankreich, die zeichneten sich so aus, daß alle sie rühmten. Darauf kam Sir Placidas, ein guter Ritter, und traf auf Sir Kay und warf ihn mitsamt dem Pferd zu Boden, worüber Sir Griflet in

Zorn geriet und so hart mit Sir Placidas zusammenstieß, daß Roß und Mann niederstürzten. Aber wie die fünf Ritter erfuhren, daß Sir Kay zu Fall gekommen war, ergrimmten sie über die Maßen, und stracks warf jeder von ihnen einen Ritter in den Sand. Als König Artus und die zwei Könige sahen, daß die Wut auf beiden Seiten zunahm, stiegen sie rasch auf ihre Pferde und ließen ausrufen, die Männer sollten allesamt in ihre Unterkünfte zurückkehren. Und so zogen sie nach Hause, legten die Rüstung ab und begaben sich zur Vesper und zum Mahle. Hinterher gingen die drei Könige in einen Garten und verliehen den Preis an Sir Kay und Lucas, den Mundschenk, und Sir Griflet. Dann begaben sie sich in den Rat, mit ihnen Gwenbaus, der Bruder von Ban und Bors, ein gelehrter Geistlicher, ferner Ulfius und Brastias und Merlin. Und nachdem sie Rat gehalten hatten, gingen sie zu Bett. Am anderen Morgen hörten sie die Messe und setzten nach dem Essen die Beratung fort und erwogen hin und her, was am besten zu tun sei. Schließlich kamen sie überein, Merlin sollte mit einem Zeichen von König Ban, es war ein Ring, zu Bans und Bors' Mannen gehen, und Gracian und Placidas sollten wieder heimziehen und ihre Schlösser und ihre Länder behüten, wie König Ban von Benwick und König Bors von Gallien es ihnen aufgetragen hatten. So fuhren sie über das Meer und kamen nach Benwick. Und als die Mannen König Bans Ring und Gracian und Placidas sahen, waren sie froh und fragten, wie es den Königen ginge, und freuten sich sehr über ihr Wohlergehen und ihre Eintracht. Nach dem Wunsche der königlichen Herren rüsteten sich die Krieger, so schnell es ging. Schließlich waren sie fünfzehntausend zu Pferd und zu Fuß, und dank Merlins Vorsorge hatten sie große Vorräte an Lebensmitteln bei sich. Gracian und Placidas blieben zurück, um die Burgen herzurichten und mit allem Nötigen auszustatten, aus Furcht vor König Claudas. Merlin aber brach wohlgerüstet mit dem Heere auf. Als er ans Meer kam, schickte er das Fußvolk wieder zurück und nahm nur zehntausend Berittene mit, die zumeist bewaffnet waren, und schiffte sich ein und fuhr übers Meer nach England und landete in Dover. Mit großer Klugheit führte Merlin das Heer auf den verborgensten Pfaden nach Norden in den Wald Bedegraine und ließ in einem Tal ein geheimes Lager aufschlagen. Dann ritt Merlin zu Artus und den zwei Königen und berichtete ihnen, was er vollbracht hatte. Da staunten sie sehr, wie ein Mensch alles so schnell besorgen und hin- und zurückreisen konnte. Merlin erzählte ihnen, daß zehntausend in allen Stücken wohl Bewaffnete im Wald Bedegraine lagerten. Da gab es nun weiter nichts zu reden, und die ganze Schar stieg aufs Pferd, wie Artus es vorgesehen hatte. So zogen sie mit zwanzigtausend Mann Tag und Nacht dahin, und in kurzer Frist kamen die drei Könige zur Burg Bedegraine und fanden dort zu ihrer großen Freude eine stattliche und erlesene Gefolgschaft und reichen Proviant. Doch Merlin hatte vorher wohlweislich angeordnet, daß kein Kriegsmann in einem Lande diesseits des Trentflusses reiten oder marschieren durfte, wenn er nicht ein Zeichen des Königs Artus trug, und deshalb wagten es die Feinde nicht, auf Kundschaft zu reiten, wie sie es vordem immer getan hatten.

WIE ELF KÖNIGE EIN GROSSES HEER GEGEN KÖNIG ARTUS SAMMELTEN.
Kap. 12

Dies war der Grund für die Feindschaft der nördlichen Länder: sie waren ergrimmt wegen des Schimpfes und der Schande, die die sechs Könige in Carlion erlitten hatten. Und diese sechs Könige hatten indessen fünf andere Könige für sich gewonnen und fingen an, ihre Mannen zu sammeln; und sie schwuren auf Leben und Tod, einander nicht zu verlassen, bis sie Artus vernichtet hätten. Zuerst legte der Herzog von Cambenet einen Eid ab, er wolle fünftausend Bewaffnete stellen, die zu Pferde bereitstünden. Dann schwur König Brandegoris von Stranggore, er wolle fünftausend berittene Krieger stellen. Dann schwur König Clariance von Northumberland, er wolle dreitausend Krieger stellen. Dann schwur der König der hundert Ritter, ein wackerer junger Mann, er wolle viertausend berittene Krieger stellen. Dann schwur König Lot, ein trefflicher Ritter und Sir Gaweins Vater, er wolle fünftausend berittene Krieger stellen. Ferner schwur König Uriens aus dem Lande Gore, Sir Iweins Vater, er wolle sechstausend berittene Krieger stellen. König Idres von Cornwall schwur, er wolle fünftausend berittene Krieger stellen, und desgleichen König Cradelment und König Agwisance von Irland, König Nentres und König Carados. So war ihre ganze Streitmacht fünfzigtausend Mann stark an Kriegern zu Pferde und zehntausend Kriegern zu Fuß. Bald waren sie bereit und schickten ihre Vorreiter aus. Auf ihrem Weg belagerten die elf Könige die Burg Bedagraine, die von den Mannen des Königs Artus gehalten wurde; doch dann ließen sie eine kleine Schar für die Belagerung zurück und zogen Artus und seinem Hauptheer entgegen.

Kapitel 13 VON EINEM TRAUM DES KÖNIGS MIT DEN HUNDERT RITTERN. ✒ Auf den Rat Merlins wurden Vorreiter ausgesandt, um das Land zu durchstreifen, und diese stießen auf die Vorreiter des Nordens und zwangen sie auszusagen, auf welchem Wege das Heer anrückte, und meldeten es Artus. Der ließ auf den Rat der Könige Ban und Bors das ganze Land, das vor ihnen lag und durch das das Nordheer reiten sollte, niederbrennen und verwüsten. Zwei Nächte vor der Schlacht hatte der König mit den hundert Rittern einen wunderbaren Traum, daß ein großer Sturm losbrach und ihre Burgen und Städte umblies, und danach kam eine Flut und spülte alles hinweg. Alle, die von dem Traume hörten, sagten, er bedeute eine große Schlacht. Dann fielen die Mannen des Artus, als sie ausgekundschaftet hatten, welchen Weg die elf Könige nahmen und wo sie in der Nacht kampierten, auf

Merlins Rat um Mitternacht über diese her, als sie in ihren Zelten lagen. Aber die Wachtposten schlugen Alarm und schrien: Ihr Herren! Zu den Waffen! Zu den Waffen! Denn eure Feinde sind über euch!

Kapitel
14

WIE DIE ELF KÖNIGE MIT IHREM HEER GEGEN ARTUS UND SEIN HEER KÄMPFTEN UND VON VIELEN GROSSEN WAFFENTATEN. 🐦 Da griffen König Artus und die Könige Ban und Bors mit ihren tapferen und treuen Rittern sie so heftig an, daß ihnen die Zelte über den Köpfen zusammenstürzten; aber die elf Könige lieferten in männlichem Mut eine erbitterte Schlacht, und zehntausend wackere Krieger wurden an diesem Morgen getötet. Die Mannen aus dem Norden hatten eine schwierige Furt vor sich, doch sie waren fünfzigtausend kühne Krieger. Dann kam der Tag heran. Jetzt folgt meinem Rat, sagte Merlin zu den drei Königen. Ich schlage vor, daß sich König Ban und König Bors mit ihrem Gefolge von zehntausend Mann hier seitwärts in einem Wald in den Hinterhalt legen, bevor das Tageslicht kommt, und daß sie sich nicht rühren, bis Ihr und Eure Ritter lange gekämpft haben; und wenn es Tag ist, baut Eure Schlachtordnung so vor ihnen und der Furt auf, daß sie Euer ganzes Heer überblicken, denn sie werden um so kühner sein, wenn sie sehen, daß Ihr nur etwa zwanzigtausend Mann seid, und sie werden Euch und Euer Heer um so lieber über die Furt lassen. Alle drei Könige und alle Barone meinten, Merlin habe vortrefflich gesprochen, und alles wurde sogleich getan, wie er es geraten hatte. So war am Morgen, als die Heere einander ausmachen konnten, die Nordschar guten Mutes. Dann wurden Ulfius und Brastias dreitausend Krieger zugeteilt, und diese griffen über die Furt so feurig an und schlugen nach links und rechts, daß es wunderbar anzusehen war. Als die elf Könige merkten, daß eine so kleine Gefolgschaft solche Waffentaten vollbrachte, schämten sie sich und griffen ihrerseits ungestüm an, und da wurde das Pferd von Sir Ulfius unter ihm getötet, doch er kämpfte erstaunlich gut zu Fuß. Aber Herzog Eustace von Cambenet und König Clariance von Northumberland bedrängten Sir Ulfius schwer. Als Brastias seinen Gefährten in solcher Not sah, schleuderte er eine Lanze gegen den Herzog, daß Roß und Reiter zu Boden fielen. Das bemerkte König Clariance und wandte sich gegen Brastias, und jeder traf den anderen, daß Roß und Reiter zur Erde sanken, und so lagen sie lange betäubt, und die Knie ihrer Pferde waren zerschunden bis auf die harten Knochen. Dann ritt Sir Kay, der Seneschall, mit sechs Getreuen in den Kampf und schlug sich sehr tapfer. Gleichzeitig griffen die elf Könige selbst ein, und Griflet und Lucas, der Mundschenk, wurden samt ihren Rossen von König Brandegoris und König Idres und König Agwisance zu Boden geworfen. Danach entbrannte der Kampf auf beiden Seiten immer heftiger. Als Sir Kay Griflet zu Fuß sah, ritt er gegen König Nentres und warf ihn nieder und führte sein Pferd zu Sir Griflet und half ihm wieder in den Sattel. Mit der gleichen Lanze warf Sir Kay König Lot zu Boden und verletzte ihn schwer. Daraufhin galoppierte der König mit den hundert Rittern gegen Sir Kay, stieß ihn aus dem Sattel und nahm sein Pferd und gab es König Lot, der dafür großen Dank sagte. Als nun Sir Griflet sah, daß Sir Kay und Lucas zu Fuß waren, ergriff er eine scharfe Lanze, lang und dick, und ritt gegen Pinel, einen wackeren Krieger, und warf Roß und Reiter nieder und gab das Pferd Sir Kay. Als König Lot König Nentres zu Fuß sah, sprengte er gegen Melot de la Roche und warf ihn zu Boden und gab das Pferd König Nentres und half ihm aufsitzen. Der König mit den hundert Rittern bemerkte, daß König Idres zu Fuß war, er warf Gwimiart de Bloi aus dem Sattel und gab König Idres das Pferd; und König Lot warf Clariance de la Forest Savage nieder und gab das Pferd dem Herzog Eustace. Und als sie jedem König wieder zu einem Pferd verholfen hatten, ließen sie alle elf Könige zusammenkommen und sagten, sie sollten für den Schaden, den sie an diesem Tage genommen hatten, gerächt werden. Mittlerweile kam Sir Ector in Kampfeslust angesprengt und fand Ulfius und Brastias zu Fuß in großer Gefahr, denn sie wurden von Pferdehufen übel getreten. Da ritt König Artus wie ein Löwe gegen König Cradelment von Nordwales und traf ihn in die linke Seite, daß Pferd und König niederfielen, dann ergriff er das Pferd beim Zügel, führte es zu Ulfius und sagte: Nimm das Pferd, mein alter Freund, denn ein Pferd tut dir sehr gut. Habt vielen Dank, entgegnete Ulfius. Dann vollbrachte Artus so wunderbare Waffentaten, daß alle Männer staunten. Als der König mit den hundert Rittern König Cradelment zu Fuß sah, ritt er gegen Sir Ector, Sir Kays Vater, der ein gutes Pferd hatte, und warf Roß und Reiter zu Boden und gab das Pferd dem König und half ihm hinauf. Wie Artus den König auf Sir Ectors Pferd reiten sah, ergrimmte er und hieb ihm mit dem Schwert über den Helm, daß ein Viertel des Helms und des Schildes herunterfiel und das Schwert bis in den Hals des Pferdes drang und König und Pferd zur Erde sanken. Dann griff Sir Kay Sir Morganore, den Seneschall des Königs mit den hundert Rittern, an und warf ihn nieder und führte das Pferd zu seinem Vater, Sir Ector. Darauf geriet Sir Ector an einen Ritter namens Lardans und streckte Roß und Reiter nieder und gab das Pferd Sir Brastias, der dringend ein Pferd brauchte und der arg zerschunden war. Als Brastias den Mundschenk Lucas wie tot unter den Hufen der Pferde liegen sah – denn so unerschrocken Sir Griflet auch kämpfte, ihn zu befreien, Sir Lucas wurde stets von vierzehn Rittern hart bedrängt –, versetzte Brastias einem von ihnen einen Streich über den Helm, daß das Schwert bis zu den Zähnen durchfuhr, und einen anderen traf er, daß der Arm ins Gras fiel, und einen dritten, daß er Schulter und Arm verlor. Dann brachte er das Pferd eines erschlagenen Ritters zu Griflet, und als Griflet Rettung nahen sah, hieb er einem Ritter über die Schläfen, daß Kopf und Helm zu Boden fielen, und Griflet nahm das Pferd dieses Ritters und führte es zu Sir Lucas und hieß ihn aufsitzen und seine Wunden rächen.

MEHR ÜBER DIESE SCHLACHT. ❧
Kapitel 15
Dann erblickte Lucas König Agwisance, der kurz zuvor Moris de la Roche erschlagen hatte, und prallte mit einem kurzen Speer so wuchtig gegen ihn, daß dessen Pferd zu Boden stürzte. Auch traf Lucas auf Bloias de la Flandres und Sir Gwinas, zwei tapfere Ritter, die zu Fuß waren, und in seiner Wut erschlug er zwei junge Ritter und gab Bloias und Gwinas die Pferde. Dann nahm der Kampf auf beiden Seiten an Härte zu; Artus aber war froh, daß seine Ritter wieder im Sattel saßen. Die Heere kämpften miteinander, daß der Lärm und das Waffengeklirr weithin über den Wald und das Wasser schallten. Nun machten sich König Ban und König Bors fertig und nahmen ihre Schilde und Harnische auf, und sie waren so mutig, daß viele Ritter vor Kampfeseifer bebten. Unterdessen standen Lucas, Gwinas, Briant und Bellias von Flandern im heftigen Handgemenge mit sechs Königen: Lot, Nentres, Brandegoris, Idres, Uriens und Agwisance. Unterstützt von Sir Kay und Sir Griflet, bedrängten sie die sechs Könige so hart, daß sie kaum noch imstande waren, sich zu verteidigen. Als aber König Artus sah, daß die Schlacht überhaupt kein Ende nehmen wollte, wurde er zornig wie ein Löwe und lenkte sein Roß hierhin und dorthin, nach rechts und nach links, und hielt nicht an, bis er zwanzig Ritter erschlagen und König Lot schwer an der Schulter verwundet hatte, so daß dieser das Schlachtfeld verlassen mußte. Mit König Artus vollbrachten Sir Kay

und Griflet große Waffentaten. Ulfius, Brastias und Sir Ector trafen auf Herzog Eustace, die Könige Cradelment, Clariance, Carados und den König mit den hundert Rittern und schlugen so zu, daß sie zurückwichen. Da erhob König Lot großes Klagen über seine und seiner Gefährten Verluste und sagte zu den zehn Königen: Wenn ihr nicht meinem Rat folgt, werden wir geschlagen und vernichtet; gebt mir deshalb den König mit den hundert Rittern und König Agwisance, König Idres und den Herzog von Cambenet und fünfzehntausend Krieger dazu, und wir wollen uns im Hintergrund halten, während ihr anderen sechs Könige mit zwölftausend Kriegern die Schlacht fortsetzt. Wenn ihr lange genug gekämpft habt, wollen wir mit frischer Kraft über sie herfallen, sonst werden wir sie nicht bezwingen. Nach diesem Plane handelten sie, und die sechs Könige verstärkten ihren Angriff gegen Artus und kämpften lange mit ihm. Unterdessen brachen König Ban und König Bors aus dem Hinterhalt hervor. Lionses und Phariance führten die Vorhut an und stießen mit König Idres und seinen Mannen zusammen, und da begann ein großes Kämpfen und Lanzenbrechen und Schwertschlagen, und Krieger und Pferde wurden getötet, und König Idres geriet in arge Bedrängnis. Das sah König Agwisance, und der Herzog von Cambenet sprengte mit einer gewaltigen Schar heran und brachte Lionses und Phariance in große Lebensgefahr, so daß die beiden Ritter beinahe zurückgewichen wären, aber sie retteten sich und ihre Gefährten immer wieder auf wunderbare Weise. Als König Bors die beiden Ritter in solcher Not sah, betrübte es ihn sehr; da sprengte er so schnell heran, daß seine Schar ganz dunkel erschien, als wäre sie von Indigo gefärbt. Wie König Lot König Bors erblickte, den er gut kannte, rief er aus: O Herr, schütze uns vor Tod und schrecklichen Wunden! Ich sehe wohl, wir sind in großer Gefahr; denn ich erkenne dort drüben einen König, einen der angesehensten und besten Ritter der Welt, mit seinem Gefolge. Wer ist es? fragte der König mit den hundert

Rittern. Es ist König Bors von Gallien, erwiderte König Lot, und ich wundere mich, wie sie in dieses Land gekommen sind, ohne daß wir etwas davon wissen. Das geschah mit Merlins Hilfe, sagte ein Ritter. Da sprach König Carados: Ich will mich König Bors zum Kampfe stellen, wenn ihr mir beisteht, falls es not tut. Greift nur an, sagten alle, wir werden alles tun, was wir können. Da ritten König Carados und seine Schar langsam vor, bis sie nur noch einen Pfeilschuß von König Bors entfernt waren, dann ließen beide Schlachtreihen die Pferde galoppieren, so schnell sie konnten. Bleoberis, ein Patensohn von König Bors und ein tüchtiger Ritter, trug die Hauptstandarte. Jetzt wollen wir sehen, sagte König Bors, wie diese Nordbriten mit den Waffen umgehen können. Und König Bors durchbohrte einen Ritter mit dem Speer, daß er tot zur Erde fiel, danach zog er sein Schwert und vollbrachte wunderbare Waffentaten und setzte beide Seiten in großes Erstaunen; und seine Ritter standen ihm nicht nach, sondern taten ihr Teil, und König Carados wurde zu Boden geworfen. Aber der König mit den hundert Rittern kam hinzu und befreite König Carados mit mächtiger Waffengewalt; denn er war zwar noch jung, aber ein sehr wackerer Kämpe.

NOCH MEHR ÜBER DIESE SCHLACHT. 𝕰 Nunmehr kam König Ban, stark wie ein Löwe, mit grünen und goldenen Bändern auf das Schlachtfeld. Ach, rief König Lot, wir müssen ja geschlagen werden; denn dort sehe ich den tapfersten und berühmtesten Ritter der Welt! Zwei solche Brüder wie König Ban und König Bors gibt es unter den Lebenden nicht noch einmal; deshalb müssen wir das Feld räumen oder sterben, und wenn wir uns nicht männlich und klug zurückziehen, bleibt uns nur der Tod. Als König Ban in die Schlacht kam, focht er so grimmig, daß seine Streiche vom Wald und Wasser widerhallten; und König Lot weinte vor Kummer und Schmerz, als er so viele gute Ritter sterben sah. Die gewaltige Kraft König Bans trieb das geteilte Nordheer aus großer Furcht wieder zusammen, und die drei Könige mit ihren Rittern schlugen immer drauflos, daß es ein Jammer war, die fliehende Menge Volks zu sehen. Aber König Lot und der König mit den hundert Rittern und König Morganore sammelten ihre Mannen wieder, wie es echten Rittern gebührt, vollbrachten große Waffentaten und hielten den ganzen Tag in der Schlacht ihren Gegnern stand. Als der König mit den hundert Rittern den gewaltigen Schaden bemerkte, den König Ban anrichtete, sprengte er mit seinem Pferd gegen ihn und versetzte ihm einen mächtigen Streich auf den Helm und betäubte ihn fast. Da ergrimmte König Ban gegen ihn und verfolgte ihn ungestüm. Der andere sah das, riß seinen Schild in die Höhe und gab seinem Pferd die Sporen, aber der Streich König Bans fiel nieder und schnitt ein Stück vom Schild ab, dann glitt das Schwert am Panzerhemd den Rücken hinab, schnitt durch das stählerne Sattelzeug hindurch, teilte das Pferd in zwei Hälften und drang in die Erde. Der König mit den hundert Rittern machte sich schnell vom toten Pferd frei und durchbohrte mit seinem Schwert das Pferd König Bans. Darauf machte sich König Ban schnell von seinem toten Pferd frei und hieb dem Gegner so gewaltig auf den Helm, daß er zu Boden sank. Mit gleicher Wut schlug er König Morganore nieder, und viele wackere Ritter und Kriegsleute wurden hingeschlachtet. Unterdessen kam König Artus in das Handgemenge und sah König Ban zu Fuß zwischen toten Männern und toten Pferden wie einen zornigen Löwen kämpfen, daß niemand in die Reichweite seines Schwertes gelangen konnte, ohne einen schlimmen Schlag zu empfangen; und dieser Anblick betrübte Artus sehr. Artus war so mit Blut bedeckt, daß man ihn nicht einmal an seinem Schild erkennen konnte, und sein Schwert troff von Blut und Hirn. Als Artus um sich schaute, gewahrte er einen Ritter auf einem vortrefflichen Pferd und griff ihn sogleich an und hieb ihm auf den Helm, daß sein Schwert bis zu den Zähnen durchfuhr und der Ritter tot zur Erde sank. Artus nahm das Pferd dieses Ritters beim Zügel und führte es zu König Ban und sagte: Teurer Bruder, nehmt dieses Pferd, denn Ihr braucht es dringend, und mir tut bitter leid, daß Ihr so großen Schaden genommen habt. Er soll bald gerächt sein, antwortete König Ban, denn ich vertraue auf Gott, daß ich noch die Kraft habe, einige von denen dies bitter bereuen zu lassen. Das glaube ich gern, sagte Artus, denn ich sehe Eure Taten vor mir, und ich möchte nicht Euer Gegner sein. Als aber König Ban wieder im Sattel saß, begann die Schlacht von neuem, und sie war grausam und hart und ein großes Gemetzel. Unter Aufbietung aller Kräfte brachten König Artus und König Ban und König Bors ihre Gegner dazu, sich ein wenig zurückzuziehen, aber niemals ergriffen die elf Könige mit ihrer Ritterschaft die Flucht. Zuerst gingen sie langsam zurück auf ein Gehölz und dann über einen kleinen Fluß, und dort rasteten sie, denn in der Nacht hätten sie auf dem Feld keine Ruhe gefunden. Wie Männer in Furcht und schlimmer Lage sammelten sich die elf Könige und ihre Ritter alle auf einem Haufen, und niemand konnte an sie heran, sie hielten auf allen Seiten so dicht zusammen, daß Artus über ihre Waffentaten staunte und in großen Zorn geriet. Ach, Sir Artus, sagten König Ban und König Bors, tadelt sie nicht, denn sie kämpfen, wie tüchtige Männer kämpfen sollten. Bei meiner Ehre, sagte König Ban, sie sind die besten Recken und tapfersten Ritter, die ich je gesehen oder von denen ich je gehört habe, und diese elf Könige sind aller Ehren wert, und wenn sie Euch untertan wären, gäbe es keinen König unter dem Himmel, der elf so vortreffliche Ritter hätte. Ich darf ihnen nicht zugetan sein, sagte Artus, sie würden mich vernichten. Das wissen wir wohl, entgegneten König Ban und König Bors, sie sind Eure Todfeinde, das haben sie vorher schon bewiesen und heute erneut, und ihre Halsstarrigkeit ist sehr bedauerlich. Unterdessen kamen die elf Könige zusammen, und König Lot sprach zu ihnen: Ihr Herren, ihr müßt andere Wege gehen, sonst sind die großen Verluste vergebens. Ihr seht doch, wie viele Krieger wir bereits verloren haben und wie viele tüchtige Männer wir noch verlieren, weil wir immer auf das Fußvolk achten, und um einen vom Fußvolk zu retten, verlieren wir zehn Berittene. Mein Rat ist daher: wir müssen uns von unserem Fußvolk trennen. Die Nacht ist nahe, und der edle Artus wird sich nicht um das Fußvolk kümmern; sie können sich selbst in Sicherheit bringen, der Wald ist nicht weit. Und wenn wir Reiter beisammen sind, achte jeder von euch Königen darauf, daß bei Todesstrafe keiner die Reihen verläßt. Und wer sieht, daß sich einer zur Flucht bereit macht, soll ihn sogleich erschlagen; denn es ist besser, wir erschlagen einen Feigling, als daß wir alle durch einen Feigling erschlagen werden. Was sagt ihr dazu? fragte König Lot, antwortet mir, ihr Könige. Ihr habt gut gesprochen, antwortete König Nentres, und ihm stimmten alle anderen zu, und sie schwuren, einander weder im Leben noch im Tode im Stich zu lassen, und wer zu fliehen suchte, sollte erschlagen werden. Dann besserten sie ihre Harnische aus und richteten ihre Schilde und nahmen neue Lanzen und legten sie in ihre Hüften ein und standen still wie ein Wald.

NOCH MEHR ÜBER DIESELBE SCHLACHT, UND WIE IHR MERLIN EIN ENDE MACHTE. ☙ Da traten Artus, Ban und Bors vor ihre Ritter und lobten sie wegen ihres hohen ritterlichen Mutes als die tapfersten Kämpfer, die sie je gesehen oder von denen sie je gehört hatten. Darauf stellten sich etwa vierzig edle Ritter auf und sagten zu den drei Königen, sie wollten die Schlacht zu Ende bringen. Mit eingelegter Lanze ritten sie vorwärts und gaben ihren Pferden kräftig die Sporen. Und die elf Könige und ein Teil ihrer Ritter sprengten ihnen, so schnell ihre Pferde konnten, mit ihren Lanzen entgegen, und beide Seiten vollbrachten wunderbare Waffentaten. So kamen Artus, Ban und Bors in dichtes Handgemenge und schlugen rechts und links alles nieder, daß ihre Pferde bis zu den Fesseln im Blut gingen, aber immer standen die elf Könige mit ihrem Heer Artus von Angesicht zu Angesicht gegenüber. Darüber wunderten sich Ban und Bors in Anbetracht des großen Gemetzels sehr, doch schließlich wurden sie über einen kleinen Fluß zurückgedrängt. Da kam Merlin auf einem großen schwarzen Roß daher und sagte zu Artus: Ihr macht nie ein Ende! Habt Ihr nicht genug getan? Von sechzigtausend habt Ihr heute nur fünfzehntausend am Leben gelassen, und es ist Zeit Einhalt zu gebieten, denn Gott zürnt Euch, weil Ihr nie genug habt. Die elf Könige werdet Ihr diesmal nicht besiegen, aber wenn Ihr noch länger mit ihnen kämpft, wird Euch das Glück verlassen, und sie werden die Oberhand bekommen. Zieht Euch deshalb in Euer Lager zurück und ruht Euch aus, sobald Ihr könnt, und belohnt Eure tapferen Ritter mit Gold und Silber, denn sie haben es wahrlich verdient. Keine Schätze sind für sie zu wertvoll; nie hat jemand größere Heldentaten vollbracht als heute die wenigen Mannen, die Ihr besitzt, denn Ihr habt Euch mit den besten Recken der Welt gemessen. Das ist wahr, antworteten die Könige Ban und Bors. Weiter sprach Merlin: Zieht euch zurück, wohin ihr wollt, denn in den nächsten drei Jahren, so versichere ich euch, werden sie nichts gegen euch unternehmen, und dann werdet ihr wieder Nachricht bekommen. Und ferner sagte Merlin zu Artus: Diese elf Könige sind schlimmer dran, als sie ahnen, denn die Sarazenen sind in ihre Länder eingefallen, mehr als vierzigtausend, und sie brennen und morden und belagern die Burg Wandesborow und richten große Verwüstung an; fürchtet deshalb nichts in den nächsten drei Jahren. Und laßt das Schlachtfeld nach Beute absuchen, und wenn Ihr alles gesammelt habt, überlaßt es freigebig diesen beiden Königen, Ban und Bors, damit sie ihre Ritter belohnen können; das soll die Fremden bewegen, Euch bereitwilliger Dienste zu leisten, wenn Ihr sie braucht. Überdies seid Ihr in der Lage, Eure Ritter aus Euren eigenen Mitteln zu belohnen, wann immer

Ihr wollt. Du hast gut gesprochen, sagte Artus, und wie du
geraten hast, so soll es geschehen. Als die Beute an Ban und
Bors ausgehändigt worden war, verteilten diese alles ebenso
freigebig an ihre Ritter. Dann nahm Merlin Abschied von
Artus und von den zwei Königen, um seinen Lehrmeister
Bleise aufzusuchen, der in Northumberland lebte. So reiste
er ab und traf glücklich bei seinem Meister ein, der sich sehr
über sein Kommen freute. Merlin berichtete ihm, wie Artus
und die zwei Könige die große Schlacht schlugen und wie
sie endete, und er nannte die Namen aller Könige und edlen
Ritter, die dabei waren. Und Bleise schrieb alles Wort für
Wort nieder, was Merlin ihm erzählte. Alle Schlachten, die
in Artus' Tagen geschlagen wurden, ließ Merlin seinen Lehrmeister Bleise in dieser Weise aufzeichnen, ebenso die
Kämpfe, die jeder der edlen Ritter vom Hofe des Artus zu
bestehen hatte. Danach schied Merlin von Bleise und kam
am Morgen nach Lichtmeß zu König Artus in die Burg
Bedegraine, eine der Burgen im Wald von Sherwood. Merlin
war so verkleidet, daß Artus ihn nicht erkannte; denn er war
ganz in schwarze Schafspelze eingemummt, trug große Stiefel
und einen rotbraunen Umhang, führte einen Bogen und Pfei-
le mit sich und hielt Wildgänse in der Hand. Herr, sagte
Merlin zum König, wollt Ihr mir eine Gabe geben? Weshalb,
erwiderte der König, sollte ich dir etwas geben, Kerl? Herr,
sprach Merlin, Ihr tätet besser daran, mir eine Gabe zu geben,
die nicht in Eurer Hand ist, als große Reichtümer zu verlieren; denn hier, auf dem Schauplatz der gewaltigen Schlacht,
ist ein großer Schatz im Boden verborgen. Wer hat dir das
gesagt, Kerl? fragte Artus. Merlin hat es mir gesagt, antwortete dieser. Da erkannten ihn Ulfius und Brastias und
schmunzelten. Herr, sagten die beiden Ritter, es ist Merlin
der so zu Euch spricht. Darüber war Artus sehr beschämt,
und er staunte über Merlin, ebenso wie König Ban und König
Bors, und es gab viel Gelächter. Mittlerweile war ein Edelfräulein gekommen, die Tochter des Grafen Sanam. Sie hieß

Lionors und war sehr schön. Sie wollte Artus huldigen, wie es viele Herren nach der großen Schlacht getan hatten. König Artus verliebte sich sehr in sie und sie in ihm; und der König wurde mit ihr einig und zeugte ein Kind mit ihr, daß sie Borre nannten. Dieser Knabe wurde später ein wackerer Ritter und Mitglied der Tafelrunde. Dann kam Botschaft, daß König Rience von Nordwales gegen König Lodegrance von Cameliard großen Krieg führte, und darüber ward Artus zornig, denn er liebte ihn und haßte König Rience, der sich immer gegen ihn stellte. So wurden auf Befehl der drei Könige alle diejenigen nach Benwick zurückgesandt, die zum Schutz gegen König Claudas heimziehen wollten, und Phariance und Antemes und Gracian und Lionses von Payarne sollten sie führen.

 WIE KÖNIG ARTUS, KÖNIG BAN UND KÖNIG BORS DEN KÖNIG LODEGRANCE RETTETEN UND ANDERE EREIGNISSE. 🙰 Danach zogen König Artus und König Ban und König Bors mit ihrer Gefolgschaft aus, an die zwanzigtausend Mann, und kamen nach sechs Tagen in das Land Cameliard. Hier leisteten sie König Lodegrance Beistand und erschlugen viele Männer des Königs Rience und jagten ihn in die Flucht. Darauf gab König Lodegrance den drei Königen ein großes Freudenfest und dankte ihnen für den Freundesdienst, daß sie ihn an seinen Feinden gerächt hatten. Und dabei erblickte Artus zum ersten Male Ginevra, die Tochter des Königs von Cameliard, die er von da an immer liebte. Später wurden sie Mann und Frau, wie in diesem Buche berichtet wird. Dann, um es kurz zu machen, nahmen die Könige Ban und Bors Abschied, um in ihre eigenen Länder zurückzukehren, denn König Claudas richtete dort schlimme Verwüstungen an. Da sprach Artus: Ich will mit euch gehen. Nein, entgegneten die Könige, das sollt Ihr diesmal nicht, denn Ihr habt in diesem Lande noch viel zu tun. Wir

wollen allein reisen und mit den reichen Schätzen, die wir hier durch Eure Gaben erhalten haben, tapfere Ritter in Sold nehmen und der Bosheit des Königs Claudas entgegentreten. Und wenn es nötig sein sollte, werden wir, bei der Gnade Gottes, zu Euch schicken und Euch um Beistand bitten, und wenn Ihr in Not seid, schickt nach uns, und wir werden nicht säumen, bei unserem Leben. Es wird nicht nötig sein, sagte Merlin, daß diese beiden Könige zu einem Kriege wiederkommen; doch ich weiß sehr wohl, König Artus sieht euch bald wieder, denn binnen ein oder zwei Jahren werdet ihr in großer Not sein, und dann wird er euch an euern Feinden rächen, wie ihr es an seinen getan habt. Diese elf Könige werden alle an einem Tage sterben durch die große Kraft und die heldischen Waffentaten zweier tapferer Ritter, Balin le Savages und seines Bruders Balan. Nun wenden wir uns den elf Königen zu. Sie zogen sich in eine Stadt namens Sorhaute zurück, die im Reiche des Königs Uriens lag; dort erholten sie sich, so gut sie konnten, und ließen ihre Wunden von Ärzten behandeln und trauerten tief über den Tod ihrer Leute. In dieser Zeit kam ein Bote und berichtete, daß vierzigtausend Feinde, gesetzlose Gesellen und Sarazenen, ins Land eingefallen seien, die ohne Gnade alles niederbrannten und töteten, was ihnen in den Weg kam, und die Burg Wandesborow belagerten. Ach, riefen die elf Könige, hier ist Unheil über Unheil. Wenn wir nicht gegen Artus Krieg geführt hätten, würde er uns bald rächen. Was König Lodegrance angeht, so ist er mehr Artus' Freund als unserer, und König Rience hat genug mit Lodegrance zu tun, denn dieser belagert seine Burg. Sie kamen überein, sie wollten alle ihre Gebiete in Cornwall, Wales und im Norden halten. Zuerst legten sie König Idres mit viertausend Bewaffneten in die Stadt Nauntes, um Land und Wasser zu überwachen, und in die Stadt Windesan legten sie König Nentres von Garlot mit viertausend Rittern. Weitere achttausend Mann zogen sie in allen Festungen der Gemarkungen von Cornwall zusammen. Ferner sandten sie mehr Ritter mit vielen tapferen Kriegern in alle Gemarkungen von Wales und Schottland. So behaupteten sie sich drei Jahre lang und verbündeten sich immer mit mächtigen Königen, Herzögen und Baronen. Und zu ihnen stießen König Rience von Nordwales und Nero, ein mächtiger Kriegsmann. In dieser ganzen Zeit rüsteten sie sich, holten wackere Krieger zusammen und versahen sich mit Proviant und allerlei Ausrüstung, die zum Krieg gehört, um sich für die Schlacht bei Bedegraine zu rächen, wie im folgenden Buch der Abenteuer erzählt wird.

WIE KÖNIG ARTUS NACH CARLION RITT, VON SEINEM TRAUM, UND WIE ER DAS BELLENDE TIER SAH. ❧ Nach der Abreise von König Ban und König Bors ritt König Artus nach Carlion. Und dahin kam auch das Weib des Königs Lot von Orkney, zum Schein mit einer Botschaft, in Wahrheit aber, um den Hof des Königs Artus auszukundschaften. Sie kam in stattlichem Aufzug mit ihren vier Söhnen Gawein, Gaheris, Agrawein und Gareth und vielen Rittern und Damen. Da sie sehr schön war, entbrannte der König in großer Liebe zu ihr und wollte gern das Lager mit ihr teilen, und sie kamen zusammen, und er zeugte Mordred mit ihr. Sie war die Tochter Igraines und daher seine Schwester, doch Artus wußte es nicht. Sie verweilte einen Monat und reiste dann ab. Danach hatte der König einen seltsamen Traum, über den er sehr erschrak: Er träumte, es wären Greife und Schlangen in sein Land gekommen und sie würden alles niederbrennen und die Menschen töten; und dann vermeinte er, mit ihnen zu kämpfen, und sie fügten ihm großen Schaden zu und verwundeten ihn schwer, doch zuletzt erschlug er sie. Als der König erwachte, war er von dem Traum ganz benommen. Um den Gedanken an ihn zu vertreiben, rüstete er sich mit vielen Rittern zur Jagd. Kaum war der König im Walde angelangt, als er einen großen Hirsch vor sich sah. Diesen Hirsch will ich jagen, sagte Artus, und er spornte sein Roß und verfolgte ihn lange. Er strengte sich mächtig an und war nahe daran, den Hirsch zu erlegen; schließlich hatte ihn der König so lange gejagt, daß sein Roß erschöpft war und tot niederfiel. Da schickte er einen Knappen nach einem neuen Pferd. So sah der König den Hirsch im Gebüsch verschwinden; er ließ sich an einem Quell nieder und verfiel in tiefes Nachdenken. Als er so saß, glaubte er das Bellen von Hunden zu vernehmen, etwa dreißig an der Zahl, und auf einmal sah er das seltsamste Tier, das er je erblickt oder hatte beschreiben hören, auf sich zukommen. Das Tier ging zum Quell, und aus seinem Bauch drang ein Lärm wie von dreißig bellenden Hunden, aber solange es trank, war alles still; und darauf verschwand das Tier mit lautem Gebell, worüber sich der König sehr wunderte. Tief in Gedanken versunken schlief er schließlich ein. Da kam ein Ritter zu Fuß und sprach zu Artus: Nachdenklicher und schläfriger Ritter, sagt mir, ob Ihr ein seltsames Tier hier vorbeikommen saht. So eins sah ich, erwiderte Artus, das ist jetzt zwei Meilen weg; was wollt Ihr mit dem Tier? Herr, ich habe das Tier lange verfolgt und dabei mein Pferd zu Tode geritten, ich wollte, ich hätte ein anderes, um der Fährte weiter folgen zu können. In diesem Augenblick kam der Knappe mit dem Pferd des Königs, und als der Ritter das Pferd sah, bat er den König, es ihm doch zu überlassen: Denn ich reite hinter diesem Tier schon seit über zwölf Monaten her und werde es entweder einholen oder mein Herzblut vergießen. Es war Pellinore, damals König, der das bellende Tier verfolgte, und nach seinem Tode verfolgte es dann Sir Palamides.

WIE KÖNIG PELLINORE ARTUS' PFERD NAHM UND DAS BELLENDE TIER VERFOLGTE, UND WIE MERLIN ARTUS BEGEGNETE. ❧ Herr Ritter, sagte der König, laßt die Verfolgung sein und erlaubt mir, sie aufzunehmen, und ich will hinter dem Tier weitere zwölf Monate herreiten. Ach, du Tor, sprach der Ritter zu Artus, dein Wunsch ist eitel, denn niemand außer mir oder einem meiner nächsten Verwandten wird das Tier einholen. Damit ging er auf das Pferd des Königs zu, stieg in den Sattel und sagte: Vielen Dank, das Pferd ist mein. Gut, sagte der König, du kannst mein Pferd mit Gewalt nehmen, aber erst, wenn du bewiesen hast, daß du ein besserer Reiter bist als ich. Gut, erwiderte der Ritter, suche mich hier, wann du willst, und bei diesem Quell sollst du mich finden; und damit ritt er davon. Da befahl der König seinen Leuten, ihm, so schnell sie konnten, ein Pferd zu holen, und setzte sich grübelnd nieder. Auf einmal kam Merlin in Gestalt eines Knaben von vierzehn Jahren daher und grüßte den König und fragte ihn, warum er so nachdenklich sei. Ich darf wohl nachdenklich sein, entgegnete der König, denn ich habe eben die wunderlichste Erscheinung gesehen, die mir je begegnet ist. Das weiß ich so gut wie du, sagte Merlin, und ich kenne alle deine Gedanken, aber du bist ein Tor, so zu grübeln, denn es wird dir nicht helfen. Ich weiß auch, wer du bist und wer dein Vater war und wer dich zur Welt gebracht hat: König Uther Pendragon war dein Vater, und er zeugte dich mit Igraine. Das ist nicht wahr, sagte König Artus, wie solltest du es auch wissen, denn du bist doch nicht so alt an Jahren, meinen Vater zu kennen. Doch, erwiderte Merlin, ich weiß es besser als du oder irgendein Lebendiger. Ich glaube dir nicht, sagte Artus und war zornig auf das Kind. Da verschwand Merlin und kam in der Gestalt eines alten Mannes von achtzig Jahren wieder, der zur Freude des Königs recht weise zu sein schien. Und der alte Mann fragte: Warum blickt Ihr so düster? Ich darf wohl düster blicken, entgegnete Artus, und das aus vielen Gründen. Auch war hier ein Kind und berichtete mir viele Dinge, die es, scheint mir, gar nicht wissen konnte, denn es war nicht alt genug, meinen Vater zu kennen. Doch, sagte der alte Mann, das Kind hat die Wahrheit gesprochen, und es hätte Euch mehr berichtet, wenn Ihr es zugelassen hättet. Ihr aber habt vor kurzem etwas getan, das Gott erzürnt hat; denn Ihr habt bei Eurer Schwester gelegen und mit ihr ein Kind gezeugt, das Euch und alle Ritter Eures Reiches vernichten wird. Wer seid Ihr, sagte Artus, daß Ihr mir solche Prophezeiungen bringt? Ich bin Merlin, und ich war auch hier in der Gestalt des Kindes. Ach, sagte Artus, Ihr seid ein großer Weissager, doch ich staune sehr über Eure Worte, daß ich in der Schlacht sterben soll. Staunt nicht, entgegnete Merlin, denn es ist Gottes Wille, daß Euer Leib für Eure schändlichen Taten bestraft wird; doch ich selbst habe Grund zur Trauer, denn ich werde einen schmachvollen Tod sterben und lebend in der Erde vergraben werden, doch Ihr sollt einen ehrenvollen Tod sterben. Und als sie so sprachen, kam einer mit des Königs Pferd, und der König bestieg es und Merlin ein anderes, und so ritten sie nach Carlion. Dort fragte der König sogleich Ector und Ulfius, wer ihn gezeugt habe. Und sie berichteten ihm, daß Uther Pendragon sein Vater und Königin Igraine seine Mutter war. Da sprach er zu Merlin: Ich will, daß meine Mutter geholt wird, damit ich mit ihr sprechen kann, und wenn sie dasselbe sagt, dann will ich es glauben. Eilends wurde nach der Königin geschickt, und sie kam und brachte ihre Tochter Morgan le Fay mit, eine Dame, so schön, wie man sie sich nur vorstellen konnte, und der König hieß Igraine aufs beste willkommen.

Kapitel
21

WIE ULFIUS KÖNIGIN IGRAINE, DIE MUTTER VON ARTUS, DES VERRATS BEZICHTIGTE, UND WIE EIN RITTER KAM UND RACHE FÜR DEN TOD SEINES HERREN BEGEHRTE. 🙟 Da trat Ulfius vor und sagte laut, daß der König und alle, die an diesem Tage festlich versammelt waren, es hören konnten: Ihr seid die falscheste Frau der Welt und die größte Verräterin an der Person des Königs. Bedenke, was du sagst, entgegnete Artus, du sprichst Großes aus. Ich weiß wohl, was ich sage, erwiderte Ulfius, hier ist mein Handschuh, um jedem zu beweisen, der das Gegenteil behauptet, daß Königin Igraine die Urheberin Eures großen Schadens und Eures großen Krieges ist; denn hätte sie von Eurer Herkunft gesprochen und bekannt, wie Ihr gezeugt wurdet, als König Uther Pendragon noch lebte, Ihr hättet niemals diese erbitterten Kriege führen müssen. Die meisten Barone in Euerm Reiche haben nie erfahren, wer Euch gezeugt und wer Euch zur Welt gebracht hat; sie, die Euch in ihrem Leibe getragen hat, hätte es offen bekennen sollen, zur Rechtfertigung ihrer und Eurer und des ganzen Reiches Ehre. Und so beweise ich, daß sie falsch ist gegen Gott und gegen Euch und gegen Euer ganzes Reich, und wer das Gegenteil sagt, dem will ich es an seinem Leibe beweisen. Dann sprach Igraine und sagte: Ich bin ein Weib und kann nicht fechten, aber bevor ich entehrt werden soll, möge ein tüchtiger Mann meinen Streit aufnehmen. Überdies, sagte sie, weiß Merlin sehr gut, ebenso Ihr Sir Ulfius, wie König Uther in der Gestalt meines Herren, der drei Stunden zuvor gestorben war, zu mir in die Burg Tintagil kam und in dieser Nacht mit mir ein Kind zeugte. Und dreizehn Tage danach heiratete mich König Uther, und auf sein Geheiß wurde das Kind, als es geboren war, Merlin übergeben und von ihm aufgezogen; danach habe ich das Kind nie wiedergesehen und wußte nicht, wie es heißt. Da sprach Ulfius zur Königin: Merlin ist mehr zu tadeln als Ihr.

Ich weiß wohl, sagte die Königin, daß ich ein Kind von meinem Herrn, König Uther, habe, aber ich weiß nicht, was aus ihm geworden ist. Da nahm Merlin den König bei der Hand und sagte: Das ist Eure Mutter. Und darauf legte Sir Ector Zeugnis ab, wie er Artus auf Uthers Geheiß aufgezogen hatte. Und darauf schloß König Artus seine Mutter, Königin Igraine, in die Arme und küßte sie, und sie weinten miteinander. Dann veranstaltete der König ein Fest, das acht Tage dauerte. Eines Tages kam ein Knappe zum Hofe geritten, der hatte einen tödlich verwundeten Ritter vor sich auf dem Pferd; er berichtete, im Walde habe ein Ritter bei einem Quell ein Zelt aufgeschlagen: Und der hat meinen Herrn erschlagen, einen trefflichen Ritter, sein Name war Miles. Ich bitte Euch, daß Ihr meinen Herrn begraben laßt und daß ein Ritter den Tod meines Herrn rächt. Darauf erhob sich große Unruhe am Hofe über den Tod des Ritters, und jeder gab seinen Rat. Da trat Griflet vor, der erst Knappe war und noch jung, so alt wie Artus, und bat den König, ihn für alle die Dienste, die er ihm erwiesen hatte, in den Ritterstand zu erheben.

WIE GRIFLET ZUM RITTER GESCHLA-
GEN WURDE UND MIT EINEM RITTER
KÄMPFTE. ❧ Du bist noch zu jung an Jahren, sagte Artus, um in einen so hohen Stand einzutreten. Herr, ich bitte Euch, entgegnete Griflet, macht mich zum Ritter. Da sagte Merlin: Es wäre sehr schade, Griflet zu verlieren, denn er wird ein sehr tüchtiger Mann werden und sein ganzes Leben lang um Euch sein. Und es ist sehr unsicher, ob er wieder zurückkommt, wenn er den Kampf wagt mit jenem Ritter an dem Quell, einem der besten Ritter und der stärksten Männer in der Welt. Also gut, sagte Artus, und er schlug Griflet auf dessen Wunsch zum Ritter. Darauf sagte Artus zu Sir Griflet: Da ich dich nun zum Ritter gemacht habe, mußt du mir eine Bitte erfüllen. Was Ihr wollt, entgegnete Griflet. Du mußt mir bei deinem Leben versprechen, daß du ohne Verzug zu mir zurückkehrst, wenn du

mit dem Ritter am Quell gekämpft hast, ganz gleich, ob du zu Fuß bist oder zu Pferde. Das verspreche ich Euch, sagte Griflet und nahm dann eilends sein Pferd, ergriff Schild und Lanze und ritt in scharfem Galopp, bis er an den Quell kam. Dort gewahrte er ein prächtiges Zelt, und unter einem Schutzdach aus Tuch stand ein schönes, wohlgesatteltes und -gezäumtes Pferd, und an einem Baum lehnten ein bunter Schild und eine große Lanze. Griflet schlug mit seiner Lanzenspitze gegen den Schild, daß er zu Boden fiel. Da trat der Ritter aus dem Zelt und sagte: Edler Ritter, warum werft Ihr meinen Schild um? Weil ich mit Euch kämpfen will, antwortete Griflet. Tut das lieber nicht, sagte der Ritter, denn Ihr seid noch jung und erst vor kurzem zum Ritter geschlagen worden, und Eure Kraft ist nichts gegen meine. Was das angeht, entgegnete Griflet, so will ich mit Euch kämpfen. Das tut mir leid, sagte der Ritter, doch wenn es sein muß, will ich mich wappnen. Woher seid Ihr? fragte der Ritter. Herr, ich bin von Artus' Hofe. Und die beiden Ritter stießen heftig zusammen, wobei Griflets Lanze ganz zersplitterte, und der Ritter traf Griflet durch den Schild in die linke Seite, daß die Lanze zerbrach und der Stumpf im Körper stecken blieb und Roß und Reiter zu Boden fielen.

 WIE ZWÖLF RITTER VON ROM KA-MEN UND VON ARTUS HULDIGUNG FORDERTEN, UND WIE ARTUS MIT EINEM RITTER KÄMPFTE. ❧ Als der Ritter ihn so am Boden liegen sah, stieg er ab und war sehr betrübt, denn er glaubte, er hätte ihn erschlagen; und dann löste er ihm den Helm und schaffte ihm Luft und setzte ihn mit dem Stumpf aufs Pferd, empfahl ihn Gott und sagte, er hätte ein tapferes Herz, und wenn er am Leben bliebe, würde er sich als trefflicher Ritter bewähren. Und so ritt Sir Griflet zum Hofe, wo großer Jammer um ihn anhub, aber durch gute Ärzte wurde er gerettet und geheilt. Um diese Zeit trafen zwölf Ritter, ältere Männer, am Hofe ein. Sie kamen vom Kaiser von Rom und forderten

Kapitel 23

Artus auf, ihm zu huldigen, andernfalls würde der Kaiser ihn und sein Reich verderben. Als Gesandte, entgegnete Artus, dürft ihr alles sagen, sonst solltet ihr dafür sterben. Dies ist meine Antwort: Ich bin dem Kaiser keine Huldigung schuldig und werde ihm keine leisten, aber auf offenem Felde will ich ihm meine Huldigung darbringen, und zwar mit einem scharfen Speer oder einem scharfen Schwert, und bis dahin soll nicht viel Zeit vergehen, bei der Seele meines Vaters Uther Pendragon. Daraufhin zogen die Gesandten sehr zornig ab, und König Artus war ebenso zornig, denn sie waren zur Unzeit gekommen, da der König wegen der Verwundung Sir Griflets überaus ergrimmt war. Und so befahl er einem seiner Kämmerer, daß noch vor Anbruch des nächsten Tages sein bestes Pferd und seine Rüstung mit allem, was dazu gehörte, vor die Stadt gebracht werden sollte. Am frühen Morgen bestieg Artus sein Pferd, nahm seinen Schild und seine Lanze auf und hieß seinen Kämmerer an der Stelle warten, bis er wiederkäme. Gemächlich ritt Artus dahin, bis es Tag wurde. Da bemerkte er drei Kerle, die Merlin verfolgten und ihn erschlagen wollten. Da ritt der König auf sie zu und rief: Flieht, ihr Mordgesellen! Und als sie einen Ritter sahen, erschraken sie und flohen. O Merlin, sagte Artus, hier wärest du bei all deinen Künsten erschlagen worden, wenn ich nicht gewesen wäre. Nein, sagte Merlin, durchaus nicht, ich hätte mich retten können, wenn ich nur gewollt hätte, aber du bist dem Tode näher als ich, wenn dir Gott nicht beisteht. Wie sie so sprachen, kamen sie zu dem Quell und dem prächtigen Zelt daneben, und Artus sah einen gewappneten Ritter auf einem Sessel sitzen. Herr Ritter, sagte Artus, aus welchem Grund verweilt Ihr hier und laßt keinen Ritter diesen Weg reiten, ohne daß er mit Euch kämpfen muß? Ich rate Euch, laßt diesen Brauch. Diesen Brauch, entgegnete der Ritter, habe ich immer geübt, und ich will ihn üben jedem zum Trotz, der nein sagt; und wem mein Brauch mißfällt, der mag ihn ändern, wenn er kann. Ich will ihn ändern, sagte Artus. Das werde ich Euch wehren, entgegnete der Ritter, stieg augenblicklich aufs Pferd und nahm Schild und Lanze, und sie stießen so scharf zusammen, daß ihre Lanzen an den Schilden ganz und gar zersplitterten. Darauf zog Artus sein Schwert. Nein, nicht so, sagte der Ritter, es ist gerechter, daß wir beide noch einmal mit scharfen Lanzen gegeneinanderreiten. Das wollte ich gern, entgegnete Artus, wenn ich noch eine Lanze hätte. Ich habe genug, sagte der Ritter, und es kam ein Knappe und brachte zwei gute Lanzen, und Artus wählte die eine und der Ritter die andere. Nun spornten sie ihre Pferde und stießen mit aller Kraft zusammen, daß beider Lanzen zerbrachen. Da legte Artus die Hand an sein Schwert. Nein, sagte der Ritter, Ihr sollt Besseres leisten; Ihr seid einer der besten Tjoster, die ich je getroffen habe, und dem hohen Stand der Ritterschaft zuliebe laßt uns noch einmal tjosten. Ich bin einverstanden, sagte Artus. Sofort brachte man zwei große Lanzen, und jeder Ritter nahm eine, und sie ritten gegeneinander, und Artus' Lanze zersplitterte. Aber der Ritter stieß ihn so gewaltig mitten auf den Schild, daß Roß und Reiter zu Boden fielen. Darüber ergrimmte Artus, zog sein Schwert und sagte: Ich will mit Euch, Herr Ritter, zu Fuß kämpfen, denn zu Pferde bin ich besiegt worden. Ich will zu Pferde bleiben, erwiderte der Ritter. Da geriet Artus in Zorn und ging mit erhobenem Schild und gezogenem Schwert auf ihn los. Als der Ritter das sah, hielt er es nicht für ehrenhaft, über einen Ritter solchen Vorteil zu haben, er zu Pferde und der andere zu Fuß, und er stieg ab und trat Artus mit erhobenem Schild entgegen. Da begann ein heftiger Kampf mit vielen guten Streichen. Sie hieben mit ihren Schwertern so gewaltig drein, daß die Stücke flogen und beide viel Blut verloren, bis der ganze Kampfplatz davon bedeckt war. So kämpften sie lange und ruhten sich aus und kämpften von neuem und rannten gegeneinander wie zwei Widder, daß beide zu Boden fielen. Zuletzt hieben sie so aufeinander ein, daß ihre beiden Schwerter zusammenprallten; das Schwert des Ritters schnitt das des Königs in zwei Stücke, worüber Artus sehr betroffen war. Da sagte der Ritter zu Artus: Du bist in meiner Gewalt, und ich kann dich schonen oder töten, wenn ich will, und falls du dich nicht als überwunden bekennst und um Gnade bittest, sollst du sterben. Was den Tod angeht, erwiderte Artus, der sei mir willkommen. Ehe ich mich dir ergebe und um Gnade bitte, will ich lieber sterben als mit solcher Schande leben. Und damit stürzte sich der König auf den Ritter, packte ihn in der Mitte, warf ihn nieder und riß ihm den Helm herunter. Da erschrak der Ritter, doch er war ein sehr starker Mann und brachte Artus bald unter sich und nahm ihm den Helm ab und wollte ihm den Kopf abschlagen.

WIE MERLIN ARTUS DAS LEBEN RETTETE, EINEN ZAUBER ÜBER KÖNIG PELLINORE WARF UND IHN IN SCHLAF VERSETZTE. ❧ Da kam Merlin dazu und rief: Ritter, halte ein, denn wenn du diesen Ritter tötest, bringst du das Reich in die größte Not, in der je ein Reich war; denn dieser Ritter ist ein Mann von höherem Rang, als du glaubst. Wieso, wer ist es? fragte der Ritter. Es ist König Artus. Da wollte der Ritter ihn aus Furcht vor seinem Zorn erschlagen und hob sein Schwert, doch Merlin warf einen Zauber auf ihn, daß er in tiefem Schlaf zur Erde sank. Dann hob Merlin König Artus auf und ritt auf dem Pferd des Ritters davon. Ach, sagte Artus, was hast du getan, Merlin? Hast du diesen trefflichen Ritter mit deinen Künsten erschlagen? Es lebt kein so ruhmvoller Ritter wie er, und ich wollte lieber für ein Jahr auf mein Land verzichten, wenn er nur lebte. Sorgt Euch nicht, antwortete Merlin, es geht

DIE DAME VOM SEE
ERZÆHLT ARTVS VON DEM
SCHWERT EXCALIBVR

ihm besser als Euch; denn er schläft nur und wird in drei Stunden aufwachen. Ich habe Euch gesagt, fuhr Merlin fort, was für ein Ritter er ist. Ihr wäret hier erschlagen worden, wenn ich nicht gewesen wäre. Es gibt keinen stärkeren Ritter als ihn, und er wird Euch später sehr gute Dienste leisten. Sein Name ist Pellinore, und er wird zwei Söhne haben, aus denen einmal tüchtige Männer werden; mit einer Ausnahme werden sie an Tapferkeit und trefflicher Lebensart niemand ihresgleichen finden, und ihre Namen werden sein Parzival und Lamorak, und dieser wird Euch den Namen Eures Sohnes nennen, den Ihr mit Eurer Schwester gezeugt habt und der Zerstörung über dieses Reich bringen wird.

 WIE ARTUS MIT MERLINS HILFE SEIN SCHWERT VON DER DAME VOM SEE ERHIELT. So ritten der König und Merlin zu einem Einsiedler, der ein frommer Mann und guter Arzt war. Und der Einsiedler untersuchte alle Wunden des Königs und gab ihm wirksame Salben, und die Wunden waren nach drei Tagen so gut geheilt, daß der König weiterreiten konnte. Während sie dahinritten, sagte Artus: Ich habe kein Schwert. Das macht nichts, entgegnete Merlin, hier in der Nähe ist ein Schwert, das soll Euch gehören, wenn ich es vermag. So ritten sie, bis sie an einen klaren und breiten See kamen, und in der Mitte des Sees sah Artus einen Arm, der in weißen Brokat gekleidet war und ein prächtiges Schwert in der Hand hielt. Seht, sagte Merlin, dort ist das Schwert, von dem ich sprach. Und da bemerkten sie ein Fräulein, das auf dem See fuhr. Was für ein Fräulein ist das? fragte Artus. Das ist die Dame vom See, antwortete Merlin, und mitten im See steht ein Felsen, und darin ist ein Palast, so schön wie nur einer auf Erden und reich ausgestattet. Wenn dieses Fräulein jetzt zu Euch kommt, dann redet freundlich mit ihr, damit sie Euch das Schwert gibt. Da kam das Fräulein zu Artus und grüßte ihn, und er grüßte sie wieder. Fräulein, sagte Artus, was ist das für ein Schwert, das der Arm dort aus dem Wasser hält? Ich wünschte, er gehörte mir, denn ich habe kein Schwert. König Artus, antwortete das Fräulein, das Schwert gehört mir, aber gebt Ihr mir ein Geschenk, wenn ich darum bitte, so sollt Ihr es haben. Bei

meiner Ehre, sagte Artus, ich will Euch jedes Geschenk geben, um das Ihr bittet. Gut, entgegnete das Fräulein, rudert mit jenem Boot zu dem Schwert und nehmt es samt der Scheide mit Euch, und ich will Euch um mein Geschenk bitten, sobald die Zeit dafür kommt. Da saßen Artus und Merlin ab, banden ihre Pferde an zwei Bäume und stiegen in das Boot, und als sie zu der Hand kamen, die das Schwert hielt, faßte es Artus am Griff und nahm es mit, und der Arm und die Hand sanken ins Wasser. Bald erreichten sie das Ufer und ritten davon, und da sah Artus ein prächtiges Zelt. Was bedeutet das Zelt dort? Es ist das Zelt des Ritters Pellinore, antwortete Merlin, mit dem Ihr neulich gekämpft habt, aber er ist nicht da. Er hat Streit mit einem Eurer Ritter namens Egglame, und sie haben miteinander gekämpft, doch am Ende ist Egglame geflohen, sonst wäre er getötet worden. Pellinore hat ihn bis nach Carlion verfolgt, und wir werden ihn bald auf unserer Straße treffen. Das höre ich gern, sagte Artus, jetzt habe ich ein Schwert, und jetzt will ich mit ihm kämpfen und mich an ihm rächen. Herr, das sollt Ihr nicht, entgegnete Merlin, denn der Ritter ist müde von Kampf und Verfolgung, so daß es Euch keine Ehre einbringt, wenn Ihr Euch jetzt mit ihm anlegt; auch kommt ihm unter den lebenden Rittern kaum einer gleich, und deshalb rate ich Euch, laßt ihn ziehen, denn er wird Euch in kurzer Zeit gute Dienste leisten, und nach ihm seine Söhne. Ihr werdet schon bald den Tag erleben, an dem Ihr ihm mit Freuden Eure Schwester zur Frau gebt. Wenn ich ihm begegne, will ich Euern Rat befolgen, sagte Artus. Dann besah sich Sir Artus das Schwert, und es gefiel ihm sehr. Was gefällt Euch besser, fragte Merlin, das Schwert oder die Scheide? Mir gefällt das Schwert besser, entgegnete Artus. Ihr seid sehr töricht, sagte Merlin, die Scheide ist zehn Schwerter wert; denn solange Ihr die Scheide an Euch tragt, werdet Ihr kein Blut verlieren, und wenn Ihr noch so schwer verwundet seid; deshalb achtet gut darauf, daß Ihr die Scheide stets bei Euch habt. So ritten sie nach Carlion, und unterwegs trafen sie auf Sir Pellinore; doch Merlin hatte einen Zauber gewirkt, daß Pellinore Artus nicht sah und ohne ein Wort vorüberritt. Ich wundere mich, sagte Artus, daß der Ritter nicht gesprochen hat. Herr, entgegnete Merlin, er hat Euch nicht gesehen; denn sonst wäret Ihr nicht so leicht davongekommen. Schließlich erreichten sie Carlion, wo Artus' Ritter über seine Rückkehr sehr froh waren. Und als sie von seinen Abenteuern hörten, staunten sie, daß er sich allein solchen Gefahren ausgesetzt hatte. Aber alle Männer von Ehre meinten, es sei eine große Freude, unter solch einem Oberherrn zu dienen, der sich selbst in Abenteuer begebe wie irgendein namenloser Ritter.

WIE BOTSCHAFT ZU ARTUS KAM, DASS KÖNIG RIENCE ELF KÖNIGE BEZWUNGEN HATTE, UND WIE ER VON ARTUS DEN BART ALS BESATZ FÜR SEINEN MANTEL BEGEHRTE. ❧ Unterdessen kam ein Bote des Königs Rience von Nordwales, der auch als König über ganz Irland und viele Inseln herrschte. Und dies war seine Botschaft, mit Grüßen an König Artus in üblicher Art, daß König Rience elf Könige geschlagen und unterworfen und ihm jeder von ihnen seine Huldigungen dargebracht habe, indem er ihm seinen ganzen, sauber ausgerissenen Bart gab, und so sei nun der Bote auch um König Artus' Bart gekommen. König Rience besitze einen mit Königsbärten verzierten Mantel, und auf dem sei noch ein Platz frei, und deshalb habe er um Artus' Bart geschickt; sonst werde er in seine Länder einfallen und sengen und töten und nicht ruhen, bis er Haupt und Bart des Artus hätte. Nun, sagt Artus, deine Botschaft ist die bübischste und hundsföttischste, die man jemals einem König bringen hörte; du siehst auch, mein Bart ist viel zu jung, um einen Mantelschmuck daraus zu machen. Doch sage deinem König dies: Ich bin ihm keine Huldigung schuldig, so wenig wie je einer meiner Vorfahren, aber binnen kurzem soll er mir, bei meiner Ehre, auf beiden Knien Huldigung leisten oder seinen Kopf verlieren. Ich sehe, dein König ist noch nie mit einem Mann von Ehre zusammengetroffen, aber sage ihm, ich will seinen Kopf haben, wenn er mir nicht huldigt. Darauf nahm der Bote Abschied. Ist jemand hier, sagte Artus, der König Rience kennt? Da antwortete ein Ritter namens Naram: Herr, ich kenne den König gut, er ist ein sehr starker Mann und sehr stolz. Zweifelt nicht daran, er wird mit einer gewaltigen Streitmacht Krieg gegen Euch führen. Gut, sagte Artus, ich werde mich schon bald mit ihm beschäftigen.

 WIE ALLE KINDER GEHOLT WURDEN, DIE UM DEN ERSTEN MAI GEBOREN WAREN, UND WIE MORDRED GERETTET WURDE. ❧ Dann ließ König Artus nach allen Kindern schicken, die um den ersten Mai geboren, von Herren gezeugt und von Damen zur Welt gebracht worden waren; denn Merlin hatte ihm gesagt, derjenige, der ihn vernichten würde, wäre am ersten Mai geboren. Deshalb ließ Artus sie alle kommen, bei Strafe des Todes. Und so wurden viele Söhne von Herren ausfindig gemacht und zum König geschickt, auch Mordred, der Sohn von König Lots Weib, und alle Kinder wurden auf ein Schiff gebracht, einige vier Wochen alt, andere noch jünger. Und es geschah, daß das Schiff auf ein Riff lief und in Stücke zerschellte. Fast alle kamen ums Leben, nur Mordred wurde an Land gespült, wo ihn ein braver Mann fand, der ihn aufzog, bis er vierzehn Jahre alt war, und ihn dann an den Hof brachte. So waren viele Herren und Barone dieses Reiches erzürnt, denn sie hatten ihre Kinder verloren, und viele gaben mehr noch als Artus Merlin die Schuld, doch aus Furcht oder Liebe hielten sie Frieden. Als aber der Bote zu König Rience kam, ergrimmte dieser über alle Maßen und rüstete ein mächtiges Heer, wie in dem Buch von Balin le Savage erzählt wird, das zunächst folgt und berichtet, wie es Balin glückte, das Schwert zu erwerben.

2. Buch

VON EINEM FRÄULEIN, DAS MIT EINEM SCHWERT AM GÜRTEL DAHERKAM UND EINEN MANN SUCH-TE, DER ES AUS DER SCHEIDE ZIEHEN KONNTE.

 ÄHREND König Artus in London weilte, geschah es, daß ein Ritter kam und ihm Nachricht brachte, König Rience von Nordwales habe ein großes Heer aufgeboten und sei sengend und mordend über sein Land und seine treuen Vasallen hergefallen. Wenn das wahr ist, sagte Artus, wäre es eine große Schande für mein Reich, wenn wir ihm nicht mit aller Kraft entgegenträten. Es ist wahr, entgegnete der Ritter, denn ich habe das Heer selber gesehen. So laßt ausrufen, sagte der König, daß alle Barone, Ritter und Waffenträger zur Burg Camelot ziehen sollen. Dort wird der König Kriegsrat halten und ein großes Turnier veranstalten. Als sich nun der König mit all seinen Baronen auf der Burg eingefunden hatte und alle nach ihrem Wunsch untergebracht waren, da kam ein Fräulein mit einer Botschaft von der edlen Frau Lile von Avalon. Und als sie vor den König trat, erzählte sie, von wem sie käme und wie sie als Bote zu ihm gesandt worden sei. Dann ließ sie ihren Mantel fallen, der reich mit Pelz besetzt war, und da hatte sie ein prächtiges Schwert umgegürtet, worüber sich der König wunderte und fragte: Fräulein, aus welchem Grund habt Ihr Euch dieses Schwert umgegürtet? Es steht Euch nicht. Ich will es Euch sagen, erwiderte das Fräulein. Dieses Schwert, mit dem ich gegürtet bin, macht mir viel Kummer und Beschwerden, denn ich kann von dem Schwert nur durch einen Ritter befreit werden, der ein vortrefflicher Mann und ohne Falschheit und Tücke und ohne Verrat ist. Wenn ich einen Ritter finde, der alle diese Tugenden besitzt, so kann er das Schwert aus der Scheide ziehen. Ich bin schon am Hofe des Königs

Rience gewesen, denn dort sollten treffliche Ritter leben; doch weder der König noch die Ritter konnten das Schwert bewegen. Wenn es wahr ist, sagte Artus, so ist das ein großes Wunder. Ich will es selbst versuchen, nicht weil ich mir einbilde, ich wäre der beste Ritter, sondern ich will beginnen, um allen anderen Herren ein Beispiel zu geben, daß sie es dann einer nach dem anderen versuchen. Da packte Artus das Schwert an der Scheide und am Griff und zog heftig daran, aber das Schwert ging nicht heraus. Herr, sagte das Fräulein, Ihr braucht nicht so stark zu ziehen, denn derjenige, der es herausziehen soll, wird es mit geringer Kraft schaffen. Ihr sprecht gut, sagte Artus; und nun, ihr Herren, versucht ihr es, doch hütet euch, daß ihr nicht durch Schande oder Arglist befleckt seid. Dann ist es zwecklos, sagte das Fräulein, denn es muß ein reiner Ritter ohne Falsch sein, der von Vater- und Mutterseite her aus adligem Geschlecht stammt. Die meisten Ritter von der Tafelrunde, die anwesend waren, versuchten es der Reihe nach, aber keinem gelang es. Da begann das Fräulein zu klagen und sagte: Ach! ich glaubte, an diesem Hofe gäbe es die besten Ritter ohne Falschheit und Verrat. Bei meiner Ehre, entgegnete Artus, hier sind so gute Ritter wie nirgendwo auf der Welt, aber es ist ihnen nicht die Gnade zuteil geworden, Euch zu helfen, und das betrübt mich sehr.

WIE BALIN, ALS EIN ARMER RITTER VERKLEIDET, DAS SCHWERT HERAUSZOG, DAS IHM SPÄTER DEN TOD BRACHTE. ❧ Da traf es sich, daß gerade ein armer Ritter aus Northumberland bei König Artus weilte. Er war über ein halbes Jahr von Artus gefangengehalten worden, weil er einen Ritter, einen Vetter des Königs, erschlagen hatte. Balin, so hieß der Ritter, war durch die Fürsprache der Barone freigelassen worden, denn er war ein sehr tapferer Mann. Heimlich war er in den Hof gegangen und hatte den

Vorgang beobachtet, der sein Herz schneller schlagen ließ, denn er wollte es gern wie die anderen Ritter versuchen Aber da er ärmlich und schlecht gekleidet war, getraute er sich nicht so recht ins Gedränge. Doch in seinem Herzen war er fest überzeugt, er könne es mit Gottes Gnade ebenso herausziehen wie irgendein anderer Ritter. Und als sich das Fräulein von Artus und seinen Rittern verabschiedete, ging Balin auf sie zu und sagte: Fräulein, ich bitte Euch um eine Gunst: Laßt es mich ebenso versuchen wie diese Herren; wenn ich auch ärmlich gekleidet bin, so bin ich doch, scheint mir, nicht schlechter als manche von den anderen, und ich glaube in meinem Herzen, ich könnte es vollbringen. Das Fräulein schaute den armen Ritter an und sah, daß er ein stattlicher Mann war; aber wegen seiner ärmlichen Kleidung meinte sie, er wäre kein Ehrenmann ohne Falschheit und Verrat. Daher sprach sie zu dem Ritter: Herr, es ist nicht nötig, daß Ihr mir Schmerz und Qual vergrößert, denn es sieht nicht so aus, als ob Ihr Erfolg hättet, wo die anderen versagten. Ach, schönes Fräulein, erwiderte Balin, Wert, gute Eigenschaften und gute Taten stecken nicht in der Kleidung, sondern Mannhaftigkeit und Ehre sind in der Person verborgen, und mancher treffliche Ritter ist nicht allen Leuten bekannt. Bei Gott, sagte das Fräulein, Ihr sprecht wahr; deshalb sollt Ihr versuchen, was Ihr zu tun vermögt. Darauf nahm Balin das Schwert beim Griff und an der Scheide und zog es mit Leichtigkeit heraus, und als er das Schwert besah, gefiel es ihm gut. Da staunten der König und alle Barone sehr, daß Balin die Probe bestanden hatte, und viele Ritter waren neidisch auf Balin. Dies ist gewiß ein sehr tüchtiger Ritter, sagte das Fräulein, und der beste, den ich je gefunden habe, und der ehrenhafteste, ohne Falschheit, Verrat oder Bosheit, und er wird noch viele wunderbare Taten vollbringen. Doch jetzt, edler und höflicher Ritter, gebt mir das Schwert wieder. Nein, entgegnete Balin, dieses Schwert will ich behalten, wenn es mir nicht mit Gewalt genommen wird. Hört, sagte das Fräulein, Ihr handelt nicht klug, wenn Ihr mir das Schwert nehmt, denn Ihr werdet damit Euern besten Freund erschlagen, den Mann, den Ihr am meisten liebt auf der Welt, und das Schwert wird Euer Untergang sein. Ich will auf mich nehmen, entgegnete Balin, was Gott mir bestimmt, aber das Schwert sollt Ihr jetzt nicht bekommen, bei meinem Leben. Das werdet Ihr bald bereuen, sagte das Fräulein, ich wollte das Schwert eher zu Euerm Vorteil zurück- haben als zu meinem. Ich bin um Euretwillen sehr traurig, wollt Ihr doch nicht glauben, daß das Schwert Euer Unter- gang sein wird. Damit entfernte sich das Fräulein und klagte gar sehr. Gleich darauf schickte Balin nach seinem Pferd und seiner Rüstung und wollte den Hof verlassen und von König Artus Abschied nehmen. Nein, sagte der König, ich meine, Ihr solltet nicht so leicht aus diesem Kreise scheiden; Ihr seid vielleicht verstimmt, weil ich Euch Unfreundlichkeit gezeigt habe; tadelt mich deshalb nicht so sehr, denn ich war falsch unterrichtet über Euch und hielt Euch nicht für einen so ehren- haften und trefflichen Ritter. Wenn Ihr an diesem Hofe unter meinen Gefährten bleiben wollt, dann will ich Euch so fördern, daß Ihr zufrieden sein sollt. Gott danke Eurer Hoheit, ent- gegnete Balin, Eure Güte und Euern Edelmut kann keiner genug rühmen; aber ich muß jetzt fort von hier, und ich er- suche Euch, mir immer gnädig zu sein. Wahrlich, sprach der König, mich kränkt Euer Scheiden; und ich bitte Euch, bleibt nicht lange weg. Ihr sollt mir und meinen Baronen willkommen sein, und ich werde alles Unrecht wiedergutmachen, das ich Euch angetan habe. Gott danke Eurer Herrlichkeit, sagte Balin und machte sich reisefertig. Die meisten Ritter der Tafel- runde meinten aber, Balin hätte dieses Abenteuer nicht aus eigner Kraft bestanden, sondern durch Zauberei.

 WIE DIE DAME VOM SEE DEN KOPF DES RITTERS, DER DAS SCHWERT HER- AUSGEZOGEN HATTE, ODER DEN KOPF DES FRÄULEINS BEGEHRTE. Während sich dieser Ritter zur Reise rüstete,

kam die Dame vom See an den Hof. Sie kam zu Pferde, reich gekleidet, und grüßte König Artus und verlangte das Geschenk, das er ihr versprochen hatte, als sie ihm das Schwert gab. Das ist wahr, sagte Artus, ein Geschenk habe ich Euch versprochen, aber ich habe den Namen des Schwertes vergessen, das Ihr mir gabt. Das Schwert, erwiderte die Dame, heißt Excalibur, das bedeutet soviel wie Schneidestahl. Es ist gut, sagte der König, verlangt, was Ihr wollt, und Ihr sollt es haben, wenn es in meiner Macht steht. Da sprach die Dame: Ich verlange den Kopf des Ritters, der das Schwert genommen hat, oder den Kopf des Fräuleins, das es brachte; ich habe auch nichts dagegen, wenn ich beider Köpfe bekomme, denn er hat meinen Bruder, einen trefflichen und wahrhaftigen Ritter, erschlagen, und das Fräulein war schuld am Tode meines Vaters. Wahrlich, antwortete Artus, als Mann von Ehre kann ich Euch keinen der beiden Köpfe geben. Verlangt etwas anderes, und ich werde Euern Wunsch erfüllen. Ich verlange nichts anderes, entgegnete die Dame. Als Balin zur Abreise fertig war, erblickte er die Dame vom See, die mit ihren Künsten Balins Mutter getötet und die er drei Jahre lang gesucht hatte. Als er erfuhr, daß sie von König Artus seinen Kopf verlangt habe, ging er stracks auf sie zu und sagte: Übel soll es Euch ergehen! Ihr wolltet meinen Kopf haben, und darum sollt Ihr Euern verlieren. Und mit seinem Schwert schlug er ihr mit Leichtigkeit vor des Königs Augen den Kopf ab. Welche Schande! rief Artus, warum habt Ihr das getan? Ihr habt mich und meinen ganzen Hof entehrt, denn das war eine Dame, der ich verpflichtet war und die unter meinem freien Geleit herkam. Ich werde Euch diesen Frevel niemals verzeihen. Herr, sagte Balin, es tut mir leid, daß ich Euern Zorn errege, aber diese Dame war die heimtückischste Frau, die es je gab. Durch Zauberei und Hexenkünste hat sie manchen wackeren Ritter getötet, und sie war in ihrer Falschheit und Tücke schuld daran, daß meine Mutter verbrannt wurde. Was Ihr auch immer für einen Grund

hattet, entgegnete Artus, in meiner Gegenwart mußtet Ihr
sie schonen, Ihr sollt es bereuen, denn einen solchen Frevel
habe ich noch nie an meinem Hofe erlebt. Verlaßt deshalb
meinen Hof, so schnell Ihr könnt. Da hob Balin den Kopf der
Dame auf und nahm ihn mit in sein Gemach, und dort traf
er seinen Knappen, der es bedauerte, daß Balin das Mißfallen
des Königs erregt hatte. Dann ritten sie zur Stadt hinaus.
Jetzt müssen wir uns trennen, sagte Balin, nimm du diesen
Kopf und trage ihn zu meinen Freunden und erzähle ihnen,
wie es mir ergangen ist. Berichte meinen Freunden in Northumberland, daß mein schlimmster Feind tot ist; erzähle ihnen
auch, daß ich aus dem Gefängnis freigekommen bin und
welches Abenteuer ich beim Erlangen dieses Schwertes zu
bestehen hatte. Ach, antwortete der Knappe, Ihr seid sehr zu
tadeln, daß Ihr König Artus erzürnt habt. Aus diesem Grunde,
sagte Balin, will ich in aller Eile gegen König Rience ziehen
und ihn vernichten oder dabei sterben, und wenn es mir
gelingen sollte, ihn zu unterwerfen, wird mir König Artus ein
guter und gnädiger Herr sein. Und 'wo soll ich mit Euch
wieder zusammentreffen? fragte der Knappe ihn. Am Hofe
von König Artus, antwortete Balin, und so gingen sie beide
auseinander. Artus aber und mit ihm der ganze Hof trauerten
sehr und waren beschämt über den Tod der Dame vom
See, und der König ließ sie mit großem Gepränge feierlich
bestatten.

 WIE MERLIN DIE GESCHICHTE DIE-
SES FRÄULEINS ERZÄHLTE. ❧ Zu je-
ner Zeit lebte ein Ritter namens Lanceor,
der Sohn des Königs von Irland, der war
hochmütig und hielt sich für einen der
besten am Hofe, und er haßte Balin, weil er
das Schwert erworben hatte und als kühner
und tapferer angesehen wurde. Er bat König
Artus um Erlaubnis, Balin nachzureiten und
den Schimpf, den er ihnen angetan hatte, zu rächen. Tut Euer

Bestes, sagte Artus, ich bin sehr zornig auf Balin, und ich wollte, er würde für die Schande, die er mir und meinem Hof bereitet hat, bestraft. Da ging Lanceor in sein Gemach und rüstete sich. Unterdessen kam Merlin zum Hof von König Artus, und die Geschichte mit dem Schwert und der Tod der Dame vom See wurden ihm berichtet. Ich sage Euch, rief Merlin, das Fräulein, das das Schwert zum Hof gebracht hat, ist das falscheste Fräulein der Welt. Sage das nicht, entgegneten sie. Ich will euch den Grund ihres Kommens nennen: Sie hat einen Bruder, einen trefflichen, tapferen und treuen Ritter, und sie liebte einen anderen Ritter, der sie zur Buhle nahm. Ihr Bruder kämpfte mit diesem Ritter und erschlug ihn. Als das falsche Fräulein vom Tod des Ritters erfuhr, ging sie zur edlen Frau Lile von Avalon und bat sie um Hilfe, um sich an ihrem eigenen Bruder für diese große Schmach zu rächen.

WIE BALIN VON SIR LANCEOR, EINEM RITTER AUS IRLAND, VERFOLGT WURDE, UND WIE ER MIT IHM KÄMPFTE UND IHN ERSCHLUG. ☙ Und so gab ihr Frau Lile von Avalon dieses Schwert, das sie bei sich trug, und sagte ihr, kein Mann sollte es aus der Scheide ziehen können, wenn er nicht einer der besten, stärksten und kühnsten Ritter dieses Reiches wäre, und der sollte mit dem Schwert ihren Bruder erschlagen. Das war der Grund, weshalb das Fräulein an den Hof kam. Wollte Gott, sie wäre nie erschienen, aber sie ist noch nie im Gefolge der Ehre gekommen, um Gutes zu tun, sondern immer nur, um großen Schaden zu stiften. Der Ritter, der das Schwert genommen hat, wird durch dieses Schwert umkommen, und das ist ein schwerer Verlust, denn es lebt kein tapfrerer Ritter als er, und er wird Euch, Herr Artus, große Ehre und Freundlichkeit erweisen. Nun wappnete sich der Ritter aus Irland in aller Sorgfalt, hob seinen Schild auf die Schulter und bestieg sein Pferd. Er nahm den Speer in die Hand und ritt Balin nach, so schnell sein Pferd laufen konnte. Schon nach kurzer Zeit erblickte er Balin auf einem Berg. Da rief er mit lauter Stimme: Halt, Ritter! Halten sollt Ihr, ob Ihr wollt oder nicht, und der Schild, den Ihr vor Euch tragt, soll Euch nicht helfen. Als Balin die Stimme hörte, wendete er rasch sein Pferd und sagte: Edler Ritter, was wollt Ihr von mir? Wollt Ihr mit mir kämpfen? Ja, antwortete der irische Ritter, deshalb bin ich Euch nachgeritten. Vielleicht wäre es besser gewesen, sagte Balin, wenn Ihr zu Hause geblieben wärt, denn mancher Mann glaubt, seinem Feind eine Lehre erteilen zu können, doch oft wird sie ihm selbst erteilt. Von welchem Hof seid Ihr geschickt? fragte Balin. Ich komme vom Hofe des Königs Artus, erwiderte der Ritter aus Irland, um die Schande zu rächen, die Ihr heute ihm und seinem Hof angetan habt. Ich sehe wohl, sagte Balin, ich muß mit Euch kämpfen, doch es tut mir leid, König Artus oder einen von seinem Hof zu kränken, überdies ist Euer Streit mit mir ganz töricht, denn die tote Dame hat mir großen Schaden zugefügt, sonst hätte ich ebensowenig wie ein anderer Ritter eine Dame erschlagen. Macht Euch fertig, sagte der Ritter Lanceor, und stellt Euch gegen mich, denn einer von uns soll auf dem Kampfplatz bleiben. Dann legten beide ihre Lanzen ein und rannten mit der vollen Wucht ihrer Pferde gegeneinander, und der irische Ritter schlug Balin auf den Schild, daß dabei seine Lanze zersplitterte. Balins Lanze hingegen traf ihn so gewaltig, daß sie den Schild durchbohrte und das Panzerhemd durchstieß und durch den Leib des Ritters in den Rücken des Pferdes fuhr. Darauf wendete Balin rasch sein Pferd und zog das Schwert und wußte nicht, daß er Lanceor erschlagen hatte, und dann sah er ihn tot am Boden liegen.

**WIE EIN FRÄULEIN, DAS LANCEOR LIEB-
TE, SICH AUS LIEBE UMBRACHTE, UND
WIE BALIN SEINEN BRUDER BALAN
TRAF.** ❧ Er schaute sich um und erblickte
ein Fräulein, das auf einem schönen Zelter in
vollem Galopp angesprengt kam. Und als sie sah, daß Lanceor
tot war, klagte sie über die Maßen und sagte: O Balin, zwei
Leiber hast du erschlagen und ein Herz, und zwei Herzen in
einem Leib, und zwei Seelen hast du zugrunde gerichtet.
Und damit ergriff sie das Schwert ihres toten Liebsten und fiel
ohnmächtig zu Boden. Als sie wieder aufstand, erhob sie ein
jammervolles Klagen, das Balin tief ins Herz schnitt, und er
ging zu ihr, um ihr das Schwert aus der Hand zu nehmen,
aber sie hielt es so fest, daß er es ihr nicht hätte entwinden
können, ohne ihr weh zu tun, und plötzlich setzte sie den Knauf
auf die Erde und stürzte sich in das Schwert. Als Balin sah,
was sie getan hatte, war er sehr betrübt und beschämt, daß
ein so schönes Fräulein sich aus Liebe zu dem Toten umgebracht hatte. Ach, sagte Balin, um der Liebe dieses Fräuleins
willen jammert mich der Tod dieses Ritters sehr, denn zwischen
beiden war echte Liebe. Vor Kummer konnte er nicht länger
hinsehen, sondern wendete sein Pferd in Richtung auf einen
großen Wald, und dort erblickte er seinen Bruder Balan, den
er am Wappen erkannt hatte. Als sie zusammentrafen, nahmen
sie ihre Helme ab, küßten einander und weinten vor Freude
und Rührung. Dann sagte Balan: Ich hätte nicht gedacht,
dich so plötzlich zu treffen; ich bin sehr froh über deine Befreiung aus der schrecklichen Kerkerhaft. Davon hat mir ein
Mann auf der Burg Zu den vier Steinen berichtet, der dich
am Hofe von König Artus sah. Deshalb bin ich in dieses
Land gekommen, denn ich hoffte, dich hier zu finden. Darauf
erzählte der Ritter Balin seinem Bruder von dem Abenteuer
mit dem Schwert und dem Tod der Dame vom See und wie
er bei König Artus in Ungnade gefallen war: Deshalb schickte
Artus mir diesen Ritter nach, der hier tot liegt, und der Tod

dieses Fräuleins jammert mich sehr. Und mich nicht minder, entgegnete Balan, aber du mußt alles so nehmen, wie Gott es dir bestimmt. Ich bin wahrhaftig sehr betrübt, sagte Balin, daß mir König Artus zürnt, denn er ist der würdigste aller Ritter, die auf Erden regieren, und ich will seine Freundschaft unbedingt wiedergewinnen und dafür auch gerne mein Leben wagen. König Rience belagert mit seinen Rittern die Burg Terrabil, und dorthin laßt uns in aller Eile ziehen und unsere Ehre und Tapferkeit gegen ihn beweisen. Das ist mir recht, antwortete Balan, und wir wollen einander helfen, wie es sich für Brüder ziemt.

 WIE EIN ZWERG BALIN WEGEN LAN-
CEORS TOD VORWÜRFE MACHTE, UND
WIE KÖNIG MARKE VON CORNWALL
SIE FAND UND EIN GRABMAL FÜR SIE
ERRICHTETE. ᕀ Nun laß uns gehen, sagte Balin, wie gut, daß wir uns getroffen haben. Während sie miteinander sprachen, kam ein Zwerg aus der Stadt Camelot, so schnell er konnte, angeritten und fand die Leichname, worauf er laut zu klagen anfing, sich vor Kummer die Haare raufte und rief: Wer von euch Rittern hat diese Tat verübt? Weshalb fragst du? sagte Balan. Weil ich es wissen will, antwortete der Zwerg. Ich war es, sagte Balin, der diesen Ritter erschlug, denn er verfolgte mich, und entweder mußte ich ihn erschlagen, oder er hätte es getan, und dieses Fräulein nahm sich aus Liebe zu ihm das Leben, was mir bitter leid tut, und um ihretwillen werde ich allen Frauen um so größere Liebe bezeigen. Wehe, sagte der Zwerg, du hast dir selbst großen Schaden zugefügt, denn dieser Ritter, der jetzt tot daliegt, war einer der tapfersten Männer. Glaube mir, Balin, die ganze Sippe des Ritters wird dich durch die Welt hetzen, bis sie dich erschlagen haben. Davor habe ich keine große Furcht, erwiderte Balin, aber ich bin sehr betrübt darüber, daß ich meinem König Artus mit dem Tode dieses Ritters neuen Kummer mache. Während sie so miteinander sprachen,

kam ein König von Cornwall angeritten, der König Marke hieß. Und als er die beiden Toten sah und von den Rittern erfuhr, wie sie gestorben waren, erhob der König großes Klagen wegen der treuen Liebe, die zwischen beiden gewesen war, und sagte: Ich will nicht weiterziehen, bis ich auf diesem Fleck Erde ein Grabmal errichtet habe. So schlug er seine Zelte auf und suchte in der ganzen Umgegend nach einem großen Grabstein, bis er in einer Kirche einen fand, der sehr schön war und reich verziert, und der König ließ beide begraben und errichtete den großen Grabstein darüber und schrieb ihre Namen auf den Stein: Hier liegen Lanceor, der Sohn des Königs von Irland, der nach eigenem Willen erschlagen wurde von Balins Hand, und seine Geliebte, Colombe, die sich aus Kummer und Schmerz darüber mit dem Schwert ihres Geliebten selbst tötete.

Rap. 8

WIE MERLIN PROPHEZEITE, DASS DIE BEIDEN BESTEN RITTER DER WELT DORT KÄMPFEN WÜRDEN, NÄMLICH SIR LANZELOT UND SIR TRISTAN. ❧ Während dies noch im Gange war, kam Merlin hinzu, und als er König Markes Tun sah, sagte er: Hier an diesem Ort wird der härteste Kampf, der je war und sein wird, zwischen zwei Rittern, den treuesten Freunden, stattfinden, und doch wird keiner den anderen erschlagen. Und Merlin schrieb ihre Namen in goldenen Buchstaben auf den Grabstein: Lanzelot vom See und Tristan. Du bist ein merkwürdiger Mann, sagte König Marke zu Merlin, du sprichst von Wundern und bist doch ein so grobschlächtiger Kerl, daß es dir nicht ansteht, von solchen Taten zu reden. Wie ist dein Name? fragte König Marke. Das will ich dir jetzt nicht sagen, antwortete Merlin, aber wenn Sir Tristan bei seiner erhabenen Herrin ergriffen wird, sollt Ihr meinen Namen kennenlernen. Dann werdet Ihr Neuigkeiten hören, die Euch gewiß nicht gefallen. Und zu Balin sagte Merlin: Du hast dir großen

79

Schaden angetan, weil du die Dame, die sich umgebracht hat, nicht vorher gerettet hast; sie hätte gerettet werden können, wenn du nur gewollt hättest. Bei meiner Ehre, antwortete Balin, ich hätte sie nicht retten können, so unerwartet tötete sie sich. Das bedaure ich sehr, sagte Merlin. Wegen des Todes jener Dame wirst du den schmerzlichsten Streich führen, den je einer geführt hat, außer dem Streich gegen Christus; denn du wirst den untadeligsten und würdigsten Ritter, der jetzt lebt, verwunden. Dadurch werden drei Königreiche für zwölf Jahre in große Not, Armut und Elend kommen, und die Wunde des Ritters wird lange Zeit nicht heilen. Nach diesen Worten verabschiedete sich Merlin von Balin, und Balin sagte: Wenn ich wüßte, daß es wahr ist, was du sagst, und ich eine so schlimme Tat verüben sollte, würde ich mich töten, um dich zum Lügner zu machen. Da verschwand Merlin plötzlich, und Balin und sein Bruder nahmen ihren Abschied von König Marke. Erst, sagte der König, nennt mir Euern Namen. Herr, antwortete Balan, Ihr seht, mein Gefährte trägt zwei Schwerter, deshalb könnt Ihr ihn den Ritter mit den zwei Schwertern nennen. König Marke ritt dann nach Camelot zu König Artus, und Balin schlug den Weg zu König Rience ein. Unterwegs stießen sie auf den verkleideten Merlin, doch sie erkannten ihn nicht. Wohin reitet ihr? fragte Merlin. Wir haben wenig Lust, es dir zu sagen, antworteten die beiden Brüder, aber wie heißt du? Das will ich euch jetzt noch nicht verraten, sagte Merlin. Wie es scheint, sprachen die Ritter, bist du kein ehrlicher Mann, da du deinen Namen nicht verraten willst. Das mag sein, wie es will, entgegnete Merlin, doch ich kann euch sagen, warum ihr diesen Weg reitet: Ihr wollt zu König Rience, aber ohne meinen Rat wird euch das nicht gelingen. Aha! sagte Balin, du bist Merlin, dein Rat soll uns führen. Dann kommt, sprach Merlin, ihr sollt große Ehre erwerben, und seht zu, daß ihr ritterlich handelt, denn ihr werdet in schlimme Not geraten. Was das angeht, erwiderte Balin, fürchtet nichts, wir tun, was wir können.

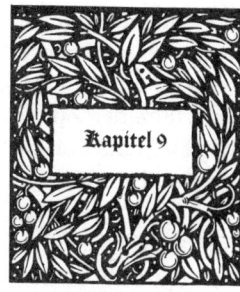

WIE BALIN UND SEIN BRUDER AUF MERLINS RAT KÖNIG RIENCE ERGRIFFEN UND IHN ZU KÖNIG ARTUS BRACHTEN. 🙰

Dann brachte Merlin sie in einen Wald und versteckte sie im Laubwerk neben der Straße und hieß sie ruhen; den Pferden nahm er das Zaumzeug ab und ließ sie grasen. Als es auf Mitternacht zuging, bat Merlin sie aufzustehen und sich bereit zu halten, denn König Rience war in der Nähe; er hatte sich mit sechzig seiner besten Ritter heimlich von seinem Heer entfernt, und zwanzig von ihnen ritten voraus, um der Dame de Vance Nachricht zu bringen, daß der König komme, um in dieser Nacht mit ihr das Lager zu teilen. Welcher ist denn der König? fragte Balin. Wartet, antwortete Merlin, hier geradeaus sollt ihr mit ihm zusammentreffen; und er zeigte Balin und seinem Bruder, wo er ritt. Kurz darauf stießen Balin und sein Bruder mit dem König zusammen, schlugen ihn nieder und verwundeten ihn schwer und warfen ihn zu Boden; und sie teilten nach rechts und links Streiche aus und töteten mehr als vierzig seiner Mannen, die übrigen flohen. Dann gingen sie zu König Rience zurück und hätten ihn getötet, wenn er sich ihnen nicht auf Gnade und Ungnade ergeben hätte. So sprach er: Ihr wackeren Ritter, erschlagt mich nicht, denn durch mein Leben könnt ihr gewinnen, doch mein Tod nützt euch nichts. Da habt Ihr recht, sagten die beiden Ritter, und sie legten ihn in eine Sänfte. Unterdessen war Merlin verschwunden, und er kam zu König Artus und berichtete ihm, wie sein ärgster Feind ergriffen und besiegt worden war. Durch wen ist das geschehen? fragte König Artus. Durch zwei Ritter, erwiderte Merlin, die Eurer Hoheit einen Dienst tun wollten. Morgen werdet Ihr erfahren, wer die Ritter sind. Bald darauf kamen der Ritter mit den zwei Schwertern und sein Bruder Balan und brachten König Rience von Nordwales mit. Sie übergaben ihn den

81

Pförtnern zur Bewachung und ritten im Morgengrauen davon. Da kam König Artus zu König Rience und sagte: König Rience, seid willkommen. Welcher Zufall hat Euch hierher verschlagen? Herr, entgegnete König Rience, ein schlimmer Zufall. Wer hat Euch besiegt? fragte König Artus. Herr, antwortete der König, der Ritter mit den zwei Schwertern und sein Bruder, zwei Ritter von wunderbarer Kühnheit. Ich kenne sie nicht, sagte Artus, aber ich bin ihnen sehr verpflichtet. Ich will es Euch sagen, sprach Merlin, es waren Balin, der das Schwert gewann, und sein Bruder Balan, ein guter Ritter. Es gibt keinen tapfreren und ruhmvolleren Ritter als Balin, und es wird das größte Klagen um ihn sein, das ich je um einen Ritter gehört habe, denn er wird nicht mehr lange leben. Ach, sagte König Artus, das ist ein großer Schade, denn ich bin ihm sehr verbunden und habe doch seine Freundschaft übel verdient. Er wird noch viel mehr für Euch tun, fügte Merlin hinzu, das werdet Ihr schon bald erfahren. Doch seid gerüstet, Herr, denn morgen vor Mittag wird Nero, der Bruder des Königs Rience, Euch mit einem starken Heer angreifen. Macht Euch also bereit, und ich werde jetzt gehen.

WIE KÖNIG ARTUS EINE SCHLACHT GEGEN NERO UND KÖNIG LOT VON ORKNEY SCHLUG, UND WIE MERLIN KÖNIG LOT TÄUSCHTE, UND ZWÖLF KÖNIGE ERSCHLAGEN WURDEN. **Kap. 10** Da ordnete Artus sein Heer in zehn Abteilungen, während Nero auf einem Feld vor der Burg Terrabil mit einem großen Heer Aufstellung nahm; auch er verfügte über zehn Abteilungen, aber mit viel mehr Leuten als Artus. Nero hatte mit dem größten Teil seiner Ritter die Vorhut. Unterdessen kam Merlin zu König Lot von der Insel Orkney und hielt ihn mit einer prophetischen Geschichte auf, bis Nero und seine Mannen vernichtet waren. Und dabei focht Sir Kay, der Seneschall, so tapfer, daß der Ruhm sein Leben lang nicht mehr von ihm wich. Auch Sir Hervis de Revel vollbrachte wunderbare Taten mit König Artus, und Artus erschlug an diesem Tage zwanzig Ritter und verwundete vierzig. Während des Kampfes stießen der Ritter mit den zwei Schwertern und sein Bruder Balan zu Artus' Streitmacht, und sie hielten sich so wacker, daß der König und alle Ritter staunten und sagten, sie seien entweder vom Himmel als Engel oder aus der Hölle als Teufel gesandt worden. Inzwischen kam ein Bote zu König Lot und meldete, daß, während er zögerte, Nero und alle seine Krieger geschlagen und vernichtet worden seien. Wehe, rief König Lot, Schmach über mich, durch meine Schuld ist mancher wackere Mann getötet worden. Hätten wir gemeinsam gekämpft, wäre uns kein Heer unter dem Himmel gleichgekommen. Dieser Schelm hat mich mit seiner Prophezeiung genasführt. Merlin hatte dies getan, weil er wußte, daß König Artus und alle seine Krieger erschlagen und vernichtet worden wären, hätten König Lot und seine Mannen an der ersten Schlacht teilgenommen; und Merlin wußte auch, daß einer der beiden Könige an diesem Tage sterben würde. Das bedrückte ihn sehr, aber er sah es lieber, wenn König Lot erschlagen würde statt König Artus. Was können wir jetzt am besten tun? sagte König Lot von Orkney. Ist es besser für mich, mit König Artus zu verhandeln oder zu kämpfen, wo der größte Teil unseres Heeres vernichtet ist? Herr, antwortete ein Ritter, greift Artus an, denn seine Leute sind müde und überanstrengt, wir dagegen sind frisch. Was mich angeht, sagte König Lot, so wünschte ich, jeder Ritter würde sein Teil so gut tun wie ich das meine. Dann rückten die beiden Heere mit erhobenen Bannern vor und rannten gegeneinander, daß ihre Lanzen zersplitterten, und die Ritter des Artus brachten mit Hilfe des Ritters mit den zwei Schwertern und seines Bruders Balan König Lot und seine Schar in arge Bedrängnis. Aber immer befand sich König Lot in der vordersten Reihe und vollbrachte wunderbare Waffentaten. Er hielt seine ganze Schar zusammen und widerstand allen Rittern. Doch auf die Dauer konnte er sich nicht halten, und es war ein großer Jammer, daß ein so trefflicher Mann wie er überwunden werden sollte, der einige Zeit zuvor Ritter am Hofe von König Artus gewesen war und dessen Schwester geheiratet hatte; doch da König Artus bei König Lots Weib, die Artus' Schwester war, gelegen und mit ihr Mordred gezeugt hatte, stand König Lot nun gegen Artus. Und es war da ein Ritter, der wurde der Ritter mit dem seltsamen Tier genannt, sein richtiger Name war Pellinore, ein starker Mann von großer Kühnheit, und der führte einen mächtigen Streich gegen König Lot, als dieser mit all seinen Feinden focht. Der Streich ging fehl und traf den Hals des Pferdes, daß es mit König Lot zu Boden stürzte, und da versetzte ihm Pellinore einen gewaltigen Hieb durch den Helm bis tief in die Stirn. Als der König tot war, floh das Heer von Orkney, und mancher Mutter Sohn blieb erschlagen zurück. Doch König Pellinore zahlte für den Tod König Lots, denn Sir Gawein rächte seinen Vater zehn Jahre nach seinem Eintritt in den Ritterstand und erschlug Pellinore mit eigener Hand. Mit Nero verloren in dieser Schlacht zwölf Könige auf Lots Seite ihr Leben. Sie wurden in der St.-Stephans-Kirche zu Camelot beigesetzt und die Ritter und Mannen in einer Felsenhöhle bestattet.

VON DER BEERDIGUNG DER ZWÖLF KÖNIGE UND VON MERLINS PROPHEZEIUNG, DASS BALIN DEN SCHMERZLICHEN STREICH FÜHREN SOLLTE. 🖎 Zur Beerdigung kam König Lots Weib Margawse mit ihren vier Söhnen Gawein, Agrawein, Gaheris und Gareth, ferner König Uriens, Sir Iweins Vater, und Morgan le Fay, sein Weib, König Artus' Schwester. Von den Grabmalen aller zwölf Könige ließ Artus das Lots am reichsten ausstatten und für ihn eine besondere Gruft bauen. Dann ließ er zwölf Figuren mit den Gestalten der zwölf Könige aus Bronze und Kupfer anfertigen und reich vergolden, und jede von ihnen hielt eine Kerze, die Tag und Nacht brannte. Über die Figuren wurde eine Statue des Königs Artus gestellt mit einem gezückten Schwert in der Hand, und die zwölf Figuren zeigten die Haltung von Männern, die besiegt waren. All dies vollbrachte Merlin mit seiner erfindungsreichen Kunst, und dann sprach er zum König: Wenn ich tot bin, werden diese Kerzen nicht mehr brennen, und bald darauf werden die Wunder des heiligen Grals hier geschehen. Er erzählte Artus auch, wie Balin, der tapfere Ritter, den schmerzlichen Streich führen würde und wie darauf große Strafe käme. Oh, wo sind Balin und Balan und Pellinore? fragte der König. Pellinore, antwortete Merlin, werdet Ihr bald treffen, auch Balin wird nicht mehr lange fort sein, doch sein Bruder wird scheiden, und Ihr werdet ihn nie wiedersehen. Bei meiner Ehre, sagte Artus, die beiden Brüder sind treffliche Ritter, und namentlich Balins Tapferkeit übersteigt die aller anderen Ritter. Ich bin ihm sehr verbunden, und ich wollte bei Gott, er bliebe bei mir. Herr, sprach Merlin, gebt gut acht auf die Scheide des Schwertes Excalibur, denn wie viele Wunden Ihr auch erhaltet, Ihr werdet kein Blut verlieren, solange Ihr die Scheide bei Euch tragt. Doch Artus vertraute später die Scheide seiner Schwester Morgan le Fay an. Diese liebte einen anderen Ritter mehr als ihren Gemahl, König Uriens, oder König Artus, und sie wollte, daß ihr Bruder erschlagen würde. Deshalb ließ sie durch Zauberei eine zweite, gleiche Scheide anfertigen und gab die Scheide von Excalibur ihrem Geliebten, dem Ritter Accolon, der später König Artus beinahe erschlagen hätte. Merlin prophezeite Artus, daß bei Salisbury eine Schlacht stattfinden und Mordred, sein eigener Sohn, gegen ihn kämpfen würde.

 WIE EIN BETRÜBTER RITTER AN KÖNIG ARTUS VORBEIKAM UND WIE BALIN IHN ZURÜCKHOLTE, UND WIE DIESER RITTER VON EINEM UNSICHTBAREN RITTER ERSCHLAGEN WURDE. ❧ Nach ein oder zwei Tagen wurde König Artus von

Kapitel 12

einer leichten Krankheit befallen, und er ließ auf einer Wiese sein Zelt aufschlagen und legte sich nieder, um zu schlafen, konnte aber keine Ruhe finden. Da hörte er großen Lärm von einem Pferd und blickte aus dem Zelteingang und sah einen Ritter vorbeikommen, der laut klagte. Verweilt, edler Herr, sagte Artus, und erzählt mir, weshalb Ihr so klagt. Ihr könnt mir wenig helfen, entgegnete der Ritter und ritt weiter auf die Burg Meliot zu. Kurz darauf kam Balin, und als er Artus sah, stieg er vom Pferd und begrüßte den König. Bei meiner Ehre, sagte Artus, Ihr seid mir willkommen; denn soeben kam dieses Wegs ein Ritter, der klagte laut; aus welchem Grunde, kann ich nicht sagen. Deshalb möchte ich von Eurer Höflichkeit und Freundlichkeit erbitten, mir diesen Ritter durch gutes Zureden oder sonst mit Gewalt zurückzuholen. Ich will noch mehr für Eure Hoheit tun als das, antwortete Balin. Dann ritt er schnell davon und fand den Ritter mit einem Fräulein im Wald und sagte: Herr Ritter, Ihr müßt mit mir zu König Artus gehen und ihm von Euerm Kummer berichten. Das will ich nicht, entgegnete der Ritter, denn das würde mir sehr schaden und Euch nichts nützen. Herr, sprach Balin, macht Euch bitte fertig, denn Ihr müßt mit mir gehen, oder ich muß mit Euch kämpfen und Euch mit Gewalt hinbringen, und das täte mir leid. Wollt Ihr mein Bürge sein, fragte der Ritter, wenn ich mit Euch gehe? Ja, antwortete Balin, mit meinem Leben. Und so machte sich der Ritter bereit, Balin zu folgen, und ließ das Fräulein zurück. Und als sie gerade vor Artus' Zelt angelangt waren, kam ein unsichtbarer Mann und stieß dem Ritter eine Lanze durch den Leib. Wehe, rief der Ritter, ich bin unter Euerm Geleit von einem Ritter erschlagen worden, der Garlon heißt. Nehmt mein Pferd, das besser ist als Eures, reitet zu dem Fräulein und folgt der Spur, auf der ich war, wie sie Euch führen wird, und rächt meinen Tod, wenn Ihr könnt. Das will ich tun, erwiderte Balin, ich gelobe es bei meiner Ritterehre; und so nahm er von diesem Ritter mit großer Trauer Abschied. König Artus ließ

den Ritter reich und feierlich bestatten und auf seinen Grabstein schreiben, wie da Herlews le Berbeus erschlagen wurde
und durch wen der Frevel geschah. Und das Fräulein trug die
Spitze der Lanze, mit der Sir Herlews so unversehens getötet
wurde, immer bei sich.

WIE BALIN UND DAS FRÄULEIN
EINEN RITTER TRAFEN, DER
AUF DIE GLEICHE WEISE ER-
SCHLAGEN WURDE, UND WIE
DAS FRÄULEIN WEGEN EINES
BURGBRAUCHES BLUT LAS-
SEN MUSSTE. ❧ So ritten Balin
und das Fräulein in einen Wald und
trafen dort einen Ritter, der von der
Jagd kam, und dieser fragte Balin,
warum er so trauere. Ich habe keine
Lust, es Euch zu sagen, antwortete
Balin. Wenn ich bewaffnet wäre wie
Ihr, sagte der Ritter, würde ich mit
Euch kämpfen. Das ist nicht nötig,
erwiderte Balin, ich fürchte mich nicht, es Euch zu erzählen;
und er berichtete ihm, was vorgefallen war. Ah, sagte der Ritter, ist das alles? Ich gelobe Euch bei meiner Ehre, Euch nicht
zu verlassen, solange ich lebe. Und so gingen sie in die Herberge, wappneten sich und ritten dann weiter. Als sie eine Einsiedelei bei einem Kirchhof erreichten, näherte sich ihnen
unsichtbar Garlon und stieß dem Ritter Perin de Mount-
beliard eine Lanze durch den Leib. Der Eremit und Balin
begruben den Ritter unter einem prächtigen Stein und einem
königlichen Grabmal. Und am nächsten Morgen fanden sie
in goldenen Buchstaben geschrieben, wie Sir Gawein den Tod
seines Vaters, König Lots, an König Pellinore rächen würde.
Dann ritten Balin und das Fräulein weiter, bis sie zu einer
Burg kamen, und dort stiegen sie ab. Als sie durch das Burgtor
hineingehen wollten, fiel plötzlich hinter Balin das Fallgitter

herab, und viele Männer stürzten sich auf das Fräulein, als wollten sie sie töten. Wie Balin das sah, wurde er sehr betrübt, daß er dem Fräulein nicht gleich helfen konnte. Daher stieg er auf den Turm und sprang über die Mauer in den Graben, ohne sich zu verletzen; und sogleich zog er sein Schwert und wollte mit den Männern kämpfen. Doch alle sagten, sie seien nicht auf Kampf aus, denn sie hätten nichts weiter getan als einen alten Burgbrauch geübt. Sie erzählten ihm, ihre Burgfrau liege schon viele Jahre krank darnieder, und sie könne nicht gesund werden, wenn sie nicht eine Silberschale voll Blut von einem reinen Mädchen, einer Königstochter, bekäme. Deshalb sei es ein Burgbrauch, daß kein Fräulein passieren dürfe, ohne eine Silberschale voll Blut zu lassen. Nun gut, erwiderte Balin, mag das Fräulein so viel Blut geben, wie sie kann, aber ihr Leben soll sie nicht verlieren, solange ich am Leben bin. Und so ließ sie sich durch Balin bewegen, freiwillig ihr Blut zu opfern, aber das Blut half der Burgfrau nicht. Balin und das Fräulein blieben die Nacht über in der Burg und waren guter Dinge und am nächsten Morgen ritten sie weiter. Und wie später im Buch vom heiligen Gral erzählt wird, half Sir Parzivals Schwester der Burgfrau mit ihrem Blut und starb daran.

Kap. 14

WIE BALIN DEM UNSICHTBAREN RIT-TER, GENANNT GARLON, AUF EINEM FEST BEGEGNETE, UND WIE ER IHN ERSCHLUG, UM MIT SEINEM BLUT DEN SOHN SEINES WIRTES ZU HEI-LEN. ❧ Dann ritten sie drei oder vier Tage, ohne daß sie ein Abenteuer erlebten. Da wollte es der Zufall, daß sie bei einem reichen Edelmann Unterkunft fanden. Als sie beim Abendessen saßen, hörte Balin jemand schrecklich stöhnen. Was ist das für ein Geräusch? fragte Balin. Da antwortete sein Wirt: Ich will es Euch sagen. Ich war vor kurzem bei einem Turnier und kämpfte mit einem Ritter, einem Bruder des Königs Pellam, und warf ihn zweimal zu Boden. Da drohte er, mir das an meinem besten Freund heimzuzahlen, und er verwundete meinen Sohn so, daß er nur mit dem Blute dieses Ritters geheilt werden kann, der immer unsichtbar reitet und dessen Namen ich nicht weiß. Ah, sagte Balin, diesen Ritter kenne ich, er heißt Garlon und hat auf die gleiche Art zwei meiner Ritter erschlagen. Wegen des Leides, das er mir angetan hat, möchte ich lieber mit ihm zusammentreffen als alles Gold dieses Königreiches haben. So will ich Euch berichten, sagte sein Wirt, daß König Pellam von Listinoise in den nächsten Wochen ein großes Fest ausrichtet, an dem kein Ritter teilnehmen darf, der nicht sein Weib oder seine Geliebte mitbringt, und jenen Ritter, Euern und meinen Feind, sollt Ihr an diesem Tage sehen. Dann verspreche ich Euch, entgegnete Balin, genug von seinem Blut, um Euern Sohn ganz zu heilen. Laßt uns morgen früh aufbrechen, sagte sein Wirt. So ritten sie am nächsten Morgen alle drei los und trafen nach einer fünfzehntägigen Reise gerade an Pellams Hof ein, als das große Fest begann. Sie stiegen ab, stellten ihre Pferde unter und gingen zur Burg, aber Balins Wirt wurde nicht eingelassen, weil ihn keine Dame begleitete. Balin selbst wurde gut aufgenommen und erhielt ein Zimmer und legte seine Rüstung ab. Dann wurden ihm Kleider nach seinem Wunsche gebracht, und er sollte sein Schwert zurücklassen. Nein, erwiderte Balin, das tue ich nicht. Es ist Sitte in meinem Land, daß ein Ritter seine Waffen immer zur Hand hat, und diese Sitte will ich beibehalten, oder ich reite wieder fort. Da erhielt er die Erlaubnis, sein Schwert zu tragen, und so ging er in den Palast und nahm mit seiner Dame neben ruhmvollen Rittern Platz. Nach kurzer Zeit fragte Balin einen Ritter: Gibt es an diesem Hof nicht einen Ritter namens Garlon? Dort geht er, antwortete der Ritter, der mit dem schwarzen Gesicht; er ist der zauberkundigste Ritter, der jetzt lebt, und er hat viele tüchtige Ritter getötet, denn er kann sich unsichtbar machen. Aha, sagte Balin, ist er das? Dann ging er lange mit sich zu Rate: Wenn ich ihn hier erschlage, werde ich nicht entkommen, und wenn ich ihn jetzt gehen lasse, werde ich ihn vielleicht nie wieder bei einer so günstigen Gelegenheit treffen, und wenn er am Leben bleibt, wird er viel Unheil anrichten. Da merkte Garlon, daß Balin ihn anstarrte, und er trat auf Balin zu und schlug ihm mit dem Handrücken ins Gesicht und sagte: Ritter, warum starrst du mich so an? Pfui über dich! Iß dein Fleisch und tu das, weswegen du gekommen bist! Du sprichst wahr, sagte Balin, das ist nicht der erste Schimpf, den du mir angetan hast, und deshalb will ich tun, wozu ich gekommen bin; und er sprang auf und spaltete ihm den Kopf bis auf die Schultern. Gebt mir die Lanzenspitze, sagte Balin zu seinem Fräulein, mit der er Euern Ritter tötete. Und sie gab sie ihm, denn sie trug sie immer bei sich. Und Balin durchbohrte damit Garlon den Leib und sagte laut: Mit dieser Lanzenspitze hast du einen trefflichen Ritter getötet, und jetzt steckt sie in deinem eigenen Leib. Darauf rief Balin seinen Wirt zu sich und sprach: Jetzt könnt Ihr Euch genug Blut nehmen, um Euern Sohn damit zu heilen.

 WIE BALIN MIT KÖNIG PELLAM KÄMPFTE UND DABEI SEIN SCHWERT ZERBRACH, UND WIE ER EINEN SPEER ERGRIFF UND MIT IHM DEN SCHMERZLICHEN STREICH FÜHRTE. ❧ Sofort sprangen König Pellam und alle Ritter am Tisch auf, um auf Balin loszugehen, und Pellam rief wütend: Ritter, hast du meinen Bruder erschlagen? Dafür sollst du auf der Stelle sterben. Nun gut, entgegnete Balin, dann besorgt das selbst. Jawohl, sagte König Pellam, kein anderer soll mit dir kämpfen als ich, meinem Bruder zuliebe. Da ergriff Pellam eine schreckliche Waffe und hieb kräftig auf Balin ein, aber Balin brachte sein Schwert zwischen seinen Kopf und den Streich, und dabei brach das Schwert in Stücke. Als Balin ohne Waffe war, rannte er in den Nebenraum, um eine Waffe zu suchen, und so von Zimmer zu Zimmer und König Pellam immer hinter ihm her, aber Balin konnte keine Waffe finden. Schließlich kam er in ein Zimmer, das

war prachtvoll und reich verziert. Ein Bett stand dort mit kostbaren, goldbestickten Decken, und darin lag jemand, und da war ein Tisch aus reinem Gold mit vier silbernen Säulen, die die Platte trugen, und auf dem Tisch lag eine wunderbare, seltsam gearbeitete Lanze. Als Balin die Lanze sah, ergriff er sie und richtete sie gegen König Pellam und traf ihn so schwer, daß er ohnmächtig niederfiel. Im selben Augenblick brachen das Dach und die Mauern der Burg zusammen, und Balin stürzte zu Boden, daß er weder Hand noch Fuß rühren konnte. So lag der größte Teil des Burggemäuers, das durch diesen furchtbaren Streich eingefallen war, drei Tage lang auf Pellam und Balin.

WIE BALIN VON MERLIN BEFREIT WURDE, UND WIE ER EINEN RITTER RETTETE, DER SICH AUS LIEBE UM-BRINGEN WOLLTE. ❧ Da erschien Merlin und hob Balin auf und verschaffte ihm ein gutes Pferd, denn seins war tot, und hieß ihn aus dem Lande reiten. Ich möchte mein Fräulein mitnehmen, sagte Balin. Sieh hin, antwortete Merlin, dort liegt sie tot. Auch König Pellam lag viele Jahre mit schweren Wunden darnieder und konnte nicht geheilt werden, bis schließlich Galahad, der hohe Prinz, der den heiligen Gral suchte, ihn heilte, denn an diesem Ort befand sich ein Teil des Blutes Unseres Herrn Jesus Christus, das Joseph von Arimathia ins Land gebracht hatte. Und die Lanze war dieselbe, die Longeus Unserem Herrn ins Herz gestoßen hatte; und König Pellam war nahe mit Joseph verwandt und der trefflichste Mann, der damals lebte, und seine Verwundung war ein großer Jammer, denn sie brachte schlimme Not, Sorge und Kummer. Dann schied Balin von Merlin und sagte: In dieser Welt treffen wir uns nie wieder. So ritt er nun durch schöne Länder und Städte und fand überall Menschen erschlagen. Und die noch lebten, riefen: O Balin! Du hast in diese Länder großes Elend gebracht. Durch den schmerzlichen Streich, den du König Pellam versetzt hast, wurden drei Länder verwüstet; und zweifle nicht, die Rache wird dich schließlich treffen. Als Balin diese Länder hinter sich gelassen hatte, war er sehr froh. So ritt er acht Tage, ohne daß ihm ein Abenteuer begegnete. Endlich kam er in einen schönen Wald in einem Tal und gewahrte einen Turm. In der Nähe erblickte er ein großes Streitroß, das an einen Baum gebunden war, und daneben saß ein stattlicher Ritter auf dem Boden, ein schöner und starker Mann. Balin sprach zu ihm: Gott schütze Euch, warum seid Ihr so traurig? Sagt es mir, und ich will Euch helfen, wenn es in meiner Macht steht. Herr Ritter, gab dieser zur Antwort, Ihr tut mir großes Leid an, denn ich war in frohen Gedanken versunken, und nun erneuert Ihr meinen Schmerz. Balin ging ein wenig zur Seite und besah sich sein Pferd, da hörte er ihn folgendes sprechen: Ach, schöne Dame, warum hast du dein Versprechen gebrochen; du versprachst mir, mich zu Mittag hier zu treffen; ich verfluche dich, daß du mir dieses Schwert gegeben hast, denn mit dem Schwert will ich mich töten; und bei diesen Worten zog er das Schwert heraus. Da stürzte Balin auf ihn zu und hielt seine Hand fest. Laßt meine Hand los, rief der Ritter, oder ich erschlage Euch. Das braucht Ihr nicht, entgegnete Balin, ich verspreche Euch meine Hilfe, Euch Eure Dame zu verschaffen, wenn Ihr mir sagt, wo sie ist. Wie heißt Ihr? fragte der Ritter. Mein Name ist Balin le Savage. Ach, Herr, ich kenne Euch sehr gut, Ihr seid der Ritter mit den zwei Schwertern und der tapferste Mann, der lebt. Und wie heißt Ihr? fragte Balin. Mein Name ist Garnish vom Berge. Ich bin der Sohn eines armen Mannes, aber wegen meiner Stärke und Kühnheit hat mich ein Herzog zum Ritter geschlagen und mir Land gegeben; sein Name ist Herzog Hermel, und es ist seine Tochter, die ich liebe und die mich wiederzulieben schien. Wie weit ist sie von hier? fragte Balin. Nur sechs Meilen, antwortete der Ritter. Also reiten wir hin, schlug Balin vor. Und so ritten die beiden in schnellem Galopp, bis sie an eine schöne Burg mit festen Wällen und tiefen Gräben kamen. Ich will hineingehen, sagte Balin, und sehen, ob sie drin ist. So ging er hinein und durchsuchte Zimmer um Zimmer und fand schließlich ihr Bett, aber sie war nicht da. Dann schaute Balin in einen hübschen kleinen Garten, und unter einem Lorbeerbaum sah er sie auf einer Decke von grünem Brokat mit einem Ritter in enger Umarmung liegen, und ihre Köpfe waren auf Gras und Blumen gebettet. Als Balin die schöne Dame so mit dem widerwärtigsten Ritter, den er je erblickt hatte, liegen sah, lief er durch alle Zimmer zurück und erzählte dem Ritter, wie er sie in tiefem Schlaf gefunden hatte, und brachte ihn dann zu der Stelle.

Kap. 17

WIE DIESER RITTER SEINE GELIEBTE UND EINEN RITTER, DER BEI IHR LAG, ERSCHLUG UND SICH DANN SELBST MIT SEINEM EIGENEN SCHWERT UMBRACHTE, UND WIE BALIN ZU EINER SELTSAMEN BURG RITT. 🐦 Als Garnish sie so erblickte, brach ihm vor Schmerz das Blut aus Mund und Nase, und mit seinem Schwert schlug er beiden den Kopf ab, und dann begann er über die Maßen zu klagen und rief: O Balin! Großes Leid habt Ihr über mich gebracht, denn hättet Ihr mir dies nicht gezeigt, hätte ich meinen Kummer überwunden. Fürwahr, sagte Balin, ich tat es in der Absicht, Euch Mut zu machen und Euch ihre Falschheit zu zeigen und Euch dahin zu bringen, von der Liebe zu einer solchen Dame abzulassen. Weiß Gott, ich tat nichts anderes, als was ich von Euch erwartet hätte. Ach, erwiderte Garnish, jetzt ist mein Schmerz verdoppelt, daß ich ihn nicht ertragen kann. Nun habe ich erschlagen, was ich mein Leben lang am meisten geliebt habe; und bei diesen Worten stieß er sich plötzlich das Schwert bis ans Heft in den Leib. Als Balin das sah, lief er schnell fort, um nicht in den Verdacht zu kommen, er habe sie erschlagen. So ritt er weiter und kam nach drei Tagen an ein Kreuz, auf dem stand in goldenen Buchstaben: Kein Ritter möge allein zu dieser Burg reiten. Da sah er einen alten, weißhaarigen Edelmann auf sich zukommen, und der sprach zu ihm: Balin le Savage, du überschreitest deine Grenzen, wenn du diesen Weg gehst. Deshalb kehre um, es wird dir nur von Nutzen sein. Darauf verschwand der Mann, und nun hörte Balin ein Horn blasen, als ob man ein wildes Tier erlegt hätte. Dieses Blasen, sagte Balin, gilt mir, denn ich bin die Beute und bin doch noch nicht tot. Da erblickte er auf einmal an die hundert Damen und viele Ritter, die ihn mit freundlicher Miene willkommen hießen und ihn zu einer Burg führten. Dort wurde getanzt und gesungen und auf vielerlei Weise gescherzt. Dann sagte die Burgherrin: Ritter mit den zwei Schwertern, Ihr müßt mit einem Ritter tjosten, der hier in der Nähe auf einer Insel wohnt, denn niemand darf auf diesem Weg passieren, ohne mit ihm zu kämpfen. Das ist ein schlimmer Brauch, entgegnete Balin, daß ein Ritter nicht ungefährdet diesen Weg benutzen darf. Ihr sollt nur mit einem Ritter kämpfen, sagte die Herrin. Nun gut, willigte Balin ein, was ich tun soll, dazu bin ich bereit, aber fahrende Männer sind oft müde und ihre Pferde ebenso. Doch ist mein Pferd auch müde, mein Herz ist es nicht. Ich will gern kämpfen, und wenn es mein Tod sein sollte. Herr, sagte ein Ritter zu Balin, mich dünkt, Euer Schild ist nicht gut, ich will Euch einen größeren leihen, nehmt bitte den. Und so nahm Balin den Schild, der kein Wappen trug, und ließ seinen eigenen zurück und ritt zu der Insel und bestieg mit seinem Pferd ein großes Boot. Als er die Insel betrat, traf er ein Fräulein, und sie sagte: O Ritter Balin, warum habt Ihr Euern Schild zurückgelassen? Wehe, Ihr habt Euch in große Gefahr gebracht, denn an Euerm Schild wäret Ihr erkannt worden. Es ist ein großer Jammer um Euch wie nur je um einen Ritter, denn an Kraft und Kühnheit habt Ihr nicht

Euresgleichen. Mich reut, erwiderte Balin, daß ich in dieses Land gekommen bin, aber es wäre eine Schande für mich, wenn ich jetzt umkehren wollte. Was für ein Geschick mir auch zustoßen mag, sei es Leben oder Tod, ich will es auf mich nehmen. Dann sah er nach seiner Rüstung, und es schien alles in Ordnung, und er bekreuzigte sich und bestieg sein Pferd.

 WIE BALIN MIT SEINEM BRUDER BALAN KÄMPFTE, OHNE DASS EINER DEN ANDEREN ERKANNTE, UND WIE SIE AUFEINANDER EINHIEBEN, BIS SIE BEIDE ZU TODE VERWUNDET WAREN. ᘰ Da sah er vor sich einen Ritter aus einer Burg reiten, dessen Pferd ganz in rotes Tuch gehüllt und der selbst in die gleiche Farbe gekleidet war. Als der Ritter in Rot Balin mit den zwei Schwertern erblickte, glaubte er seinen Bruder vor sich zu haben, aber da er den fremden Schild sah, meinte er, er hätte sich geirrt. Und so legten sie die Lanzen ein, rannten voller Wucht gegeneinander und trafen einander auf den Schild, aber ihre Lanzen waren so groß und ihr Zusammenprall so heftig, daß Roß und Reiter zu Boden fielen und beide ohnmächtig dalagen. Der ohnehin ermüdete Balin aber war durch den Sturz vom Pferde arg zerschlagen. Balan war als erster wieder auf den Beinen, zog sein Schwert und lief auf Balin zu, und der stand auf und ging ihm entgegen. Balan traf Balin zuerst auf den erhobenen Schild, der Streich ging durch Balins Schild hindurch und zerbeulte seinen Helm. Dann schlug Balin mit dem Unglücksschwert zu und hätte seinen Bruder beinahe niedergestreckt. So kämpften sie, bis ihnen der Atem ausging. Da blickte Balin zur Burg hinauf und sah, daß auf den Türmen viele Damen standen. Darauf fochten sie weiter und verwundeten einander schwer und verschnauften wieder und kämpften von neuem so verbissen, daß die Stätte rot von Blut war. Jeder hatte dem anderen schon sieben so schwere Wunden geschlagen, daß

die kleinste von ihnen den stärksten Riesen der Welt getötet hätte. Bei dem grimmigen Streit öffneten sich ihre Panzerhemden, daß sie auf allen Seiten nackt waren. Schließlich zog sich Balan, der jüngere Bruder, ein wenig zurück und legte sich hin. Da sagte Balin le Savage: Was für ein Ritter bist du? Bis heute habe ich noch keinen Ritter gefunden, der mir standhielt. – Mein Name ist Balan, erwiderte der andere, ich bin der Bruder des wackeren Ritters Balin. Wehe, rief Balin, daß ich diesen Tag erleben muß, und bei diesen Worten fiel er ohnmächtig hintenüber. Da kroch Balan auf allen vieren zu ihm und nahm ihm den Helm ab, doch er konnte am Gesicht seinen Bruder nicht erkennen, so zerschlagen und blutig war es. Aber als Balin erwachte, sagte er: O Balan, mein Bruder, du hast mich erschlagen und ich dich, und deshalb wird die ganze Welt von uns sprechen. Wehe, antwortete Balan, daß ich diesen Tag erleben muß, an dem ich dich durch ein Mißgeschick nicht erkannt habe, denn wohl bemerkte ich deine zwei Schwerter, aber weil du einen anderen Schild hattest, hielt ich dich für einen fremden Ritter. Ach, klagte Balin, an alledem ist ein unseliger Ritter in der Burg schuld. Er veranlaßte mich, meinen Schild zu unser beider Untergang zurückzulassen, und wenn ich am Leben bliebe, würde ich diese Burg wegen ihrer üblen Bräuche zerstören. Das wäre wohlgetan, pflichtete ihm Balan bei, denn seit ich hierherkam, erhielt ich nie die Erlaubnis weiterzuziehen, weil ich das Unglück hatte, einen auf dieser Insel hausenden Ritter zu töten. Und du hättest auch nicht weiterreiten dürfen, Bruder, wenn du mich erschlagen hättest, wie du es ja jetzt getan hast. In diesem Augenblick trat die Burgfrau mit vier Rittern und sechs Damen und sechs Dienern zu ihnen und hörte, wie sie einander ihr Leid klagten: Wir kamen beide aus dem Schoß einer Mutter, und nun werden wir beide in einem Grab liegen. Und Balan bat die edle Frau, für seine treuen Dienste sie beide am Ort des Kampfes zu begraben. Sie versicherte unter Tränen, das sollte auf die würdigste Art geschehen. Wollt Ihr nun nach einem Priester schicken, damit wir die Sakramente empfangen? Die Dame versprach es und sandte nach einem Priester, und sie erhielten die Sakramente. Wenn wir nun in einem Grab bestattet sind, sagte Balin, und die Inschrift erwähnt, wie zwei Brüder einander erschlugen, dann wird nie ein wackerer Ritter oder ein guter Mann an dem Grab vorübergehen, ohne für unsere Seele zu beten. Bei diesen Worten weinten alle Damen und Edelfrauen vor Schmerz. Kurz darauf verschied Balan, aber Balin starb erst nach Mitternacht, und so wurden sie beide begraben, und die Burgfrau gebot, eine Inschrift für Balan zu entwerfen, wie er von seines Bruders Hand erschlagen wurde, aber Balins Namen kannte sie nicht.

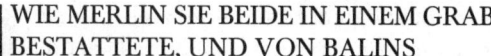

WIE MERLIN SIE BEIDE IN EINEM GRAB BESTATTETE, UND VON BALINS SCHWERT. 〜 Am anderen Morgen kam Merlin und ließ in goldenen Lettern auf das Grab schreiben, daß hier Balin le Savage liege, der Ritter mit den zwei Schwertern, der den schmerzlichen Streich führte. Auch ließ Merlin dort ein Bett aufstellen, in dem jeder, der darin lag, den Verstand verlieren sollte, doch Lanzelot vom See zerstörte die Zauberkraft des Bettes durch sein edles Verhalten. Gleich nach dem Tode Balins nahm Merlin sein Schwert an sich, entfernte den Knauf und setzte einen anderen daran. Dann forderte Merlin einen Ritter auf, der vor ihm stand, das Schwert zu schwingen, und der versuchte es, konnte es aber nicht. Da lachte Merlin. Warum lacht Ihr, fragte der Ritter. Merlin antwortete: Niemand soll dieses Schwert schwingen als der beste Ritter der Welt, und das wird Lanzelot sein oder Galahad, sein Sohn, und Lanzelot wird mit dem Schwert den Mann erschlagen, den er in der Welt am meisten liebt, Sir Gawein. All dies ließ er auf den Knauf des Schwertes schreiben. Ferner sorgte Merlin dafür, daß eine Brücke aus Eisen und Stahl zu der Insel gebaut wurde, und sie war nur einen halben Fuß breit, und niemand sollte den Mut haben, über die Brücke zu gehen, wenn er nicht ein untadeliger Mann und wackerer Ritter ohne Verrat und Bosheit war. Die Scheide von Balins Schwert ließ Merlin am diesseitigen Ufer zurück, damit Galahad sie finden sollte. Auch stieß Merlin durch Zauberkraft Balins Schwert in einen Marmorstein, der aufrecht stand wie ein großer Mühlstein, und dieser Stein hielt sich viele Jahre über dem Wasser und schwamm sogar den Fluß hinab zur Stadt Camelot, die auf englisch Winchester heißt. Am selben Tage kam Galahad, der hohe Prinz, mit König Artus. Galahad führte die Scheide mit sich und gewann das Schwert, das in dem schwimmenden Marmorstein steckte. Das geschah am Pfingstsonntag, wie in dem Buch vom heiligen Gral erzählt wird. Bald darauf kam Merlin zu König Artus und berichtete ihm von dem schmerzlichen Streich, den Balin König Pellam versetzte, und wie Balin und Balan den wunderbarsten Kampf miteinander fochten und wie sie beide in einem Grab bestattet wurden. Ach, rief König Artus, das ist die traurigste Geschichte, die ich je über zwei Ritter gehört habe, denn in der ganzen Welt gibt es zwei solche Ritter nicht noch einmal. Hier endet der Bericht über Balin und Balan, die beiden Brüder aus Northumberland und trefflichen Ritter.

3. Buch

WIE KÖNIG ARTUS SICH EIN WEIB NAHM UND GINEVRA HEIRATETE, DIE TOCHTER DES KÖNIGS LODEGRANCE VON CAMELIARD, VON DEM ER DIE RUNDE TAFEL ERHIELT.

N der ersten Zeit, nachdem Artus durch Wundertaten und göttliche Gnade zum König gewählt worden war, führten viele Könige und Fürsten große Kriege gegen ihn, denn die meisten der Barone wußten nicht, daß er Uther Pendragons Sohn war, bis Merlin es offenbarte; doch Artus besiegte sie alle, da er sich die meiste Zeit seines Lebens nach dem Rat Merlins richtete. So geschah es einmal, daß König Artus zu Merlin sagte: Meine Barone lassen mir keine Ruhe, ich muß mir durchaus ein Weib nehmen, aber ich will dies nur mit deinem Rat und deiner Hilfe tun. Es ist gut, meinte Merlin, daß Ihr ein Weib nehmen wollt, denn ein Mann von Euerm Edelmut und Adel sollte nicht ohne Weib sein. Gibt es nun eine, die Ihr mehr liebt als irgend eine andere? Ja, sagte König Artus, ich liebe Ginevra, die Tochter des Königs Lodegrance aus dem Lande Cameliard, der in seinem Hause die Runde Tafel hat, die er, wie du mir erzählt hast, von meinem Vater Uther bekam; und dieses Fräulein ist von allen, die ich kenne, die schönste und würdigste Dame. Herr, erwiderte Merlin, was ihre Gestalt und Schönheit angeht, so ist sie eine der Schönsten, die leben; doch wenn Ihr sie nicht so sehr liebtet, wie Ihr es tut, könnte ich für Euch ein schönes und gutes Fräulein finden, das Euch gefiele und behagte, wenn Euer Herz nicht gefangen wäre; und wo das Herz eines Mannes gefangen ist, dort will er nicht weichen. Das ist wahr, sagte König Artus. Aber Merlin gab dem König heimlich zu verstehen, es wäre nicht gut für ihn, wenn er Ginevra heirate, denn Lanzelot liebte sie und sie ihn wieder, und so erzählte er von den Geschicken des heiligen Grals. Dann bat Merlin den König, er möge ihm Männer mitgeben, die um Ginevra werben sollten, und der König gewährte ihm dies. Merlin ritt zu König Lodegrance von Cameliard und teilte ihm mit, König Artus wolle seine Tochter Ginevra gern zur Frau haben. Das ist, sagte König Lodegrance, die beste Botschaft, die ich je vernommen habe, daß ein so würdiger, tapferer und edler König meine Tochter zur Frau begehrt. Und was meine Länder angeht, so würde ich sie ihm dazugeben, wenn ich wüßte, daß er sie haben will, doch er braucht sie nicht; ich werde ihm aber ein Geschenk machen, das ihm mehr Freude bereiten soll, denn ich werde ihm die Runde Tafel geben, die ich von Uther Pendragon bekam und an der, wenn sie voll besetzt ist, einhundertfünfzig Ritter Platz haben. Einhundert Ritter habe ich selbst, aber fünfzig fehlen mir, denn es sind in letzter Zeit so viele erschlagen worden. Und damit übergab König Lodegrance seine Tochter Ginevera an Merlin und dazu die Runde Tafel mit den hundert Rittern, und sie fuhren mit festlichem Gepränge munter dahin, teils zu Wasser und teils zu Lande, bis sie in die Nähe Londons kamen.

Kap. 2

WIE DIE RITTER DER TAFELRUNDE ERWÄHLT UND IHRE SITZE VOM BISCHOF VON CANTERBURY GEWEIHT WURDEN. ᚥ Als König Artus erfuhr, daß Ginevra und die hundert Ritter mit der Runden Tafel nahten, freute er sich sehr und sagte: Diese schöne Frau ist mir sehr willkommen, denn ich liebe sie schon lange; und diese Ritter mit der Runden Tafel bedeuten mir mehr als große Reichtümer. Und eilends ließ er Anordnungen treffen für die Heirat und die Krönung in der prächtigsten Art, die man sich vorstellen konnte. Jetzt, Merlin, sagte König Artus, geh und mache mir im ganzen Lande die fünfzig kühnsten und ruhmvollsten Ritter ausfindig. Binnen kurzem hatte Merlin achtundzwanzig solcher Ritter beisammen, mehr konnte er aber nicht entdecken. Dann wurde der Bischof von Canterbury geholt, der weihte die Sitze mit großer Zeremonie und frommer Hingabe, und danach nahmen die achtundzwanzig Ritter Platz. Als dies geschehen war, sagte Merlin: Edle Herren, ihr müßt euch erheben und zu König Artus gehen, um ihm zu huldigen, er wird euch dann um so gnädiger sein. Sie standen also auf und huldigten dem König, und als sie gegangen waren, fand Merlin auf allen Sitzen in goldenen Buchstaben die Namen der Ritter geschrieben, die dort gesessen hatten. Aber zwei Sitze waren ohne Inschrift. Und alsbald kam der junge Gawein und bat den König um ein Gunst. Sprecht, sagte der König, ich will Euern Wunsch erfüllen. Herr, ich bitte, daß Ihr mich am Tage Eurer Hochzeit mit der schönen Ginevra zum Ritter schlagt. Das will ich gern tun, antwortete König Artus, und ich will Euch, so gut ich nur kann, alle Ehre erweisen, denn ich muß es wohl, da Ihr mein Neffe seid, meiner Schwester Sohn.

WIE EIN ARMER MANN AUF EINEM MAGEREN GAUL GERITTEN KAM UND VON KÖNIG ARTUS BEGEHRTE, SEINEN SOHN ZUM RITTER ZU MACHEN. ₰ Zu dieser Zeit kam ein armer Mann an den Hof und brachte einen schönen Jüngling von achtzehn Jahren mit, der auf einem mageren Gaul ritt. Und der arme Mann fragte alle Leute, die er traf: Wo finde ich König Artus? Dort ist er, sagten die Ritter, willst du etwas von ihm? Ja, sagte der arme Mann, darum bin ich hergekommen. Als er darauf vor König Artus trat, grüßte er ihn mit den Worten: O König Artus, Blüte aller Ritter und Könige, möge dich Jesus schützen; Herr, ich habe gehört, daß Ihr zu Eurer Hochzeit jedem das gewährt, worum er bittet, wenn es nichts Unbilliges ist. Das ist wahr, erwiderte der König, das habe ich ausrufen lassen, und das will ich halten, wenn es nicht meinem Reich und meinen Ländern schadet. Ihr sprecht gut und gnädig, sagte der arme Mann; Herr, ich begehre weiter nichts, als daß Ihr meinen Sohn zum Ritter schlagt. Du verlangst viel von mir, meinte der König, wie heißt du? Herr, mein Name ist Aries le Vaysher. Kommt die Bitte von dir oder von deinem Sohn? fragte der König. Nein, Herr, sagte Aries, diese Bitte kommt nicht von meinem Sohn und auch nicht von mir; ich habe nämlich dreizehn Söhne, und alle sind zufrieden mit dem Platz, an den ich sie stelle, und sie tun ihre Arbeit gern, aber dieses Kind will nicht für mich arbeiten. Was meine Frau und ich auch tun, immer will er Bogenschießen oder mit dem Speer werfen, und er hat seine Freude daran, Kämpfen zuzusehen und Ritter anzuschauen, und Tag und Nacht verlangt er von mir, er wolle zum Ritter geschlagen werden. Wie heißt du? fragte der König den Jüngling. Herr, mein Name ist Tor. Der König betrachtete ihn genau und sah, daß er schön von Angesicht und für sein Alter recht kräftig war. Also gut, sprach der König zu Aries le Vaysher, bringe alle deine Söhne zu mir, damit ich sie ansehen kann. Das tat der arme Mann, und alle sahen ihm ähnlich, nur Tor glich in Gestalt und Gesichtszügen keinem von ihnen, denn er war viel stattlicher als sie. Da sagte König Artus zu dem Kuhhirten Aries: Wo ist das Schwert, mit dem ich ihn zum Ritter schlagen soll? Hier ist es, antwortete Tor. Zieht es aus der Scheide, befahl der König, und bittet mich, daß ich Euch zum Ritter schlage. Da stieg Tor, von seinem Pferd, zog sein Schwert heraus und bat den König kniend, er möge ihn zum Ritter schlagen und zu einem Ritter der Tafelrunde machen. Zum Ritter will ich Euch schlagen, sagte der König und schlug ihm mit dem Schwert auf den Nacken und sprach: Seid ein wackerer Ritter, ich bete zu Gott, daß Ihr es werdet, und wenn Ihr tapfer und würdig seid, so sollt Ihr ein Ritter der Tafelrunde werden. Nun sage, Merlin, gebot Artus, ob Tor ein guter Ritter wird oder nicht. Ja, Herr, aus ihm wird sicher ein guter Ritter, denn er stammt von einem trefflichen Manne ab, wie es nur einen gibt, und ist aus königlichem Blut. Wieso das? fragte der König. Ich will es Euch erzählen, sagte Merlin: Dieser arme Mann, Aries le Vaysher, ist nicht sein Vater, und er ist auch nicht verwandt mit ihm, denn sein Vater ist König Pellinore. Das glaube ich nicht, meinte Aries le Vaysher. Hole dein Weib her, sagte Merlin, sie wird es nicht leugnen. Sogleich wurde die Frau geholt, eine stattliche Hausfrau, und sie berichtete dem König und Merlin, ihr sei einmal, als sie in ihrer Mädchenzeit zum Kühemelken ging, ein strenger Ritter begegnet: Und mit Gewalt nahm er mir meine Jungfernschaft und zeugte meinen Sohn Tor, und er nahm mir meinen Windhund, den ich damals bei mir hatte, und sagte, er wollte ihn zum Andenken an meine Liebe behalten. Ach, klagte der Kuhhirt, das habe ich nicht gewußt, aber ich will es glauben, denn er hat kein bißchen von mir. Herr, wandte sich Tor an Merlin, nehmt meiner Mutter nicht die Ehre. Herr, entgegnete Merlin, es gereicht Euch mehr zu Ehre als zur Schande, denn Euer Vater ist ein trefflicher Mann und ein König, und er könnte Euch und Eure Mutter sehr wohl emporheben, denn Ihr wurdet vor ihrer Ehe gezeugt. Das ist wahr, bestätigte die Frau. Und es verringert meinen Kummer, sagte Aries le Vaysher.

Kapitel 4

WIE SIR TOR ALS KÖNIG PELLINORES SOHN ERKANNT WURDE, UND WIE GAWEIN ZUM RITTER GESCHLAGEN WURDE. Am nächsten Morgen kam König Pellinore an den Hof von König Artus, der sich darüber sehr freute und ihm von Tor erzählte, der sein Sohn war, und wie er ihn auf die Bitte des Kuhhirten Aries zum Ritter gemacht hatte. Als Pellinore Tor betrachtete, gefiel er ihm sehr. So schlug der König am Tag des Festes Gawein zum Ritter, aber vor ihm Tor. Aus welchem Grund, fragte König Artus, sind zwei Sitze leer? Herr, antwortete Merlin, auf diesen Plätzen sollen nur die Allerwürdigsten sitzen, aber auf dem Gefährlichen Sitz soll niemand sitzen außer einem, und wenn jemand so kühn ist, es doch zu tun, wird er vernichtet werden; aber der, der dort sitzen soll, wird nicht seinesgleichen haben. Und damit nahm Merlin König Pellinore bei der Hand und wies mit der anderen auf den Sitz, der den beiden leeren und dem Gefährlichen Sitz am nächsten war, und sprach vor allen anderen: Dies ist Euer Platz, und von allen, die hier versammelt sind, verdient Ihr am meisten, hier zu sitzen. Das erfüllte Sir Gawein mit großem Neid, und er sagte zu seinem Bruder Gaheris: Der Ritter dort ist zu großer Ehre erhoben worden, und das kränkt mich sehr, denn er hat unseren Vater, König Lot, erschlagen. Deshalb will ich ihn mit einem Schwert töten, das mir geschickt wurde und das sehr scharf ist. Tut das jetzt nicht, riet Gaheris, denn ich bin bisher nur Knappe. Wenn ich Ritter geworden bin, will ich an ihm Rache nehmen, und daher, Bruder, ist es das beste, Ihr geduldet Euch bis zu einer Gelegenheit, wo wir ihn außerhalb des Hofes treffen; wenn wir es jetzt täten, würden wir dieses hohe Fest stören. Ich will handeln, sagte Gawein, wie Ihr es wünscht.

WIE AUF DEM FEST DER HOCHZEIT DES KÖNIGS ARTUS MIT GINEVRA EIN WEISSER HIRSCH UND SECHZIG HUNDE IN DIE HALLE KAMEN, UND WIE EIN HUND DEN HIRSCH BISS UND DARAUF FORTGEFÜHRT WURDE.

Dann wurden der König und Ginevra in der St.-Stephans-Kirche zu Camelot mit großem Gepränge getraut, und man feierte die Hochzeit. Und als alle nach ihrem Range

Platz genommen hatten, ging Merlin zu den Rittern der Tafelrunde und hieß sie stillsitzen und nicht vom Platze weichen: Denn ihr sollt ein seltsames und wunderbares Abenteuer sehen. Als sie so dasaßen, kam ein weißer Hirsch in die Halle gesprungen und ein weißer Spürhund hinter ihm her, und dreißig Paare schwarze Hetzhunde folgten mit wildem Geheul, und der Hirsch lief um die Runde Tafel und die anderen Tische herum, und der weiße Spürhund biß ihm in den Schenkel und riß ein Stück heraus, worauf der Hirsch einen großen Satz machte und einen Ritter umwarf, der am Tische saß. Der Ritter stand auf, ergriff den Hund und ging aus der Halle, nahm sein Pferd und ritt mit dem Hund davon. Gleich darauf kam eine Dame auf einem weißen Zelter und rief laut König Artus zu: Herr, duldet nicht, daß mir dies Unrecht angetan wird, denn der Spürhund, den der Ritter mitgenommen hat, gehört mir. Ich kann da nichts tun, sagte der König. In diesem Augenblick sprengte ein Ritter in voller Rüstung auf einem großen Pferd herein und entführte die Dame mit Gewalt, obwohl sie schrie und jammerte. Der König war froh, als sie fort war, weil sie solches Geschrei gemacht hatte. Nein, mahnte Merlin, Ihr dürft diese Abenteuer nicht so leicht nehmen, denn alle müssen wieder hierhergebracht werden, sonst wäre es eine große Schande für Euch und Euer Fest. Es soll geschehen, sprach König Artus, wie Ihr es ratet. Dann, sagte Merlin, laßt Sir Gawein rufen, denn er muß den weißen Hirsch zurückbringen. Außerdem, Herr, müßt Ihr Sir Tor rufen lassen, denn er muß den Spürhund und den Ritter wiederbringen oder ihn erschlagen. Ferner laßt König Pellinore rufen, denn er muß die Dame und den Ritter zurückbringen oder ihn erschlagen. Und diese drei Ritter werden wunderbare Abenteuer bestehen, ehe sie wiederkommen. Dann wurden sie alle drei zusammengerufen, wie erwähnt, und jeder übernahm seine Aufgabe und rüstete sich sehr sorgfältig. Sir Gawein erhielt den ersten Auftrag, deshalb wollen wir mit seinem Abenteuer beginnen.

Rap.
6

WIE SIR GAWEIN AUSRITT, UM
DEN HIRSCH ZURÜCKZUHOLEN,
UND WIE ZWEI BRÜDER UM DEN
HIRSCH MITEINANDER KÄMPF-
TEN. ❧ Sir Gawein ritt davon, so
schnell er konnte, und mit ihm Gaheris,
sein Bruder, um ihm anstelle eines Knappen zur Hand zu sein. Als sie so dahin-
eilten, sahen sie zwei Ritter, die zu Pferde
heftig miteinander kämpften, und Gawein und sein Bruder ritten zwischen
sie und fragten, warum sie so kämpften. Der eine Ritter antwortete: Wir kämpfen aus einem einfachen Grund, denn wir
sind Brüder, geboren und gezeugt von derselben Frau und
demselben Mann. Wehe, sagte Sir Gawein, warum tut ihr das?
Herr, sagte der ältere, heute kam ein weißer Hirsch hier
vorbei, und viele Hunde hetzten ihn, ein weißer Spürhund
war ihm immer am nächsten. Wir hielten dies für ein Jagd-
abenteuer vom Hochzeitsfest des Königs Artus, und deshalb
wollte ich den Hirsch verfolgen, um Ehre zu gewinnen, und
mein jüngerer Bruder hier sagte, er wolle den Hirsch verfolgen, denn er sei ein besserer Ritter als ich. Aus diesem Grunde
stritten wir uns und wollten im Kampf beweisen, wer von uns
der bessere Ritter sei. Das ist eine einfache Sache, sagte Sir
Gawein, wenn ihr nicht miteinander verwandt wärt, solltet
ihr durchaus miteinander kämpfen, aber nicht Bruder gegen
Bruder; wenn ihr nicht tut, was ich euch sage, werde ich gegen
euch kämpfen, also ergebt euch und geht zu König Artus und
unterwerft euch auf Gnade und Ungnade. Herr Ritter, entgegneten die beiden Brüder, wir sind vom Kampf ermüdet
und haben durch unseren Leichtsinn viel Blut verloren, und
deshalb möchten wir nicht gern mit Euch kämpfen. Dann tut,
was ich euch befehle, gebot Sir Gawein. Wir wollen tun, was
Ihr verlangt, aber was sollen wir sagen, durch wen wir geschickt worden sind? Ihr könnt sagen: durch den Ritter, der den

weißen Hirsch verfolgt. Und wie heißt ihr? fragte Gawein. Sorlouse vom Wald, antwortete der ältere. Und mein Name ist Brian vom Wald, sagte der jüngere. So schieden sie und ritten zum Hofe des Königs. Während nun Sir Gawein dem Hirsch nach dem Gebell der Hunde folgte, kam er an einen großen Fluß, und der Hirsch schwamm hinüber; als Sir Gawein ihm nachfolgen wollte, stand am anderen Ufer ein Ritter und sagte: Herr Ritter, kommt nicht herüber wegen dieses Hirsches, es sei denn, Ihr wollt mit mir kämpfen. Das ist kein Grund für mich, auf die Verfolgung zu verzichten, antwortete Sir Gawein, gab seinem Pferd die Sporen und schwamm mit ihm hinüber. Und sogleich legten sie ihre Speere ein und rannten mit aller Kraft gegeneinander, aber Sir Gawein warf seinen Gegner aus dem Sattel, wendete sein Pferd und hieß ihn sich ergeben. Nein, rief der Ritter, nicht so, wenn Ihr mir zu Pferde auch überlegen seid. Ich bitte Euch, tapferer Ritter, steigt ab, messen wir uns mit den Schwertern. Wie heißt Ihr? fragte Sir Gawein. Allardin von den Inseln, sagte der andere. Dann erhoben sie ihre Schilde und hieben mit den Schwertern aufeinander ein, doch Sir Gawein schlug ihm so gewaltig durch den Hals, daß der Ritter tot niederfiel. Ah! sagte Gaheris, das war ein mächtiger Streich für einen jungen Ritter.

WIE DER HIRSCH IN EINE BURG GETRIEBEN UND DORT GETÖTET WURDE, UND WIE SIR GAWEIN EINE DAME ERSCHLUG. ❧ Dann ritten Gawein und Gaheris weiter dem weißen Hirsch nach und hetzten drei Paar Windhunde hinter ihm her, und diese jagten den Hirsch in eine Burg, und im Innenhof brachten sie den Hirsch zur Strecke, und Sir Gawein und Gaheris folgten nach. Da kam ein Ritter aus einem Gemach mit dem bloßen Schwert in der Hand und erschlug zwei von den Windhunden vor den Augen Sir Gaweins und jagte die übrigen mit dem Schwert aus der Burg. Und als er zurückkam, sprach er: O mein weißer Hirsch, ich beklage deinen Tod, denn ich hatte dich von meiner Herrin. Schlecht habe ich dich gehütet, und dein Tod soll teuer erkauft werden, so wahr ich lebe. Und sogleich ging er in sein Gemach und wappnete sich und kam wütend heraus und traf auf Sir Gawein. Warum habt Ihr meine Hunde erschlagen? fragte Sir Gawein, sie taten nur, was ihrer Art gemäß ist; Ihr hättet Euern Zorn lieber an mir auslassen sollen als an unvernünftigen Tieren. Du hast recht meinte der Ritter, ich habe mich an deinen Hunden gerächt, und nun räche ich mich an dir. Da stieg Sir Gawein vom Pferd und erhob seinen Schild, und sie schlugen gewaltig aufeinander ein und spalteten ihre Schilde und zerbeulten ihre Helme und schnitten durch ihre Panzerhemden, daß ihnen das Blut die Beine hinabfloß. Schließlich traf Sir Gawein den Ritter so schwer, daß er zu Boden fiel, und da ergab er sich, bat um Gnade und flehte ihn an als Ritter und Edelmann, sein Leben zu schonen. Du sollst sterben, sagte Sir Gawein, weil du meine Hunde erschlagen hast. Ich will dich entschädigen, bat der Ritter, so gut ich kann. Sir Gawein wollte aber keine Gnade gewähren, sondern band ihm den Helm los, um ihm den Kopf abzuschlagen. Gerade in diesem Augenblick kam seine Herrin aus einem Gemach und warf sich auf den Ritter, und zum Unglück schlug Gawein ihr den Kopf ab. Wehe, sagte Gaheris, das ist übel und schändlich gehandelt, diese Schmach wird nie von dir weichen; du hättest Gnade walten lassen sollen, wenn du darum gebeten wirst, denn ein Ritter ohne Gnade ist ohne Ehre. Sir Gawein war so bestürzt über den Tod der schönen Dame, daß er nicht wußte, was er tat, und er sagte zu dem Ritter: Steh auf, ich will dir Gnade gewähren. Nein, nein, entgegnete der Ritter, Gnade nützt mir jetzt nichts mehr, du hast meine Herrin erschlagen, die ich am meisten auf der Welt geliebt habe. Das reut mich bitter, sagte Sir Gawein, denn

der Streich war dir zugedacht; doch jetzt sollst du zu König
Artus gehen und ihm von deinem Abenteuer erzählen und wie
du besiegt wurdest von dem Ritter, der auf die Suche nach
dem weißen Hirsch auszog. Es ist mir gleichgültig, erwiderte
der Ritter, ob ich lebe oder sterbe; und dennoch schwur er
aus Furcht vor dem Tode, zu König Artus zu reiten, und
Gawein band einen Windhund vor ihm auf das Pferd und
einen hinter ihm. Ich wüßte gern Euern Namen, ehe wir uns
trennen, bat Sir Gawein. Mein Name ist Ablamor von der
Marsch, antwortete der Ritter. So schied er und wandte sich
nach Camelot.

WIE VIER RITTER GEGEN GAWEIN
UND GAHERIS KÄMPFTEN, UND WIE
SIE BEZWUNGEN WURDEN UND
DURCH DIE BITTE VON VIER DAMEN
IHR LEBEN RETTETEN. 🙢 Sir Gawein aber ging in die Burg und bereitete
sein Nachtlager und wollte Rüstung und
Waffen ablegen. Was habt Ihr vor, fragte Gaheris, wollt Ihr
Euch in diesem Lande entwaffnen? Bedenkt, Ihr habt hier
viele Feinde. Kaum hatte er das gesagt, kamen vier wohlge-
wappnete Ritter herein und griffen Gawein scharf an und
sprachen zu ihm: Du frischgebackener Ritter, du hast deine
Ehre geschändet, denn ein Ritter ohne Gnade ist ehrlos. Auch
hast du eine schöne Dame erschlagen zu deiner ewigen Schande. Zweifle nicht daran, du wirst selbst Gnade sehr nötig
haben, ehe du von uns gehst. Und damit versetzte einer von
ihnen Sir Gawein einen schweren Streich, daß er beinahe zu
Boden fiel. Gaheris traf diesen Ritter darauf mit wuchtigem
Schlag, und so wogte der Kampf hin und her, bis Sir Gawein
und Gaheris in große Lebensgefahr gerieten; und ein Bogen-
schütze schoß Sir Gawein einen Pfeil durch den Arm, daß es
ihn heftig schmerzte. Als sie dem Tode nahe waren, kamen
vier schöne Damen und baten die Ritter um Gnade für Sir
Gawein, und auf die Bitte der Damen schenkten sie Sir Gawein

und Gaheris gnädig das Leben und machten sie zu ihren Gefangenen. Da erhoben Gawein und Gaheris laute Klage. Ach, jammerte Sir Gawein, mein Arm schmerzt mich sehr, ich werde wohl zum Krüppel werden. Früh am nächsten Morgen kam eine der vier Damen, die sein Klagen gehört hatte, zu Sir Gawein und sagte: Herr Ritter, wie geht es Euch? Nicht gut, antwortete er. Das ist Eure eigene Schuld, denn Ihr habt eine verruchte Tat verübt, als Ihr die Dame erschlugt, damit habt Ihr große Schande über Euch gebracht. Aber gehört Ihr nicht zur Sippe des Königs Artus? Das ist wahr, antwortete Sir Gawein. Wie heißt Ihr? fragte die Dame, Ihr müßt es mir sagen, bevor Ihr geht. Mein Name ist Gawein, erwiderte er. Ich bin der Sohn des Königs Lot von Orkney, und meine Mutter ist die Schwester des Königs Artus. Dann seid Ihr also ein Neffe von König Artus, sagte die Dame, ich will so für Euch sprechen, daß Ihr freies Geleit habt zum König, ihm zuliebe. Und danach erzählte sie den vier Rittern, daß ihr Gefangener Sir Gawein sei, sie gaben Sir Gawein den Kopf des Hirsches, weil er ihn erlegt hatte, und ließen ihn frei, unter dem Versprechen, daß er die tote Dame so mit sich trug, daß ihr Kopf über seinen Nacken hing und ihr Körper vor ihm auf der Mähne des Pferdes lag. Dann ritt er fort nach Camelot. Sogleich nach seiner Ankunft verlangte Merlin von König Artus, Sir Gawein solle durch einen Eid verpflichtet werden, alle seine Abenteuer zu erzählen und zu berichten, wie er dem Ritter keine Gnade gewähren wollte und dadurch die Dame erschlug. Da waren der König und die Königin sehr erzürnt über Sir Gawein, und auf Anordnung der Königin wurde ein Gericht von Damen über Sir Gawein abgehalten. Sie verurteilten ihn, er sollte bis ans Ende seines Lebens für alle Damen eintreten und Kämpfe für sie ausfechten und er sollte stets ritterlich handeln und nie dem Gnade versagen, der darum bat. Gawein wurde auf die vier Evangelisten vereidigt, daß er sich nie gegen eine Dame oder Edelfrau wenden sollte, es sei denn, daß er für eine Dame kämpfte und sein Gegner für eine andere. Und so endete das Abenteuer Sir Gaweins, das er bei der Hochzeit des Königs Artus bestand.

WIE SIR TOR DEM RITTER MIT DEM HUND NACHRITT UND VON SEINEM ABENTEUER UNTERWEGS. ☙ Als Sir Tor gerüstet war, bestieg er sein Pferd und folgte dem Ritter mit dem Spürhund. Wie er so dahinritt, stand plötzlich ein Zwerg vor ihm und schlug seinem Pferd mit einem Knüppel auf den Kopf, daß es eine Speerlänge zurücksprang. Warum tust du das? fragte Sir Tor. Weil du hier nicht vorbeikommst, wenn du nicht mit den Rittern dort an den Zelten kämpfst. Da bemerkte Tor zwei Zelte, vor denen große Speere standen, und zwei Schilde hingen an den Bäumen neben den Zelten. Ich darf mich nicht aufhalten, sagte Sir Tor, denn ich bin auf einer Spur, der ich schnell folgen muß. Hier kommst du nicht durch, entgegnete der Zwerg und blies in sein Horn. Da preschte ein Bewaffneter mit erhobenem Schild auf Tor zu, und er wandte sich gegen ihn, und sie stießen so heftig zusammen, daß Tor ihn vom Pferde warf. Da ergab sich der Ritter und bat um Gnade. Doch, Herr Ritter, ich habe einen Gefährten in dem anderen Zelt, der wird jetzt mit Euch kämpfen. Er soll willkommen sein, sprach Sir Tor. Da sah er schon den anderen Ritter in vollem Galopp auf sich zukommen, und sie kämpften miteinander, daß es erstaunlich war. Der Ritter stieß Sir Tor so gewaltig mitten auf den Schild, daß sein Speer ganz zersplitterte, und Sir Tor traf ihn durch den Schild, daß der Speer dem Ritter in die Rippen drang, ihn aber nicht tötete. Da stieg Sir Tor vom Pferd und versetzte ihm einen mächtigen Schlag auf den Helm, worauf sich der Ritter ergab und um Gnade bat. Die will ich dir gewähren, sagte Sir Tor, aber du sollst mit deinem Gefährten zu König Artus gehen,

113

und ihr beiden müßt euch ihm als Gefangene stellen. Und von wem, sollen wir sagen, sind wir geschickt worden? Sagt, von dem Ritter, der auf der Suche nach dem Ritter mit dem Spürhund auszog. Und wie heißt ihr beide? frage Sir Tor. Mein Name ist Sir Felot von Langduk, antwortete der eine; und mein Name ist Sir Petipase von Windchelsen, antwortete der andere. Nun geht, sagte Sir Tor, und Gott sei mit euch und mit mir. Da kam der Zwerg und sprach zu Sir Tor: Ich bitte Euch, gewährt mir eine Gunst. Das will ich gern, erwiderte Sir Tor, bittet nur. Ich begehre nichts weiter, sagte der Zwerg, als daß Ihr mir erlaubt, Euch zu dienen, denn feigen Rittern will ich nicht länger dienen. Nimm ein Pferd, sagte Sir Tor, und reite mit mir. Ich weiß, Ihr verfolgt den Ritter mit dem weißen Spürhund, sprach der Zwerg, ich will Euch zu ihm führen. Und so ritten sie durch einen großen Wald, und schließlich sahen sie dicht neben einem Kloster zwei Zelte mit zwei Schilden, und der eine Schild war ganz weiß gefärbt und der andere rot.

WIE SIR TOR DEN HUND BEI EINER DAME FAND, UND WIE EIN RITTER IHN WEGEN DIESES HUNDES ANGRIFF. ❧ Dort stieg Sir Tor ab und gab dem Zwerg sein Schwert. Er kam zu dem weißen Zelt und sah drei Fräulein auf einem Lager schlafen. Da ging er zu dem anderen Zelt und fand darin eine Dame im Schlafe liegen und entdeckte auch den weißen Spürhund, der sie laut anbellte, und daraufhin kamen die Dame und alle ihre Fräulein aus den Zelten. Als Sir Tor den weißen Hund erblickte, packte er ihn und gab ihn dem Zwerg. Was, rief die Dame, wollt Ihr mir meinen Hund wegnehmen? Ja, entgegnete Sir Tor, diesen Hund habe ich auf dem ganzen Weg von König Artus' Hof bis hierher gesucht.

Nun, Ritter, sagte die Dame, Ihr werdet nicht weit mit ihm kommen, bis man Euch einholt und zur Rechenschaft zieht. Ich will jedes Abenteuer auf mich nehmen, das mir durch Gottes Gnade begegnet, erwiderte Sir Tor, stieg auf sein Pferd und ritt gen Camelot davon. Die Nacht war aber so nahe, daß er nicht lange reiten konnte. Weißt du eine Herberge? fragte Tor. Ich weiß keine, antwortete der Zwerg, aber hier in der Nähe ist eine Einsiedelei, und dort müßt Ihr mit der Unterkunft vorliebnehmen, die Ihr findet. Nach einer Weile kamen sie zu der Einsiedelei und fanden ein Unterkommen, und es gab Gras, Hafer und Brot für ihre Pferde. Bald waren alle Arbeiten erledigt, und sie erhielten ein karges Mahl und ruhten die ganze Nacht bis zum Morgen, hörten dann fromm eine Messe und verabschiedeten sich von dem Einsiedler, und Sir Tor bat den Einsiedler, für ihn zu beten. Der versprach es ihm und empfahl ihn Gott. Dann stieg Sir Tor in den Sattel und ritt lange in Richtung Camelot. Auf einmal hörten sie einen Ritter, der hinter ihnen herkam, laut rufen: Ritter, warte und gib mir den Hund zurück, den du meiner Herrin weggenommen hast! Sir Tor wandte sich um und sah, daß er ein stattlicher Ritter war, mit einem guten Pferd und in allen Stücken gut gewappnet. Sir Tor hob seinen Schild und ergriff seinen Speer, und der andere ging so wild auf ihn los, daß beide Reiter samt ihren Pferden zu Boden stürzten. Sogleich sprangen sie wieder auf wie kampfeswütige Löwen und zogen ihre Schwerter und streckten ihre Schilde vor und hieben durch die Schilde, daß von beiden die Stücke herabfielen. Sie zerschmetterten einander die Helme und schnitten durch die dicken Ringe ihrer Panzer und rissen sie auseinander, daß das heiße Blut zur Erde floß und beide wegen ihrer vielen Wunden ermatteten. Als Sir Tor bemerkte, daß der andere Ritter nahe am Umsinken war, drang er heftig auf ihn ein und verdoppelte seine Streiche und streckte ihn zu Boden; dann forderte er ihn auf, sich zu ergeben. Das werde ich nicht tun, entgegnete Abelleus, solange ich noch lebe und die Seele in meinem Leib ist, wenn du mir nicht meinen Hund gibst. Das werde ich nicht tun, sagte Sir Tor, denn es war mein Auftrag, diesen Spürhund, dich oder beide zurückzubringen.

WIE SIR TOR DEN RITTER BESIEGTE UND IHM AUF VERLANGEN EINER DAME DEN KOPF ABSCHLUG. In diesem Augenblick kam ein Fräulein, so schnell sie konnte, auf einem Zelter angeritten und rief mit lauter Stimme nach Sir Tor. Was wollt Ihr von mir? fragte Sir Tor. Ich flehe Euch an, edler Ritter, sagte das Fräulein, um König Artus' willen, gewährt mir eine Bitte, so wahr Ihr ein Edelmann seid. Sprecht, antwortete Sir Tor, und ich will Euch Eure Bitte erfüllen. Ich danke Euch, sagte das Fräulein, ich bitte um den Kopf des falschen Ritters Abelleus, denn er ist der schändlichste Ritter und der schlimmste Mörder, den es gibt. Ich bedaure, entgegnete Sir Tor, daß ich Euch die Bitte gewährt habe; laßt ihn wiedergutmachen, was er Euch angetan hat. Das kann er nicht, beharrte das Fräulein, denn er hat meinen Bruder vor meinen Augen erschlagen, der ein besserer Ritter war als er und dem er keine Gnade gewährte, obwohl ich eine halbe Stunde vor ihm im Schmutz kniete. Mein Bruder hatte ihm nichts Böses getan, sondern focht einen Waffengang mit ihm, doch trotz meiner Bitten schlug Abelleus ihm den Kopf ab. Deshalb verlange ich von Euch, wenn Ihr ein wahrer Ritter seid, daß Ihr meine Bitte erfüllt, sonst werde ich Euch vor dem ganzen Hof von König Artus beschämen. Als das Abelleus hörte, wuchs seine Furcht, und er ergab sich und bat um Gnade. Jetzt kann ich nicht mehr, sagte Sir Tor, ich würde sonst mein Wort brechen. Als ich Euch Gnade gewähren wollte, da wolltet Ihr nicht darum bitten, solange Ihr nicht den Hund wiederhättet, den zu holen mein Auftrag war. Da riß Abelleus seinen Helm ab, sprang auf und floh, und Sir Tor rannte hinter ihm her und schlug ihm den Kopf ab. Die Nacht bricht bald herein, sagte das Fräulein, ich bitte Euch, kommt mit mir und übernachtet in meinem Hause, es ist ganz in der Nähe. Das will ich gern, antwortete Sir Tor, denn seinem Pferd und ihm war es übel ergangen, seit sie von Camelot ausgezogen waren. So ritt er mit ihr und wurde sehr herzlich aufgenommen, und sie hatte einen würdigen alten Ritter zum Gemahl, der ihn und sein Pferd aufs beste versorgte. Am anderen Morgen hörte er die Messe, frühstückte und verabschiedete sich von dem Ritter und von der Dame, die ihn bat, seinen Namen zu nennen. Gern, sagte er, mein Name ist Sir Tor, ich bin erst kürzlich zum Ritter geschlagen worden, und dies war meine erste Waffentat: das zurückzubringen, was der Ritter Abelleus von König Artus' Hof weggenommen hat. O edler Ritter, sagten die Dame und ihr Gemahl, wenn Ihr wieder in unsere Gegend kommt, stattet unserem bescheidenen Haus einen Besuch ab, es steht Euch immer zu Gebote. Dann nahm Sir Tor Abschied und kam nach drei Tagen zu Mittag nach Camelot, und der König und die Königin und der ganze Hof freuten sich sehr über seine Ankunft und begrüßten ihn herzlich, denn er war, mit wenig Hilfsmitteln versehen, allein vom Hof geritten; nur König Pellinore, sein Vater, hatte ihm ein altes Schlachtroß und König Artus eine Rüstung und ein Schwert gegeben. Dann ließen ihn der König und die Königin auf Merlins Rat schwören, alle seine Abenteuer zu erzählen; und so erzählte er und zeigte die Beweise für seine Taten vor, die hier berichtet wurden, worüber der König und die Königin große Freude bekundeten. Nein, nein, sagte Merlin, das sind nur Possen gegen das, was er noch vollbringen wird, denn er wird sich als einer der wackersten und kühnsten Helden erweisen, edel und ritterlich und tatendurstig und stets in seinen Worten treu und nie unbesonnen. Auf diese Worte Merlins erhob ihn König Artus in den Grafenstand und gab ihm die dazugehörigen Ländereien. Und hier endet das Abenteuer von Sir Tor, König Pellinores Sohn.

WIE KÖNIG PELLINORE HINTER DER DAME UND DEM RITTER, DER SIE WEGFÜHRTE, HERRITT, UND WIE EINE DAME HILFE VON IHM BEGEHRTE, UND WIE ER FÜR DIESE DAME MIT ZWEI RITTERN KÄMPFTE, VON DENEN ER EINEN MIT DEM ERSTEN STREICH ERSCHLUG. ❧

Dann wappnete sich König Pellinore, bestieg sein Pferd und sprengte der Dame nach, die der Ritter entführt hatte. Als er durch einen Wald kam, sah er in einem Tal bei einer Quelle ein Fräulein sitzen, die einen verwundeten Ritter in ihren Armen hielt, und Pellinore grüßte sie. Als sie ihn erblickte, rief sie ganz laut: Helft mir, Ritter, um Christi willen, König Pellinore! Doch er wollte keine Zeit verlieren, so eifrig war er in der Erfüllung seines Auftrags, und sie rief hundertmal um Hilfe. Als sie sah, daß er nicht haltmachen wollte, betete sie zu Gott, er möchte es so fügen, daß der Ritter Hilfe ebenso nötig hätte wie sie, und zwar bald. So starb, wie das Buch berichtet, der verwundete Ritter, und aus Schmerz darüber brachte sich die Dame mit seinem Schwert um. Während König Pellinore weiter durch das Tal ritt, begegnete er einem armen Mann, einem Tagelöhner. Hast du nicht, fragte ihn Pellinore, einen Ritter gesehen, der eine Dame entführt hat? Ja, sagte der Mann, diesen Ritter habe ich gesehen und die Dame auch, sie jammerte laut. Dort unten werdet Ihr in einem Tal zwei Zelte finden. Einer der Ritter von den Zelten forderte die Dame von ihrem Begleiter und sagte, sie wäre ihm nahe verwandt, deshalb dürfte er sie nicht weiter wegführen. Bei diesem Streit fingen sie an zu kämpfen. Der eine erklärte, er wollte sie mit Gewalt haben, und der andere sagte, er wollte über sie verfügen, weil er ihr Verwandter wäre und sie zu ihrer Sippe zu führen beabsichtigte. Wenn

Ihr schnell reitet, werdet Ihr sie noch im Kampf antreffen, die Dame hält sich bei den zwei Knappen im Zelt auf. Gott danke dir, sagte König Pellinore. Dann sprengte er im Galopp davon, bis er die beiden Zelte und die kämpfenden Männer erblickte. Sogleich ritt er an die Zelte heran und bemerkte, daß die Dame diejenige war, die er suchte. Daher sprach er: Schöne Dame, Ihr müßt mit mir an den Hof des Königs Artus gehen. Herr Ritter, sagten die beiden Knappen, die bei ihr waren, dort sind zwei, die um diese Dame kämpfen, geht hin und bringt sie auseinander und einigt Euch mit ihnen, dann mögt Ihr sie nach Euerm Belieben haben. Das ist gut, sagte König Pellinore. Darauf ritt er zwischen die Streitenden und trennte sie und fragte, aus welchem Grund sie kämpften. Herr Ritter, antwortete der eine, ich will es Euch sagen: Diese Dame ist mir nahe verwandt, sie ist die Tochter meiner Tante, und als ich sie klagen hörte, sie sei gegen ihren Willen bei ihm, forderte ich ihn zum Kampf heraus. Herr Ritter, antwortete der andere, dessen Name Hontzlake von Wentland war, diese Dame habe ich heute durch meine Tapferkeit am Hofe des Königs Artus gewonnen. Das ist gelogen, sagte König Pellinore, denn Ihr kamt plötzlich herein, als wir beim Hochzeitsfest saßen, und entführtet diese Dame, ehe sich einer rüsten konnte. Deshalb ist es mein Auftrag, sie und Euch zurückzubringen, oder einer von uns wird auf dem Kampfplatz bleiben, das habe ich König Artus versprochen. Kämpft also nicht mehr, denn keiner von euch soll sie haben, und wenn ihr um sie kämpfen wollt, kämpft mit mir, und ich will sie verteidigen. So rüstet Euch, entgegneten die Ritter, wir werden Euch mit aller Macht angreifen. Als König Pellinore sein Pferd beiseite führen wollte, hieb es Sir Hontzlake mit einem Schwertstreich mittendurch und sagte: Jetzt bist du genauso zu Fuß wie wir. Als König Pellinore sah, daß sein Pferd getötet worden war, machte er sich schnell von ihm frei, zog sein Schwert, hob den Schild vor sich und warnte: Ritter, sieh dich vor, jetzt mußt du büßen, weil du mein Pferd erschlagen hast. Dann versetzte ihm König Pellinore einen solchen Streich auf den Helm, daß er den Kopf bis zum Kinn spaltete und der Ritter tot zu Boden fiel.

WIE KÖNIG PELLINORE DIE DAME EINHOLTE UND SIE NACH CAMELOT AN DEN HOF DES KÖNIGS ARTUS BRACHTE. ᘛ Dann wandte er sich dem anderen Ritter zu, der schwer verwundet war. Da dieser aber den Streich gesehen hatte, wollte er nicht kämpfen, sondern kniete nieder und sagte: Nehmt die Dame, meine Kusine, mit Euch, wie Ihr begehrt, doch ich bitte Euch, wenn Ihr ein wahrer Ritter seid, setzt sie keiner Schande noch Schmach aus. Was, rief Pellinore, wollt Ihr nicht um sie kämpfen? Nein, Herr, antwortete der Ritter, mit einem so heldenhaften Ritter will ich nicht kämpfen. Ihr habt recht, sagte Pellinore, und ich verspreche Euch, ihr soll durch mich kein Leid geschehen, so wahr ich ein echter Ritter bin. Aber mir fehlt nun ein Pferd, wenn ich nicht Hontzlakes nehmen will. Das braucht Ihr nicht, entgegnete der Ritter, ich werde Euch ein Pferd geben, das Euch gefallen soll, wenn Ihr bei mir übernachten wollt, denn die Dämmerung bricht herein. Ich will gern die Nacht bei Euch bleiben, sagte König Pellinore. Er wurde sehr herzlich aufgenommen, mit erlesenem Wein bewirtet und verbrachte eine frohe und gute Nacht. Am anderen Morgen hörte er die Messe und speiste, und dann wurde für ihn ein schönes braunes Pferd geholt und sein Sattel daraufgelegt. Wie soll ich Euch nennen, fragte der Ritter, da Ihr meine Kusine nun Euerm Auftrag gemäß mit Euch nehmt? Ich will Euch sagen, wer ich bin; mein Name ist König Pellinore von den Inseln, ich bin ein Ritter der Tafelrunde. Ich bin froh, antwortete der Ritter, daß ein so edler Mann meine Kusine geleitet. Und wie ist Euer Name, fragte Pellinore, ich bitte Euch, sagt es mir. Mein

Name ist Sir Meliot von Logris, und diese Dame, meine Kusine, heißt Nimue, und der Ritter in dem anderen Zelt ist mein treuer Gefährte, ein wackerer Ritter namens Brian de les Isles. Er ist gegen alles Unrecht und Blutvergießen, und er kämpft nur, wenn er so schwer herausgefordert wird, daß ein Ausweichen Schande brächte. Es wundert mich, sagte Pellinore, daß er nicht gegen mich antritt. Herr, er tritt gegen niemand an, wenn er es nicht selbst wünscht. Bringt ihn demnächst an den Hof, sagte Pellinore. Herr, wir werden zusammen kommen. Ihr werdet am Hof von König Artus willkommen sein, sprach Pellinore, und herzlich begrüßt werden. Dann brach er mit der Dame auf und geleitete sie nach Camelot. Als sie durch ein steiniges Tal ritten, strauchelte das Pferd der Dame und warf sie ab, daß sie sich den Arm verletzte und vor Schmerzen beinahe ohnmächtig wurde. Ach, Herr, klagte die Dame, mein Arm ist ausgerenkt, ich muß dringend ruhen. Da stieg Pellinore unter einem großen Baum ab, wo das Gras weich war, band sein Pferd fest und legte sich unter den Baum und schlief bis zum späten Abend. Als er erwachte, wollte er weiterreiten. Herr, sagte die Dame, es ist so dunkel, daß Ihr nicht wißt, ob Ihr vorwärts oder zurückreitet. So blieben sie und machten ihr Lager zurecht. Dann legte Sir Pellinore die Rüstung ab. Kurz vor Mitternacht hörten sie das Getrappel von Pferden. Verhaltet Euch still, sprach König Pellinore, denn wir werden ein Abenteuer hören.

Kapitel 14

WIE ER UNTERWEGS ZWEI RITTER BELAUSCHTE, ALS ER BEI NACHT IN EINEM TAL VERWEILTE, UND WIE ER IHR GEHEIMNIS ERFUHR. ❧ Und damit wappnete er sich. Gerade vor ihm begegneten sich zwei Ritter, der eine kam von Camelot und der andere von Norden, und sie grüßten einander. Was gibt es Neues in Ca-

121

melot? fragte der eine. Bei meinem Haupt, sagte der andere, da bin ich gewesen und habe am Hofe des Königs Artus spioniert. Es stehen dort alle in so treuer Gefolgschaft zusammen, daß sie nie auseinandergebracht werden können; fast die ganze Welt hält zu Artus, denn er ist die Krone der Ritterschaft. Ich will jetzt gerade nach Norden reiten, um unseren Häuptlingen von Artus und seiner Gefolgschaft zu berichten. Was den angeht, sagte der andere Ritter, so habe ich ein Mittel bei mir, das stärkste Gift, von dem Ihr je gehört habt, und damit will ich nach Camelot. Wir haben einen Freund ganz in der Nähe von König Artus, der hoch angesehen ist, und der soll König Artus vergiften; denn das hat er unseren Häuptlingen versprochen und große Gaben dafür erhalten. Hütet Euch vor Merlin, warnte der andere Ritter, denn er weiß alle Dinge durch Teufelskunst. Deshalb will ich den Plan nicht aufgeben, entgegnete der Ritter. Und so gingen sie auseinander. Sogleich machten sich Pellinore und seine Dame fertig und ritten nach Camelot. Als sie an dem Quell vorbeikamen, wo der verwundete Ritter und die Dame gewesen waren, da fand er den Ritter tot, die Dame aber war von Löwen oder anderen wilden Tieren aufgefressen worden bis auf den Kopf. Darüber erhob er laute Klage und rief weinend: Ach! Ich hätte ihr Leben retten können, aber ich war so versessen auf meinen Auftrag, daß ich nicht verweilen wollte. Warum jammert Ihr so? fragte die Dame. Ich weiß nicht, antwortete Pellinore, aber mein Herz trauert sehr über den Tod der Dame, denn sie war jung und sehr schön. Wollt Ihr tun, was ich Euch rate? sagte die Dame. Laßt diesen Ritter in einer Einsiedelei begraben und tragt dann den Kopf der Dame zu König Artus. So nahm König Pellinore den toten Ritter auf die Schulter und brachte ihn zu einer Einsiedelei. Er übertrug dem Einsiedler die Sorge und den Leichnam und bat, für die Seele eine Messe zu lesen; für die Mühe überließ er ihm die Rüstung. Alles soll geschehen, sagte der Einsiedler, wie ich es vor Gott verantworten kann.

Kapitel 15

WIE ER BEI SEINER RÜCKKEHR NACH CAMELOT AUF EINE BIBEL VEREIDIGT WURDE, WAHRHEITSGETREU ÜBER SEINE ABENTEUER ZU BERICHTEN. ❧ Damit schieden sie und ritten zu der Stelle, wo der Kopf der Dame mit dem schönen blonden Haar lag, und der Anblick schmerzte König Pellinore, denn ihr Gesicht gefiel ihm sehr. Zu Mittag erreichten sie Camelot, und der König und die Königin waren sehr froh über seine Ankunft bei Hofe. Er wurde bei den vier Evangelisten vereidigt, die Wahrheit über die Erfüllung seines Auftrages von Anfang bis Ende zu erzählen. Ach! Sir Pellinore, sagte die Königin Ginevra, Ihr seid sehr zu tadeln, weil Ihr das Leben der Dame nicht gerettet habt. Frau Königin, erwiderte Pellinore, Ihr wäret sehr zu tadeln, wenn Ihr Euer eigenes Leben nicht retten würdet, wenn Ihr könntet, aber verzeiht, ich war so begierig auf die Erfüllung meines Auftrages, daß ich nicht verweilen wollte, und das reut mich sehr und wird mich reuen bis ans Ende meiner Tage. Wahrhaftig, sprach Merlin, es sollte Euch sehr reuen, denn jene Dame war Eure eigene Tochter, die Ihr mit der Lady von Rule gezeugt habt, der tote Ritter aber war ihr Geliebter, und er hätte sie geheiratet. Er war trotz seiner Jugend ein recht wackerer Ritter und hätte sich als trefflicher Recke bewährt; sein Name war Miles von den Ebenen. Er wollte an diesen Hof kommen, aber ein falscher und feiger Ritter, Loraine le Savage geheißen, tötete ihn von hinten mit einem Speer. Aus großem Kummer und Schmerz gab sie sich selbst mit seinem Schwert den Tod; ihr Name war Eleine. Und da Ihr nicht verweilen und helfen wolltet, werdet Ihr es erleben, daß Euch Euer bester Freund im Stich läßt, wenn Ihr in der allergrößten Not seid. Denn als Buße hat Gott Euch für diese Tat auferlegt, daß Euch derjenige, dem Ihr am meisten von allen Menschen vertraut, dort verlassen soll, wo Ihr erschlagen werdet. Ich ahne, sagte König Pellinore, daß mir dies bestimmt ist, aber Gott kann das Schicksal wohl wenden.

Nachdem nun der Auftrag mit dem weißen Hirsch, den Sir Gawein verfolgte, erfüllt war und auch der Auftrag mit dem Spürhund, den Sir Tor verfolgte, und ebenso der Auftrag mit der Dame, die der Ritter entführte und die König Pellinore zurückholte, da versammelte der König alle seine Ritter. Er gab denen, die nicht reich an Ländereien waren, Land und verlangte von ihnen, nie Schmach oder Mord auf sich zu laden und immer Verrat zu fliehen und jede Grausamkeit zu vermeiden und Gnade dem zu gewähren, der darum bittet, bei Strafe des Verlustes ihrer Würde und ihres Ranges, die sie von König Artus empfangen hatten; überdies sollten sie Damen, Fräulein und Edelfrauen stets hilfreich sein, bei Strafe des Todes, und keiner sollte aus irgendeinem Grund noch um alle Schätze der Welt für eine ungerechte Sache kämpfen. Darauf wurden alle Ritter der Tafelrunde, alt und jung, vereidigt. Und jedes Jahr leisteten sie den Eid erneut am hohen Pfingstfest.

4. Buch

WIE MERLIN SICH MASSLOS IN EINE DER DAMEN VOM SEE VERLIEBTE, UND WIE ER IN EINER FELSHÖHLE UNTER EINEM STEIN EINGESCHLOSSEN WURDE UND DORT STARB.

ACH diesen Abenteuern von Sir Gawein, Sir Tor und König Pellinore geschah es, daß Merlin sich in das Fräulein, das Pellinore an den Hof gebracht hatte, heftig verliebte. Sie war eins der Fräulein vom See und hieß Nimue. Merlin ließ nicht von ihr ab und wollte immer bei ihr sein, und sie machte Merlin Hoffnung, bis sie von ihm alles erfahren hatte, was sie erfahren wollte. So erzählte er einmal König Artus, daß er nicht mehr lange leben werde und trotz seiner Künste bald unter die Erde komme. Er tat noch vieles andere kund, was sich ereignen würde, aber immer legte er dem König ans Herz, er solle sein Schwert und die Scheide hüten, denn beides werde von einer Frau, der er am meisten vertraue, gestohlen werden. Er sagte auch, König Artus werde ihn vermissen: Lieber als alle Eure Ländereien hättet Ihr mich dann zurück. Ach, entgegnete der König, da Ihr wißt, was Euch zustoßen wird, sorgt doch vor und wendet mit Euern Künsten das Mißgeschick ab. Nein, sagte Merlin, das geht nicht; und so nahm er seinen Abschied vom König. Nach einer Weile reiste das Fräulein vom See ab, und Merlin folgte ihr, wo immer sie hinging. Oft wollte Merlin sie mit seinen Künsten heimlich an einen anderen Ort bringen, doch sie ließ ihn schwören, nie einen Zauber auf sie zu legen, wenn er hoffe, daß sie ihm zu Willen sein würde, und das schwur er. So fuhren sie und Merlin über das Meer in das Land Benwick, wo König Ban regierte und großen Krieg gegen König Claudas führte. Dort sprach Merlin mit König Bans Weib, einer schönen und tugendhaften Dame namens Eleine, und dort sah er den jungen Lanzelot. Die Königin klagte sehr über den blutigen Krieg, den König Claudas gegen ihren Herrn und ihr Land führte. Seid nicht traurig, antwortete Merlin, denn dieses Kind wird Euch binnen zwanzig Jahren an König Claudas rächen, daß die ganze Christenheit davon spricht, und eben dieses Kind wird der größte Held in der ganzen Welt sein. Galahad ist sein erster Name, das weiß ich wohl, sagte Merlin, und danach habt Ihr ihn Lanzelot getauft. Das ist wahr, erwiderte die Königin und fuhr fort: O Merlin, soll ich es wirklich erleben, daß mein Sohn ein solcher Held wird? Ja, Frau Königin, Ihr sollt es erleben und danach noch viele Winter sehen. Bald darauf reisten die Dame und Merlin ab, und unterwegs zeigte Merlin ihr viele Wunder, bis sie schließlich nach Cornwall kamen. Und immer trachtete Merlin danach, ihr die Jungfräulichkeit zu nehmen, doch sie war seiner schon sehr überdrüssig und wäre ihn gern losgewesen, denn sie fürchtete sich vor ihm, weil er ein Teufelssohn war, aber sie konnte sich auf keine Weise von ihm befreien. Da geschah es einmal, daß Merlin ihr einen Felsen zeigte, der ein großes Wunder barg und einen Zauber auf den legte, der unter einen großen Stein ging. Mit verführerischen Worten erreichte sie, daß Merlin unter den Stein trat, um ihr das Wunder vorzuführen, und da bewirkte sie, daß er trotz aller seiner Künste, die ihm zu Gebote standen, nicht mehr unter dem großen Stein hervorkommen konnte. So ließ sie Merlin eingeschlossen zurück.

WIE FÜNF KÖNIGE IN DAS LAND EINFIELEN, UM GEGEN KÖNIG ARTUS KRIEG ZU FÜHREN, UND WELCHEN ENTSCHLUSS ARTUS GEGEN SIE FASSTE. ❧ König Artus ritt nach Camelot und feierte dort mit Lust und Freuden ein großes Fest und kehrte darauf nach Carlisle zurück, wo er die Kunde erhielt, es seien der König von Dänemark und dessen Bruder, der König von Irland, ferner

MERLIN VND NIMVE

der König von Vale, der König von Soleise und der König von der Insel Longtains mit einem starken Heer in sein Land eingedrungen und sengend und mordend über Städte und Burgen hergefallen, daß es ein Jammer sei. Wehe, rief Artus, seit ich zum König dieses Landes gekrönt worden bin, habe ich noch nicht einen Monat Ruhe gehabt. Aber ich will nicht ruhen, bis ich mit diesen Königen auf dem Schlachtfeld zusammentreffe, das schwöre ich; denn meine getreuen Untertanen sollen nicht durch meine Nachlässigkeit vernichtet werden. Es folge mir, wer will, und es bleibe zurück, wer will. Dann ließ Artus an König Pellinore schreiben und bat ihn, sich in aller Eile mit so viel Mannen zu rüsten, wie er zusammenbringen konnte, und so schnell wie möglich zu ihm zu kommen. Die Barone waren im stillen verärgert, daß der König so plötzlich aufbrechen wollte, aber er ließ sich durch nichts aufhalten und sandte denen, die nicht an seinem Hof weilten, den Auftrag, ihm eilends nachzufolgen. Dann begab sich Artus zur Königin Ginevra und sagte: Frau, macht Euch fertig, Ihr sollt mit mir gehen, denn ich mag Euch nicht lange missen. Was mir auch zustoßen mag, Eure Gegenwart wird mich zu größerer Tapferkeit anspornen; ich will meine Frau nicht außer Gefahr wissen. Herr, sagte sie, Ihr seid mein Gebieter, ich werde zu der Zeit bereit sein, da Ihr bereit seid. So brachen der König und die Königin mit der Gefolgschaft, über die sie geboten, nach Norden auf und errichteten in einem Wald am Humber ihr Lager. Als zu den genannten fünf Königen die Kunde drang, daß Artus in einem Wald am Humber lag, gab ihnen ein Ritter, der Bruder eines der fünf Könige, den Rat: Ihr wißt sehr wohl, daß Artus die Krone der Ritterschaft der ganzen Welt bei sich hat, wie durch die Schlacht mit den elf Königen bewiesen ist; deshalb zieht Tag und Nacht schnell gegen ihn, bis wir in seiner Nähe sind, denn je mehr Zeit verstreicht, desto stärker wird er, und wir werden um so schwächer. Er vertraut so auf seine Kraft, daß er mit wenig Leuten ins Feld gezogen ist. Darum wollen wir ihn angreifen, ehe es Tag wird, und wir werden ihn erschlagen, und von seinen Rittern soll keiner entkommen.

 WIE KÖNIG ARTUS SIE IN DER SCHLACHT BEZWANG UND DIE FÜNF KÖNIGE ERSCHLUG UND DEN REST IHRER KRIEGER IN DIE FLUCHT TRIEB. Diesem Rat stimmten die fünf

Kapitel 3

Könige zu, und so drangen sie mit ihrem Heer durch Nordwales vor und stießen nachts auf Artus und überfielen sein Heer, als der König und seine Ritter in ihren Zelten waren. Artus war unbewaffnet und hatte sich mit Königin Ginevra zur Ruhe begeben. Herr, sagte Sir Kay, es ist nicht gut, daß wir ohne Waffen sind. Wir werden sie nicht brauchen, meinten Sir Gawein und Sir Griflet, die in einem kleinen Zelt neben dem des Königs lagen. In diesem Augenblick hörten sie großen Lärm, und viele schrien: Verrat, Verrat! Zu den Waffen, Freunde! rief König Artus, und im Nu waren sie in allen Stükken gerüstet. Da kam ein verwundeter Ritter zum König und sagte: Herr, rettet Euch und die Frau Königin, denn unser Heer ist geschlagen und eine große Zahl der Unsrigen getötet. Da bestiegen der König und die Königin und die drei Ritter schnell ihre Pferde und ritten zum Humber, um überzusetzen, aber die Strömung war so reißend, daß sie davor zurückschreckten. Ihr könnt jetzt wählen, sagte König Artus, ob ihr hierbleiben und die Gefahr auf dieser Seite auf euch nehmen wollt. Wenn sie euch hier ergreifen, werden sie euch töten. Ich möchte lieber im Wasser umkommen, antwortete die Königin, als in die Hände Eurer Feinde fallen und erschlagen werden. Während sie so sprachen, sah Sir Kay die fünf Könige allein zu Pferde mit der Lanze in der Hand auf sie zukommen. Seht! sagte Sir Kay, dort sind die fünf Könige, reiten wir ihnen entgegen und stellen wir sie zum Kampf. Das wäre Torheit, entgegnete Sir Gawein, denn wir sind nur vier, und sie sind fünf. Das ist wahr, pflichtete Sir Griflet bei. Das macht nichts, erklärte Sir Kay, ich nehme zwei von ihnen auf mich, dann habt ihr drei nur noch die anderen drei gegen euch. Und schnurstracks ließ Sir Kay sein Roß laufen, so schnell es konnte, und stieß einem der Könige seine Lanze einen Klafter tief durch den Schild und den Leib, daß er tot zur Erde fiel. Das sah Sir Gawein und rannte so gewaltig gegen einen anderen König, daß er ihn erschlug. Gleichzeitig sprengte König Artus gegen den dritten und stieß ihm seine

Lanze durch den Körper, daß er tot zu Boden sank. Sir Griflet griff den vierten König an und warf ihn vom Pferd, daß er das Genick brach. Nun wandte sich Sir Kay gegen den fünften König und schlug ihm so mächtig auf den Helm, daß der Streich Helm und Kopf spaltete. Das war ein guter Streich, sagte König Artus, ehrenhaft hast du dein Versprechen gehalten, und darum will ich dir Ehre erweisen, solange ich lebe. Danach setzten sie die Königin in ein Boot, und Ginevra lobte Sir Kay wegen seiner Taten und sprach: Wenn Ihr eine Dame liebtet und sie Euch nicht wiederliebte, so wäre sie sehr zu tadeln. Ich will unter den Damen Euern Ruhm verbreiten, denn Ihr habt ein großes Versprechen gegeben und es in Ehren eingelöst. Darauf fuhr die Königin den Humber hinab. Der König und die drei Ritter aber ritten in den Wald, denn dort glaubten sie die zu treffen, die entkommen waren. Sie fanden auch die meisten ihrer Leute und erzählten ihnen allen, daß die fünf Könige tot waren. Darum laßt uns zusammenbleiben, bis es Tag ist; wenn ihre Krieger vom Tod ihrer Anführer erfahren, werden sie so von Jammer ergriffen, daß sie sich nicht mehr zu helfen wissen. Und wie es der König gesagt hatte, so geschah es; denn als sie die fünf Könige tot auffanden, begannen sie so bitter zu klagen, daß sie von ihren Pferden fielen. In diesem Augenblick tauchte König Artus mit nur wenigen Leuten auf, und sie schlugen links und rechts zu, daß fast keiner entkam und dreißigtausend erschlagen wurden. Als die Schlacht zu Ende war, kniete der König nieder und dankte Gott in Demut. Dann sandte er nach der Königin, die bald eintraf und große Freude über den Sieg zeigte.

 WIE DIE SCHLACHT ZU ENDE WAR, EHE KÖNIG PELLINORE KAM, UND WIE KÖNIG ARTUS AN DER STELLE, WO DIE SCHLACHT STATTGEFUNDEN HATTE, EINE ABTEI GRÜNDETE. Da kam einer zu Artus und berichtete ihm, daß König Pellinore mit einem großen Heer

nur noch drei Meilen entfernt war; und Artus sagte: Geh zu ihm und erzähle ihm, was wir vollbracht haben. Nach kurzer Zeit traf König Pellinore mit seinem Heer ein und grüßte die Leute und den König, und es herrschte allerseits große Freude. Dann ließ der König erkunden, wieviel Krieger auf seiner Seite gefallen waren, und es wurden nur wenig mehr als zweihundert Mann und acht Ritter von der Tafelrunde erschlagen aufgefunden. An der Stelle, an der der Kampf stattgefunden hatte, ließ der König eine schöne Abtei errichten und vermachte ihr große Besitztümer und gab ihr den Namen La Baele Adventure. Als einige Krieger der fünf Könige in ihre Länder zurückkehrten und berichteten, daß ihre Könige erschlagen waren, begann dort ein lautes Klagen. Und alle Feine des Königs Artus, wie der König von Nordwales und die Könige des Nordens, die von der Schlacht erfuhren, waren in großer Trauer. Artus aber kehrte schnell nach Camelot zurück und rief dort König Pellinore zu sich und sagte: Wie Ihr wißt, haben wir acht der besten Ritter der Tafelrunde verloren. Mit Euerm Rat wollen wir wieder acht von den besten auswählen, die wir an diesem Hofe finden können. Herr, antwortete Pellinore, ich will Euch nach bestem Vermögen raten: Es gibt an Euerm Hof sehr edle Ritter, alte und junge; deshalb sollt Ihr zur Hälfte alte und zur Hälfte junge wählen. Welches sind die alten? fragte König Artus. Herr, sagte König Pellinore, ich meine König Uriens, der Eure Schwester Morgan le Fay geheiratet hat, den König vom See, Sir Hervis de Revel, einen edlen Ritter, und als vierten Sir Galagars. Der Rat ist gut, sprach König Artus, und so soll es sein. Welches sind nun die vier jungen Ritter? fragte Artus. Herr, sagte Pellinore, der erste ist Sir Gawein, Euer Neffe, ein so trefflicher Ritter wie nur irgendeiner in diesem Lande, der zweitbeste ist, scheint mit, Sir Griflet le Fise de Dieu, ein wackerer und kampflustiger Ritter, der sich stets gut bewähren wird, und der dritte, den ich für würdig halte, ein Ritter der Tafelrunde zu werden, ist Sir Kay, der Seneschall, denn er hat sich schon viele Male höchst ehrenvoll hervorgetan. Erst kürzlich in Eurer letzten Schlacht erwarb er sich großen Ruhm, als er zwei Könige erschlug. Bei meinem Leben, sprach Artus, er ist am würdigsten von allen, die Ihr genannt habt, ein Ritter der Tafelrunde zu sein, auch wenn er in seinem ganzen Leben keine andere Heldentat vollbracht hätte.

WIE SIR TOR ZUM RITTER DER TAFELRUNDE GEMACHT WURDE, UND WIE BAGDEMAGUS DARÜBER GEKRÄNKT WAR. ❧ Und nun, sagte König Pellinore, will ich Euch zwei Ritter vorschlagen, und Ihr sollt wählen, welcher der würdigste ist, nämlich Sir Bagdemagus und Sir Tor, meinen Sohn. Weil Sir Tor mein Sohn ist, kann ich ihn nicht loben, aber wenn er es nicht wäre, müßte ich sagen, daß es in diesem Land keinen besseren Ritter in seinem Alter gibt als ihn, keinen mit besseren Eigenschaften und keinen, dem es verhaßter wäre, Übles zu tun und Übles zu dulden. Bei meinem Leben, entgegnete Artus, er ist ein ebenso guter Ritter wie die anderen, von denen Ihr heute gesprochen habt. Ich habe gesehen, wie er sich bewährt hat, und er spricht wenig und tut viel. Ich kenne keinen an diesem ganzen Hof, der ihm an Kühnheit und Kraft gleichkommt und der so hoher Abkunft ist wie er, und deshalb will ich ihn jetzt wählen und Sir Bagdemagus für ein andermal lassen. Als die genannten Ritter mit Zustimmung aller Barone gewählt waren, fanden sie ihre Namen an ihren Sitzen, und so nahmen sie Platz. Sir Bagdemagus aber war überaus zornig, weil Sir Tor ihm vorgezogen worden war. Deshalb verließ er plötzlich den Hof, nahm seinen Knappen mit und ritt lange durch einen Wald, bis er an ein Kreuz kam, und dort stieg er ab und sprach fromm ein Gebet. Unterdessen fand sein Knappe auf dem Kreuz geschrieben, daß Bagdemagus nicht an den Hof zurückkehren würde, bis er einen Ritter der Tafelrunde im Kampf Mann gegen Mann überwunden hätte. Herr Ritter, sagte der Knappe, hier sehe ich etwas über Euch geschrieben, und deshalb rate ich Euch, an den Hof zurückzukehren. Das werde ich nicht tun, entgegnete Bagdemagus, bis die Leute großen Ruhm von mir melden und ich würdig bin, ein Ritter der Tafelrunde zu werden. Und so ritt er weiter, und an seinem Weg fand er einen Zweig von einer heiligen Pflanze, das Zeichen des heiligen Grals, und kein Ritter fand solch ein Zeichen, wenn er nicht ein tugendhafter Mann war. Als Sir Bagdemagus auf der Suche nach vielen Abenteuern dahinritt, kam er zufällig zu dem Felsen, wo das Fräulein vom See Merlin unter den Stein gebannt hatte, und dort hörte er ihn laut klagen. Bagdemagus wollte ihm helfen und ging zu dem großen Stein, aber er war so schwer, daß ihn hundert Männer nicht hätten anheben können. Als Merlin merkte, daß er davorstand, hieß er ihn seine Mühe sparen, denn es sei alles vergeblich und nur die könne ihm helfen, die ihn eingesperrt habe. So zog Bagdemagus weiter und bestand viele Abenteuer und bewährte sich als ein höchst wackerer Ritter, und er kehrte an den Hof zurück und wurde zum Ritter der Tafelrunde ernannt. Und an dem Morgen gab es neue Kunde und neue Abenteuer.

WIE KÖNIG ARTUS, KÖNIG URIENS UND SIR ACCOLON EINEN HIRSCH JAGTEN UND IHREN SELTSAMEN ABENTEUERN.

Eines Tages ritten Artus und viele seiner Ritter in einen großen Wald zur Jagd, und dabei geschah es, daß König

135

Artus, König Uriens und Sir Accolon von Gallien einen großen Hirsch verfolgten. Alle drei hatten sie gute Pferde, und sie sprengten so schnell dahin, daß sie binnen kurzem zehn Meilen von ihrem Gefolge entfernt waren, und schließlich jagten sie so wild, daß die Pferde unter ihnen zusammenbrachen. Da waren sie alle drei zu Fuß, und immer sahen sie den Hirsch vor sich sehr ermattet und im Gebüsch versteckt. Was sollen wir tun? fragte König Artus, wir sind schlimm dran. Laßt uns zu Fuß gehen, sagte König Uriens, bis wir zu einem Haus kommen. Da sahen wir den Hirsch am Ufer eines großen Wassers liegen. Ein Spürhund biß ihn in die Kehle, und viele andere Hunde folgten . Da blies Artus Halali und stach den Hirsch ab. Dann schaute sich der König um und gewahrte vor sich auf dem großen Wasser ein kleines Schiff, das bis zum Wasser herab ganz mit Seide umkleidet war, und das Schiff kam gerade auf sie zu und landete auf der Sandbank. Artus ging zum Ufer und schaute hinein, aber er sah kein menschliches Wesen darin. Ihr Herren, rief der König, kommt her, wir wollen sehen, was in diesem Schiff ist. So stiegen sie alle drei hinein und fanden es reich mit seidenen Stoffen ausgekleidet. Mit einem Mal wurde es dunkle Nacht, und plötzlich waren um sie herum auf allen Seiten des Schiffes hundert Fakkeln, die helles Licht gaben, und es traten zwölf schöne Fräulein heraus und huldigten König Artus auf den Knien und nannten ihn bei seinem Namen und hießen ihn herzlich willkommen und boten ihm die beste Bewirtung an, die sie zu geben vermochten, wofür der König ihnen sehr dankte. Sogleich führten sie Artus und seine beiden Gefährten in ein schönes Gemach, in dem stand ein reich gedeckter Tisch mit allem, was zu einer Tafel gehört. Da wurden sie mit allen edeln Weinen und köstlichen Gerichten bewirtet, die sie sich vorstellen konnten. Darüber staunte der König sehr, denn er hatte nie in seinem Leben so gut gespeist. Nachdem sie mit Behagen geschmaust hatten, wurde König Artus in ein Zimmer geführt, das war so reich mit herrlichen Dingen geschmückt, wie er noch nie eins gesehen hatte, König Uriens wurde in ein ähnliches Zimmer geleitet, und Sir Accolon wurde in ein drittes, ebenfalls prächtig ausgestattetes Zimmer geführt, und jeder hatte ein bequemes Lager. Sogleich schlummerten sie ein und schliefen die ganze Nacht wunderbar tief. Und am nächsten Morgen lag König Uriens in Camelot im Bett in den Armen seiner Frau Morgan le Fay. Als er erwachte, wunderte er sich sehr, wie er dahin gekommen war, denn am Abend zuvor war er noch zwei Tagereisen von Camelot entfernt gewesen. Und als König Artus erwachte, fand er sich in einem finsteren Kerker und hörte um sich viel Jammer von wehklagenden Rittern.

Kap. 7

WIE ARTUS ES ÜBERNAHM, FÜR DIE BEFREIUNG AUS DEM KERKER ZU KÄMPFEN UND ZUGLEICH ZWANZIG RITTER ZU BEFREIEN. ❧ Was ist mit euch, daß ihr so klagt? fragte König Artus. Wir sind zwanzig Ritter, Gefangene, sprachen sie, und einige von uns liegen seit sieben Jahren hier, manche länger und andere weniger. Aus welchem Grunde? fragte Artus. Wir werden es Euch sagen, antworteten die Ritter: Der Herr dieser Burg ist Sir Damas. Er ist der falscheste Ritter der Welt und der größte Verräter und Feigling. Er hat einen jüngeren Bruder, einen trefflichen und wackeren Ritter, der Sir Ontzlake heißt, und dieser Schurke Damas will ihm keinen Anteil von seinem Reichtum geben. Aber da Sir Ontzlake die Waffen so trefflich führt, behauptet er sich im Besitz eines schönen und reichen Schlosses. Dort wohnt er in Würden und ist bei allen Leuten sehr beliebt. Dieser Sir Damas aber ist verhaßt, denn er ist ohne Gnade und ein Feigling. Großen Krieg führten sie schon gegeneinander, doch Ontzlake behielt stets die Oberhand. Oftmals forderte er Sir Damas wegen des Besitzes zum Zweikampf heraus, doch das lehnte dieser ab, und da sollte er einen Ritter finden, der für ihn kämpft. Darin willigte Sir Damas ein, aber er ist so übel angesehen und so verhaßt, daß sich kein Ritter dazu bereit findet. Als Damas sah, daß kein Ritter für ihn kämpfen wollte, legte er sich mit einer großen Schar von Rittern Tag für Tag in den Hinterhalt und spähte alle Ritter in diesem Lande bei ihren Abenteuern aus und nahm sie mit Gewalt gefangen und warf sie in seinen Kerker. So ergriff er uns einzeln, als wir auf Abenteuer ausritten. Viele tapfere Ritter sind in diesem Kerker schon vor Hunger gestorben, achtzehn an der Zahl. Wenn einer von uns mit seinem Bruder Ontzlake hätte kämpfen wollen, hätte er uns freigelassen, aber weil dieser Damas so falsch und voller Verrat ist, haben wir dies abgelehnt. Wir sind so schwach vor Hunger, daß wir kaum auf unseren Füßen stehen können. Gott in seiner Gnade möge euch befreien, sagte Artus. Da kam ein Fräulein zu Artus und fragte ihn: Habt Ihr Hoffnung? Ich weiß nicht, antwortete er. Herr, sagte sie, wenn Ihr für meinen Herrn kämpfen wollt, sollt Ihr aus dem Kerker freigelassen werden, sonst kommt Ihr nicht lebend heraus. Das ist hart, erwiderte Artus, aber ich will lieber mit einem Ritter streiten als im Kerker sterben. Wenn ich damit mich und alle diese Gefangenen befreien kann, werde ich zum Kampf antreten. Das versprach das Fräulein. Ich bin bereit, sagte Artus, aber mir fehlen Pferd und Rüstung. Daran soll es nicht fehlen, antwortete das Fräulein. Mir scheint, Fräulein, ich habe Euch schon an Artus' Hof gesehen. Nein, entgegnete das Fräulein, ich bin noch nie dort gewesen, ich bin die Tochter des Herrn dieser Burg. Doch das war gelogen, denn sie war eins der Fräulein von Morgan le Fay. Sogleich ging sie zu Sir Damas und erzählte ihm, daß Artus für ihn kämpfen wollte, und so sandte er nach ihm. Und als Artus kam, war er von so gesunder Farbe und so kräftigem Körperbau, daß alle Ritter, die ihn sahen, meinten, es wäre schade, wenn ein solcher Ritter im Kerker sterben sollte. Und so vereinbarte Artus mir Sir Damas, er wolle für ihn unter der Bedingung kämpfen, daß alle anderen Ritter freigelassen würden. Darauf leistete Sir Damas einen Eid und Artus seinerseits darauf, daß der Kampf bis zum Äußersten gehen sollte. Da wurden die zwanzig Ritter aus dem finsteren Kerker in die Halle geführt und freigelassen, und sie blieben alle, um dem Kampf zuzusehen.

WIE ACCOLON IN EINEM BRUNNEN ERWACHTE UND SICH BEREIT ERKLÄRTE, GEGEN ARTUS ZU KÄMPFEN. 🙙 Nun wenden wir uns Accolon von Gallien zu, der sich, beim Erwachen kaum einen halben Fuß neben einem tiefen Brunnen liegend, in großer Lebensgefahr befand. Aus dem Brunnen ragte ein silbernes Rohr, aus dem Wasser in einen Marmorstein floß. Als Sir Accolon das sah, bekreuzigte er sich und sagte: Jesus, hilf meinem Herrn, König Artus, und König Uriens, denn die Fräulein auf dem Schiff haben uns verraten. Sie waren gar keine weiblichen Wesen, sondern Teufel, und wenn ich diesem schlimmen Abenteuer entrinnen kann, will ich die tückischen Fräulein, die Zauberkünste treiben, überall vernichten, wo ich sie nur finde. In diesem Augenblick kam ein Zwerg mit einem großen Mund und einer platten Nase, grüßte Sir Accolon und sagte: Ich komme von der Königin Morgan le Fay, sie läßt Euch freundlich grüßen und heißt Euch starken Herzens sein, denn Ihr sollt morgen in der ersten Tagesstunde mit einem Ritter kämpfen. Deshalb schickt sie Euch hier Artus' Schwert Excalibur samt der Scheide und läßt Euch bestellen, Ihr sollt bis zum Äußersten und ohne Gnade kämpfen, so wahr Ihr sie liebt und wie Ihr versprochen habt, als Ihr insgeheim mit ihr spracht, und das Fräulein, das ihr den Kopf des Ritters bringt, gegen den Ihr kämpft, will sie zu einer Königin machen. Ich verstehe Euch gut, sagte Accolon, ich werde halten, was ich versprach, da ich nun das Schwert habe. Wann saht Ihr meine Herrin, die Königin Morgan le Fay? Eben erst, antwortete der Zwerg. Da nahm ihn Accolon in die Arme und sagte: Empfehlt mich der Frau Königin und versichert ihr, ich werde alles tun, was ich versprochen habe, sonst will ich sterben. Ich nehme an, sie hat die ganzen Zaubereien dieses Kampfes wegen vollführt. Das könnt Ihr wohl glauben, antwortete der Zwerg. In diesem Augenblick kamen ein Ritter und eine Dame mit sechs Knappen, die grüßten Accolon und luden ihn auf ihr Schloß ein. Accolon bestieg ein freies Pferd und folgte dem Ritter zu einem schönen Schloß neben einem Kloster und wurde dort sehr gut aufgenommen; das Schloß aber gehörte Sir Ontzlake. Unterdessen schickte Sir Damas zu seinem Bruder und ließ ihm sagen, er solle sich bereit machen und am nächsten Morgen in der ersten Tagesstunde auf dem Kampfplatz gegen einen tapferen Ritter antreten; er habe einen wackeren Mann gefunden, der den Kampf für ihn ausfechten wolle. Als das Sir Ontzlake hörte, war er sehr niedergeschlagen, denn er war kurz zuvor durch einen Speer an beiden Schenkeln verwundet worden und hatte große Schmerzen, aber er wollte trotz seiner Verwundung den Kampf aufnehmen. Durch die Zauberkunst von Morgan le Fay aber war zu dieser Zeit gerade Accolon bei Sir Ontzlake zu Gast, und als der von dem bevorstehenden Kampf und von der Verwundung Ontzlakes hörte, sagte er, daß er für ihn fechten wolle, weil ihm Morgan le Fay das Schwert Excalibur samt der Scheide für den Kampf mit dem Ritter geschickt habe.

Da war Sir Ontzlake sehr froh und dankte Sir Accolon von ganzem Herzen. Und sogleich schickte Sir Ontzlake seinem Bruder die Botschaft, daß er einen Ritter habe, der an seiner Stelle in der ersten Tagesstunde auf dem Kampfplatz bereitstehen werde. So war am Morgen Sir Artus wohlgerüstet und wohlberitten und fragte Sir Damas: Wann reiten wir zur Kampfstätte? Herr, sagte Sir Damas, Ihr sollt erst die Messe hören. Und als die Messe vorüber war, kam ein Knappe auf einem gewaltigen Roß und fragte Sir Damas, ob sein Ritter bereit wäre, denn ihr Ritter stehe gerüstet auf dem Kampfplatz. Da bestieg Sir Artus sein Pferd. Alle Ritter und Gemeinen des Landes waren versammelt, und mit Zustimmung aller wurden unter ihnen zwölf wackere Männer ausgewählt, die den beiden Rittern zu Diensten sein sollten. Kaum war Artus aufgestiegen, als ein Fräulein von Morgan le Fay kam und Sir Artus ein Schwert für seinen Kampf brachte, das genau wie Excalibur aussah, und zu ihm sagte: Morgan le Fay schickt hier aus großer Liebe Euer Schwert. Und Artus dankte ihr und glaubte, es wäre das echte, aber das Fräulein hatte gelogen, denn Schwert und Scheide waren nachgemacht und zerbrechlich.

VOM KAMPF ZWISCHEN KÖNIG ARTUS UND ACCOLON. ❧ Dann nahmen Artus und Accolon auf beiden Seiten des Feldes Aufstellung und ließen ihre Pferde losgaloppieren, und sie trafen einander mit den Lanzenspitzen mitten auf die Schilde, daß beide Reiter und Rösser zu Boden stürzten. Da sprangen sie auf und zogen ihre Schwerter. Während sie miteinander stritten, trat jenes Fräulein vom See hinzu, das Merlin unter den Stein gesperrt hatte, denn sie wußte, daß Morgan le Fay den Tod des Kö-

Kap. 9

nigs Artus geplant hatte, und so kam sie, sein Leben zu retten. Mit großem Eifer führten die Ritter den Kampf und teilten viele gewaltige Streiche aus, aber Artus' Schwert war nicht so scharf wie das Accolons, der fast mit jedem Hieb Artus schwer verwundete, doch dieser hielt wunderbar stand, obwohl er viel Blut verlor. Als Artus den Boden so blutig sah, war er bestürzt und ahnte, daß sein Schwert durch Verrat vertauscht worden war, weil es den Stahl nicht wie sonst zerschnitt. Artus fürchtete zu sterben, denn es schien ihm, als hielte Accolon das Schwert Excalibur in der Hand. Jetzt, Ritter, rief Accolon Artus zu, hüte dich vor mir; aber Artus antwortete nicht, sondern versetzte ihm einen solchen Schlag auf den Helm, daß er taumelte und fast zu Boden fiel. Da trat Sir Accolon etwas zurück und holte mit dem Schwert Excalibur weit aus und traf Artus, daß er beinahe niederstürzte. Da wurden sie beide zornig und versetzten einander viele scharfe Streiche, und stets verlor Sir Artus viel Blut, und es war ein Wunder, daß er sich auf den Füßen hielt, doch er war so erfüllt vom Rittertum, daß er den Schmerz ertrug. Accolon dagegen verlor kaum Blut und hatte deshalb leichtes Spiel, Artus aber wurde sehr schwach und meinte wahrlich, er müsse sterben. Trotzdem tat er so, als würde er durchhalten, und setzte Accolon zu, so gut er konnte. Da Accolon Excalibur besaß, wurde er immer verwegener, doch alle Zuschauer sagten, in Anbetracht seines großen Blutverlustes hätten sie noch nie einen Ritter so gut kämpfen sehen wie Artus. Deshalb waren alle traurig um seinetwillen, aber die beiden Brüder wollten sich nicht einigen. So kämpften sie weiter wie tapfere Ritter, und Sir Artus zog sich ein wenig zurück, um auszuruhen, doch Sir Accolon rief ihn zum Kampf: Ich kann jetzt nicht dulden, daß du ruhst. Und damit stürzte er sich wild auf Artus, und Sir Artus war wütend wegen des Blutes, das er verloren hatte, und schlug Accolon mit hohem Schwung so mächtig auf den Helm, daß er ihn beinahe zu Boden warf. Dabei zerbrach Artus' Schwert am Griff und fiel in das blutige Gras, nur den Knauf behielt er in der Hand. Da überkam Sir Artus große Todesfurcht, aber er hielt seinen Schild hoch und wich nicht zurück, noch ließ er den Mut sinken.

Kapitel 10

WIE DAS SCHWERT, MIT DEM KÖNIG ARTUS FOCHT, ZER-BRACH, UND WIE ER ACCOLON SEIN EIGENES SCHWERT EXCA-LIBUR ENTWAND UND SEINEN GEGNER BESIEGTE. 🕭 Sir Accolon redete König Artus mit verräterischen Worten zu und sagte: Ritter, du bist besiegt und kannst nicht standhalten, auch bist du waffenlos und hast viel Blut verloren. Es widerstrebt mir, dich zu erschlagen, darum ergib dich mir. Nein, entgegnete Artus, das kann ich nicht, denn ich habe bei meiner Ehre versprochen, den Kampf bis zum Äußersten zu führen, solange ich lebe. Deshalb will ich lieber in Ehren sterben als in Schande leben. Wenn ich hundertmal sterben könnte, wollte ich lieber so viele Male sterben als mich ergeben, und wenn mir auch die Waffe fehlt, soll mir doch die Ehre nicht fehlen, und wenn du mich Waffenlosen erschlägst, wird es dir Schande einbringen. Wegen der Schande, sagte Accolon, will ich dich nicht schonen; jetzt sieh dich vor, denn gleich bist du ein toter Mann. Nach diesen Worten versetzte ihm Accolon einen solchen Streich, daß er ihn fast zu Boden streckte, denn Accolon wollte erzwingen, daß Artus um Gnade bat. Aber Sir Artus drang mit dem Schild auf Accolon ein und gab ihm mit dem Knauf in der Hand einen solchen Stoß, daß er drei Schritte zurückwich. Als das Fräulein vom See sah, wie tapfer sich Artus hielt und durch welch verräterische Ränke er erschlagen werden sollte, tat es ihr sehr leid um einen so trefflichen Helden. Und beim nächsten Streich Sir Accolons fiel ihm durch einen Zauber des Fräuleins das Schwert Excalibur aus der Hand und zu Boden. Rasch sprang Artus hinzu und ergriff es und wußte sofort, daß es sein Schwert war, und sagte: Du bist zu lange von mir fort gewesen und hast mir viel Schaden zugefügt. Da erblickte er die Scheide an Accolons Seite und stürzte sich plötzlich auf ihn und riß ihm die Scheide weg und warf sie so weit von sich, wie er konnte. O Ritter, rief Artus, heute hast du mir mit diesem Schwert großen Schaden getan, doch jetzt bist du dem Tode nahe, denn du sollst dieses Schwert genauso zu spüren bekommen, wie du es mir zu spüren gegeben hast. Du hast mir große Schmerzen verursacht, und ich habe viel Blut verloren. Und damit stürzte sich Artus mit aller Macht auf ihn und warf ihn zu Boden, dann riß er ihm den Helm ab und gab ihm einen solchen Streich auf den Kopf, daß ihm das Blut aus Ohren, Nase und Mund schoß. Jetzt will ich dich erschlagen, sagte Artus. Erschlagt mich nur, wenn Ihr wollt, antwortete Accolon, denn Ihr seid der beste Ritter, dem ich je begegnet bin, und ich sehe wohl, daß Gott mit Euch ist. Aber da ich versprochen habe, den Kampf bis zum Äußersten zu führen und mich nicht zu ergeben, wird ein Wort der Unterwerfung nie über meine Lippen kommen, möge Gott mit meinem Leib tun, was er will. Da kam er Sir Artus bekannt vor. Ihm war, als hätte er diesen Ritter schon gesehen. Sage mir noch, sprach Artus, bevor ich dich erschlage, aus welchem Lande du kommst und von welchem Hof. Herr Ritter, antwortete Sir Accolon, ich bin vom Hofe des Königs Artus, und mein Name ist Accolon von Gallien. Da war Artus noch mehr bestürzt als vorher, denn er erinnerte sich an seine Schwester Morgan le Fay und an das verzauberte Schiff. O Herr Ritter, sprach der König, ich bitte Euch, sagt mir, wer dieses Schwert in Eure Hände gab.

Kap. 11

WIE ACCOLON GESTAND, DASS MORGAN LE FAY, DIE SCHWESTER DES KÖNIGS ARTUS, IHN DURCH VERRAT ERSCHLAGEN LASSEN WOLLTE. ❧ Da bedachte sich Sir Accolon und rief: Verflucht sei dieses Schwert, denn es hat mir den Tod gebracht. Das mag wohl sein, sagte der König. Dieses Schwert, erklärte Accolon, ist fast schon ein Jahr in meiner Obhut, und gestern schickte es mir Morgan le Fay, König Uriens' Weib, durch einen Zwerg, in der Absicht, daß ich König Artus, ihren Bruder, damit erschlagen sollte. Ihr müßt wissen, König Artus ist der Mann, den sie auf der Welt am meisten haßt, weil er der berühmteste und tapferste Held ihres ganzen Geschlechtes ist. Auch liebt sie mich über alle Maßen, und ich liebe sie wieder, und wenn es mir mit Hilfe ihrer Zauberkunst gelungen wäre, Artus zu erschlagen, hätte sie ohne Zögern ihren Gemahl, König Uriens, getötet und mich zum König und Herrscher dieses Landes erhoben, und sie wäre meine Königin gewesen, aber das ist nun vorbei, denn ich bin meines Todes sicher. Wie ich höre, sagte Sir Artus, wäret Ihr gern König dieses Landes geworden, und doch hättet Ihr ein unheilvolles Verbrechen begangen, wenn Ihr Euern Herrn getötet hättet. Das ist wahr, gab Accolon zu, aber nun habe ich Euch die Wahrheit berichtet, und ich bitte Euch deshalb, sagt mir, woher Ihr seid und von welchem Hof. O Accolon, sagte Artus, jetzt tue ich dir kund, daß ich König Artus bin, dem du großen Schaden zugefügt hast. Als Accolon das hörte, rief er laut: Hoher, edler Herr, seid mir gnädig, denn ich habe Euch nicht erkannt. O Sir Accolon, sprach Artus, ich gewähre dir Gnade, weil ich an deinen Worten merke, daß du mich hier nicht erkannt hast, aber ich

145

entnehme auch deinen Worten, daß du bereit warst, mich zu töten, und darum bist du ein Verräter. Doch tadle ich dich nicht so sehr, denn meine Schwester Morgan le Fay hat dich mit ihren Künsten verleitet, ihren verräterischen Lüsten zu folgen. So wahr ich lebe, ich werde mich so furchtbar an ihr rächen, daß die ganze Christenheit davon sprechen wird. Gott weiß, ich habe sie mehr geehrt und geachtet als meine ganze eigene Sippe, und ich habe ihr mehr vertraut als meinem eigenen Weib. Dann rief Sir Artus die Kampfwarte heran und sagte: Ihr Herren, kommt her, hier sind zwei Ritter, die zum großen Schaden für beide miteinander gekämpft haben, und jeder hätte den anderen erschlagen können, wenn es das Geschick gewollt hätte. Doch hätten wir einander erkannt, hätte es keinen Kampf gegeben, noch wäre ein einziger Streich geführt worden. Da rief Accolon allen Rittern und Mannen, die dort versammelt waren, zu: O ihr Herren, dieser edle Ritter, mit dem ich gekämpft habe, was mich sehr reut, ist der tapferste, männlichste und ehrenhafteste Ritter der Welt, denn es ist König Artus selbst, unser aller Lehensherr, und durch Unglück und Mißgeschick habe ich diesen Kampf mit meinem König und Herrn geführt, dem ich in Treue verpflichtet bin.

 WIE ARTUS DIE ZWEI BRÜDER VER- SÖHNTE UND DIE ZWANZIG RITTER BEFREITE, UND WIE SIR ACCOLON STARB. ❧ Da knieten alle nieder und baten König Artus um Gnade. Ich werde euch Gnade gewähren, sagte Artus. Daran, daß ich mit einem meiner eigenen Ritter zu unser beider großem Schaden gekämpft habe, könnt ihr sehen, was für Abenteuer manchmal fahrenden Rittern zustoßen. Aber obwohl wir beide schwer verwundet sind, ihr Herren, und ich ein wenig Ruhe sehr nötig hätte, will ich meinen Spruch über euch zwei Brüder ver- künden: Was Euch angeht, Sir Damas, für den ich diesen Ritter im Kampf besiegt habe, so muß ich Euch dennoch

verurteilen, weil Ihr als ein hochmütiger und heimtückischer Ritter bekannt seid und Eure Taten keinen Ruhm verdienen. Darum will ich, daß Ihr Euerm Bruder Sir Ontzlake das ganze Besitztum mit allen Liegenschaften und Einkünften übergebt und Ihr dafür von ihm alljährlich einen Zelter erhaltet, auf dem zu reiten Euch besser ansteht als auf einem Schlachtroß. Ferner erlege ich Euch, Sir Damas, bei Todesstrafe auf, daß Ihr nie mehr fahrende Ritter, die Abenteuer suchen, behelligt. Außerdem sollt Ihr diesen zwanzig Rittern, die Ihr so lange als Gefangene gehalten habt, ihre vollständige Rüstung zurückgeben und sie so zufriedenstellen, und wenn je einer von ihnen an meinen Hof kommt und sich über Euch beklagt, sollt Ihr, bei meinem Leben, dafür sterben. Nun zu Euch, Sir Ontzlake: Weil Ihr im Ruf eines guten und tugendhaften Ritters steht und Eure Taten ehrenhaft und edel sind, will ich Euch auferlegen, daß Ihr in gebührender Eile zu mir an meinen Hof kommt und einer meiner Ritter werdet. Und wenn Eure Taten danach sind, will ich Euch mit Gottes Gnade so erhöhen, daß Ihr in kurzer Zeit ebenso in Reichtum und Würde leben könnt wie Euer Bruder. Gott segne Eure Großherzigkeit und Güte, antwortete Sir Ontzlake, von nun an könnt Ihr allzeit über mich verfügen. Wenn ich durch Gottes Willen nicht kürzlich von einem abenteuernden Ritter an beiden Schenkeln verwundet worden wäre und dadurch große Schmerzen litte, hätte ich diesen Kampf mit Euch ausgefochten. Hätte es Gott doch so gefügt, sprach Artus, ich wäre dann nicht so schwer verletzt worden, und ich will Euch sagen, warum: Ich hätte nicht solche Wunden, wenn sie mir nicht mit meinem eigenen Schwert geschlagen worden wären, das man mir gestohlen hatte, und dieser Kampf war von vornherein durch tückischen Zauber und Verrat darauf angelegt, mich zu töten. Ach, sagte Sir Ontzlake, es ist ein großer Jammer, daß es irgendein Mann oder irgendeine Frau übers Herz bringt, an einem so edlen Mann von solchen Taten und Tugenden Verrat zu üben. Wenn Gott will, entgegnete Artus, will ich es ihnen binnen kurzem heimzahlen; doch jetzt sagt mir, wie weit ist es nach Camelot? Es sind zwei Tagesreisen, Herr. Ich wäre gern an einem sicheren Ort, meinte Artus, um mich auszuruhen. Herr, sagte Sir Ontzlake, in der Nähe, nur drei Meilen von hier, ist ein reiches Nonnenkloster, das von Euern Vorfahren gegründet wurde. So nahm der König von allen Abschied und bestieg sein Pferd, und Sir Accolon begleitete ihn. Als sie zu dem Kloster kamen, ließ er Ärzte holen und seine und Sir Accolons Wunden behandeln; doch Sir Accolon starb nach vier Tagen, denn er hatte so viel Blut verloren, daß er nicht länger leben konnte, aber König Artus erholte sich wieder. Als Accolon tot war, befahl er, ihn, von sechs Rittern begleitet, auf einer Bahre nach Camelot zu schaffen, und sprach: Bringt ihn zu meiner Schwester Morgan le Fay und sagt, ich schickte ihn ihr als Geschenk und ich hätte mein Schwert Excalibur und die Scheide wieder. Dann brachen sie mit dem Leichnam auf.

WIE MORGAN IHREN GATTEN SIR URIENS ERSCHLAGEN WOLLTE, UND WIE SIR IWEIN, IHR SOHN, IHN RETTETE. ❧ Mittlerweile glaubte Morgan le Fay, König Artus wäre tot. Als sie nun eines Tages König Uriens in seinem Bett im Schlaf liegen sah, rief sie eines ihrer Kammermädchen und sagte: Geh und hole mir das Schwert meines Herrn, denn es gibt keine bessere Gelegenheit als jetzt, ihn zu erschlagen. O meine Herrin, entgegnete das Mädchen, wenn Ihr meinen Herrn erschlagt, werdet Ihr nimmer entkommen. Kümmere dich nicht darum, sagte Morgan le Fay, ich sehe, es ist jetzt die günstigste Zeit dazu. Beeil dich also und bringe mir das Schwert. Da entfernte sich das Mädchen und fand in einem anderen Zimmer Sir Iwein auf einem Bette schlafen. Sie ging zu ihm, weckte ihn und bat ihn: Steht auf und geht schnell zu Eurer Mutter, denn sie will Euern Vater, den König, im Schlaf in seinem Bett erschlagen, und ich soll sein Schwert holen. Geh deinen Weg, entgegnete Sir Iwein, und laß mich machen. Darauf brachte das Mädchen das Schwert mit zitternden Händen zu Morgan le Fay. Sie ergriff es behende und zog es heraus und ging ganz ruhig zu dem Bett und suchte, wie sie den König am besten treffen könnte. Als sie das Schwert erhob und zuschlagen wollte, sprang Sir Iwein auf seine Mutter zu und hielt ihre Hand fest und rief: Ah, Teufel, was willst du tun? Wenn du nicht meine Mutter wärst, mit diesem Schwert wollte ich dir den Kopf abschlagen. Die Leute behaupten, daß Merlin von einem Teufel abstammt, aber ich kann sagen, daß mich ein irdischer Teufel zur Welt gebracht hat. Mein lieber Sohn Iwein, sei gnädig mit mir, ein Teufel hat mich verleitet, ich flehe dich an um Gnade. Ich will es nie wieder tun, rette meine Ehre und verrate mich nicht. Ich werde dir unter der Bedingung verzeihen, sagte Sir Iwein, daß du eine solche Tat nie wieder begehen willst. Nein, mein Sohn, das verspreche ich dir.

WIE KÖNIGIN MORGAN LE FAY UM ACCOLONS TOD GROSSE KLAGE ERHOB, UND WIE SIE ARTUS DIE SCHEIDE SEINES SCHWERTES STAHL. Dann erfuhr Morgan le Fay, daß Accolon tot und sein Leichnam in der Kirche war und daß König Artus sein Schwert zurückerlangt hatte. Über Accolons Tod war Königin Morgan so voll Kummer, daß ihr Herz beinahe zersprang, aber weil sie nicht wollte, daß die Leute dies merkten, bewahrte sie nach außen ihre Fassung und ließ ihre Trauer nicht sehen. Aber sie wußte wohl: wenn sie wartete, bis ihr Bruder Artus zurückkam, war ihr Leben nicht mehr viel wert. Da ging sie zu Königin Ginevra und bat um Erlaubnis, ins Land zu reiten. Ihr mögt warten, bis Euer Bruder heimkommt. Ich kann nicht, sagte Morgan le Fay, denn ich habe so dringende Botschaften, daß ich nicht säumen darf. Gut, sagte Ginevra, dann reist, wenn Ihr wollt. So nahm sie am nächsten Morgen, bevor es tagte, ihr Pferd und ritt den ganzen Tag und den größten Teil der Nacht, und gegen Mittag des folgenden Tages kam sie zu demselben Nonnenkloster, in dem König Artus lag. Da sie wußte, daß er dort war, fragte sie, wo er sich befinde. Und sie antworteten, er habe sich schlafen gelegt, denn er sei in den letzten drei Nächten nur wenig zur Ruhe gekommen. Gut, sagte sie, ich befehle euch, daß niemand ihn weckt, bis ich es tue. Dann stieg sie vom Pferd und gedachte sein Schwert Excalibur zu stehlen. Sie ging geradenwegs in sein Gemach, und niemand wagte es, ihren Befehl zu mißachten. Da fand sie Artus schlafend im Bett und Excalibur entblößt in seiner rechten Hand. Als sie das sah, war sie sehr bekümmert, weil sie nicht an das Schwert gelangen konnte, ohne ihn zu wecken, und dann, so wußte sie wohl, würde sie nicht mit dem Leben davonkommen. Da nahm sie die Scheide und ritt fort. Als der König erwachte und die Scheide vermißte, wurde er zornig und fragte, wer dagewesen wäre. Sie sagten, seine Schwester, Königin Morgan, wäre gekommen, hätte die Scheide unter ihrem Mantel versteckt und wäre wieder gegangen. Wehe, sagte Artus, schlecht habt Ihr mich bewacht. Herr, beteuerten sie alle, wir wagten es nicht, uns dem Befehl Eurer Schwester zu widersetzen. Ach, sprach der König, laßt mir das beste Pferd bringen, das ihr finden könnt, und heißt Sir Ontzlake sich in aller Eile wappnen und auch ein gutes Pferd nehmen, um mit mir zu reiten. Gleich darauf nahmen beide die Verfolgung der Dame auf und kamen dabei an ein Wegekreuz, wo sie einen Kuhhirten trafen. Sie fragten den armen Mann, ob vor kurzem eine Dame hier entlanggeritten wäre. Herr, antwortete der arme Mann, soeben ist eine Dame mit etwa vierzig Pferden vorbeigeritten, dort auf jenen Wald zu. Da spornten sie ihre Pferde und setzten ihr nach. Eine Weile später erblickte Artus Morgan le Fay und jagte hinter ihr her, so schnell er konnte. Als sie merkte, daß er sie verfolgte, ritt sie schneller durch den Wald, bis sie zu einer Ebene kam, und als sie sah, daß sie nicht entrinnen konnte, ritt sie zu einem nahen See und sagte: Was auch aus mir werden mag, mein Bruder soll diese Scheide nicht bekommen. Und dann ließ sie die Scheide an der tiefsten Stelle ins Wasser werfen, und dort versank sie, denn sie war schwer von Gold und Edelsteinen. Dann ritt sie in ein Tal mit vielen großen Steinen, und als ihre Verfolger immer näher kamen, verwandelte sie sich und ihr Gefolge mit allen Pferden durch einen Zauber in einen großen Marmorstein. Gleich darauf erschienen Sir Artus und Sir Ontzlake, und der König konnte seine Schwester und ihre Leute erkennen und einen Ritter vom anderen unterscheiden. Ah, sagte der König, hier könnt ihr die Rache Gottes sehen, und jetzt tut es mir leid, daß dieses Unheil geschehen ist. Dann suchte er nach der Scheide, aber er konnte sie nicht finden und kehrte daher zu dem Kloster zurück, von dem er gekommen war. Als nun Artus fort war, verwandelte Morgan alle wieder in ihre frühere Gestalt und sagte: Ihr Herren, jetzt können wir gehen, wohin wir wollen.

 WIE MORGAN LE FAY EINEN RITTER RETTETE, DER ERTRÄNKT WERDEN SOLLTE, UND WIE KÖNIG ARTUS HEIMKEHRTE.

Kapitel 15

Dann fragte Morgan: Habt ihr meinen Bruder Artus gesehen? Ja, antworteten ihre Ritter, recht gut, und Ihr hättet es auch gemerkt, wenn wir uns hätten rühren können, denn vor seinem wilden Blick wären wir geflohen. Das glaube ich euch, sagte Morgan. Bald darauf, als sie dahinritt, traf sie einen Ritter, der einen anderen Ritter an Händen

und Füßen gefesselt und mit verbundenen Augen vor sich
auf dem Pferd hatte. Als sie den Mann so gebunden sah,
fragte sie: Was habt Ihr mit diesem Ritter vor? Herrin, antwortete der Ritter, ich will ihn ertränken. Aus welchem Grunde? fragte sie. Weil ich ihn bei meinem Weib angetroffen habe,
und sie soll sogleich denselben Tod sterben. Das wäre schade!
sagte Morgan le Fey. Was sagt Ihr, Ritter, ist es wahr, was
er von Euch behauptet? fragte sie den Mann, der ertränkt
werden sollte. Nein, wahrlich, Herrin, er spricht nicht die
Wahrheit. Woher seid Ihr, fragte Morgan le Fay, aus welchem
Lande? Ich komme vom Hofe des Königs Artus, und mein
Name ist Manassen, ich bin ein Vetter Accolons von Gallien.
Ihr sprecht wahr, sagte sie, und ihm zuliebe sollt Ihr befreit
werden und Euern Widersacher in Eure Gewalt bekommen.
So wurde Manassen losgemacht und der andere Ritter gebunden. Sogleich entwaffnete ihn Manassen und legte seine
Rüstung an, stieg aufs Pferd und nahm den Ritter vor sich
und ertränkte ihn in dem Brunnen. Dann ritt er wieder zu
Morgan zurück und fragte, ob sie etwas für König Artus zu
bestellen hätte. Sage ihm, daß ich Euch nicht aus Liebe zu
ihm, sondern aus Liebe zu Accolon gerettet habe, und sage
ihm, daß ich ihn nicht fürchte, solange ich mich und die Meinen in Steine verwandeln kann, und laß ihn ferner wissen, daß
ich viel mehr tun kann, wenn meine Zeit kommt. Und damit
reiste sie in das Land Gore ab und wurde dort mit großem
Gepränge empfangen. Sie ließ ihre Burgen und Städte stark
befestigen, denn sie hatte große Furcht vor König Artus.
Als der König sich in dem Kloster genügend ausgeruht hatte,
ritt er nach Camelot, und die Königin und die Barone waren
froh über sein Kommen. Als sie von seinen seltsamen Abenteuern hörten, wunderten sie sich alle über die Falschheit von
Morgan le Fay, und viele Ritter wünschten, sie würde verbrannt. Dann kehrte Manassen an den Hof zurück und berichtete dem König von seinem Abenteuer. Ach, sagte der König,
sie ist eine rechte Schwester. Bei meinem Leben, ich will mich

so an ihr rächen, daß die ganze Christenheit davon sprechen soll. Am nächsten Morgen kam ein Fräulein von Morgan zum König und brachte ihm den prächtigsten Mantel, den man je an seinem Hof gesehen hatte, er war dicht mit den kostbarsten Steinen besetzt. Das Fräulein sagte: Eure Schwester schickt Euch diesen Mantel und bittet Euch, diese Gabe von ihr anzunehmen, sie möchte allen Schaden, den sie Euch zugefügt hat, nach Euerm eigenen Ermessen wiedergutmachen. Als der König den Mantel sah, gefiel er ihm sehr, aber er sprach kaum ein Wort.

WIE DAS FRÄULEIN VOM SEE KÖNIG ARTUS VOR EINEM MANTEL BEWAHRTE, DER IHN VERBRENNEN SOLLTE. In diesem Augenblick kam das Fräulein vom See zum König und sagte: Herr, ich muß mit Euch allein reden. Sagt, entgegnete der König, was Ihr auf dem Herzen habt. Herr, riet das Fräulein, legt diesen Mantel nicht um, bis Ihr mehr gesehen habt, und laßt ihn auf keine Weise an Euch oder an einen Eurer Ritter kommen, bevor Ihr der Überbringerin befohlen habt, ihn umzulegen. Gut, antwortete Artus, es soll geschehen, wie Ihr ratet. Und dann sagte er zu dem Fräulein, das von seiner Schwester kam: Fräulein, ich möchte sehen, wie der Mantel Euch kleidet, den Ihr mir gebracht habt. Herr, erwiderte sie, es steht mir nicht an, ein Königsgewand zu tragen. Bei meinem Leben, beharrte Artus, Ihr sollt ihn tragen, bevor er auf meinen Rücken kommt oder auf den irgend eines anderen hier. Und so ließ ihn der König ihr mit Gewalt umlegen, und im Augenblick sank sie ohne ein

weiteres Wort tot zu Boden und verbrannte zu Asche. Da
wurde der König überaus zornig, mehr als zuvor, und sagte
zu König Uriens: Meine Schwester, Euer Weib, ist ständig
darauf aus, mich zu verderben, und ich weiß wohl, daß entweder Ihr oder mein Neffe, Euer Sohn, mit ihr im Bunde seid.
Doch will ich es von Euch nicht recht glauben, denn Accolon
hat mir selbst bekannt, daß er Euch ebenso umbringen wollte
wie mich. Ich halte Euch daher für schuldlos, aber Euern Sohn,
Sir Iwein, habe ich im Verdacht, und deshalb gebe ich Euch
den Auftrag, ihn von meinem Hofe zu entfernen. So wurde
Sir Iwein in Ungnaden weggeschickt. Als Sir Gawein dies
erfuhr, machte er sich bereit, mit ihm zu gehen, und er sagte:
Wer meinen leiblichen Vetter verbannt, der verbannt auch
mich. So ritten sie beide fort und kamen in einen großen
Wald und schließlich zu einem Kloster, wo sie gut aufgenommen wurden. Als aber der König erfuhr, daß Sir Gawein
den Hof verlassen hatte, gab es großes Klagen unter allen
Edlen. Nun haben wir, sagte Gaheris, Gaweins Bruder, anstelle
von einem zwei gute Ritter verloren. Am nächsten Morgen
hörten sie in dem Kloster die Messe und ritten dann weiter,
bis sie in einen großen Wald kamen. Da bemerkte Sir Gawein
in einem Tal bei einem Turm zwölf schöne Fräulein und zwei
bewaffnete Ritter auf großen Pferden, und die Fräulein gingen
vor einem Baume hin und her. Dann sah Sir Gawein, daß an
dem Baum ein weißer Schild hing, und immer, wenn die Fräulein daran vorübergingen, spuckten sie darauf und einige
bewarfen ihn mit Schmutz.

 WIE SIR GAWEIN UND SIR IWEIN ZWÖLF
SCHÖNE FRÄULEIN TRAFEN, DIE SICH
ÜBER SIR MARHAUS BEKLAGTEN. ❦ Sir
Gawein und Sir Iwein ritten auf sie zu, grüßten
sie und fragten, warum sie den Schild so schmäh-
ten. Ihr Herren, antworteten die Fräulein, wir
wollen es euch sagen: Dieser weiße Schild gehört einem Ritter,
der ein sehr starker und tapferer Mann ist, aber er haßt alle

ARTVS VND
DER SELTSAME
MANTEL

Damen und Edelfrauen, und darum schmähen wir diesen Schild.
Ich gebe zu, sagte Sir Gawein, es steht einem guten Ritter
schlecht an, alle Damen und Edelfrauen zu verachten, doch
vielleicht hat er einen besonderen Grund, euch zu hassen,
vielleicht liebt er auch Damen und Edelfrauen an einem
anderen Ort und wird wiedergeliebt, wenn er ein so tapferer
Mann ist, wie ihr sagt. Wie heißt er denn? Herr, sagten sie,

es ist Sir Marhaus, der Sohn des Königs von Irland. Ich kenne ihn gut, sagte Sir Iwein, er ist einer der tüchtigsten Recken, die es gibt, ich habe einmal gesehen, wie er sich in einem Turnier bewährte, zu dem viele Ritter versammelt waren, und damals hielt ihm keiner stand. Ach, ihr Fräulein, sagte Sir Gawein, ich glaube, ihr seid zu tadeln, denn es ist anzunehmen, daß er nicht weit entfernt ist, wenn er seinen Schild hierhergehängt hat, und dann mögen jene Ritter zu Pferd mit ihm kämpfen, das gereichte euch mehr zur Ehre als dies. Ich aber will nicht länger zusehen, wie der Schild eines Ritters entehrt wird. Und damit entfernten sich Sir Iwein und Sir Gawein etwas von ihnen, und dann sahen sie Sir Marhaus auf einem großen Roß gerade auf sie zugeritten kommen. Als die zwölf Fräulein Sir Marhaus erblickten, flohen sie in wilder Hast in den Turm, so daß einige von ihnen unterwegs hinfielen. Da hob einer der Ritter vom Turm den Schild und rief: Sir Marhaus, verteidige dich! Und sie rannten so gegeneinander, daß der Ritter seine Lanze an Sir Marhaus zerbrach, und Marhaus traf ihn so gewaltig, daß er sein Genick und das Rückgrat des Pferdes brach. Das sah der andere Ritter vom Turm und wandte sich gegen Marhaus, und sie stießen so heftig zusammen, daß der Ritter mitsamt seinem Pferd bald tot am Boden lag.

WIE SIR MARHAUS MIT SIR GAWEIN UND SIR IWEIN KÄMPFTE UND SIE BEIDE BEZWANG. ❧ Dann ritt Sir Marhaus zu seinem Schild, und als er sah, wie er geschändet war, sagte er: Für diese Schmach bin ich zum Teil gerächt, aber aus Liebe zu der, die mir diesen weißen Schild gab, will ich dich tragen und meinen dahin hängen, wo du gewesen bist; und so hängte er sich den weißen Schild um den Hals. Dann ritt er gerade auf Sir Gawein und Sir Iwein zu und fragte sie, was sie hier täten. Sie antworteten, sie kämen vom Hof des Königs Artus und wären auf Abenteuer aus. Gut, sagte Sir Marhaus, ich bin bereit, ein fahrender Ritter, der jedes Abenteuer vollbringt,

das ihr wünscht; und damit ritt er ein Stück zurück, um seine
Stellung einzunehmen. Laßt ihn gehen, sagte Sir Iwein zu Sir
Gawein, denn er ist ein sehr starker Ritter, und ich möchte
nicht, daß einer von uns mit ihm kämpft. Nein, erwiderte Sir
Gawein, es wäre eine Schande für uns, wenn wir es nicht mit
ihm aufnähmen, und wäre er ein noch so tüchtiger Kämpe.
Nun gut, sagte Sir Iwein, ich will zuerst gegen ihn antreten,
denn ich bin schwächer als Ihr, und wenn er mich nieder-
werfen sollte, könnt Ihr mich rächen. So prallten die beiden
Ritter mit großer Gewalt zusammen, daß Sir Iwein seine
Lanze am Schild von Sir Marhaus zerbrach und Sir Marhaus
Mann und Roß zu Boden warf und Iwein an der linken Seite
verletzte. Dann wendete Sir Marhaus sein Pferd und richtete
die Lanze gegen Sir Gawein. Als Gawein das sah, hob er den
Schild und legte die Lanze ein, und sie stießen mit der ganzen
Kraft ihrer Pferde zusammen und trafen einander so heftig
mitten auf den Schild, daß Sir Gaweins Lanze zerbrach. Die von
Sir Marhaus aber hielt, und so stürzten Sir Gawein und sein
Pferd zu Boden. Schnell sprang Sir Gawein auf und zog sein
Schwert und ging zu Fuß auf Sir Marhaus los. Sir Marhaus aber
ritt mit gezogenem Schwert auf Sir Gawein zu. Herr Ritter,
sagte Sir Gawein, steigt ab, oder ich erschlage Euer Pferd.
Schönen Dank für Eure Freundlichkeit, sagte Sir Marhaus,
Ihr lehrt mich Ritterlichkeit, denn es soll nicht der eine Ritter
zu Fuß und der andere zu Pferde kämpfen. Damit lehnte Sir
Marhaus seine Lanze gegen einen Baum und stieg ab, band
sein Pferd an und hob seinen Schild, und dann hieben sie mit
ihren Schwertern so wild aufeinander ein, daß ihre Schilde in
Stücke sprangen und sie ihre Helme und Harnische zerbeulten
und einander verwundeten. Aber von der neunten Stunde an
wurde Sir Gawein immer stärker, und zu Mittag verdreifachte
sich seine Kraft. All dies bemerkte Sir Marhaus und wunderte
sich sehr, wie die Kraft des anderen wuchs, und sie verwundeten einander sehr. Als dann der Mittag vorbei war und die
Vesper herankam, wurde Sir Gaweins Kraft wieder schwächer

und ließ immer mehr nach, so daß er sich kaum noch halten konnte, aber Sir Marhaus wurde stärker und stärker. Herr Ritter, sagte Sir Marhaus, ich habe wohl gemerkt, daß Ihr ein sehr guter Ritter und ein bewundernswert starker Mann seid, unser Streit hat aber keinen gewichtigen Grund, und deshalb wäre es schade, Euch zu verderben, denn Ihr seid schon sehr geschwächt. Ach! antwortete Sir Gawein, edler Ritter, Ihr sagt das Wort, das ich sagen sollte. Und damit nahmen sie ihre Helme ab und küßten einander und schwuren, einander wie Brüder zu lieben. Sir Marhaus bat Sir Gawein, die Nacht bei ihm zu verbringen. Und so nahmen sie ihre Pferde und ritten zur Herberge von Sir Marhaus. Unterwegs sagte Sir Gawein: Herr Ritter, ich wundere mich, daß ein so tapferer Mann wie Ihr keine Damen oder Fräulein liebt. Herr, antwortete Sir Marhaus, das sagt man mir zu Unrecht nach, aber ich weiß wohl, es sind die Fräulein vom Turm, die mich in einen solchen Ruf bringen, und andere ihresgleichen. Jetzt will ich Euch sagen, warum ich sie hasse: viele von ihnen sind Hexen und Zauberinnen, und wenn ein Ritter noch so stark und heldenhaft ist, sie machen ihn zu einem Feigling, um ihn zu überwinden, und dies ist der Hauptgrund, weshalb ich sie hasse; aber allen guten Damen und Edelfrauen weihe ich meinen Dienst, wie es einem Ritter geziemt. Wie das französische Buch berichtet, gab es mehrere Ritter, die Sir Gawein trotz seiner dreifachen Kraft überwanden: Sir Lanzelot vom See, Sir Tristan, Sir Bors von Ganis, Sir Parzival, Sir Pelleas und Sir Marhaus. Diese sechs Ritter siegten über Gawein. Nach kurzer Zeit kamen sie zur Herberge von Sir Marhaus, der in einem kleinen Kloster wohnte. Dort stiegen sie ab, und Damen und Fräulein lösten ihnen die Rüstung und kümmerten sich eiligst um die Wunden, die sie alle drei davongetragen hatten. So erhielten sie eine gute Unterkunft und gute Pflege, und als Sir Marhaus erfuhr, daß sie König Artus' Schwestersöhne waren, bewirtete er sie, so gut er nur konnte. Sie blieben eine Woche lang, bis ihre Wunden gut geheilt waren, und schließlich reisten sie ab. So leicht wollen wir nicht auseinandergehen, sagte Sir Marhaus, ich will euch durch den Wald begleiten. Und so ritten sie Tag um Tag, gut sieben Tage lang, ehe sie auf ein Abenteuer stießen. Schließlich kamen sie in einen großen Wald, er hieß der Wald von Arroy im Land der seltsamen Abenteuer. In dieses Land, sagte Sir Marhaus, ist, seit es bekehrt wurde, noch nie ein Ritter gelangt, der nicht seltsame Abenteuer erlebt hätte. So ritten sie dahin und kamen in ein tiefes, felsiges Tal und sahen dort einen schönen Wasserlauf, und weiter oben war der Ursprung des Flusses, ein klarer Quell, an dem drei Fräulein saßen. Zu ihnen ritten sie hin und grüßten sie. Die älteste hatte einen goldenen Kranz um die Stirn und war sechzig Jahre alt oder mehr, und ihr Haar unter dem Kranz war weiß. Das zweite Fräulein war dreißig Winter alt und trug einen goldenen Reif um die Stirn. Das dritte war erst fünfzehn und hatte einen Blumenkranz im Haar. Nachdem die Ritter sie betrachtet hatten, fragten sie, warum sie an dieser Quelle säßen. Wir sind hier, sagten sie, um fahrende Ritter zu seltsamen Abenteuern zu führen. Ihr seid drei Ritter, die Abenteuer suchen, und wir sind drei Fräulein, und deshalb muß jeder von euch eine von uns nehmen. Wenn ihr das getan habt, wollen wir euch zu drei Wegen geleiten, und dort soll jeder von euch mit seinem Mädchen einen Weg wählen. Und heute übers Jahr müßt ihr hier wieder zusammenkommen, das müßt ihr schwören, und Gott erhalte euer Leben. Das ist gut gesprochen, sagte Sir Marhaus.

Kapitel 19

WIE SIR MARHAUS, SIR GAWEIN UND SIR IWEIN DREI FRÄULEIN TRAFEN UND JEDER VON IHNEN EINES MITNAHM. 🙟 Jetzt soll jeder von uns ein Fräulein wählen. Hört, sagte Sir Iwein, ich bin der Jüngste und Schwächste von uns, deshalb will ich das älteste Fräulein haben, denn sie ist am erfahrensten und kann mir am besten helfen, wenn es not tut, und ich habe Hilfe nötiger als ihr beide. Und ich, sagte Sir Marhaus, will das Fräulein haben, das dreißig Winter alt ist, denn sie paßt am besten zu mir. Gut, sagte Sir Gawein, ich danke euch, denn ihr habt mir die Jüngste und Schönste gelassen, und sie ist mir am liebsten. Da nahm jedes Fräulein das Pferd ihres Ritters bei den Zügeln und führte ihn zu den drei Wegen. Dort leisteten sie ihren Schwur, für den Fall, daß sie noch am Leben wären, dann küßten sie einander und trennten sich, und jeder Ritter ließ seine Dame hinten aufsitzen. Sir Iwein nahm den Weg, der nach Westen führte, Sir Marhaus den nach Süden, und Sir Garwein nahm den Weg, der nach Norden ging. Beginnen wir nun mit Sir Gawein, der seinem Weg folgte, bis er an ein schönes Schloß kam, in dem ein alter Ritter und guter Hausherr wohnte, und diesen fragte Sir Gawein nach einem Abenteuer. Ich werde Euch morgen welche zeigen, ganz wunderbare, sagte der alte Ritter. So ritten sie am nächsten Morgen in den Wald der Abenteuer bis zu einer Ebene. Dort fanden sie ein Kreuz, und als sie dabei verweilten, kam der stattlichste Ritter und schönste Mann, den sie je gesehen hatten, unter jämmerlichen Klagen auf sie zu. Als er Sir Gawein bemerkte, grüßte er ihn und wünschte, Gott möge ihm großen Ruhm senden. Vielen Dank, antwortete Sir Gawein, möge Gott auch Euch Ehre und Ruhm senden. Ach! sagte der Ritter, darauf brauche ich nicht zu hoffen, denn Schmerz und Schande folgen bei mir dem Ruhm.

WIE EIN RITTER UND EIN ZWERG UM EINE DAME KÄMPFTEN. ❧ Dann ritt er weiter auf die eine Seite der Ebene, und auf der anderen sah Sir Gawein zehn Ritter warten, die sich mit Schild und Lanze gegen den einen Ritter wappneten, der an Sir Gawein vorbeigekommen war. Dann legte der einzelne Ritter eine starke Lanze ein, und einer der zehn Ritter nahm den Kampf auf. Aber der schmerzerfüllte Ritter

Kapitel 20

traf ihn so mächtig, daß er rücklings vom Pferd fiel; und so besiegte er sie alle oder warf zumindest Roß und Reiter zu Boden, und das alles mit einer Lanze. Als sie alle zu Fuß waren, gingen sie auf den einen Ritter los, und der stand still wie ein Stein und ließ sich vom Pferd ziehen, an Händen und Füßen fesseln und unter den Bauch seines Pferdes binden und wegführen. Mein Gott! rief Sir Gawein, es ist ein jammervoller Anblick, den Ritter so behandelt zu sehen, und wie es scheint, duldet er es, so gebunden zu werden, denn er leistet keinen Widerstand. Das ist wahr, sagte sein Wirt, denn wenn er wollte, wären sie alle zu schwach, so mit ihm zu verfahren. Herr, sagte das Fräulein zu Gawein, ich glaube, es wäre Eure Ritterpflicht, diesem beklagenswerten Mann zu helfen, denn er ist wohl einer der besten Ritter, die ich je gesehen habe. Ich würde es tun, sagte Sir Gawein, aber es scheint, er will keine Hilfe haben. Dann, sagte das Fräulein, habt Ihr wohl keine Lust, ihm zu helfen. Während sie so sprachen, gewahrten sie einen Ritter auf der anderen Seite der Ebene, der ganz gewappnet war mit Ausnahme des Kopfes, und auf der anderen Seite kam ein Zwerg mit großem Mund und platter Nase geritten, der auch ganz gewappnet war mit Ausnahme des Kopfes, und als der Zwerg heran war, sagte er: Wo ist die Dame, die uns hier treffen sollte? Darauf kam sie aus dem Wald heraus. Und dann fingen sie an, um die Dame zu streiten, denn jeder wollte sie haben. Was soll hierbei herauskommen, sagte der Zwerg, dort ist ein Ritter bei dem Kreuz, legen wir ihm die Sache dar, und wie er entscheidet, so soll es sein. Das ist mir recht, sagte der Ritter, und so gingen sie alle drei zu Sir Gawein und erklärten ihm die Ursache ihres Streites. Nun, ihr Herren, wollt ihr die Sache in meine Hand legen? Ja, sagten sie beide. Mein Fräulein, sprach Sir Gawein, stellt Euch zwischen die beiden, und mit welchem Ihr lieber geht, der soll Euch haben. Da verließ sie den Ritter und ging zu dem Zwerg, der nahm sie und ritt singend davon, der Ritter aber in tiefer Trauer. Da kamen zwei gewappnete Ritter daher und riefen: Sir Gawein! Ritter des Königs Artus, mache dich schnell fertig und kämpfe mit uns! Sir Gawein prallte so mit dem einen zusammen, daß sie beide zu Boden stürzten, und als sie zu Fuß waren, zogen sie ihre Schwerter und hieben hart aufeinander ein. Unterdessen ging der andere Ritter zu dem Fräulein und fragte es, warum es bei diesem Ritter sei: Wenn Ihr mit mir kommen wollt, will ich Euer treuer Ritter sein. Ich will mit Euch gehen, antwortete das Fräulein, weil es meinem Herzen nicht zusagt, bei Sir Gawein zu sein; denn eben war ein Ritter hier, der zehn Ritter vom Pferde warf, und schließlich wurde er schimpflich weggeschleppt, doch Sir Gawein half ihm nicht. Darum laßt uns gehen, solange sie kämpfen. Sir Gawein aber kämpfte lange mit dem anderen Ritter, doch am Ende versöhnten sie sich. Da bat der Ritter Sir Gawein, die Nacht bei ihm zu bleiben. Unterwegs fragte Sir Gawein: Was ist das für ein Ritter, der zehn Ritter zu Boden warf und dann, als er das mannhaft vollbracht hatte, sich von ihnen an Händen und Füßen binden und wegführen ließ? Ach! sagte der Ritter, das ist der beste Ritter, den ich kenne, und der tapferste Held, und so wie heute ist er schon mehr als zehnmal behandelt worden. Sein Name ist Sir Pelleas, und er liebt eine edle Dame in diesem Land, sie heißt Ettard. Als er sich in sie verliebt hatte, wurde ein großes dreitägiges Turnier ausgerufen, und alle Ritter und Edelfrauen dieses Landes waren versammelt. Der beste Ritter sollte ein vorzügliches Schwert und einen goldenen Reif bekommen, und den Reif sollte der Ritter der schönsten Dame geben, die auf dem Turnier war. Fünfhundert Ritter waren anwesend, aber Sir Pelleas schlug jeden, der mit ihm kämpfte, nieder oder warf ihn vom Pferd und war der beste Ritter. An jedem der drei Tage schlug er zwanzig Ritter nieder, und so erhielt er den Preis. Sogleich ging er zu Lady Ettard und gab ihr den Reif und verkündete vor allen Leuten, sie wäre die schönste von allen anwesenden Damen, und das würde er gegen jeden Ritter beweisen, der widersprechen wollte.

WIE SICH SIR PELLEAS ZUM GEFANGENEN MACHEN LIESS, UM SEINE DAME SEHEN ZU KÖNNEN, UND WIE SIR GAWEIN IHM VER-SPRACH, IHM DIE LIEBE SEINER DAME ZU VER-SCHAFFEN. ❧ Und so erkor er sie zu seiner Herrin und ge-lobte, nie eine andere zu lieben als sie, aber sie war so stolz, daß sie ihn verachtete und sag-te, sie würde ihn nie lieben, und wenn er für sie sterben wollte. Alle Damen und Edelfrauen tadelten sie, weil sie so stolz war, denn es waren schönere da als sie, und jede von ihnen hätte Sir Pelleas wegen seiner edlen Hel-dentaten geliebt, wenn er ihnen seine Liebe angeboten hätte. Er aber schwor Lady Ettard, ihr in dieses Land zu folgen und sie nie zu verlassen, bis er ihre Liebe gewonnen hätte. Nun hält er sich meist in ihrer Nähe auf und wohnt in einem kleinen Kloster, und jede Woche schickt sie Ritter, die mit ihm kämpfen sollen. Wenn er sie dann besiegt hat, läßt er sich willfährig gefangennehmen, weil er dadurch seine Dame sehen kann. Und immer bereitet sie ihm große Schmach, denn das eine Mal läßt sie ihn durch ihre Ritter am Schwanz seines Pferdes festbinden und das andere Mal unter dem Bauch des Pferdes; so läßt sie ihn auf die schimpf-lichste Weise, die sie sich ausdenken kann, zu sich bringen. All dies tut sie, um ihn zu bewegen, diesem Land den Rücken zu keh-ren und seine Liebe aufzugeben, doch umsonst. Wenn er zu Fuß kämpfen würde, hätte er die zehn Ritter ebenso besiegt wie zu Pferde. Ach, sagte Sir Gawein, er tut mir sehr leid. Nach dieser Nacht will ich ihn morgen im Wald aufsuchen und ihm alle Hilfe geben, die ich leisten kann. So nahm Sir Gawein am nächsten

Morgen Abschied von seinem Wirt Sir Carados und ritt in den Wald, und schließlich traf er Sir Pelleas, der über alle Maßen klagte. Nachdem sie einander begrüßt hatten, fragte Sir Gawein, woher sein Kummer rühre, und Sir Pelleas erzählte ihm seine Geschichte: Aber immer lasse ich mich von ihren Rittern so behandeln, wie Ihr es gestern saht, weil ich hoffe, doch noch ihre Liebe zu gewinnen, denn sie weiß sehr wohl, alle ihre Ritter könnten mich nicht so leicht besiegen, wenn ich mit ihnen bis zum letzten kämpfen wollte. Liebte ich sie nicht so sehr, wollte ich lieber hundertmal sterben, wenn ich so oft sterben könnte, als solche Schmach ertragen, aber ich hoffe, sie wird schließlich Mitleid mit mir haben, denn mancher wackere Ritter leidet aus Liebe, um sein Ziel zu erreichen, aber ach, ich bin unglücklich. Sein Kummer und sein Schmerz waren so groß, daß er sich kaum auf dem Pferde halten konnte. Hört nur auf zu klagen, sagte Sir Gawein, ich verspreche Euch bei meinem Leben, alles zu tun, was in meiner Macht steht, um Euch die Liebe Eurer Dame zu gewinnen. Ach, fragte Sir Pelleas, von welchem Hof seid Ihr? Ich bitte Euch, mein Freund, sagt es mir. Darauf antwortete Sir Gawein: Ich bin vom Hofe des Königs Artus und seiner Schwester Sohn, König Lot von Orkney war mein Vater, und mein Name ist Sir Gawein. Da sagte der Ritter: Mein Name ist Sir Pelleas, ich bin auf den Inseln geboren, und über viele Inseln gebiete ich, und noch nie habe ich eine Dame oder ein Fräulein geliebt, bis zu dieser unglücklichen Zeit. Herr Ritter, da Ihr König Artus so nahe verwandt und ein Königssohn seid, laßt mich nicht im Stich, sondern helft mir, denn ich kann nur durch einen guten Ritter zu meiner Dame gelangen, weil sie in einer festen Burg wohnt, keine vier Meilen von hier entfernt, und sie ist die Herrin dieses ganzen Landes. Ich kann nie vor ihr Angesicht kommen, wenn ich mich nicht von ihren Rittern gefangennehmen lasse. Noch nie hat sie mir ein gutes Wort gesagt, sondern mich immer in der schändlichsten Weise beschimpft, wenn ich vor sie gebracht wurde, und dann nehmen sie mir mein Pferd und meine Rüstung und werfen mich vor das Tor, und sie gewährt mir weder Essen noch Trinken. Stets erbiete ich mich, ihr Gefangener zu sein, doch das will sie mir nicht erlauben, aber ich wünschte nichts so sehr, als sie, unter welchen Schmerzen auch immer, täglich zu sehen. Da will ich Abhilfe schaffen, sprach Sir Gawein, wenn Ihr tut, was ich Euch rate. Ich will Euer Pferd und Eure Rüstung nehmen und zu ihrer Burg reiten und ihr sagen, ich hätte Euch erschlagen. So will ich ihre Gunst gewinnen, und dann werde ich treu mein Teil tun, daß Ihr mit Sicherheit ihre Liebe erlangt.

 WIE SIR GAWEIN ZU LADY ETTARD KAM, UND WIE SIR PELLEAS SIE BEIDE IM BETT FAND. ❧ Sir Gawein gelobte, aufrichtig und treu zu sein, und das schwur auch Sir Pelleas. Dann tauschten sie Pferd und Rüstung, und Sir Gawein ritt fort und kam zu der Burg, wo die Zelte der Dame vor dem Tor standen. Als Ettard Sir Gawein erblickte, floh sie in die Burg. Sir Gawein rief ihr mit lauter Stimme zu, sie solle bleiben, denn er wäre nicht Sir Pelleas: Ich bin ein anderer Ritter und habe Sir Pelleas erschlagen. Nehmt Euern Helm ab, sagte Lady Ettard, damit ich Euer Gesicht sehen kann. Als sie sah, daß er nicht Sir Pelleas war, hieß sie ihn absteigen und führte ihn in ihre Burg und fragte ihn, ob er wirklich Sir Pelleas erschlagen hätte. Er bejahte es und erzählte ihr, daß er Sir Gawein vom Hofe des Königs Artus und dessen Schwestersohn sei. Wahrlich, sagte sie, es ist sehr schade um Sir Pelleas. Er war ein sehr tapferer Ritter, aber von allen lebenden Männern haßte ich ihn am meisten, denn ich konnte ihn nie loswerden. Weil Ihr ihn erschlagen habt, will ich Euch gehören und alles tun, was Euch gefällt. So bereitete sie Sir Gawein eine gute Aufnahme. Da sagte Sir Gawein, er liebe eine Dame, die seine Zuneigung auf keine Weise erwidere. Sie ist zu tadeln, sprach Ettard, wenn sie Euch nicht lieben will, denn für Euch, der Ihr von so edler Herkunft und ein so tapferer Held seid, ist

keine Dame der Welt zu gut. Versprecht Ihr mir bei Eurer Ehre, sagte Sir Gawein, alles zu tun, was Ihr könnt, um mir die Liebe meiner Dame zu gewinnen? Ja, antwortete sie, das verspreche ich Euch bei meiner Ehre. Nun, sagte Sir Gawein, Ihr seid es selbst, die ich liebe, und ich bitte Euch, haltet Euer Versprechen. Ich habe keine Wahl, entgegnete Lady Ettard, wenn ich nicht wortbrüchig werden will; und so gewährte sie ihm die Erfüllung aller seiner Wünsche. Es war im Monat Mai, als sie und Sir Gawein aus der Burg hinausgingen und in einem Zelt zu Abend speisten, und dort wurde ein Bett hergerichtet, und Sir Gawein und Lady Ettard legten sich zusammen schlafen. In einem anderen Zelt lagen ihre Fräulein und in einem dritten Zelt einige ihrer Ritter, denn sie fürchtete Sir Pelleas nicht mehr. Sir Gawein lag mit ihr in dem Zelt zwei Tage und zwei Nächte. Am frühen Morgen des dritten Tages wappnete sich Sir Pelleas, der nicht geschlafen hatte, seit Sir Gawein von ihm gegangen war, denn Sir Gawein hatte ihm bei seiner Ehre versprochen, binnen einem Tag und einer Nacht zu ihm in sein Zelt bei dem Kloster zurückzukommen. Sir Pelleas bestieg sein Pferd und kam zu den Zelten vor der Burg und fand im ersten Zelt drei Ritter in drei Betten und drei Knappen zu ihren Füßen. Im zweiten Zelt fand er vier Edelfrauen, die in vier Betten lagen. Dann ging er zum dritten Zelt und fand Sir Gawein mit Lady Ettard im Bett, und beide hielten einander eng umschlungen. Als er das sah, zersprang ihm vor Schmerz fast das Herz, und er rief: Wehe, daß je ein Ritter so falsch sein konnte! Dann nahm er sein Pferd, denn er mochte vor lauter Kummer nicht länger verweilen. Als er etwa eine halbe Meile geritten war, kehrte er wieder um und gedachte beide zu erschlagen. Wie er sie nun beide in tiefem Schlaf liegen sah, konnte er sich vor Schmerz kaum auf dem Pferde halten und sprach zu sich selbst: Wenn dieser Ritter auch noch so falsch ist, werde ich ihn doch nicht im Schlaf erschlagen, denn ich will die hohen Gesetze der Ritterschaft nicht verletzen, und damit entfernte er sich wieder. Kaum war er eine halbe Meile geritten, kehrte er nochmals um und wollte beide erschlagen, und er erhob die schmerzlichste Klage, die je einer erhoben hat. Als er zu den Zelten kam, band er sein Pferd an einen Baum und nahm sein blankes Schwert und ging zu ihnen, und wieder meinte er, es wäre eine Schande, sie im Schlafe zu erschlagen. So legte er ihnen das blanke Schwert quer über den Hals und ritt davon. Als Sir Pelleas zu seinen Zelten kam, erzählte er seinen Rittern und Knappen, was vorgefallen war, und er sagte zu ihnen: Für die treuen und guten Dienste, die ihr mir geleistet habt, vermache ich euch alles, was ich besitze; denn ich will mich schlafen legen und nicht mehr aufstehen, bis ich tot bin. Dann sollt ihr mir das Herz aus der Brust schneiden und es Ettard zwischen zwei Silberschalen bringen und ihr sagen, daß ich sie bei dem falschen Ritter Sir Gawein liegen sah. Sogleich tat Sir Pelleas seine Rüstung ab und ging zu Bett und begann furchtbar zu klagen und zu jammern. Als Sir Gawein und Lady Ettard aus ihrem Schlaf erwachten und das blanke Schwert quer über ihrem Hals fanden, da wußte sie, daß es Sir Pelleas' Schwert war. Wehe! sprach sie zu Sir Gawein, Ihr habt mich betrogen und Sir Pelleas auch, denn Ihr habt mir erzählt, Ihr hättet ihn erschlagen, und nun weiß ich, daß es nicht wahr ist, er ist noch am Leben. Wenn Sir Pelleas so unritterlich an Euch gehandelt hätte, wie Ihr an ihm gehandelt habt, wäret Ihr jetzt ein toter Mann. Ihr habt mich betrogen und schändlich verraten, und dieses Beispiel möge allen Damen und Fräulein zur Warnung dienen. Da machte sich Sir Gawein fertig und ritt fort in den Wald. Eines Tages geschah es, daß das Fräulein Nimue vom See im Wald einen Ritter des Sir Pelleas traf, der laut klagend umherlief, und sie fragte ihn nach dem Grunde. Und so erzählte ihr der klagende Ritter, wie sein Herr und Gebieter von einem Ritter und einer Dame verraten worden war und daß er nicht wieder aufstehen wolle, bis er tot sei. Bringt mich zu ihm, sagte sie darauf, ich bürge für sein Leben, er wird nicht aus Liebe sterben, und die ihn dazu gebracht hat, so zu lieben, soll binnen kurzem in eine ebenso schlimme Lage kommen wie er, denn es ist nicht schön von einer stolzen Dame, daß sie kein Mitleid mit einem so tapferen Ritter hat. Unverzüglich brachte sie der Ritter zu ihm, und als sie ihn im Bett liegen sah, meinte sie, noch nie einen so stattlichen Ritter gesehen zu haben. Da warf sie einen Zauber auf ihn, und er schlief ein. Dann ordnete sie an, niemand solle ihn wecken, bis sie zurück sei, und sie ritt zu Lady Ettard und kehrte nach zwei Stunden mit ihr zurück, und die beiden Damen fanden ihn in tiefem Schlaf. Hört, sagte das Fräulein vom See, Ihr solltet Euch schämen, einen solchen Ritter zu töten. Und da legte sie einen solchen Zauber auf Lady Ettard, daß diese ihn heftig liebte und fast den Verstand verlor. O Herr Jesus, rief Lady Ettard, was ist über mich gekommen, daß ich jetzt den liebe, den ich am meisten von allen Männern gehaßt habe? Das ist das gerechte Gericht Gottes, entgegnete das Fräulein. Kurz darauf erwachte Sir Pelleas und erblickte Ettard und erkannte sie, und da haßte er sie mehr als irgendeine andere Frau und rief: Fort, Verräterin, ich will dich nie mehr sehen! Als sie ihn so sprechen hörte, weinte sie und klagte über alle Maßen.

WIE SIR PELLEAS VON SEINER LIEBE ZU LADY ETTARD MIT HILFE DES FRÄULEINS VOM SEE, DAS ER VON DA AN IMMER LIEBTE, GEHEILT WURDE.

Mein edler Herr Ritter, sagte da das Fräulein vom See zu Pelleas, nehmt Euer Pferd und verlaßt mit mir dieses Land, und Ihr sollt eine Dame lieben, die Euch wiederliebt. Das will ich gern, antwortete Sir Pelleas, denn Lady Ettard hat mir viel Schimpf und Schande angetan; und da berichtete er ihr die Geschichte von Anfang bis Ende und erzählte, wie er sich vorgenommen hatte, bis zu seinem Tode nie wieder aufzustehen: Und jetzt hat Gott mir die Gnade gewährt, daß ich Ettard so hasse, wie ich sie einst geliebt habe, gelobt sei Jesus Christus! Dankt mir, sagte das Fräulein vom See. Sogleich wappnete sich Sir Pelleas und nahm sein Pferd und befahl seinen Männern, seine Zelte und seine ganze Habe an den Ort nachzubringen, den das Fräulein vom See bestimmen würde. Lady Ettard starb vor Kummer, das Fräulein vom See aber war mit Sir Pelleas glücklich, und sie liebten einander, solange sie lebten.

 WIE SIR MARHAUS MIT DEM FRÄU-LEIN WEGRITT UND ZUM HERZOG DER SÜDMARKEN KAM. ❧ Jetzt wenden wir uns Sir Marhaus zu, der mit dem Fräulein, das dreißig Winter alt war, südwärts ritt. Sie kamen in einen tiefen Wald und wurden unglücklicherweise von der Nacht überrascht und ritten lange in einem tiefen Hohlweg und gelangten schließlich zu einem Gehöft und baten dort um Unterkunft. Aber der Besitzer des Gehöftes wollte sie unter keiner Bedingung beherbergen, sondern der gute Mann sagte: Wenn Ihr das Abenteuer eines Quartiers auf Euch nehmen wollt, so will ich Euch hinführen, wo Ihr übernachten könnt. Was für ein Abenteuer soll ich denn in meinem Quartier bestehen? fragte Sir Marhaus. Das werdet Ihr erfahren, wenn Ihr hinkommt, antwortete der gute Mann. Was für ein Abenteuer es auch sei, bringe mich hin, ich bitte dich, sagte Sir Marhaus, denn ich bin müde, und mein Fräulein und mein Pferd sind es auch. Da öffnete der gute Mann das Tor, und binnen einer Stunde brachte er sie zu einer schönen Burg. Dort rief der arme Mann den Pförtner und wurde sogleich eingelassen, und dann erzählte er dem Burgherrn, er hätte ihm einen fahrenden Ritter und ein Fräulein gebracht, die bei ihm übernachten wollten. Laßt sie ein, sagte der Burgherr, vielleicht werden sie bereuen, daß sie hier Quartier genommen

haben. So wurde Sir Marhaus bei Fackelschein hineingeleitet und von einer freundlichen Gesellschaft junger Männer begrüßt. Dann brachte man sein Pferd in den Stall und führte ihn und das Fräulein in die Halle, wo ein mächtiger Herzog und viele wackere Männer standen. Der Herzog fragte ihn, wie er heiße und woher er komme und wem er diene. Herr, antwortete er, ich bin ein Ritter des Königs Artus und Mitglied der Tafelrunde, mein Name ist Sir Marhaus, und geboren bin ich in Irland. Da sagte der Herzog zu ihm: Das tut mir sehr leid, und zwar aus diesem Grunde: Ich liebe deinen Herrn und deine Freunde von der Tafelrunde nicht. Mache es dir diese Nacht so bequem, wie du kannst, denn morgen werden ich und meine sechs Söhne mit dir kämpfen. Gibt es da keinen Ausweg, muß ich denn wirklich mit Euch und Euern sechs Söhnen zugleich kämpfen? fragte Sir Marhaus. Es gibt keinen Ausweg, sagte der Herzog, denn Sir Gawein hat bei einem Zusammentreffen sieben meiner Söhne erschlagen, und deshalb habe ich geschworen, daß nie ein Ritter von König Artus' Hof herkommen oder bei mir wohnen soll, ohne daß ich mit ihm kämpfe und Rache für den Tod meiner Söhne nehme. Wie heißt Ihr? fragte Sir Marhaus, sagt es mir bitte, wenn es Euch beliebt. Wisse denn, ich bin der Herzog der Südmarken. Ach! sagte Sir Marhaus, ich habe davon gehört, daß Ihr seit langem mit meinem Herrn, König Artus, und seinen Rittern arg verfeindet seid. Das sollt Ihr morgen spüren, erklärte der Herzog. Muß ich denn mit Euch kämpfen? fragte Sir Marhaus. Ja, sagte der Herzog. Ihr habt keine andere Wahl. Begebt Euch in Euer Gemach, und Ihr sollt alles bekommen, was Ihr begehrt. Darauf wurde Sir Marhaus in ein Gemach geführt und sein Fräulein in ein anderes. Am nächsten Morgen schickte der Herzog nach Sir Marhaus und hieß ihn sich rüsten. Da stand Sir Marhaus auf und wappnete sich, und dann wurde eine Messe für ihn gesungen, und er frühstückte und bestieg sein Pferd und ritt in den Burghof, wo der Kampf stattfinden sollte. Der Herzog saß schon voll gerüstet zu Pferde, und seine sechs Söhne waren bei ihm, und jeder hatte eine Lanze in der Hand, und sie stießen so zusammen, daß der Herzog und zwei seiner Söhne ihre Lanzen an Sir Marhaus zerbrachen, der aber hielt seine Lanze in die Höhe und berührte keinen von ihnen.

WIE SIR MARHAUS MIT DEM HERZOG UND SEINEN VIER SÖHNEN KÄMPFTE UND SIE ZWANG, SICH ZU ERGEBEN. ☙ Dann kamen die übrigen vier Söhne paarweise, und zwei von ihnen zerbrachen ihre Lanzen und darauf ebenso die zwei anderen. Und Sir Marhaus berührte sie nicht. Dann rannte Sir Marhaus gegen den Herzog an und warf mit seiner Lanze Roß und Reiter zu Boden, und ebenso bediente er seine Söhne. Darauf stieg Sir Marhaus ab und forderte den Herzog auf, sich zu ergeben, oder er würde ihn erschlagen. Da erholten sich einige seiner Söhne und wollten von neuem Sir Marhaus angreifen, doch Sir Marhaus sagte zu dem Herzog: Halte deine Söhne zurück, oder ich will gegen euch alle bis zum Äußersten gehen. Als der Herzog sah, daß er anders dem Tode nicht entrinnen würde, rief er seinen Söhnen zu, sie sollten sich Sir Marhaus ergeben. Da knieten sie alle nieder und streckten dem Ritter die Knäufe ihrer Schwerter entgegen, und er nahm sie an. Dann halfen sie ihrem Vater auf und gelobten alle zusammen Sir Marhaus, nie mehr Feinde des Königs Artus zu sein und am folgenden Pfingstfest an den Hof zu kommen und die Gnade des Königs zu empfangen. Nun zog Sir Marhaus weiter, und nach zwei Tagen brachte ihn sein Fräulein zu einem großen Turnier, das die Lady de Vawse hatte ausrufen lassen. Wer den Sieg errang, der sollte einen kostbaren goldenen Reif erhalten, der tausend Byzantiner wert war. Sir Marhaus kämpfte so tapfer, daß er vierzig Ritter in den Sand streckte und alle ihn rühmten, und so wurde ihm der Reif zugesprochen. Dann zog er von dort ruhmbedeckt weiter, und nach sieben Tagen brachte ihn sein Fräulein zur Burg eines Grafen. Das war der Graf Fergus, der später ein Ritter Sir Tristans wurde. Dieser Graf war noch ein junger Mann und erst vor kurzem in den Besitz seiner Ländereien gekommen. Ganz in seiner Nähe hauste ein Riese, der Taulurd hieß, und dieser hatte einen Bruder in Cornwall, der Taulas hieß, den erschlug Sir Tristan, als er im Wahn war. Dieser Graf klagte gegenüber Sir Marhaus, daß ein Riese sein ganzes Land verwüste und er deswegen weder ausgehen noch ausreiten könne. Herr, fragte Sir Marhaus, wie kämpft er denn für gewöhnlich, zu Pferd oder zu Fuß? Nein, antwortete der Graf, ein Pferd kann ihn nicht tragen. Gut, sagte Sir Marhaus, dann will ich zu Fuß mit ihm kämpfen. Am anderen Morgen bat Sir Marhaus den Grafen, einer seiner Männer möchte ihn dahin bringen, wo der Riese war, und dort angelangt, sah er ihn mit vielen eisernen Keulen und Äxten um sich herum unter einer Stechpalme sitzen. Da wandte sich der Ritter gegen den Riesen und nahm seinen Schild vor sich, und der Riese packte eine eiserne Keule und hieb mit dem ersten Streich Sir Marhaus' Schild in zwei Stücke. Sir Marhaus fand sich in großer Gefahr, denn der Riese war ein gewandter Kämpfer, aber schließlich schlug ihm Sir Marhaus den rechten Arm über dem Ellbogen ab. Der Riese floh, und der Ritter verfolgte ihn und trieb ihn in ein Wasser, aber der Riese war so groß, daß Sir Marhaus ihm nicht nachwaten konnte. Da ließ sich Sir Marhaus von den Mannen des Grafen Fergus Steine bringen, und mit diesen Steinen traf er den Riesen so schwer, daß er ins Wasser fiel und ertrank. Danach ritt Sir Marhaus zur Burg des Riesen und befreite vierundzwanzig Damen und zwölf Ritter aus dem Kerker und fand dort Schätze ohne Zahl, daß er zeit seines Lebens nie mehr ein armer Mann war. Dann kehrte er zu dem Grafen Fergus zurück, der ihm sehr dankte und ihm die Hälfte seiner Länder schenken wollte, aber er nahm nichts an. So wohnte Sir Marhaus fast ein halbes Jahr bei dem Grafen, denn er war von dem Riesen arg verletzt worden, und schließlich nahm er Abschied. Als er nun seines Weges ritt, um Sir Gawein und Sir Iwein zu treffen, begegnete er vier Rittern von Artus' Hof, Sir Sagramore le Desirous, Sir Osanna, Sir Dodinas le Savage und Sir Felot von Listinoise. Sir Marhaus streckte diese vier Ritter mit seiner Lanze in den Sand und verletzte sie schwer. Dann ritt er weiter, um am verabredeten Tag zur Stelle zu sein.

 WIE SIR IWEIN MIT DEM SECHZIG JAHRE ALTEN FRÄULEIN RITT, UND WIE ER IM TURNIER DEN PREIS GEWANN. ❧ Nun wenden wir uns Sir Iwein zu, der mit der sechzig Winter alten Dame westwärts ritt. Sie brachte ihn zu einem Turnier, das nahe der Grenze von Wales stattfand. In diesem Turnier warf Sir Iwein dreißig Ritter nieder, und dafür erhielt er einen Preis, das war ein Beizfalke und ein weißes Schlachtroß mit einer golddurchwirkten Decke. So bestand Sir Iwein mit Hilfe der alten Dame viele seltsame Abenteuer. Eines Tages führte sie ihn zu einer Dame, die hieß die Dame vom Fels und pflegte höfische Sitten sehr. In diesem Land lebten zwei Ritter, die Brüder waren; sie wurden die zwei gefährlichen Ritter genannt, der eine hieß Sir Edward vom Roten Schloß und der andere Sir Hue vom Roten Schloß. Die beiden Brüder hatten die Dame vom Fels durch Betrug und Gewalt um das Erbe einer Baronie mit großen Ländereien gebracht. Als Iwein bei ihr wohnte, beklagte sich die Dame ihm gegenüber wegen dieser Ritter. Edle Dame, sagte Sir Iwein, sie sind zu tadeln, denn sie verstoßen gegen die hohen Gesetze des Rittertums und gegen den Eid, den sie abgelegt haben. Wenn Ihr wollt, spreche ich mit ihnen, denn ich bin ein Ritter des Königs Artus, und ich will offen mit ihnen reden. Sollten sie nicht nachgeben, werde ich mit ihnen kämpfen und Euer Recht verteidigen.

Ich danke Euch, sagte die Dame, wenn ich es Euch nicht lohnen kann, wird Gott es tun. So ließ sie am anderen Morgen nach den beiden Brüdern schicken und ihnen bestellen, die Dame vom Fels wolle mit ihnen sprechen, und sie kamen tatsächlich, und zwar mit hundert Reitern. Als die Dame sah, daß sie mit solcher Streitmacht anrückten, duldete sie nicht, daß Sir Iwein ohne Schutz und Gewißheit auf friedliche Verhandlung zu ihnen hinausging, sondern veranlaßte ihn, vom Turm herab mit ihnen zu sprechen. Aber die beiden Brüder ließen sich auf keine Verhandlung ein und antworteten, sie wollten behalten, was sie besäßen. Gut, sagte Sir Iwein, dann will ich mit einem von euch kämpfen und beweisen, daß ihr dieser Dame Unrecht antut. Dazu sind wir nicht bereit, entgegneten sie. Wenn wir uns schon auf einen Waffengang einlassen, wollen wir zwei gleichzeitig gegen einen Ritter kämpfen. Wenn Ihr so kämpfen wollt, werden wir zu jeder Zeit bereit sein, die Ihr bestimmt, und falls Ihr uns dabei besiegt, soll die Dame ihre Ländereien zurückbekommen. Ich bin einverstanden sagte Sir Iwein, rüstet euch und seid morgen hier, damit wir um das Recht der Dame streiten können.

WIE SIR IWEIN MIT ZWEI RITTERN KÄMPFTE UND SIE BESIEGTE. ❧ So versicherten sich beide Seiten, daß von keiner Verrat geübt werden konnte, und die Ritter entfernten sich, und Sir Iwein verbrachte eine sehr angenehme Nacht. Am nächsten Morgen stand er früh auf und hörte die Messe und frühstückte und ritt hinaus vor das Tor auf die Ebene, wo die zwei Brüder ihn erwarteten. Sogleich rannten sie mit solcher Wucht gegeneinander, daß Sir Edward und Sir Hue ihre Lanzen an Sir Iwein zerbrachen. Sir Iwein traf Sir Edward, daß er vom Pferd stürzte, und doch zerbrach seine

Lanze nicht. Dann spornte er sein Pferd und sprengte gegen Sir Hue und warf ihn aus dem Sattel, aber die Brüder erholten sich bald und hoben den Schild und zogen das Schwert und forderten Iwein auf, abzusitzen und den Kampf bis zum Äußersten zu führen. Da sprang Sir Iwein schnell vom Pferd, nahm den Schild vor sich und zog das Schwert, und so versetzten sie einander gewaltige Streiche. Die beiden Brüder verwundeten Sir Iwein so schwer, daß die Dame vom Fels meinte, er müßte sterben. Fünf Stunden kämpften sie miteinander wie Männer in blinder Wut. Schließlich versetzte Sir Iwein Sir Edward einen solchen Streich über den Helm, daß sein Schwert bis zum Schlüsselbein durchdrang; Sir Hue verließ der Mut, aber Sir Iwein bedrängte ihn heftig und wollte ihn erschlagen. Da kniete Sir Hue nieder und ergab sich. Und in seiner Ritterlichkeit nahm Sir Iwein sein Schwert entgegen und führte ihn an der Hand in die Burg. Da war die Dame vom Fels überaus froh, und Sir Hue klagte bitterlich über den Tod seines Bruders. Nun erhielt die Dame all ihre Ländereien zurück, und Sir Hue wurde beauftragt, sich zum nächsten Pfingstfest am Hofe von König Artus einzufinden. Sir Iwein aber blieb fast ein halbes Jahr bei der Dame, denn es dauerte lange, ehe er von seinen schweren Wunden genas. Als der Tag herankam, an dem Sir Gawein, Sir Marhaus und Sir Iwein sich an dem Kreuzweg treffen sollten, da begaben sich alle drei dorthin, um das Versprechen zu halten, das sie gegeben hatten; und Sir Marhaus und Sir Iwein brachten ihr Fräulein mit, aber Sir Gawein hatte sein Fräulein verloren, wie hier berichtet worden ist.

Kapitel 28

WIE NACH EINEM JAHR ALLE DREI RITTER MIT IHREN DREI FRÄULEIN WIEDER AN DER QUELLE ZUSAMMENKAMEN. ❧ Genau am Ende der zwölf Monate trafen sich alle drei Ritter mit ihren Fräulein wieder an dem Quell, aber Sir Gaweins

Fräulein konnte nur wenig Ehrenhaftes von ihm berichten. Dann trennten sie sich von den Fräulein und ritten durch einen großen Wald. Dort trafen sie auf einen Boten, der von König Artus kam und der sie mit dem Auftrag, Sir Gawein und Sir Iwein wieder an den Hof zurückzubringen, fast ein Jahr lang in ganz England, Wales und Schottland gesucht hatte. Da waren sie alle froh, und sie baten Sir Marhaus, mit ihnen zum Hofe des Königs zu reiten. Nach zwölf Tagen erreichten sie Camelot, und der König freute sich sehr über Ihr Kommen und ebenso der ganze Hof. Dann ließ sie der König auf eine Bibel schwören, ihm alle Abenteuer zu erzählen, die sie in den zwölf Monaten erlebt hatten, und das taten sie auch. Sir Marhaus stand in hohem Ansehen, denn es waren Ritter anwesend, die er früher besiegt hatte, und er galt als einer der besten Ritter, die es gab. Als das Pfingstfest herannahte, kam das Fräulein vom See und brachte Sir Pelleas mit; und zu dem hohen Fest fand ein großes Ritterturnier statt, und von allen Rittern erhielt Sir Pelleas den Preis, und Sir Marhaus wurde zweiter. Sir Pelleas war so stark, daß sich gegen den Stoß seiner Lanze nur wenige Ritter im Sattel halten konnten. Bei diesem Fest wurden Sir Pelleas und Sir Marhaus zu Rittern der Tafelrunde ernannt, denn es waren zwei Sitze frei, weil in diesem Jahr zwei Ritter erschlagen worden waren, und König Artus hatte viel Freude an Sir Pelleas und Sir Marhaus. Doch Pelleas wurde nie ein Freund Sir Gaweins, er schonte ihn jedoch König Artus zuliebe; aber bei Turnieren und Ritterkämpfen zahlte er es Gawein oft heim, so berichtet das französische Buch. In viel späterer Zeit trug Sir Tristan einen schweren Kampf mit Sir Marhaus auf einer Insel aus, bei dem Sir Tristan den anderen erschlug, er selbst wurde aber so schwer verwundet, daß er sich nur langsam erholte und ein halbes Jahr in einem Kloster lag. Sir Pelleas wurde ein berühmter Ritter und war einer der vier, die den heiligen Gral erlangten; das Fräulein vom See bewirkte mit ihren Zauberkünsten, daß er nie mit Sir Lanzelot vom See kämpfte, und wenn Sir Lanzelot an einem Turnier oder Ritterkampf teilnahm, dann duldete sie nicht, daß Sir Pelleas an diesem Tage ebenfalls kämpfte, es sei denn auf der Seite von Sir Lanzelot.

5. Buch

WIE ZWÖLF GREISE GESANDTE VON ROM ZU KÖNIG ARTUS KAMEN UND TRIBUT VON BRITANNIEN VERLANGTEN.

LS König Artus nach einem langen Krieg rastete und ein königliches Fest mit seinen verbündeten Königen und Fürsten und den edlen Rittern von der Tafelrunde feierte, kamen in die Halle, als er auf seinem Königsthron saß, zwölf alte Männer mit einem Ölzweig in der Hand, zum Zeichen, daß sie Gesandte und Boten von Kaiser Lucius waren, der damals Diktator oder Prokurator des Gemeinwesens von Rom hieß. Die Gesandten begrüßten König Artus ehrfurchtsvoll und erwiesen ihm Reverenz und sprachen zu ihm: Der großmächtige Kaiser Lucius sendet dem König von Britannien seinen Gruß und befiehlt dir, ihn als deinen Herrn anzuerkennen und seinem Reich den schuldigen Tribut dieses Gebietes zu entrichten, den dein Vater und deine anderen Vorgänger gezahlt haben, wie es verzeichnet steht, und den du als Rebell, da du ihn nicht als deinen Oberherrn anerkennst, verweigerst und zurückhälst, entgegen den Statuten und Gesetzen, die der edle und ruhmvolle Iulius Caesar, der Eroberer dieses Gebietes und der erste Kaiser von Rom, erlassen hat. Falls du dich seinen Forderungen und Befehlen widersetzt, dann sei gewiß, daß er einen großen Krieg gegen dich und dein Land führen und dich und deine Untertanen züchtigen wird; dadurch wird er allen Königen und Fürsten, die dem edlen Reich, das über die ganze Welt herrscht, ihren Tribut verweigern, ein ewiges Beispiel geben. Nachdem sie den Inhalt ihrer Botschaft mitgeteilt hatten, befahl ihnen der König, sich zurückzuziehen, und sagte, er würde Rat halten und ihnen eine Antwort geben. Als einige der jungen Ritter diese Botschaft hörten, wollten sie sich auf die Gesandten

stürzen und sie erschlagen, denn sie sagten, es sei eine Beleidigung aller anwesenden Ritter, wenn sie duldeten, daß so mit dem König gesprochen werde. Der König verbot jedoch bei Strafe des Todes, daß auch nur einer von ihnen sie beleidigte oder angriff, und er beauftragte einen Ritter, sie in ihre Gemächer zu führen und gut aufzunehmen und dafür zu sorgen, daß sie alles erhielten, was sie brauchten, und sie mit dem Besten zu bewirten: Denn die Römer sind große Herren, und wenn auch ihre Botschaft mir und meinem Hof nicht gefällt, muß ich doch an meine Ehre denken. Danach ließ der König alle seine Barone und Ritter der Tafelrunde rufen, um über die Sache zu beraten. Sir Cador von Cornwall sprach zuerst und sagte: Herr König, diese Botschaft gefällt mir gut, denn wir haben viele Tage geruht und sind träge geworden, und jetzt hoffe ich, Ihr werdet einen harten Krieg gegen die Römer führen, und ich zweifle nicht, daß wir dabei Ehre erwerben. Ich glaube schon, antwortete Artus, daß dir diese Sache gut gefällt, aber so können wir nicht antworten; ihre Forderung kränkt mich sehr, und wahrlich, ich werde niemals an Rom Tribut zahlen, und darum bitte ich euch, mir zu raten. Ich habe gehört, daß die Könige Belinus und Brenius von Britannien das Römische Reich lange beherrscht haben und auch Constantin, der Sohn Elaines. Das ist ein Beweis dafür, daß wir, die wir von ihnen abstammen, Rom keinen Tribut schulden, sondern das Recht haben, den Kaisertitel zu beanspruchen.

 WIE DIE KÖNIGE UND HERREN KÖNIG ARTUS BEISTAND UND HILFE GEGEN DIE RÖMER VERSPRACHEN. ❧ Da antwortete König Anguish von Schottland: Herr König, Ihr solltet von Rechts wegen über allen anderen Königen stehen, denn Euch ist an Ritterlichkeit und Würde in der ganzen Christenheit niemand gleich oder ähnlich. Ich rate Euch, den Römern niemals zu

182

gehorchen; als sie über uns herrschten, haben sie unsere Vorfahren ins Elend gestürzt und das Land ausgeplündert und mit Steuern belegt, deshalb schwöre ich hier, mich an ihnen zu rächen; und um unsere Kräfte in diesem Kampf zu verstärken, will ich zwanzigtausend gute Krieger stellen und sie auf meine Kosten besolden. Sie sollen Euch zusammen mit mir zur Verfügung stehen, wann immer Ihr sie braucht. Der König von Kleinbritannien stellte auch dreißigtausend Krieger, und König Artus dankte ihnen. Dann stimmten alle dafür, Krieg zu führen und nach Kräften mitzuwirken; so versprach der Fürst von Westwales, dreißigtausend Mann zu stellen, und Sir Iwein und sein Sohn Sir Ider mit seinen Vettern versprach ebenfalls, dreißigtausend Mann aufzubieten. Dann versprachen Sir Lanzelot und jeder andere in gleicher Weise eine große Kriegerschar. Als König Artus ihren Kampfesmut und ihren guten Willen sah, dankte er ihnen herzlich und ließ darauf die Gesandten rufen, um ihnen Antwort zu geben. In Gegenwart aller seiner Barone und Ritter sprach er zu ihnen: ich will, daß ihr zu euerm Herrn und Prokurator des Gemeinwesens der Römer zurückkehrt und ihm ausrichtet: Von seiner Forderung und seinem Befehl erfülle ich nichts, und ich weiß von keinem Tribut, den ich ihm noch irgendeinem anderen irdischen Fürsten schulde, sei er Christ oder Heide; aber ich erhebe Anspruch auf die Oberherrschaft über das Kaiserreich, wozu ich berechtigt bin auf Grund des Rechts meiner Vorfahren, die Könige dieses Landes waren; und sagt ihm, daß ich gewillt und fest entschlossen bin, mit einer starken Heeresmacht nach Rom zu ziehen und, so Gott will, vom Kaiserreich Besitz zu ergreifen und die zu unterwerfen, die sich auflehnen. Also befehle ich ihm und allen Römern, mir unverzüglich Huldigung zu leisten und mich als ihren Kaiser und Herrn anzuerkennen, sonst wird die Strafe folgen. Dann befahl er seinem Schatzmeister, ihnen große und wertvolle Gaben zu überreichen und Ihnen ihre ganzen Ausgaben zu erstatten. Sir Cador beauftragte er, sie aus dem Lande zu geleiten. So verabschiedeten sie sich und schifften sich in Sandwich ein, reisten durch Flandern, Deutschland, die Alpen und ganz Italien, bis sie zu Lucius kamen. Nachdem sie ihm ihre Reverenz erwiesen hatten, übermittelten sie ihre Antwort, wie ihr sie zuvor gehört habt. Als Kaiser Lucius ihren Bericht gehört hatte, war er sehr erregt und sprach voller Wut: Ich hatte gedacht, Artus würde meinem Befehl gehorcht und euch in Person gedient haben, wie es ihm nicht minder als jedem anderen König zukam. O Herr, sagte einer der Senatoren, sprecht nicht so eitle Worte, wisset vielmehr, daß ich und meine Gefährten sehr in Sorge waren, als wir vor ihn traten, und ich fürchte, Euer Plan wird sich gegen Euch selbst wenden, denn Artus hat die Absicht, Herr dieses Reiches zu werden. Wenn er kommt, wird es schlimm um uns stehen, denn dieser Mann ist ganz anders, als Ihr glaubt, und er unterhält den edelsten Hof der Welt, alle anderen Könige und Fürsten können sich nicht mit ihm vergleichen. Am Neujahrstag sahen wir ihn in seinem Hofstaat, dem königlichsten, den wir je zu Gesicht bekamen, denn er wurde an seiner Tafel zugleich mit neun Königen bedient und hält eine Tafelrunde mit der edelsten Gesellschaft anderer Fürsten, großer Herren und Ritter, und jeder seiner Ritter ist ohne Tadel und ein Held. In seiner Person ist er der stattlichste Mann, den es gibt, und er ist fähig, die ganze Welt zu erobern, die für seinen Mut zu klein ist. Darum rate ich Euch, Eure Grenzen und Pässe in den Bergen gut zu bewachen, denn er ist ohne Zweifel ein Mann, den man fürchten muß. Nun gut, sagte Lucius, ich beabsichtige, vor Ostern die Berge zu überschreiten und nach Frankreich vorzudringen, um ihm dort mit Genuesen und starken Kriegern aus Toskanien und der Lombardei seine Ländereien abzunehmen. Ich werde nach allen schicken, die dem Römischen Reich untertan oder verpflichtet sind, mir zu Hilfe zu kommen. Und sogleich schickte er alte, erfahrene Ritter in die folgenden Länder: zuerst nach Ambage und Arrage, dann nach Alexandrien, Indien, Armenien, wo der Euphrat nach Asien fließt, nach Afrika und Großeuropa, nach Ertayne und Elamye, nach Arabien, Ägypten und Damaskus, nach Damietta und Kreta, nach Kappadozien, Tarsus und der Türkei, nach Pontus und Pamphilien, nach Syrien und Galatien. Sie alle waren Rom untertan wie viele andere, so Griechenland, Zypern, Mazedonien, Kalabrien, Cateland, Portugal und Spanien. Alle die Könige – insgesamt sechszehn –, Herzöge und Admirale versammelten sich mit einer großen Schar von Kriegern in der Nähe von Rom. Als der Kaiser von ihrem Kommen erfuhr, rüstete er seine Römer und alle Völker zwischen Rom und Flandern. Ferner hatte er fünfzig Riesen bei sich, die von Teufeln abstammten und die beauftragt waren, seine Person zu schützen und Artus' Schlachtreihen zu durchbrechen. So zogen sie von Rom aus über die Berge, um die Länder zu verwüsten, die Artus erobert hatte. Sie kamen nach Köln, belagerten eine Burg dort in der Nähe und nahmen sie bald ein und legten zweihundert Sarazenen oder Ungläubige hinein. Dann zerstörten sie viele schöne Länder, die Artus von König Claudas erobert hatte. Lucius befahl seinem ganzen Heer, das in gelöster Schlachtordnung sechzig Meilen breit war, mit ihm in Burgund zusammenzutreffen, denn er hatte vor, das Reich Kleinbritannien zu zerstören.

Kapitel 3

WIE KÖNIG ARTUS IN YORK EIN PARLAMENT ABHIELT UND ANORDNETE, WIE DAS REICH WÄHREND SEINER ABWESENHEIT REGIERT WERDEN SOLLTE. ⁊ Lassen wir nun den Kaiser Lucius und sprechen wir von König Artus, der seinem ganzen Gefolge befahl, sich acht Tage nach Hilarius in York zu einem Parlament zu versammeln. Auf diesem Parlament wurde beschlossen, die ganze Flotte des Landes binnen vierzehn Tagen in Sandwich zusammenzuziehen, und dort setzte Artus seinem Heer auseinander, wie er das Kaiserreich zu erobern gedachte, das ihm von Rechts wegen gehörte. Auch bestellte er zwei Statthalter für sein Reich, nämlich Sir Baldwin von Britannien als Berater und Sir Constantin, den Sohn des Sir Cador von Cornwall, der nach dem Tode von Artus König werden sollte. In Gegenwart aller seiner Barone vertraute er ihnen die Regierung des Reiches und Ginevra, seine Königin, an, worüber Sir Lanzelot sehr ungehalten war, denn er hatte Sir Tristan bei König Marke gelassen, aus Liebe zur schönen Isolde. Königin Ginevra erhob großes Klagen über die Abreise ihres Herrn und der anderen, fiel in eine Ohnmacht und wurde von den Damen in ihr Gemach getragen. So brach der König mit seinem mächtigen Heere auf und ließ die Königin und das Reich in der Obhut von Sir Baldwin und Sir Constantin. Und als er im Sattel saß, sagte er mit lauter Stimme: Wenn ich auf diesem Feldzug sterbe, will ich, daß Sir Constantin als mein nächster Blutsverwandter mein Erbe und König dieses Reiches wird. Dann stach er in Sandwich mit seinem ganzen Heer und einer großen Zahl von Schiffen, Galeeren und Kriegsschiffen in See.

WIE KÖNIG ARTUS WÄREND DER ÜBERFAHRT IN DER KAJÜTE SEINES SCHIFFES EINEN WUNDERBAREN TRAUM HATTE UND VON DER DEUTUNG DIESES TRAUMES. ❧ Als der König nun in seiner Kajüte war, fiel er in tiefen Schlummer und hatte einen wunderbaren Traum: Ihm war, als stürzte ein schrecklicher Drache viele seiner treuen Männer ins Meer. Er kam von Westen geflogen, und sein Kopf war von einem azurblauen Schmelz überzogen, seine Schultern glänzten wie Gold, sein Bauch glich einem Kettenpanzer von wunderbarer Farbe, und sein Schwanz war gefleckt, seine Füße waren mit feinem Zobel umhüllt und seine scharfen Klauen aus purem Gold; eine gräßliche Feuerflamme flog aus seinem weiten Rachen, als wenn Land und Wasser ganz in Feuer ständen. Danach, so schien es Artus, kam aus dem Osten in einer Wolke ein grimmiger schwarzer Eber mit Klauen, so groß wie Pfähle; er war zottig und häßlich und das widerwärtigste Tier, das je ein Mensch sah, und er brüllte und grunzte so abscheulich, daß es furchtbar anzuhören war. Da kam der schreckliche Drache auf den Eber losgeflogen wie ein Falke und führte viele mächtige Streiche gegen ihn. Der Eber aber stieß ihn mit seinen gräßlichen Hauern, daß seine Brust ganz voller Blut war, und das heiße Blut färbte das weite Meer rot. Da flog der Drache davon in die Höhe und kam schnell wie ein Pfeil und mit großem Getöse wieder herunter und hieb dem Eber mächtig auf den Rücken, der vom Kopf bis zum Schwanz über zehn Fuß lang war, und schlug dem Eber Fleisch und Knochen zu Staub, daß er überall auf dem Meer verstreut wurde. Darüber erwachte der König und war tief bestürzt über den Traum. Er schickte sogleich nach einem weisen Philosophen und befahl ihm, die Bedeutung des Traumes zu erklären. Mein edler König, sagte der Philosoph, der Drache bedeutet deine eigene Person, und die Farben seiner Schwingen sind die Reiche, die du erobert hast, der gefleckte Schwanz bedeutet die edlen Ritter von der Tafelrunde; und der Eber, der in euerm Traum aus den Wolken kam und den der Drache tötete, bedeutet einen Tyrannen, der das Volk quält, oder aber, daß du selbst mit einem schrecklichen und abscheulichen Riesen kämpfen mußt, desgleichen du noch nie in deinem ganzen Leben gesehen hast. Doch fürchte diesen häßlichen Traum nicht, denn du wirst als Sieger aus dem Kampf hervorgehen. Bald darauf kam Land in Sicht, und sie segelten weiter, bis sie Barflete in Flandern erreichten, und dort fand König Artus viele seiner Edelleute zum Kampf gewappnet bereitstehen, wie es ihnen befohlen worden war.

WIE EIN MANN VOM LANDE IHM VON EINEM SCHRECKLICHEN RIESEN ERZÄHLTE, UND WIE ER MIT IHM KÄMPFTE UND IHN BESIEGTE.

Da kam ein Bauer zu Artus und erzählte ihm, im Lande Cotentin an der Grenze der Bretagne hause ein mächtiger Riese, der schon viele Menschen des Landes erschlagen, gemordet und verschlungen habe und der sich seit sieben Jahren von den Kindern einfacher Leute nähre, so daß alle Kinder umgebracht und ausgerottet seien: Vor kurzem hat er die Herzogin der Bretagne ergriffen, als sie mit ihrem Gefolge ausritt, und sie in seine Behausung entführt, die in einem Berge gelegen ist, um sie zu schänden und ihr beizuwohnen bis ans Ende ihres Lebens. Viele Leute sind ihr gefolgt, mehr als fünfhundert, aber sie alle konnten sie nicht retten, sondern mußten sie ihm, schreiend und jämmerlich weinend, überlassen, und darum vermute ich, er hat sie in der Befriedigung seiner gräßlichen Wollust und Unzucht umgebracht. Sie war die Gemahlin Eures Vetters Sir Howel, eines nahen Blutsverwandten von Euch. Da Ihr nun ·ein gerechter König seid, habt Mitleid mit dieser Frau und rächt uns alle wie ein edler Held. Ach, sagte König Artus, das ist ein großes Unheil; ich gäbe den besten Teil meines Reiches dafür, wenn ich etwas früher dagewesen wäre, um die Dame zu retten. Mein Freund, kannst du mich dort hinbringen, wo dieser Riese haust? Ja, Herr, sagte der gute Mann, da drüben, wo Ihr die zwei großen Feuer seht, werdet Ihr ihn finden und größere Schätze, glaube ich, als in ganz Frankreich sind. Nachdem der König diesen beklagenswerten Fall vernommen hatte, kehrte er in sein Zelt zurück. Dann rief er

Sir Kay und Sir Bedivere zu sich und befahl ihnen, heimlich Pferd und Rüstung für ihn und sie beide fertigzumachen, denn er wollte nach der Vesper mit ihnen allein zum Sankt-Michaels-Berg reiten. So rüsteten sie sich in allen Stücken, nahmen Pferd und Schild und ritten, so schnell sie konnten, bis sie an den Fuß des Berges kamen. Dort stiegen sie ab, und der König befahl ihnen, zu warten, denn er wollte allein auf den Berg gehen. Er stieg hinauf, bis er an ein großes Feuer kam, und dort fand er eine trauernde Frau, die die Hände rang und bitter klagend an einem frischen Grabe saß. König Artus grüßte sie und fragte, weshalb sie so jammere. Sie antwortete: Herr Ritter, sprecht leise, denn dort ist ein Teufel, und wenn er Euch sprechen hört, wird er kommen und Euch umbringen; ich halte Euch für verloren, was tut Ihr hier auf diesem Berg? Fünfzig Männer wie Ihr könnten sich gegen diesen Teufel nicht behaupten. Hier liegt eine tote Herzogin, die schönste der Welt, die Gemahlin von Sir Howel, Herzog der Bretagne. Er hat sie vergewaltigt und dabei getötet und bis zum Nabel aufgeschlitzt. Edle Dame, sagte der König, ich komme von dem edlen Eroberer König Artus, um für seine Untertanen mit diesem Tyrannen zu verhandeln. Was sollen solche Verhandlungen, entgegnete sie, er gibt nichts auf den König noch auf sonst jemanden, aber wenn Ihr die Gemahlin des Artus, Lady Ginevra, gebracht hättet, würde er sich mehr freuen, als wenn Ihr ihm halb Frankreich geschenkt hättet. Hütet Euch, kommt ihm nicht zu nahe, er hat fünfzehn Könige besiegt und sich einen Mantel voller kostbarer Edelsteine machen lassen, der mit den Bärten verziert ist, die sie ihm letzte Weihnachten geschickt haben, um seine Gunst zu gewinnen und ihr Volk zu retten. Wenn Ihr mit ihm reden wollt, sprecht mit ihm beim Abendessen an jenem großen Feuer. Nun gut, sagte Artus, ich will meine Botschaft trotz Eurer schrecklichen Worte ausrichten. Damit ging er bis zum Gipfel des Berges und sah den Riesen ohne Hosen bei der Abendmahlzeit sitzen, an einem Menschenbein nagen und seine mächtigen Glieder am Feuer wärmen. Drei schöne Mädchen drehten drei Spieße, an denen zwölf neugeborene Kinder steckten wie junge Vögel. Als Artus dieses gräßliche Bild sah, jammerte es ihn so, daß sein Herz vor Kummer blutete, und er rief ihm zu: Der Weltenschöpfer gebe dir ein kurzes Leben und einen schändlichen Tod, und deine Seele nehme der Teufel. Warum hast du diese unschuldigen Kinder und diese Herzogin ermordet? Erhebe und wehre dich, du Vielfraß, denn heute sollst du von meiner Hand sterben. Da sprang der Vielfraß auf, ergriff eine große Keule und schlug auf den König ein, daß seine Krone zur Erde fiel. Der König traf ihn mit dem Schwert, schlitzte ihm den Bauch auf und schnitt ihm das Mannesglied ab, daß die Gedärme herausfielen. Da warf der Riese seine Keule weg und umklammerte den König mit den Armen, daß er ihm fast die Rippen eindrückte. Darauf knieten die drei Mädchen nieder und riefen Christus um Hilfe und Beistand für Artus an. Dann wälzte sich Artus herum, daß er einmal unten und einmal oben lag. Und in diesem Ringen rollten sie den Berg hinab, und beim Rollen erstach ihn Artus mit dem Dolch. Zum Glück landeten sie an der Stelle, wo die beiden Ritter mit Artus' Pferd warteten, und als sie den König fest eingeschlossen in den Armen des Riesen sahen, befreiten sie ihn. Dann befahl der König Sir Kay, dem Riesen den Kopf abzuschlagen und auf eine Lanze zu stecken und zu Sir Howel zu bringen mit der Nachricht, daß sein Feind erschlagen sei: Danach laßt seinen Kopf an ein Tor nageln, daß ihn alle Leute sehen können; doch geht ihr beide zuerst auf den Berg und holt meinen Schild, mein Schwert und die eiserne Keule, und was den Schatz angeht, so nehmt ihn für euch, ihr werdet Schätze ohne Zahl finden; wenn ich seinen Umhang und die Keule habe, begehre ich weiter nichts. Das war der schrecklichste Riese, dem ich je begegnet bin, außer einem auf dem Berg Arabe, den ich besiegte, aber dieser hier war größer und schrecklicher. Da holten die Ritter die Keule und den Umhang und nahmen etwas von dem Schatz für sich. So kehrten sie zum Heer zurück. Bald wurde die Tat im ganzen Lande bekannt, und die Leute kamen und dankten dem König. Er antwortete: Gebt Gott den Dank und verteilt die Schätze unter euch. Danach trug König Artus seinem Vetter Howel auf, er solle auf dem nämlichen Berge zur Verehrung des heiligen Michael eine Kirche bauen lassen. Am nächsten Morgen zog der König mit seinem großen Heer weiter und kam in die Champagne, wo sie in einem Tal ihre Zelte aufschlugen. Und als der König beim Mahle saß, kamen zwei Botschafter, von denen einer der Marschall von Frankreich war, und berichteten dem König, daß der römische Kaiser in Frankreich eingefallen sei und einen Teil des Landes bereits zerstört und jetzt in Burgund ein großes Blutbad angerichtet und Städte und Dörfer niedergebrannt habe: Wenn Ihr nicht schnellstens kommt, müssen sie sich mit allem, was sie besitzen, ergeben.

Kap. 6

WIE KÖNIG ARTUS SIR GAWEIN UND ANDERE ZU LUCIUS ENTSANDTE, UND WIE SIE ÜBERFALLEN WURDEN UND IN EHREN ENTKAMEN. ❧ Da ließ der König Sir Gawein, Sir Bors, Sir Lionel und Sir Bedivere zu sich rufen und schickte sie auf dem kürzestem Wege zu Kaiser Lucius mit der Aufforderung, er solle schleunigst das Land verlassen, und wenn er das nicht täte, solle er sich zur Schlacht rüsten und nicht die armen Leute unglücklich machen. Sogleich ritten diese edlen Ritter los, und als sie zu einem Wald kamen, sahen sie auf einer Wiese an einem Fluß viele bunte Zelte aus Seide, und das Zelt des Kaisers mit dem Zeichen des Adlers darüber stand in der Mitte. Auf dieses Zelt eilten die Ritter zu, und sie bestimmten Sir Gawein und Sir Bors, die Botschaft zu überbringen, Sir Lionel und Sir Bedivere ließen sie mit einigen Rittern im Hinterhalt zurück. Sir Gawein und Sir Bors bestellten ihre Botschaft und befahlen Lucius in Artus' Namen, das Land zu verlassen oder sich zur Schlacht zu stellen. Ihnen antwortete Lucius: Kehrt zu euerm Herrn zurück und teilt ihm mit, ich werde ihn und alle seine Länder unterwerfen. Da wurde Sir Gawein zornig und rief: Ich würde lieber gegen dich kämpfen als ganz Frankreich besitzen; und ich, fügte Sir Bors hinzu, gäbe die ganze Bretagne oder Burgund dafür. Da sagte ein Ritter namens Gainus, ein naher Verwandter des Kaisers: Hört, wie diese Briten voller Stolz und Prahlerei sind, sie spielen sich auf, als wollten sie die ganze Welt in die Schranken zwingen. Über diese Worte war Sir Gawein so erbost, daß er sein Schwert zog und ihm den Kopf abschlug. Darauf wendeten sie ihre Pferde und ritten durch Wasser und Wald, und die Römer folgten ihnen auf den Fersen, zu Pferd und zu Fuß. So jagten sie dem Versteck zu, in dem Sir Lionel und Sir Bedivere warteten. Da machte Sir Bors kehrt und sah einen Ritter angesprengt kommen, dem stieß er die Lanze durch den Leib, daß er tot zur Erde fiel. Nach ihm folgte Caliburn, einer der stärksten Ritter von Pavia, der viele Ritter des Artus in den Sand streckte. Als Sir Bors sah, daß dieser Ritter so großen Schaden anrichtete, wandte er sich gegen ihn und stach ihm durch die Brust. Sir Feldenak wollte den Tod von Gainus an Sir Gawein rächen, aber Sir Gawein bemerkte es und versetzte ihm einen Schwertstreich auf den Kopf, der bis in die Brust hinabfuhr. Dann machte er kehrt und stieß zu seinen Gefährten, die im Hinterhalt lagen. Es begann ein heißer Kampf, denn die Männer im Hinterhalt brachen gegen die Römer los und schlugen und stachen sie nieder und zwangen sie zur Flucht, ja die edlen Ritter verfolgten sie bis zu ihren Zelten. Da sammelten die Römer ihre Krieger aufs neue und auch Fußvolk dazu in solcher

Übermacht, daß in der neuen Schlacht Sir Bors und Sir Berel gefangengenommen wurden. Aber als Sir Gawein das sah, nahm er Sir Idrus, einen wackeren Ritter, mit sich und beteuerte, er wollte König Artus nie wiedersehen, wenn er die Gefangenen nicht rettete, und er zog sein gutes Schwert Galatine und verfolgte diejenigen, welche die beiden Ritter fortführten; er schlug den Bewacher von Sir Bors nieder und befreite Sir Bors, und Sir Idrus rettete in gleicher Weise Sir Berel. Dann erreichte die Schlacht ihren Höhepunkt, und unsere Ritter gerieten in große Gefahr. Deshalb schickte Sir Gawein zu König Artus um Beistand: Er soll sich beeilen, denn ich bin schwer verwundet, und unsere Gefangenen müssen sonst hohes Lösegeld zahlen. Der Bote kam zum König und eröffnete ihm seine Botschaft. Sogleich sammelte der König seine Armee, aber noch ehe er aufbrechen konnte, waren die Gefangenen befreit, und Sir Gawein und seine Gefährten behaupteten das Feld und schlugen die Römer in die Flucht. Sie kehrten siegreich zurück und hatten keinen Edelmann verloren, nur Sir Gawein war schwer verwundet. Der König ließ seine Wunden sorgfältig behandeln und tröstete ihn. Das war der erste Tag des Kampfes zwischen Briten und Römern. Mehr als zehntausend Römer wurden erschlagen, und große Freude und Jubel herrschte in dieser Nacht im Heer von König Artus. Am nächsten Morgen schickte er alle Gefangenen, bewacht von vielen Rittern, unter dem Kommando von Sir Lanzelot und Sir Cador nach Paris.

WIE LUCIUS MIT GEWISSEN SPÄHERN EINEN HINTERHALT ANLEGTE, UM SEINE GEFANGENEN RITTER ZU BEFREIEN, UND WIE SIE GESCHLAGEN WURDEN.

Kap. 7

Durch seine Kundschafter erfuhr der Kaiser von Rom, daß diese Gefangenen nach Paris gebracht werden sollten, und legte schnell eine Anzahl seiner Ritter und

Fürsten mit sechzigtausend Mann in einen Hinterhalt, um seine Ritter und Herren aus der Gefangenschaft zu befreien. Als am nächsten Morgen Sir Lanzelot und Sir Cador sich mit den Gefangenen einem Wald näherten, schickte Lanzelot Späher aus, um festzustellen, ob Truppen in dem Wald wären, die ihnen den Weg versperren wollten. Die Späher erkannten den großen Hinterhalt und berichteten Sir Lanzelot, daß sechzigtausend Römer auf sie lauerten. Da stellte Sir Lanzelot seine Ritter und Krieger, zehntausend an der Zahl, in Schlachtordnung auf und stieß gegen die Römer vor und kämpfte tapfer mit ihnen. Er erschlug viele Ritter und Admirale auf seiten der Römer und Sarazenen, und dabei wurden der König von Lyly und drei Fürsten getötet, Aladuke, Herald und Heringdale. Sir Lanzelot kämpfte so mannhaft, daß keiner den Streichen von seiner Hand standhalten konnte, und wo er erschien, zeigte er Mut und Kraft und hieb rechts und links alles nieder, daß die Römer und Sarazenen vor ihm flohen wie die Schafe vor dem Wolf oder vor dem Löwen. Alles, was überlebte, trieb er in die Flucht. Noch während sie kämpften, erreichte diese Nachricht König Artus, und er rüstete sich sogleich und kam in die Schlacht. Er sah, wie seine Ritter den Sieg davontrugen, und er umarmte einen nach dem anderen voller Freude und sprach: Ihr seid allen Ruhmes und aller Ehre würdig, kein König außer mir hatte je so tapfere Ritter. Herr König, sagte Cador, keiner von uns hat den anderen im Stich gelassen, aber über den Heldenmut und die Mannhaftigkeit von Sir Lanzelot gibt es Wunder über Wunder zu erzählen, und auch von seinen Vettern, die heute so edle Waffentaten vollbrachten. Sir Cador berichtete auch, wer von seinen Rittern erschlagen worden war, wie Sir Berel, Sir Morris und Sir Maurel. Da traten dem König die Tränen in die Augen und er trocknete sie mit einem Tuch und sagte: Euer Mut hätte euch beinahe vernichtet, und ihr hättet keine Ehre verloren, wenn ihr umgekehrt wärt, denn ich nenne es eine große Torheit, wenn

Ritter gegen eine erdrückende Übermacht kämpfen. Nein, entgegneten ihm Sir Lanzelot und die anderen, wer einmal von Schande gezeichnet ist, der erholt sich nie wieder davon.

WIE EIN SENATOR LUCIUS VON DER NIEDERLAGE BERICHTETE, FERNER VON DER GROSSEN SCHLACHT ZWISCHEN ARTUS UND LUCIUS. Jetzt lassen wir König Artus und seine edlen Ritter, die den Sieg errungen und ihre Gefangenen nach Paris gebracht hatten, und sprechen von einem Senator, der aus der Schlacht entronnen und zu Kaiser Lucius gekommen war, um ihm zu berichten: Herr Kaiser, ich rate dir, dich zurückzuziehen. Was willst du auch hier? Du wirst dir in diesen Ländern nichts einhandeln als über alle Maßen große Schläge, denn heute war einer von Artus' Rittern in der Schlacht soviel wert wie hundert von unseren. Schande über dich, sagte Lucius, du sprichst wie ein Feigling; deine Worte schmerzen mich mehr als der ganze Verlust des heutigen Tages. Und sogleich schickte er einen König namens Sir Leomie mit einem großen Heer voraus und trieb sie zur Eile, er selbst wollte umgehend folgen. König Artus erhielt davon heimlich Kunde und schickte seine Leute nach Soissons und eroberte Städte und Burgen der Römer. Dann übertrug der König Sir Cador den Befehl über die Nachhut und gab ihm eine Reihe von Rittern der Tafelrunde bei: Doch Sir Lanzelot, Sir Bors, Sir Kay, Sir Marrok und Sir Marhaus sollen mich begleiten. So teilte König Artus sein Heer in mehrere Abteilungen, damit seine Feinde nicht entkommen sollten. Als der Kaiser in das Tal von Soissons gezogen war, sah er, wie König Artus in Schlachtordnung stand und sein Banner wehte. Jetzt war er von allen Seiten von seinen Gegnern umzingelt und mußte entweder kämpfen oder die Waffen strekken, denn fliehen konnte er nicht, und so sprach er zu den Römern: Ihr Herren, ich ermahne euch, heute tapfer zu kämpfen und daran zu denken, daß Rom die ganze Erde regiert und Oberhaupt und Beherrscher der ganzen Welt ist; darum duldet nicht, daß sich diese Briten heute gegen uns behaupten. Damit ließ er die Trompeten zur Schlacht blasen, daß die Erde bebte. Dann rückten die Schlachtreihen gegeneinander und drängten und brüllten auf beiden Seiten, und gewaltige Streiche wurden auf beiden Seiten geschlagen und viele Männer zu Boden geworfen, verwundet und getötet, und große Tapferkeit, Heldenmut und Kriegsgeschick wurden an diesem Tag bewiesen, daß es zu lange dauerte, die Ruhmestaten eines jeden Mannes zu berichten, denn sie würden einen ganzen Band füllen. Im besonderen ritt König Artus in die Schlacht und feuerte seine Ritter an und kämpfte selbst mit größtem Eifer. Er zog sein Schwert Excalibur und stürzte sich immer dorthin, wo die Römer am dichtesten versammelt waren und seine Mannen am meisten bedrängten. Er hieb alles nieder und rettete seine Leute, und er erschlug einen Riesen namens Galapas, einen Mann von ungeheurer Masse und Höhe. Er schlug ihm beide Beine an den Knien ab und verkürzte ihn so und sagte: Jetzt hast du eher die richtige Größe, um es mit dir aufzunehmen; und damit schlug er ihm den Kopf ab. Auch Sir Gawein kämpfte tapfer und erschlug drei Admirale in der Schlacht; ebenso bewährten sich alle Ritter der Tafelrunde. So zog sich die Schlacht zwischen König Artus und Kaiser Lucius lange hin, und viele der Sarazenen auf Lucius' Seite wurden erschlagen. Im Getümmel der Schlacht war einmal die eine Seite im Vorteil und dann wieder die andere, und der Kampf tobte hin und her, bis König Artus endlich erspähte, wo Kaiser Lucius kämpfte und große Taten vollbrachte. Sogleich ritt er zu ihm, und sie hieben grimmig aufeinander ein. Schließlich versetzte Lucius König Artus einen Streich quer übers Gesicht und schlug ihm eine tiefe Wunde. Als König Artus spürte, daß er verletzt war, holte er mit Excalibur aus und spaltete ihm den Kopf, daß das Schwert vom Scheitel bis zur Brust durchfuhr. Da fiel der Kaiser tot zu Boden. Als bekannt wurde, daß der Kaiser erschlagen war, ergriffen die Römer die Flucht, und König Artus und alle seine Ritter verfolgten sie und schlugen alle nieder, die sie erreichen konnten. So fiel Artus der Sieg zu und der Triumph, und auf seiten des Kaisers Lucius blieben mehr als hunderttausend auf dem Schlachtfeld. Danach ließ der König den Gefallenen die Waffen abnehmen und diejenigen begraben, die seine Untertanen waren, jeden nach seinem Rang und Stand. Den Verletzten ließ er durch Ärzte die Wunden behandeln und befahl, weder Salben noch Arzneien zu sparen, bis sie geheilt waren. Dann ritt der König geradenwegs zu der Stelle, wo Kaiser Lucius lag, und bei ihm fand er erschlagen den Sultan von Syrien, die Könige von Ägypten und von Äthiopien, zwei edle Könige, und weitere siebzehn andere Könige aus verschiedenen Gebieten und dazu sechzig römische Senatoren, lauter edle Männer, und diese ließ der König mit vielen duftenden Ingredienzien einbalsamieren und in sechzigfaches Wachstuch von Sendal einwickeln und in Bleisärge legen, damit sie nicht verwesen oder riechen sollten, und auf die Särge wurden ihre Schilde und Wappen und Banner gebreitet, damit man sehen konnte, woher sie stammten. Danach fand er drei Senatoren, die noch am Leben waren, und sagte zu ihnen: Wenn ihr euer Leben retten wollt, so nehmt diese Leichen und bringt sie in das große Rom. Übergebt sie in meinem Namen dem dortigen Herrscher und zeigt ihm meine Briefe und richtet ihm aus, daß ich bald selbst in Rom sein werde. Ich glaube, die Römer werden sich hüten, von mir einen Tribut zu fordern; und ich befehle euch, wenn ihr nach Rom kommt, dem Herrscher und dem ganzen Rat und Senat zu sagen, daß ich ihnen diese Leichen als den Tribut schicke, den sie gefordert haben. Und wenn sie damit nicht zufrieden sind, werde ich bei meiner Ankunft mehr davon liefern, denn anderen Tribut schulde ich nicht, und anderen werde ich nicht zahlen, doch dürfte dies für Britannien, Irland und ganz Alemannien mit Deutschland genügen. Und ferner befehle ich euch, ihnen zu sagen, daß ich ihnen bei Todesstrafe verbiete, jemals wieder Tribut oder Steuern von mir oder meinen Ländern zu verlangen. Mit diesem Auftrag und Befehl reisten die drei Senatoren mit den Leichen ab. Den Leichnam des Lucius legten sie in einen Wagen für sich allein und bedeckten ihn mit dem kaiserlichen Wappen, und danach folgten die Leichen von immer zwei Königen auf einem Wagen, und hinter ihnen kamen die Leichen der Senatoren. So zogen sie nach Rom und entledigten sich vor dem Herrscher und dem Senat ihres Auftrags und Befehls und berichteten von der Schlacht in Frankreich und wie sie verlorenging und unzählige Krieger erschlagen wurden. Und daher rieten sie, auf keinen Fall wieder einen Krieg gegen den Eroberer Artus zu führen: Denn seine Macht und Tapferkeit sind sehr zu fürchten, besonders wegen der edlen Könige und der großen Zahl von Rittern der Tafelrunde, mit denen sich kein Fürst auf Erden messen kann.

WIE ARTUS NACH DER SIEGREICHEN SCHLACHT GEGEN DIE RÖMER DURCH ALEMANNIEN NACH ITALIEN ZOG. ❧ Nun wenden wir uns König Artus und seinen edlen Rittern zu, die nach der großen Schlacht gegen die Römer durch Flandern, Brabant und Lothringen zogen und sich dann nach der Schweiz wandten und über die Berge in die Lombardei kamen und dann nach Toskanien, wo sie auf eine Stadt stießen, die sich auf keine Weise ergeben oder botmäßig sein wollte, weshalb König Artus sie belagerte und lange davor lag und sie oft bestürmte, doch die Verteidiger hielten sich tapfer. Da rief eines Tages der König Sir Florence, einen Ritter, und sagte zu ihm, es fehle ihnen an Lebensmitteln: Nicht weit von hier sind große Waldungen, in dene sich viele von meinen Feinden mit großen Viehherden aufhalten; ich will, daß du dich fertigmachst und dort Beute eintreibst; nimm Sir Gawein, meinen Neffen, Sir Wisshard, Sir Clegis, Sir Cleremond und den Hauptmann von Cardiff und andere mit und bringt alles Vieh, das ihr findet. Sogleich rüsteten sich alle diese Ritter und zogen durch Wälder und Berge, bis sie zu einer schönen Wiese voll bunter Blumen kamen. Dort rasteten sie mit ihren Pferden die ganze Nacht. Bei Tagesanbruch nahm Sir Gawein sein Pferd und stahl sich von seinen Gefährten weg, um ein Abenteuer zu suchen. Bald bemerkte er einen bewaffneten Mann, der gemächlich am Waldrand entlangritt, den Schild über die Schulter gehängt. Er saß auf einem starken Streitroß, hatte aber niemanden bei sich außer einem Pagen, der eine mächtige Lanze trug. Der Ritter hatte auf seinem Schild ein Wappen mit drei goldenen Greifen in dunklem Granat auf einem Silberfeld. Als Sir Gawein diesen prächtig gerüsteten Ritter erblickte, legte er seine Lanze ein und ritt auf ihn zu und fragte ihn, woher er käme. Darauf antwortete dieser, er wäre aus Toskanien, und sagte zu Sir Gawein: Was spielst du dich so dreist auf, stolzer Ritter? Hier findest du keine Beute, du kannst dich anstrengen, wie du willst, du wirst mein Gefangener sein, ehe du dich's versiehst. Da erwiderte Gawein: Du sprichst stolze Worte! Ich rate dir, trotz deiner Prahlerei, nimm deine Waffen zur Hand, bevor dir ein Unglück zustößt.

 VON EINEM KAMPF SIR GAWEINS GEGEN EINEN SARAZENEN, DER SICH DANACH ERGAB UND CHRIST WURDE.

Kap. 10

Da nahmen sie ihre Lanzen und rannten mit aller Kraft zusammen und stießen einander durch den Schild in die Schulter, worauf sie ihr Schwert zogen und mächtige Streiche austeilten, daß Feuer aus ihren Helmen sprang. Da wurde Sir Gawein zornig und schlug dem Ritter mit seinem guten Schwert Galatine den Schild und das dichte Panzerhemd aus dicken Ketten mitten hindurch und zerschnitt die Edelsteine und brachte ihm eine tiefe Wunde bei, daß man Lunge und Leber sehen konnte. Der Ritter schrie auf und stürzte sich auf Sir Gawein und schlug ihm mit einem furchtbaren Hieb eine tiefe Wunde und durchschnitt eine Ader, und Gawein hatte große Schmerzen und blutete stark. Da sagte der Ritter zu Sir Gawein: Verbinde deine Wunde, du beschmierst dein Pferd und deine schönen Waffen ganz mit Blut, doch alle Bader von Britannien werden dein Blut nicht stillen können, denn wer von diesem Schwert verletzt wurde, dessen Wunde wird sich nicht mehr schließen. Darauf erwiderte Gawein: Deine großen Worte schrecken mich wenig, noch verringern sie meinen Mut, aber du sollst Schmerz und Kummer erleiden, bevor wir auseinandergehen; doch sage mir schnell, wer mein Bluten stillen kann. Das kann ich, antwortete der Ritter, wenn ich will, und das will ich, wenn du mir dazu verhilfst, daß ich getauft werde und an Gott glaube. Darum bitte ich dich, so wahr du ein Mann bist, es wird ein großes Verdienst für deine Seele sein. Ich will mit Gottes Hilfe deinen Wunsch erfüllen, sprach Gawein, aber sage mir zuerst, was du allein hier suchtest und aus welchem Land du kommst und wessen Untertan du bist. Herr, antwortete er, mein Name ist Priamus. Mein Vater ist ein großer Fürst, er hat sich gegen Rom erhoben und viele römische Länder erobert. Er stammt in gerader Linie von Alexander und von Hektor ab. Auch Herzog Joshua und Makkabäus gehören zu unseren Vorfahren. Ich bin der rechtmäßige Erbe von Alexandrien und Afrika und allen vorgelagerten Inseln, und doch möchte ich an den Gott glauben, an den du glaubst, für deine Mühe will ich dir reiche Schätze geben. Ich war in meinem Herzen so hochmütig und stolz, daß ich glaubte, niemand sei mir ebenbürtig oder auch nur ähnlich. Ich wurde mit hundertvierzig Rittern in diesen Krieg geschickt, und jetzt bin ich mit dir zusammengetroffen, und du hast mir einen Kampf geliefert, der mich nicht nach mehr verlangen läßt. Deshalb, Ritter, bitte ich dich, sage mir, wer du bist. Ich bin kein Ritter, antwortete Gawein, ich bin viele Jahre in der Kleiderkammer des edlen Königs Artus gewesen und habe seinen Harnisch und seine andere Rüstung bewacht und seine Wämser instand gehalten. Letzte Weihnachten hat er mich zum Aufseher ernannt und mir Pferd und Rüstung gegeben und hundert Pfund in Geld. Wenn mir das Glück hold ist, zweifle ich nicht daran, daß mir mein Herr weiterhilft und mich befördert. Ach, sagte Priamus, wenn schon seine Knechte so kühn und tapfer sind, müssen seine Ritter sehr tüchtig sein; doch, beim Himmelskönig, ob du Knecht oder Ritter bist, sage mir jetzt deinen Namen. Bei Gott, antwortete Sir Gawein, nun will ich dir die Wahrheit sagen. Mein Name ist Sir Gawein, ich bin bekannt an König Artus' Hof und in seinem Rat und gehöre zu den Rittern der Tafelrunde, und Artus hat mich mit eigener Hand zum Herzog geschlagen. Darum grolle nicht, wenn das Glück mir diese Gunst geschenkt hat, die Güte Gottes hat mir meine Stärke verliehen. Jetzt bin ich zufriedener, entgegnete Priamus, als wenn du mir die ganze Provence und das reiche Paris geschenkt hättest. Lieber wollte ich von wilden Pferden zerrissen werden, als daß ein hergelaufener Knecht solchen Ruhm erworben oder irgendein Page oder Knecht einen Sieg über mich errungen hätte. Aber jetzt, Ritter, warne ich dich, denn hier in der Nähe befinden sich der Herzog von Lothringen mit seinem Heer, die edelsten Männer der Dauphiné und Herren aus der Lombardei mit der Besatzung von Godard und Sarazenen aus dem Südland, sechzigtausend tüchtige Krieger an der Zahl. Wir werden, wenn wir nicht eiligst von hier aufbrechen, großen Schaden erleiden, denn wir sind schwer verletzt und werden uns nicht so bald erholen. Doch gebt auf meinen Pagen acht, daß er nicht ins Horn stößt, sonst erscheinen die hundert Ritter meines persönlichen Gefolges, die ganz in der Nähe warten, und wenn sie dich ergreifen, wird kein Lösegeld in Gold oder Silber dich befreien. Da setzte Sir Gawein über einen Fluß, um sich zu retten, und der Ritter folgte ihm, und so ritten sie, bis sie zu den Gefährten Gaweins kamen, die auf der Wiese lagerten, wo sie die Nacht verbracht hatten. Als Sir Wisshard Sir Gawein erblickte und sah, daß er verletzt war, lief er auf ihn zu und weinte schmerzlich und fragte ihn, wer ihn so verwundet habe. Gawein erzählte ihm, wie er mit jenem Mann gekämpft hatte und wie sie einander verwundeten und daß er Salben hätte, die Wunden zu heilen. Doch ich habe noch eine andere Nachricht: Wir werden es bald mit vielen Feinden zu tun haben. Dann saßen Sir Priamus und Sir Gawein ab und ließen ihre Pferde auf der Wiese grasen. Sie legten die Rüstung ab, und da begann das Blut erneut aus ihren Wunden zu fließen. Priamus ließ sich von seinem Pagen eine Phiole geben, die war gefüllt mit den Vier Wassern aus dem Paradies, und sie rieben ihre Wunden mit einem besonderen Balsam ein und wuschen sie mit jenem Wasser, und binnen einer Stunde waren sie so heil wie nur je zuvor. Da rief sie eine Trompete alle zur Beratung zusammen, und dort erklärte Priamus, daß sie unfehlbar von vielen Tausenden angegriffen würden, weshalb er ihnen rate, sich kampflos zurückzuziehen. Da sprach Sir Gawein, es wäre eine große Schande für sie alle, das Feld ohne einen einzigen Schwertstreich zu räumen: Deshalb rate ich, die Waffen zu ergreifen und diesen Sarazenen und Ungläubigen mutig und entschlossen entgegenzutreten. Mit Gottes Hilfe werden wir sie überwinden und den Sieg davontragen. Sir Florence soll als edler Ritter an diesem Platz zurückbleiben, um die Stellung zu halten. Wir werden jenen Gesellen dort nicht davonlaufen. Jetzt habt ihr genug gesprochen erklärte Priamus, ich sage euch, ihr werdet in jenem Wald viele gefährliche Ritter finden; sie werden Vieh vor sich hertreiben, um euch anzulocken, und es sind sehr viele, aber ihr seid nicht mehr als siebenhundert. Das sind viel zuwenig, um mit so vielen zu kämpfen.

Trotzdem, entgegnete Sir Gawein, wollen wir einen Strauß mit ihnen fechten und sehen, was wir gegen sie ausrichten können, und der Beste wird den Sieg erringen.

WIE DIE SARAZENEN AUS EINEM WALD KAMEN, UM IHR VIEH ZU RETTEN, UND VON EINER GROSSEN SCHLACHT. 🙋 Dann rief Sir Florence Sir Floridas mit hundert Rittern zu sich und trieb die Viehherden weg. Da verfolgten ihn siebenhundert Bewaffnete, und Sir Ferant von Spanien kam auf einem stattlichen Roß aus dem Wald auf Sir Florence zugesprengt und fragte ihn, warum er fliehe. Darauf nahm Sir Florence seine Lanze und ritt gegen ihn und traf ihn auf die Stirn und brach ihm das Genick. Da gerieten alle Mannen Sir Ferants in Zorn und wollten den Tod Ferants rächen. Sie hieben drauflos, und es entspann sich ein heißer Kampf, und viele wurden erschlagen und zu Boden gestreckt, doch Sir Florence hielt mit seinen hundert Rittern die Stellung und kämpfte mannhaft. Als Sir Priamus, der wackere Ritter, den heftigen Kampf bemerkte, eilte er zu Sir Gawein und bat ihn, seinen Gefährten zu Hilfe zu kommen, die von ihren Feinden arg bedrängt wurden. Herr, seid unbesorgt, sagte Sir Gawein, der Sieg wird ihnen gehören. Ich werde mich nicht von der Stelle bewegen, solange ich nicht mehr Feinde sehe als jetzt da sind. Noch sind meine Gefährten stark genug, um mit ihnen fertigzuwerden. In diesem Augenblick sah er einen Grafen namens Sir Ethelwold und den Herzog von Holland mit vielen tausend Kriegern und den Rittern des Priamus aus dem Wald stürzen und direkt in den Kampf eilen. Da sprach

Sir Gawein seinen Rittern Mut zu. Sie sollten nicht verzagen, denn der Sieg werde ihnen gehören. Darauf galoppierten sie los und stießen mit ihren Feinden zusammen, und auf beiden Seiten wurden viele erschlagen und zu Boden gestreckt. Da warfen sich die Ritter von der Tafelrunde in den Kampf und schlugen alle nieder, die sich ihnen entgegenstellten, so daß sie die Feinde in die Flucht schlugen. Bei Gott, sagte Sir Gawein, das erfreut mein Herz, denn jetzt sind sie zwanzigtausend weniger. Da griff der Riese Jubance in den Kampf ein und focht und schlug drauflos und setzte vielen unserer Ritter übel zu, und Sir Gherard, ein Ritter aus Wales, wurde erschlagen. Darüber ergrimmten unsere Ritter und töteten viele Sarazenen. Und dann stieß Sir Priamus mit seinem Fähnlein zu den Rittern der Tafelrunde und kämpfte so tapfer, daß viele Feinde ihr Leben ließen. Sir Priamus erschlug den Marquis von Metz, und Sir Gawein und seine Gefährten behaupteten das Feld; aber in dem Handgemenge wurde der junge Sir Chestelaine, ein Knappe Sir Gaweins, getötet, und darüber erhob sich überall große Klage, und sein Tod wurde bald gerächt. So endete der Kampf, und zahlreiche Herren aus der Lombardei und viele Sarazenen blieben tot auf dem Schlachtfeld zurück. Dann sorgten Sir Florence und Sir Gawein getreulich für ihre Leute und nahmen eine große Menge von Vieh, Gold und Silber und große Schätze und Reichtümer mit und kehrten zu König Artus zurück, der noch bei der Belagerung der Stadt war. Als sie zum König kamen, übergaben sie ihm ihre Gefangenen und berichteten, welche Abenteuer sie überstanden und wie sie alle ihre Feinde besiegt hatten.

WIE SIR GAWEIN MIT SEINEN GEFANGENEN ZU KÖNIG ARTUS ZURÜCKKEHRTE, UND WIE DER KÖNIG EINE STADT EROBERTE UND ZUM KAISER GEKRÖNT WURDE!

Gott sei gedankt! sagte der edle König Artus. Aber was für ein Mann ist das, der dort allein steht, er sieht nicht aus wie ein Gefangener. Herr König, antwortete Gawein, das ist ein wackerer Mann, er hat mit mir gekämpft, aber er hat sich Gott und mir ergeben und will ein Christ werden. Wäre er nicht gewesen, wir wären nie zurückgekehrt, und darum bitte ich Euch, ihn taufen zu lassen, denn es lebt kein edlerer und waffenerprobterer Mann. Da ließ ihn der König sogleich taufen und mit seinem ersten Namen Priamus nennen und machte ihn zum Herzog und Ritter der Tafelrunde. Darauf befahl der König, zu einem neuen Sturm auf die Stadt zu blasen, und es wurden Leitern aufgerichtet, Mauern gebrochen und der Graben gefüllt, daß die Männer mit leichter Mühe in die Stadt eindringen konnten. Da kamen die Herzogin und die Gräfin Clarisin mit vielen Damen und Fräulein heraus, und sie knieten vor Artus nieder und baten ihn, Gott zuliebe die Übergabe der Stadt anzunehmen und sie nicht im Sturm einzunehmen, weil dann viele Unschuldige erschlagen würden. Da öffnete der König in milder und edler Art sein Visier und sagte: Madam, keiner meiner Untertanen soll Euch oder Euern Jungfrauen oder einem der Euren ein Leid zufügen, aber der Herzog soll mein Urteil abwarten. Sogleich ordnete der König an, den Angriff einzustellen, und kurz darauf brachte der älteste Sohn des Herzogs die Schlüssel heraus und übergab sie kniend dem König und bat um Gnade. Der König nahm mit Zustimmung seiner Herren Besitz von der Stadt und schickte den Herzog nach Dover in lebenslängliche Gefangenschaft und bestimmte gewisse Einkünfte für den Unterhalt der Herzogin und ihrer Kinder. Dann ernannte er Statthalter, die das Land regieren sollten, und erließ Gesetze, wie es einem Regenten in seinem eigenen Land zukommt. Darauf setzte er seinen Zug nach Rom fort und schickte Sir Florence und Sir Floridas mit fünfhundert Bewaffneten voraus. Und sie gelangten vor die Stadt Urbino und ließen an der Stelle, an der es ihnen am günstigsten schien, ihre Mannen sich verbergen und ritten dann auf die Stadt zu. Sogleich drang eine

Menge Kriegsvolk heraus und begann ein Scharmützel mit den Vorreitern. Da brach die Truppe aus dem Hinterhalt hervor und eroberte die Brücke und danach die Stadt und pflanzte auf den Mauern das Königsbanner auf. Als der König von einem Hügel aus sein Banner auf der Stadtmauer gewahrte, wußte er, daß die Stadt erobert war. Unverzüglich schickte er den Befehl, daß keiner seiner Leute eine Dame, eine Frau oder ein Mädchen belästigen oder ihnen Gewalt antun solle; und als er in die Stadt einzog, begab er sich auf die Burg und tröstete die, denen Leid widerfahren war, und er setzte als Statthalter einen Hauptmann ein, einen Ritter aus seinem eigenen Land. Wie die Mailänder hörten, daß diese Stadt erobert worden war, schickten sie Artus große Summen Geldes und baten ihn als ihren Oberherrn, Gnade walten zu lassen. Sie versprachen, ihm immer untertan zu sein, und boten ihm die Lehensgewalt über die Gebiete von Piacenza, Pavia und Pietrasanta und den Hafen von Tremble und jährlich eine Million in Gold sein Leben lang. Darauf ritt er nach Toskanien und eroberte Städte und Burgen und verwüstete alles, was ihm in den Weg kam und sich ihm nicht unterwarf; dann zog er nach Spoleto und Viterbo und von dort in das Tal von Viceconte in die Weingärten. Von da schickte er eine Botschaft an die Senatoren, ob sie ihn als ihren Oberherrn anerkennen wollten. Schon kurz danach, an einem Samstag, kamen alle Senatoren, die noch am Leben waren, und die edelsten Kardinäle, die damals in Rom wohnten, zu König Artus und ersuchten ihn um Frieden und unterwarfen sich ihm völlig. Sie baten ihn als Herrscher um sechs Wochen Frist, um alle Römer zu versammeln und ihn mit heiligem Öl zum Kaiser zu krönen, wie es einem so hohen Herren zukam. Ich stimme euerm Vorschlag zu, sagte der König, und will zu Weihnachten gekrönt werden und mit meinen Rittern meine Tafelrunde abhalten, wie es mir gefällt. Danach bereiteten die Senatoren die Krönung vor. Und am festgesetzten Tag, wie in der Geschichte berichtet wird, kam er nach Rom und wurde nach dem feierlichsten Zeremoniell vom Papst zum Kaiser gekrönt. Er blieb noch einige Zeit dort und ordnete die Verwaltung all seiner Länder von Rom bis Frankreich. Er gab seinen Bediensteten und Rittern Ländereien und Reiche, jedem nach seinem Verdienst, so daß sich keiner, sei er reich oder arm, beklagte. Sir Priamus überließ er das Herzogtum Lothringen, und dieser dankte ihm und sagte, er wolle ihm zeit seines Lebens dienen. Artus ernannte Herzöge und Grafen und machte jedermann reich. Dann versammelten sich alle seine Ritter und Herren bei ihm und sagten: Gelobt sei Gott, Euer Krieg ist zu Ende und die Eroberung vollbracht, und nun kennen wir keinen, der so groß und mächtig wäre, daß er es wagen dürfte, Krieg gegen Euch zu führen. Darum bitten wir Euch, heimzukehren und uns zu erlauben, nach Hause zu unseren Frauen zu reisen, von denen wir schon so lange getrennt sind, und uns auszuruhen. Darauf sagte der König: Ihr habt recht, es wäre nicht weise, Gott zu versuchen. Deshalb bereitet alles vor und laßt uns nach England zurückkehren. Da wurden Harnische und Ausrüstungen verpackt und auf Wagen geladen. Als der Rückmarsch begann, befahl Artus, daß niemand bei Strafe des Todes unterwegs Lebensmittel oder andere Dinge stehlen dürfe, sondern daß er dafür bezahlen solle. So fuhr er übers Meer und landete in Sandwich, wo ihn Königin Ginevra erwartete, und er wurde von seinen Landsleuten in allen Städten und Ortschaften festlich empfangen und erhielt bei seiner Heimkehr große Willkommensgaben.

6. Buch

WIE SIR LANZELOT UND SIR LIONEL VOM HOF AUSRITTEN, UND WIE SIR LIONEL IHN SCHLAFEN LIESS UND GEFANGEN WURDE.

SCHON bald nachdem König Artus von Rom nach England zurückgekehrt war, versammelten sich alle Ritter der Tafelrunde am Hofe und veranstalteten viele Ritterspiele und Turniere. Und einige der Ritter zeichneten sich durch soviel Waffentüchtigkeit und Trefflichkeit aus, daß sie allen anderen an Kühnheit und Heldentaten überlegen waren und dies an vielen bewiesen. Aber besonders tat sich Sir Lanzelot vom See hervor, denn in allen Turnieren und Ritterspielen und Waffenkämpfen auf Leben und Tod übertraf er die anderen Ritter und wurde niemals besiegt, außer durch Verrat oder Zauberei. Das trug Sir Lanzelot soviel Ruhm und Ehre ein, daß er der erste Ritter ist, von dem das französische Buch nach Artus' römischem Feldzug berichtet. Er stand bei Königin Ginevra in hoher Gunst vor allen anderen Rittern, und er wiederum liebte die Königin vor allen anderen Damen und Fräulein, und für sie focht er viele Kämpfe aus und rettete sie schließlich vor dem Feuer in seiner edlen Ritterlichkeit. So verbrachte Sir Lanzelot lange Zeit bei ritterlichem Spiel. Dann gedachte er, sich in seltsamen Abenteuern zu bewähren, und er hieß seinen Neffen Sir Lionel sich rüsten: Denn wir zwei wollen Abenteuer suchen. So stiegen sie zu Pferde, in allen Stücken gewappnet, und ritten durch einen tiefen Wald und dann über eine weite Ebene. Als es gegen Mittag sehr heiß wurde, verspürte Sir Lanzelot große Lust zu schlafen. Da sah Sir Lionel einen hohen Apfelbaum, der bei einer Hecke stand, und er sagte: Bruder, dort ist angenehmer Schatten, da können wir mit unseren Pferden rasten. Das ist gut, lieber Bruder, antwortete Sir Lanzelot, denn in sieben Jahren war ich nicht so müde wie jetzt. So stiegen sie ab und banden ihre Pferde jedes an einen Baum, und Sir Lanzelot streckte sich unter dem Apfelbaum aus und legte den Helm unter den Kopf, und Sir Lionel wachte, während Lanzelot schlief. Da kamen drei Ritter angesprengt, die flohen, so schnell sie nur konnten, vor einem einzigen Ritter. Als Sir Lionel ihn sah, deuchte ihn, er hätte nie einen so großen und stattlichen und in allen Stücken so wohlgerüsteten Ritter gesehen. Nach kurzer Zeit hatte dieser starke Ritter einen der drei eingeholt, und er streckte ihn nieder auf die kalte Erde, daß er sich nicht mehr rührte. Dann ritt er gegen den zweiten und traf ihn so, daß Roß und Reiter zu Boden stürzten, und dann sogleich gegen den dritten, den er eine Speerlänge über den Schweif seines Pferdes warf. Darauf stieg er ab und band die drei Ritter mit den Zügeln ihrer Pferde fest. Als Sir Lionel das sah, beschloß er, ihn anzugreifen, und rüstete sich, und heimlich nahm er sein Pferd und dachte nicht daran, Sir Lanzelot zu wecken. Es dauerte nicht lange, bis er den starken Ritter einholte und ihn wenden hieß. Der Ritter aber traf Sir Lionel so gewaltig, daß er Roß und Reiter zu Boden warf; und er stieg ab und band Lionel und warf ihn quer über sein eigenes Pferd und ritt mit allen vier Rittern zu seiner Burg. Als er dort angekommen war, ließ er sie entwaffnen und ganz nackt mit Dornen peitschen, und dann in einen tiefen Kerker werfen, wo schon viele andere Ritter waren, die bitterlich klagten.

 WIE SIR ECTOR SIR LANZELOT FOLGTE, UM IHN ZU SUCHEN, UND WIE ER VON SIR TURQUINE GEFANGEN WURDE. ❧

Als Sir Ector von Maris erfuhr, daß Sir Lanzelot den Hof verlassen hatte, um Abenteuer zu suchen, wurde er zornig und rüstete sich, Sir Lanzelot einzuholen. Nachdem er lange durch einen großen Wald geritten war, traf er auf einen Mann, der wie ein Waldhüter aussah. Guter Mann, sagte Sir Ector, kennst du in diesem Land etwa Abenteuer, die hier in der Nähe zu finden sind? Herr, antwortete der Waldhüter, ich kenne dieses Land gut; in der Nähe, keine Meile von hier, liegt ein starkes Schloß mit einem tiefen Graben, und bei diesem Schloß ist auf der linken Seite eine Pferdetränke, und daneben steht ein großer Baum, und daran hängen viele prächtige Schilde, die einmal trefflichen Rittern gehört haben, und da, wo der Baum hohl ist, hängt ein Becken aus Kupfer und Messing. Wenn du mit dem Schaft deiner Lanze dreimal gegen dieses Becken stößt, wirst du bald darauf Neues erfahren, sonst wird dir die größte Gnade zuteil, die seit vielen Jahren ein Ritter erfuhr, der durch diesen Wald kam. Ich danke dir, sagte Sir Ector und ritt weiter und kam zu dem Baum und sah die vielen prächtigen Schilde. Und unter ihnen entdeckte er den Schild seines Bruders Sir Lionel und viele andere, von denen er wußte, daß sie seinen Gefährten von der Tafelrunde gehörten. Das bekümmerte sein Herz, und er gelobte, seinen Bruder zu rächen. Darauf schlug Sir Ector wie toll auf das Becken und ließ dann sein Pferd trinken. Da erschien hinter ihm ein Ritter und forderte ihn auf, aus dem Wasser zu reiten und sich bereit zu machen. Sir Ector wendete rasch sein Pferd und legte die Lanze ein und traf den anderen Ritter mit solcher Wucht, daß sich sein Pferd zweimal um sich selber drehte. Das war gut gemacht, sagte der starke Ritter, und ritterlich hast du mich getroffen. Damit spornte er sein Pferd gegen Sir Ector, packte ihn unter dem rechten Arm und hob ihn glatt aus dem Sattel und ritt mit ihm weg in die Halle und warf ihn mitten auf den Fußboden. Der Name dieses Ritters war Sir Turquine. Dann sagte er zu Sir Ector: Weil du mir heute mehr zugesetzt hast als je ein Ritter in zwölf Jahren, will ich dir das Leben schenken, aber du mußt mir schwören, dein Leben lang mein Gefangener zu sein. Nein, entgegnete Sir Ector, das werde ich dir niemals versprechen, sondern ich will zu meinem eigenen Vorteil handeln. Das tut mir leid, sagte

Sir Turquine. Und darauf ließ er Sir Ector entwaffnen und ganz nackt mit Dornen peitschen und schließlich in den tiefen Kerker werfen, wo er viele seiner Gefährten fand. Als Sir Ector Sir Lionel erblickte, fing er bitterlich an zu klagen. Ach, Bruder, sagte Sir Ector, wo ist mein Bruder Sir Lanzelot? Lieber Bruder, er schlief unter einem Apfelbaum, als ich von ihm ging, und was aus ihm geworden ist, kann ich nicht sagen. Wehe, riefen da alle Ritter, wenn Sir Lanzelot uns nicht zu Hilfe kommt, werden wir nie aus diesem schrecklichen Kerker befreit werden, denn wir kennen keinen anderen Ritter auf der Erde, der unseren Zwingherrn Sir Turquine besiegen kann.

Kapitel 3

WIE VIER KÖNIGINNEN LANZELOT SCHLAFEND FANDEN, UND WIE ER DURCH ZAUBER GEFANGEN UND AUF EINE BURG GEFÜHRT WURDE.

Lassen wir die gefangenen Ritter und sprechen wir von Sir Lanzelot, der unter dem Apfelbaum im Schlafe liegt. Gegen Mittag kamen vier Königinnen von hohem Stand auf vier weißen Maultieren bei ihm vorüber. Damit die Hitze sie nicht belästigte, hielten vier Ritter ein Tuch aus grüner Seide an vier Speeren über sie. Als sie so dahinritten, hörten sie in ihrer Nähe ein Pferd laut wiehern. Da gewahrten sie einen schlafenden Ritter, der in voller Rüstung unter einem Apfelbaum lag, und als die vier Königinnen ihm ins Gesicht sahen, merkten sie sogleich, daß es Sir Lanzelot war. Nun brach unter ihnen ein Streit um diesen Ritter aus. Jede erklärte, sie wolle ihn zu ihrem Liebsten habe. Wir wollen uns nicht streiten, sagte Morgan le Fay, König Artus' Schwester, ich werde einen Zauber auf ihn legen, daß er in den nächsten sechs Stunden nicht erwacht. Dann will ich ihn in meine Burg entführen, und wenn er fest in meiner Gewalt ist, werde ich den Zauber von ihm nehmen. Danach laßt ihn wählen, welche von uns er zur Geliebten haben will. Und so wurde der Zauber auf Sir Lanzelot gelegt, und dann trugen sie ihn auf seinem Schild zu Pferde zwischen zwei Rittern in die Burg Chariot. Dort legten sie ihn in eine kalte Kammer, und zur Nacht schickten sie ein schönes Fräulein zu ihm mit seinem Abendessen. Zu dieser Zeit war der Zauber vorüber. Als sie kam, grüßte sie ihn und fragte, wie er sich fühle. Ich kann es nicht recht sagen, schönes Fräulein, antwortete Sir Lanzelot, denn ich weiß nicht, wie ich in diese Burg gekommen bin, es sei denn durch Zauberei. Herr, sprach sie, Ihr müßt guter Dinge sein. Wenn Ihr solch ein Ritter seid, wie man sagt, will ich Euch morgen früh mehr berichten. Habt vielen Dank, schönes Fräulein, antwortete Sir Lanzelot, ich verlasse mich auf Euern guten Willen. Und so ging sie. Er lag die ganze Nacht allein, ohne daß jemand ihn tröstete. Am frühen Morgen kamen die vier Königinnen prächtig gekleidet und wünschten ihm einen guten Morgen und er ihnen auch. Herr Ritter, sagten die vier Königinnen, Ihr müßt wissen, daß Ihr Euch in unserer Gewalt befindet. Wir wissen sehr wohl, daß Ihr Sir Lanzelot vom See, König Bans Sohn, seid, der edelste Ritter, den es gibt, und wir kennen Euern Wert, und wir wissen, daß Ihr nur eine Dame liebt, die Königin Ginevra, aber die sollt Ihr nun für immer verlieren und sie Euch, und deshalb müßt Ihr jetzt eine von uns vieren wählen. Ich bin Königin Morgan le Fay, die Herrin des Landes Gore, und dies ist die Königin von Nordwales und dies die Königin von Ostland und dies die Königin von den Äußeren Inseln. Jetzt wählt, welche von uns Ihr zu Eurer Liebsten haben wollt; wenn Ihr nicht wählt, müßt Ihr in diesem Kerker sterben. Es ist ein hartes Los, sagte Sir Lanzelot, daß ich entweder sterben oder eine von euch wählen soll, doch will ich lieber in diesem Gefängnis in Ehren sterben als eine von euch gegen meinen Willen zur Liebsten nehmen. Daher ist dies

meine Antwort: Ich will keine von euch, denn ihr seid heim-
tückische Zauberinnen, und was meine Herrin, Lady Ginevra,
angeht, so wollte ich, wenn ich noch meine Freiheit besäße,
gegen euch und eure Ritter beweisen, daß sie ihrem Gemahl
die treueste Frau ist, die es gibt. Ist dieses Eure Antwort, riefen die Königinnen, daß Ihr uns so verschmäht? Ja, bei
meinem Leben, sagte Sir Lanzelot, verschmäht seid ihr alle
von mir. Da gingen sie ganz betrübt fort und ließen Sir Lanzelot allein zurück.

WIE SIR LANZELOT DURCH
DIE HILFE EINES FRÄULEINS
BEFREIT WURDE. ✌ Zu Mittag
kam nun das Fräulein zu ihm und
brachte ihm sein Essen und fragte
ihn, wie es ihm gehe. Wahrlich,
schönes Fräulein, so schlecht wie
noch nie in meinem Leben. Herr,
sagte sie, das tut mir leid, aber wenn
Ihr meinem Rat folgen wollt, werde
ich Euch aus dieser Not befreien.

Ihr habt weder Schande noch Verrat zu fürchten, wenn Ihr
mir ein Versprechen gebt. Schönes Fräulein, das will ich
gern. Ich habe große Furcht vor diesen Zauberköniginnen,
denn sie haben manchen wackeren Ritter vernichtet. Herr,
sprach sie, das ist wahr, aber wegen des Ruhms und der
Tugend, für die Ihr bekannt seid, möchten sie Eure Liebe
gewinnen, und, Herr, sie sagen, Euer Name ist Sir Lanzelot
vom See, der edelste der Ritter, und sie sind sehr zornig auf
Euch, weil Ihr sie verschmäht habt. Aber, Herr, wollt Ihr mir
versprechen, am nächsten Dienstag meinem Vater bei einem
Wettstreit mit dem König von Nordwales zu helfen? Denn
am letzten Dienstag verlor mein Vater den Kampf durch drei
Ritter vom Hofe des Königs Artus. Wenn Ihr also am nächsten
Dienstag meinem Vater helfen wollt, werde ich Euch morgen
früh vor der ersten Betstunde mit Gottes Hilfe in die Freiheit

VIER KÖNIGINNEN
FINDEN LANZELOT
SCHLAFEND

führen. Schönes Mädchen, antwortete Sir Lanzelot, nennt mir
den Namen Eures Vaters, dann will ich Euch Antwort geben.
Herr Ritter, sagte sie, mein Vater ist König Bagdemagus;
er erlitt großen Schimpf im letzten Turnier. Ich kenne Euern
Vater gut, sprach Sir Lanzelot, er ist ein edler König und ein
tapferer Ritter. Bei meinem Leben, Ihr sollt mich an jenem
Tag bereit sehen, Euerm Vater und Euch zu dienen. Herr,

sagte sie, ich danke Euch. Seid morgen früh rechtzeitig bereit, und ich werde Euch befreien und Euch zu Eurer Rüstung und zu Euerm Pferd, Schild und Lanze verhelfen. Hier in der Nähe, etwa zehn Meilen entfernt, ist ein Kloster der weißen Mönche, und da wartet bitte auf mich, und dort will ich meinen Vater zu Euch führen. All das soll geschehen, sagte Sir Lanzelot, so wahr ich ein Ritter bin. Sie ging fort und kam am nächsten Morgen in aller Frühe. Da sie ihn bereit fand, brachte sie ihn durch zwölf verschlossene Türen, verschaffte ihm seine Rüstung, und als er gewappnet war, verschaffte sie ihm noch sein Pferd. Leicht stieg er auf, nahm eine mächtige Lanze in die Hand und ritt los. Schönes Fräulein, sagte er, ich werde Euch, bei Gott, nicht im Stich lassen. Den ganzen Tag ritt er durch einen großen Wald, ohne einen Weg zu finden. So brach die Nacht herein, und da bemerkte er in einem Tal ein Zelt aus roter Seide. Wahrhaftig, sagte Sir Lanzelot, in diesem Zelt will ich übernachten. Er stieg ab, band sein Pferd an das Zelt und legte die Rüstung ab. Er fand ein Bett und legte sich hinein und fiel in einen sehr tiefen Schlaf.

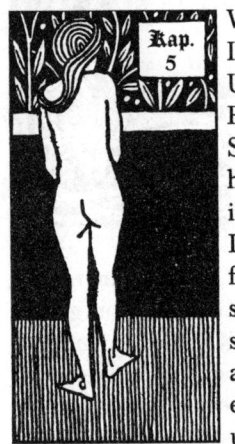

WIE EIN RITTER SIR LANZELOT IM BETT SEINER LIEBSTEN FAND, UND WIE SIR LANZELOT MIT DEM RITTER KÄMPFTE. ❧ Nach einer Stunde kam der Ritter, dem das Zelt gehörte, und er glaubte, seine Geliebte wäre in dem Bett, und so legte er sich neben Sir Lanzelot und nahm ihn in seine Arme und fing an, ihn zu küssen. Als Sir Lanzelot spürte, daß ihn ein rauher Bart küßte, sprang er eilends aus dem Bett, und der andere Ritter folgte ihm nach, und beide ergriffen ihr Schwert. Sie liefen ins Freie, und an einem schmalen Hohlweg verwundete Sir Lanzelot den Ritter vom Zelt schwer, beinahe tödlich. Da ergab er sich Sir Lanzelot, und der gewährte ihm Gnade, damit er ihm erzählen konnte, wie er in das Bett gekommen war. Herr, sagte der Ritter, das Zelt gehört mir, und diese Nacht wollte ich hier mit meiner Geliebten schlafen, und nun muß ich vielleicht an dieser Wunde sterben. Es tut mir leid, sagte Lanzelot, daß Ihr verwundet seid, aber ich fürchtete Verrat, denn ich bin vor kurzem erst verraten worden; doch kommt jetzt mit in Euer Zelt und ruht Euch aus. Ich glaube, ich kann Euer Blut stillen. So gingen sie beide in das Zelt, und schnell stillte Sir Lanzelot das Blut. Darüber kam die Geliebte des Ritters, eine sehr schöne Dame, und als sie sah, daß ihr Herr Belleus schwer verwundet war, schrie sie Sir Lanzelot an und jammerte über alle Maßen. Still, meine Herrin, sagte Belleus, dieser Ritter ist ein wackerer Mann auf Abenteuern; und er erzählte ihr, wie es kam, daß er verwundet wurde: Und als ich mich ihm ergab, hat er mich gut behandelt und mein Blut gestillt. Herr, sagte die Dame, ich bitte Euch, sagt mir, was für ein Ritter Ihr seid und wie Ihr heißt. Schöne Dame, antwortete er, mein Name ist Sir Lanzelot vom See. Das dachte ich mir, sagte die Dame, denn ich habe Euch schon oft gesehen und kenne Euch besser, als Ihr glaubt. Doch nun versprecht mir bei Eurer Ritterehre, wegen des Leides, das Ihr mir und meinem Herrn Belleus angetan habt, daß Ihr, wenn Ihr wieder an König Artus' Hof kommt, dafür sorgt, daß er zum Ritter der Tafelrunde gemacht wird, denn er ist ein waffengewandter Mann und gebietet über viele Inseln. Schöne Dame, sagte Sir Lanzelot, laßt ihn zum nächsten hohen Fest an den Hof kommen und seht zu, daß Ihr mit ihm kommt. Wenn er sich als kampftüchtig erweist, werde ich tun, was in meiner Macht steht, um Euch Euern Wunsch zu erfüllen. Während beide so sprachen, verging die ganze Nacht, und es wurde schon Tag. Da legte Sir Lanzelot seine Rüstung an und nahm sein Pferd, und sie zeigten ihm den Weg zu dem Kloster, das er nach zwei Stunden erreichte.

WIE SIR LANZELOT VON DER TOCHTER DES KÖNIGS BAGDE-MAGUS EMPFANGEN WURDE, UND WIE ER SICH BEI IHREM VATER BEKLAGTE. 🙟 Als Sir Lanzelot in den Klosterhof kam, hörte die Tochter des Königs Bagdemagus ein schweres Pferd auf dem Pflaster stampfen. Sie ging ans Fenster und sah Sir Lanzelot. Rasch schickte sie Männer, ihm sein Pferd abzunehmen und in einen Stall zu führen, und er selbst wurde in ein schönes Gemach geleitet, wo er die Rüstung ablegte. Die Dame schickte ihm ein langes Gewand und kam bald darauf selbst. Sie begrüßte Lanzelot sehr herzlich und sagte, kein Ritter in der Welt sei ihr so willkommen wie er. Dann schickte sie in aller Eile nach ihrem Vater Bagdemagus, der zwölf Meilen von dem Kloster entfernt war, und vor Abend traf er mit einem stattlichen Gefolge von Rittern ein. Als der König vom Pferd gestiegen war, ging er sogleich in Sir Lanzelots Gemach und fand dort auch seine Tochter. Der König schloß Sir Lanzelot in die Arme, und sie begrüßten einander freudig. Dann trug Sir Lanzelot dem König seine Klage vor, wie er verraten worden und wie sein Bruder Sir Lionel verschwunden war und er nicht wußte, wohin, und wie ihn dann seine Tochter aus dem Gefängnis befreit hatte: Darum will ich ihr und ihrer Sippe dienen, solange ich lebe. Dann bin ich Eurer Hilfe am nächsten Dienstag sicher? fragte der König. Ja, Herr antwortete Sir Lanzelot, ich werde Euch nicht im Stich lassen, das habe ich Euerm Fräulein Tochter versprochen. Aber, Herr König, welche Ritter vom Hofe meines Herrn Artus waren es, die für den König von Nordwales kämpften? Der König sagte: Es waren Sir Mador de la Porte und Sir Mordred und Sir Gahalantine, die meine Ritter völlig besiegten, denn gegen diese drei vermochte weder meine noch meiner Ritter Kraft etwas auszurichten. Herr, sagte Sir Lanzelot, wie ich hörte, soll das Turnier keine drei Meilen von diesem Kloster entfernt stattfinden, schickt mir deshalb drei Eurer Ritter, denen Ihr vertraut, und sorgt dafür, daß diese drei Ritter ganz weiße Schilde haben und ich auch, mit keinem Wappenzeichen darauf. Wir vier werden aus einem kleinen Wald hervorbrechen, mitten in den Kampf hinein, und wir werden Eure Feinde angreifen und ihnen so große Verluste beibringen, wie wir nur können, und niemand wird wissen, wer ich bin. Damit begaben sie sich zur Nachtruhe, und das war am Sonntag, und der König ritt weg und schickte Sir Lanzelot drei Ritter mit den vier weißen Schilden. Am Dienstag verbargen sie sich in einem Wäldchen, neben dem das Turnier stattfinden sollte. Es waren Tribünen aufgebaut und Podeste, damit die Herren und Damen zuschauen und den Siegerpreis vergeben konnten. Da erschien der König von Nordwales mit einhundertsechzig Kriegern auf dem Kampfplatz. Und die drei Ritter des Königs Artus standen für sich allein. Danach kam König Bagdemagus mit achtzig Kriegern auf den Platz. Sie legten ihre Lanzen ein und stürmten mit großer Wucht gegeneinander, und in diesem ersten Waffengang wurden zwölf Ritter des Königs Bagdemagus und sechs des Königs von Nordwales erschlagen, und die Partei des Königs Bagdemagus wurde weit zurückgedrängt.

WIE SICH SIR LANZELOT IN EINEM TURNIER VERHIELT, UND WIE ER DORT AUF SIR TURQUINE STIESS, DER SIR GAHERIS MIT SICH FÜHRTE. ❧ In diesem Augenblick brach Sir Lanzelot vom See hervor und stieß mit seiner Lanze in das dichte Gedränge. Fünf Ritter streckte er mit einer Lanze zu Boden, vieren von ihnen brach er das Rückgrat. In diesem Gedränge warf er den König von Nordwales nieder,

221

und der brach sich durch den Sturz das Bein. Alle diese Taten sahen die drei Ritter des Königs Artus. Dort ist ein schlimmer Gast, sagte Sir Mador de la Porte, deshalb wollen wir es mit ihm aufnehmen. So stießen sie zusammen, und Sir Lanzelot streckte Roß und Reiter zu Boden, so daß dessen Schulter ausgerenkt wurde. Jetzt bin ich an der Reihe, sagte Mordred, denn Sir Mador ist schwer gestürzt. Sir Lanzelot visierte ihn an und nahm eine starke Lanze zur Hand und sprengte gegen ihn, und Sir Mordred zerbrach seine Lanze an ihm. Sir Lanzelot aber versetzte ihm einen solchen Stoß, daß sein Sattelbaum zerbrach, und so flog er über den Schweif seines Pferdes hinunter, daß sich sein Helm mehr als einen Fuß tief in die Erde bohrte und er beinahe das Genick brach und lange bewußtlos lag. Da kam Sir Gahalantine mit einer starken Lanze, und sie ritten mit aller Kraft gegeneinander, daß ihre Lanzen bis zu den Griffen zerbarsten. Dann zogen sie ihre Schwerter und führten manchen grimmen Streich. Sir Lanzelot wurde über die Maßen zornig und schlug Sir Gahalantine auf den Helm, daß ihm das Blut aus Nase, Mund und Ohren stürzte und er den Kopf hängenließ. Da galoppierte sein Pferd fort, und er fiel zu Boden. Darauf nahm Sir Lanzelot wieder eine starke Lanze, und bevor diese brach, warf er sechzehn Ritter zu Boden, einige samt ihren Rossen. Dann ergriff er eine neue starke Lanze und stieß zwölf Ritter nieder, und die meisten von ihnen konnten nicht weiterkämpfen. Da war unter den Waffentragenden keiner, den er nicht schwer getroffen hätte. Nun gaben die Ritter des Königs von Nordwales den Kampf auf, und der Siegerpreis wurde König Bagdemagus verliehen. So trennten sich die beiden Parteien und ritten nach Hause, und Sir Lanzelot begleitete König Bagdemagus zu dessen Schloß und wurde dort vom König und seiner Tochter sehr gut aufgenommen, und sie boten ihm große Gaben. Am anderen Morgen sagte er zum König, er wolle seinen Bruder Sir Lionel suchen gehen, der ihn verlassen hatte, während er schlief. Und zu der Tochter des Königs sagte er: Wenn Ihr je meine Dienste nötig habt, so bitte ich Euch, laßt es mich wissen, und ich werde Euch zur Seite stehen, so wahr ich ein Ritter bin. Damit nahm er Abschied. Wie es der Zufall wollte kam Sir Lanzelot in den gleichen Wald, in dem er im Schlafe gefangengenommen worden war. Da traf er mitten auf der Straße ein Fräulein, das auf einem Zelter geritten kam, und sie grüßten einander. Schönes Fräulein, sagte Sir Lanzelot, wißt Ihr in diesem Lande Abenteuer? Herr Ritter, antwortete das Fräulein, hier sind Abenteuer ganz in der Nähe, wenn Ihr Mut dazu habt. Warum sollte ich nicht den Mut haben, Abenteuer zu bestehen? meinte Sir Lanzelot, deshalb bin ich ja hergekommen. Nun gut, sagte sie, du siehst aus, als ob du ein wackerer Ritter wärst, und wenn du es wagst, mit einem guten Ritter zu kämpfen, will ich dich zu dem besten und mächtigsten Ritter führen, den es gibt. Aber du mußt sagen, wie du heißt und was für ein Ritter du bist. Fräulein, ich scheue mich nicht, meinen Namen zu nennen, denn ich bin Sir Lanzelot vom See. Herr, du hast es gut getroffen, es gibt hier Abenteuer nach deinem Sinn. In der Nähe wohnt ein Ritter, den keiner außer dir überwinden kann, er heißt Sir Turquine. Wie ich hörte, hält er in seinem Kerker vierundsechzig tapfere Ritter vom Hofe des Königs Artus gefangen, die er eigenhändig bezwungen hat. Aber wenn du dies vollbracht hast, sollst du mir bei deiner Ritterehre geloben, mit mir zu gehen und mir und anderen Fräulein zu helfen, die täglich von einem tückischen Ritter bedrängt werden. Euern Wunsch, mein Fräulein, will ich erfüllen, wenn Ihr mich zu diesem Ritter bringt. So komm, edler Ritter. Und sie führte ihn zu der Tränke und dem Baum, an dem das Becken hing. Sir Lanzelot ließ sein Pferd trinken, und dann schlug er mit dem Lanzenschaft lange und mit voller Kraft auf das Becken, bis der Boden herausfiel, aber nichts geschah. Da ritt er fast eine halbe Stunde an den Toren des Schlosses entlang, bis er einen starken Ritter gewahrte, der ein Pferd vor sich hertrieb, und quer auf dem Pferd lag gefesselt ein bewaffneter Ritter. Je näher sie kamen, desto bekannter kam dieser ihm vor. Schließlich bemerkte er, daß es Sir Gaheris, ein Ritter der Tafelrunde, war. Schönes Fräulein, sagte Sir Lanzelot, ich sehe dort einen gefesselten Ritter, der ist einer von meinen Gefährten und Sir Gaweins Bruder. Ich gelobe Euch als erstes, bei Gott, diesen Ritter zu retten, und wenn sein Herr nicht fester im Sattel sitzt als ich, will ich alle Gefangenen aus der Gefahr befreien, denn ich bin sicher, er hat auch zwei meiner Brüder eingekerkert. Als die Ritter einander erblickten, rissen sie ihre Lanzen an sich. Edler Ritter, sagte Sir Lanzelot, nimm diesen verwundeten Ritter vom Pferd herunter und lasse ihn eine Weile ruhen, während wir zwei unsere Kräfte messen. Denn wie mir berichtet wurde, hast du Rittern der Tafelrunde viel Schimpf und Schande angetan und tust es noch, deshalb wehre dich jetzt. Wenn du einer von der Tafelrunde bist, erwiderte Turquine, dann biete ich dir und all deinen Kumpanen Trotz. Jetzt ist genug gesprochen, sagte Sir Lanzelot.

WIE SIR LANZELOT UND SIR TURQUINE MITEINANDER KÄMPFTEN. ❧

Kap. 8

Dann legten sie ihre Lanzen ein und ritten gegeneinander los, so schnell ihre Pferde sie trugen, und jeder traf den anderen mitten auf den Schild, daß die Pferde unter ihnen zusammenbrachen und die Ritter betäubt waren. Doch sowie sie sich von ihren Pferden losmachen konnten, hielten sie ihre Schilde vor und zogen ihre Schwerter und versetzten einander viele scharfe Streiche, die weder Schild noch Harnisch aufhalten konnten. Binnen kurzem trugen beide schlimme Wunden davon und bluteten stark. Mehr als zwei Stunden kämpften sie und hieben aufeinander ein, wo sie nur eine freie Stelle fanden. Schließlich kamen sie beide außer Atem und lehnten sich auf ihre Schwerter. Jetzt, Ritter, begann Sir Turquine, laß deine Hand ein wenig ruhen und beantworte mir eine Frage. So sprich. Da sagte Turquine: Du bist der stärkste Mann, den ich je getroffen habe, und hast die größte Ausdauer. Du gleichst einem Ritter, den ich mehr hasse als alle anderen. Wenn du der nicht bist, will ich gern Frieden mit dir schließen und dir zuliebe alle Gefangenen freilassen, und das sind vierundsechzig. Aber du mußt mir deinen Namen nennen. Dann wollen wir Freunde sein und einander nie im Stich lassen, solange ich lebe. Du hast gut gesprochen, entgegnete Sir Lanzelot, aber da du mir deine Freundschaft anbietest: wer ist der Ritter, den du mehr haßt als alle anderen? Wahrlich, sagte Sir Turquine, sein Name ist Sir Lanzelot vom See; denn er erschlug im Turm der Schmerzen meinen Bruder Sir Carados, einen der besten Ritter. Darum erwarte ich ihn vor allen Rittern, denn wenn ich ihm einmal begegnen sollte, wird einer von uns tot zurückbleiben, das schwöre ich. Um Sir Lanzelots willen habe ich über hundert tapfere Ritter erschlagen, und ebenso viele habe ich so schwer verwundet, daß sie sich nie wieder erholten, und viele sind im Kerker gestorben, und doch habe ich noch vierundsechzig, und alle sollen befreit werden, wenn du mir deinen Namen sagst und nicht Sir Lanzelot bist. Ich sehe wohl, entgegnete Sir Lanzelot, daß ich ein Mann bin, mit dem du entweder Frieden halten oder aber Krieg auf Leben und Tod führen willst. Deshalb, Ritter, sollst du wissen, daß ich Sir Lanzelot vom See bin, der Sohn des Königs Ban von Benwick und ein wahrhafter Ritter der Tafelrunde. Und jetzt verteidige dich, so gut du kannst. Ah, rief Turquine, du bist mir willkommener als je ein anderer Ritter, und wir werden nicht auseinandergehen, bis einer von uns tot ist. Dann stürzten sie aufeinander los wie zwei wilde Stiere und schlugen mit ihren Schilden und Schwertern, daß sie manchmal beide aufs Gesicht fielen. So kämpften sie über zwei Stunden und ließen nicht voneinander ab. Sir Turquine schlug Sir Lanzelot viele Wunden, daß der Platz, auf dem sie kämpften, ganz mit Blut bespritzt war.

Kapitel 9

WIE SIR TURQUINE ERSCHLAGEN WURDE, UND WIE SIR LANZELOT SIR GAHERIS ALLE GEFANGENEN BEFREIEN HIESS. ❧ Schließlich wurde Sir Turquine schwächer und wich etwas zurück und ließ seinen Schild vor Ermattung sinken. Das sah Sir Lanzelot, sprang behende auf ihn zu, packte ihn beim Visier, warf ihn zu Boden auf die Knie, riß ihm den Helm herunter und spaltete ihm den Nacken. Als Sir Lanzelot dies getan hatte, wandte er sich dem Fräulein zu und sagte: Fräulein, ich bin bereit, mit Euch zu gehen, wohin Ihr wollt, doch ich habe kein Pferd. Edler Herr, antwortete sie, nehmt das Pferd dieses verwundeten Ritters und schickt ihn in das Schloß und heißt ihn, alle Gefangenen zu befreien. So ging Sir Lanzelot zu Gaheris und bat ihn, es ihm nicht zu verübeln, wenn er sich sein Pferd leihe. Nein, edler Herr, erwiderte Gaheris, ich möchte, daß Ihr mein Pferd nehmt, denn Ihr habt mich und mein Pferd gerettet, und ich meine, Ihr seid der beste Ritter der Welt, denn Ihr habt heute vor meinen Augen den stärksten Mann und tapfersten Ritter, den ich außer Euch kenne, erschlagen. Edler Herr, sagte Gaheris, ich bitte Euch, laßt mich Euern Namen wissen. Herr, mein Name ist Sir Lanzelot vom See, der Euch um König Artus' und vor allem um Sir Gaweins, Eures lieben Bruders, willen zu Hilfe verpflichtet ist. Wenn Ihr in jenes Schloß kommt, werdet Ihr sicher viele Ritter der Tafelrunde finden, denn ich habe dort an dem Baum

SIR. LANZELOT.
UND. DIE. HEXE.
HELLAWES.

viele ihrer Schilde gesehen, die ich kenne, so den von Sir Kay, von Sir Brandel, von Sir Marhaus, von Sir Galind, von Sir Brian de Listinoise, von Sir Aliduke und von vielen anderen, die ich jetzt nicht nennen kann, ebenso die von meinen beiden Brüdern, Sir Ector von Maris und Sir Lionel. Ich bitte Euch, grüßt sie alle von mir und bestellt ihnen, sie sollen alle Vorräte mitnehmen, die sie finden können. Und auf jeden

Fall sollen meine Brüder an den Hof gehen und da auf mich warten, denn zu Pfingsten will ich dort sein, doch jetzt muß ich mit diesem Fräulein reiten, um mein Versprechen einzulösen. So schied er von Gaheris, und Gaheris ging in das Schloß und fand dort einen Pförtner, der viele Schlüssel bei sich trug. Im Handumdrehen warf Sir Gaheris den Pförtner zu Boden, nahm ihm die Schlüssel ab, öffnete eilends das Kerkertor und ließ alle Gefangenen heraus, und jeder löste dem anderen die Fessel. Als sie Sir Gaheris gewahrten, dankten sie ihm alle, denn sie glaubten, es sei verwundet. Dem ist nicht so, sagte Gaheris, es war Lanzelot, der Turquine im ritterlichen Kampf erschlug. Ich habe es mit eigenen Augen gesehen. Er läßt euch alle grüßen und bittet euch, an den Hof zurückzukehren, und Sir Lionel und Ector von Maris läßt er bitten, am Hofe auf ihn zu warten. Das werden wir nicht tun, entgegneten die Brüder, wir wollen ihn suchen, bei unserem Leben. Ich will ihn auch finden, sagte Sir Kay, ehe ich mich an den Hof begebe, so wahr ich ein Ritter bin. Dann durchsuchten alle Ritter das Schloß, bis sie die Rüstkammer entdeckten, und sie rüsteten sich, und jeder Ritter fand sein eigenes Pferd und alles, was ihm vorher gehört hatte. Darauf kam ein Waldhüter mit vier Pferden, die mit Wildbret schwer beladen waren. Wohlan, sagte Sir Kay, hier ist gutes Fleisch, genug für eine Mahlzeit, denn wir haben schon lange nicht mehr ordentlich gespeist. Und so wurde das Wildbret gebraten und gekocht, und nach dem Abendessen blieben einige die Nacht über da, aber Sir Lionel und Ector von Maris und Sir Kay ritten Sir Lanzelot nach, um ihn zu suchen.

Kap.
10

WIE SIR LANZELOT MIT EINER DAME RITT UND EINEN RITTER ERSCHLUG, DER ALLEN DAMEN ÜBEL NACHSTELLTE, UND EBENSO EINEN KERL, DER EINE BRÜCKE BESETZT HIELT. ❧ Wenden wir uns nun Sir Lanzelot zu, der mit dem Fräulein auf einer schönen Landstraße dahinritt. Herr, sagte das Fräulein, hier in der Nähe haust ein Ritter, der alle Damen und Edelfrauen belästigt, zumindest beraubt er sie, oder er tut ihnen gar Gewalt an. Was, rief Sir Lanzelot, ist er ein Dieb und ein Ritter und ein Frauenschänder? Er bringt Schmach über den Orden der Ritterschaft und handelt entgegen seinem Schwur; es ist eine Schande, daß er lebt. Aber, schönes Fräulein, reitet Ihr voran, und ich will mich versteckt halten, und wenn er Euch belästigt oder ein Leid antun will, werde ich Euch zu Hilfe kommen und ihn lehren, wie sich ein Ritter zu verhalten hat. So ritt das Mädchen langsam des Weges. Nach einer Weile kam jener Ritter, der den Namen Sir Peris de Forest Savage trug, zu Pferde aus dem Wald und sein Page mit ihm, und der Ritter zog das Fräulein vom Pferd herunter, worauf sie zu schreien anfing. In diesem Augenblick sprengte Lanzelot heran, so schnell er konnte, und rief: O du falscher Ritter und Verräter an der Ritterschaft, wer hat dich gelehrt, Damen und Edelfrauen zu belästigen? Als der Ritter hörte, wie ihn Sir Lanzelot schalt, antwortete er nicht, sondern zog sein Schwert und wandte sich gegen ihn. Sir Lanzelot warf seine Lanze von sich und nahm sein Schwert und versetzte ihm einen solchen Streich über den Helm, daß er ihm Kopf und Hals bis zur Kehle spaltete. Nun hast du den Lohn, den du schon lange verdienst, sagte das Fräulein. Nun, mein Fräulein, fragte Sir Lanzelot, soll ich Euch noch einen Dienst erweisen? Nein, Herr, erwiderte sie, jetzt nicht, doch der allmächtige Jesus beschütze Euch, wo immer Ihr reitet oder geht, denn gegen alle Damen und Edelfrauen seid Ihr der höflichste und hilfreichste Ritter, den es gibt. Aber etwas, Herr Ritter, glaube ich, fehlt Euch. Ihr seid unbeweibt und liebt kein Mädchen und keine Edelfrau, denn ich habe noch nie sagen hören, daß Ihr irgendeine, von welchem Rang auch immer, begehrt hättet, und das ist sehr schade. Aber es wird erzählt, Ihr liebt die Königin Ginevra und sie habe durch Zauber erreicht, daß Ihr nie eine andere Frau als sie liebt und daß keine andere Dame und kein anderes Fräulein Euch erfreuen soll, worüber in diesem Lande viele von hohem und niederem Range sehr betrübt sind. Schönes Fräulein, entgegnete Sir Lanzelot, ich kann den Leuten nicht verwehren, von mir zu reden, was ihnen gefällt. Aber vom Heiraten halte ich nichts, denn dann müßte ich bei meiner Frau liegen und Waffen und Turniere, Kämpfe und Abenteuer lassen; und mich mit Liebchen vergnügen, lehne ich von vornherein aus Gottesfurcht ab, denn Ritter, die ausschweifend oder wollüstig sind, haben im Kampf kein Glück; entweder werden sie von niedriger stehenden Rittern besiegt, oder sie erschlagen durch Mißgeschick oder ihre eigene Verworfenheit bessere Männer, als sie es selbst sind. Wer sich mit Liebschaften abgibt, ist ein unseliger Mensch, und alles ist unselig, was mit ihm in Verbindung steht. Und so schieden Sir Lanzelot und das Fräulein. Danach ritt er mehr als zwei Tage durch einen tiefen Wald und fand kein gutes Nachtlager. Am dritten Tage kam er über eine lange Brücke, und plötzlich überfiel ihn ein übler Kerl und hieb seinem Pferd über die Nüstern, daß es herumfuhr, und fragte ihn, warum er ohne seine Erlaubnis über die Brücke reite. Warum sollte ich nicht darüberreiten? entgegnete Sir Lanzelot, ich kann nicht daneben reiten. Du hast keine Wahl, sagte der Kerl und hieb mit einer großen eisenbeschlagenen Keule nach ihm. Da zog Sir Lanzelot sein Schwert und wehrte den Streich ab und spaltete ihm den Kopf bis zur Brust. Am Ende der Brücke lag ein stattliches Dorf, und alle Leute, Männer und Frauen, riefen Sir Lanzelot zu: Etwas Schlimmeres hast du dir nie angetan, denn du hast den Oberpförtner unserer Burg erschlagen. Sir Lanzelot ließ sie reden und ritt geradenwegs in die Burg. Dort stieg er ab und band sein Pferd an einen Ring in der Mauer. Da gewahrte er einen schönen grünen Hof und lief dorthin, denn er hielt ihn für einen vorzüglichen Kampfplatz. Als er sich umschaute, sah er viele Leute an Türen und Fenstern, die ihm zuriefen: Edler Ritter, du bist verloren.

Kap. 11

WIE SIR LANZELOT ZWEI RIESEN ERSCHLUG UND EINE BURG BEFREITE. ❧

Plötzlich stürzten zwei mächtige Riesen auf ihn zu, die außer am Kopf überall wohl gepanzert waren und zwei fürchterliche Keulen in den Händen hielten. Sir Lanzelot hob seinen Schild und wehrte den Hieb des einen Riesen ab und spaltete ihm den Kopf mit dem Schwert. Als dies der andere Riese sah, rannte er wie besessen davon aus Furcht vor den schrecklichen Streichen, und Lanzelot lief ihm, so schnell er konnte, nach, traf ihn an der Schulter und spaltete ihn bis zum Nabel. Dann begab sich Sir Lanzelot in die Halle, und da traten vor ihn sechzig Damen und Fräulein und knieten nieder und dankten Gott und ihm für ihre Befreiung. Herr, sagten sie, die meisten von uns sind hier sieben Jahre Gefangene der Riesen gewesen, und wir haben für unseren Unterhalt allerlei Seidenarbeiten angefertigt und sind doch von Geburt sehr edle Frauen. Gesegnet sei der Tag, Ritter, an dem Ihr geboren seid, denn Ihr habt die edelste Tat vollbracht, die je ein Ritter auf dieser Welt vollbrachte, das wollen wir bezeugen: Wir alle bitten Euch, uns Euern Namen zu nennen, damit wir unseren Freunden sagen können, wer uns aus dem Kerker befreit hat. Schöne Fräulein, antwortete er, mein Name ist Sir Lanzelot vom See. Ah, Herr, sagten sie, der müßt Ihr wohl sein, denn kein Ritter außer Euch, dünkt uns, hätte diese beiden Riesen besiegen können. Viele tapfere Ritter haben es versucht und hier ihr Ende gefunden, und oft haben wir Euch herbeigewünscht, denn die beiden Riesen fürchteten keinen Ritter außer Euch. Nun könnt ihr euern Freunden erzählen, sagte Sir Lanzelot, wie und durch wen ihr befreit worden seid, und grüßt sie alle von mir. Wenn ich einmal in eure Länder komme, dann nehmt mich so auf, wie ihr dazu Veranlassung habt, und als Entschädigung für euer Leid gebe ich euch alle Schätze in der Burg; und der Herr, dem diese Burg gehört, soll sie dem Rechte gemäß zurückerhalten. Edler Herr, sprachen sie, die Burg heißt Tintagil, und sie gehörte einst einem Herzog, der mit der schönen Igraine vermählt war, die danach Uther Pendragon heiratete, und mit ihm Artus zeugte. Nun weiß ich, sagte Sir Lanzelot, wem diese Burg gehört; und so schied er von ihnen und empfahl sie Gott. Dann bestieg er sein Pferd und ritt durch viele fremde und wilde Gegenden und durch viele Flüsse und Täler und fand keine Unterkunft. Schließlich führte ihn, als wieder einmal die Dämmerung hereinbrach, das Glück zu einem schönen Anwesen, wo ihn eine alte Edelfrau freundlich beherbergte und ihn und sein Pferd gut versorgte. Und als die Zeit da war, führte sie ihn in eine geräumige Dachkammer über dem Tor und wies ihm ein Bett an. Da nahm Sir Lanzelot die Rüstung ab, legte den Harnisch daneben, ging zu Bett und schlief sogleich ein. Bald danach kam einer zu Pferde und pochte stürmisch ans Tor. Als Sir Lanzelot das hörte, stand er auf und sah aus dem Fenster und erblickte im Mondschein drei Ritter, die zu Pferde hinter dem einen Mann her waren, und alle drei hieben zugleich mit ihren Schwertern auf ihn ein, und dieser eine Ritter wandte sich mannhaft gegen sie und wehrte sich. Wahrlich, sagte Sir Lanzelot, dem einen Ritter dort werde ich helfen, denn es wäre eine Schande für mich zuzusehen, wie drei Ritter über einen herfallen; und wenn er erschlagen wird, will ich mit ihm sterben. Damit nahm er seinen Harnisch auf und ließ sich an einem Laken vom Fenster zu den vier Rittern hinab und rief mit lauter Stimme: Ihr Ritter, kämpft gegen mich und laßt von dem einen Ritter ab. Da wandten sich die drei von Sir Kay ab und gingen auf Sir Lanzelot los, und es begann ein heißer Kampf. Sie stiegen alle drei vom Pferd und griffen Sir Lanzelot von allen Seiten an und führten viele mächtige Streiche gegen ihn. Da schickte sich Sir Kay an, ihm zu helfen. Nein, Herr, sagte Sir Lanzelot, ich will Eure Hilfe nicht. Wenn Ihr wollt, daß ich Euch helfe, überlaßt die Ritter mir allein. Um den Ritter nicht zu erzürnen, beugte sich Sir Kay seinem Willen und trat beiseite. Und mit sechs Streichen hatte Sir Lanzelot sie sogleich zu Boden gestreckt, daß sie alle drei riefen: Herr Ritter, wir ergeben uns Euch als einem Mann von unvergleichlicher Stärke. Wenn ihr euch nur mir unterwerft, entgegnete Sir Lanzelot, so nehme ich dies nicht an, aber wenn ihr euch Sir Kay, dem Seneschall, unterwerft, will ich euer Leben schonen, sonst nicht. Edler Ritter, sagten sie, das widerstrebt uns, denn wir haben Sir Kay bis hierher verfolgt und hätten ihn überwältigt, wenn Ihr nicht gewesen wärt. Es wäre deshalb nicht vernünftig, wenn wir uns ihm ergäben. Was das angeht, sagte Lanzelot, beratet euch gut, denn ihr könnt wählen, ob ihr sterben oder leben wollt, und wenn ihr euch ergebt, dann Sir Kay. Edler Ritter, sprachen sie da, um unser Leben zu retten, wollen wir tun, was Ihr befehlt. Dann sollt ihr, sagte Sir Lanzelot, am nächsten Pfingstfest an den Hof des Königs Artus gehen und euch der Königin Ginevra auf Gnade und Ungnade ergeben und sagen, daß euch Sir Kay hinschickt als ihre Gefangenen. Herr, antworteten sie, bei unserem Leben, es soll geschehen; und das schwur ihm jeder Ritter auf sein Schwert. Und damit ließ Sir Lanzelot sie ziehen. Dann klopfte Sir Lanzelot mit dem Schwertknauf ans Tor, und seine Wirtin öffnete, und er ging mit Sir Kay hinein. Herr, sagte die Wirtin, ich dachte, Ihr wäret im Bett. Das war ich auch, erwiderte Sir Lanzelot, aber ich bin aufgestanden und zum Fenster hinausgestiegen, um einem alten Freund beizustehen. Als sie ins Licht traten, erkannte Sir Kay, daß es Sir Lanzelot war, und er kniete nieder und dankte ihm für die großherzige Hilfe, die ihn zweimal vor dem Tode bewahrt hatte. Herr, entgegnete Lanzelot, ich habe nichts getan als meine Pflicht.

Ihr seid willkommen, laßt Euch hier nieder und ruht Euch aus. Als Sir Kay die Rüstung abgelegt hatte, verlangte er zu essen; so wurde ihm Speise gebracht, und er aß gierig. Nach dem Essen legten sie sich hin und schliefen in einem Bett. Am anderen Morgen stand Sir Lanzelot früh auf und ließ Sir Kay schlafen. Er nahm Sir Kays Rüstung und seinen Schild und wappnete sich und ging in den Stall und nahm sein Pferd. Er verabschiedete sich von seiner Wirtin und ritt von dannen. Bald danach wachte Sir Kay auf und vermißte Sir Lanzelot. Da bemerkte er, daß dieser seine Rüstung und sein Pferd genommen hatte. Meiner Treu, ich nehme an, er wird einigen vom Hofe des Königs Artus übel mitspielen, denn die Ritter werden dreist gegen ihn sein, weil sie glauben, ich wäre es, und das wird sie täuschen. Ich aber bin sicher, mit seiner Rüstung und seinem Schild in Frieden zu reiten. Darauf verabschiedete sich Sir Kay und dankte der Wirtin.

 **WIE SICH SIR LANZELOT MIT SIR KAYS RÜSTUNG TARNTE, UND WIE ER EINEN RITTER NIEDERWARF.** Nachdem Sir Lanzelot lange durch einen großen Wald geritten war, kam er schließlich in ein flaches Land voll schöner Flüsse und Wiesen und sah vor sich eine lange Brücke, an der drei Zelte aus Seide und Taft von verschiedener Farbe aufgestellt waren. Und vor den Zelten hingen drei weiße Schilde an Lanzenstangen, und mächtige lange Lanzen standen aufrecht daneben, und vor jedem Zelt standen drei junge Ritter. Sir Lanzelot ritt an ihnen vorüber und sprach kein Wort. Als er vorbei war, sagten die drei Ritter, das sei der stolze Kay gewesen; er bilde sich ein, kein Ritter sei so trefflich wie er, doch das Gegenteil sei oft bewiesen worden. Meiner Treu, sprach einer der Ritter namens Sir Gaunter, ich will ihm nachreiten und ihn wegen seines Hochmuts herausfordern, und ihr sollt sehen, wie ich mit ihm fertig werde. So rüstete sich

dieser Ritter, hängte seinen Schild über die Schulter, bestieg sein Pferd, nahm seine Lanze und galoppierte Sir Lanzelot nach. Als er sich ihm näherte, rief er: Halt, du stolzer Ritter Sir Kay, hier kommst du nicht ungeschoren davon. Da machte Sir Lanzelot kehrt, und beide legten ihre Lanzen ein und rannten mit voller Wucht gegeneinander, und Sir Gaunters Lanze zerbrach, und Sir Lanzelot warf ihn mitsamt dem Pferd zu Boden. Als Sir Gaunter auf der Erde lag, sagten seine Brüder zueinander: Dieser Ritter ist nicht Sir Kay, denn er ist stärker. Ich wette meinen Kopf, fügte Sir Gilmere hinzu, er hat Sir Kay erschlagen und sein Pferd und seine Rüstung genommen. Sei dem, wie ihm wolle, sagte Sir Raynold, der dritte Bruder, laß uns jetzt aufsitzen und unseren Bruder retten, bei unserem Leben. Wir werden genug zu tun haben, um mit diesem Ritter fertigzuwerden, denn seiner Gestalt nach scheint es Sir Lanzelot oder Sir Tristan oder Sir Pelleas, der tapfere Ritter, zu sein. Sogleich bestiegen sie ihre Pferde und holten Sir Lanzelot ein, und Sir Gilmere legte seine Lanze ein und sprengte gegen Sir Lanzelot, aber Sir Lanzelot warf ihn nieder, daß er ohnmächtig liegenblieb. Herr Ritter, sagte Sir Raynold, du bist ein starker Mann, und ich glaube, du hast zwei meiner Brüder getötet, und deshalb rast mein Herz vor Zorn gegen dich. Wenn es meine Ehre erlaubte, würde ich nicht mit dir kämpfen, aber ich muß einstehen wie sie, und darum, Ritter, hüte dich. Und so prallten sie mit aller Macht zusammen, daß beider Lanzen zersplitterten. Da zogen sie ihre Schwerter und hieben wild aufeinander ein. Währenddessen erhob sich Sir Gaunter und ging zu seinem Bruder Sir Gilmere und sagte: Steh auf, wir wollen unserem Bruder helfen, der sich so wunderbar mit diesem tapferen Ritter schlägt. Da sprangen sie aufs Pferd und sprengten gegen Sir Lanzelot. Als er sie kommen sah, versetzte er Sir Raynold einen mächtigen Streich, daß er vom Pferd stürzte, dann wandte er sich gegen die beiden anderen Brüder und streckte sie mit zwei Hieben zu Boden. Da raffte sich Sir Raynold mit blutüberströmtem Kopf auf und griff Sir Lanzelot an. Laß es jetzt gut sein, sagte Sir Lanzelot, ich war dabei, als du zum Ritter geschlagen wurdest, Sir Raynold, auch weiß ich, daß du ein tapferer Ritter bist, und ich möchte dich nicht gern töten. Habt Dank für Eure Güte, antwortete Sir Raynold, und ich darf auch für meine Brüder sprechen, daß wir uns Euch gern ergeben, wenn wir Euern Namen erfahren, denn wir wissen wohl, daß Ihr nicht Sir Kay seid. Wie dem auch sei, ihr sollt euch der Königin Ginevra unterwerfen, und seht zu, daß ihr zu Pfingsten bei ihr seid, und sagt, daß euch Sir Kay zu ihr geschickt hat. Da schwuren sie, es sollte geschehen. Sir Lanzelot ritt seines Weges, und die Brüder halfen einander, so gut sie konnten.

 WIE SIR LANZELOT GEGEN VIER RIT-
Kapitel 13 TER DER TAFELRUNDE KÄMPFTE UND SIE BESIEGTE. 🙵 Mitten in einem tiefen Wald erblickte Sir Lanzelot in einem Tal vier Ritter, die unter einer Eiche rasteten. Es waren Sir Sagramore le Desirous, Ector von Maris, Sir Gawein und Sir Iwein, und sie gehörten zu König Artus' Hof. Als sie Sir Lanzelot kommen sahen, glaubten sie wegen seines Wappens, es wäre Sir Kay. Bei meiner Ehre, sagte Sir Sagramore, ich will Sir Kays Kraft auf die Probe stellen; und er nahm seine Lanze und ritt gegen Sir Lanzelot. Doch Sir Lanzelot erkannte ihn, legte seine Lanze ein und traf Sir Sagramore mit solcher Wucht, daß Roß und Reiter zu Boden fielen. Seht, meine Freunde, sagte Sir Ector, was für einen Stoß er führt, dieser Ritter ist viel stärker als Sir Kay. Nun sollt ihr sehen, was ich gegen ihn vermag. Sir Lanzelot aber durchbohrte ihm Schild und Schulter, daß Mann und Roß stürzten, während seine Lanze hielt. Meiner Treu, sagte Sir Iwein, ist das ein starker Ritter, ich bin sicher, er hat Sir Kay erschlagen. Bei seiner Kraft wird es schwerhalten, mit ihm fertigzuwerden. Und damit nahm Sir Iwein seine Lanze zur Hand und ritt gegen Sir Lanzelot, und Sir Lanzelot erkannte auch ihn. Auf ebenem

Boden traf er mit ihm zusammen und versetzte ihm einen solchen Stoß, daß Sir Iwein betäubt liegenblieb und lange nicht wußte, wo er war. Ich sehe wohl, sagte Sir Gawein, jetzt muß ich mit diesem Ritter kämpfen. Und er nahm seinen Schild auf und packte eine starke Lanze. Sir Lanzelot erkannte ihn wohl, und dann sprengten sie mit aller Kraft gegeneinander, und jeder traf den anderen mitten auf den Schild. Doch Sir Gaweins Lanze zerbarst, und sein Pferd prallte von Sir Lanzelots Stoß zurück und kam zu Fall. Da hatte Sir Gawein große Mühe, sich von seinem Pferd loszumachen. Sir Lanzelot ritt gemächlich zu ihm hin und sagte lächelnd: Gott segne den, der diese Lanze gemacht hat, denn nie ist mir eine bessere in die Hand gekommen. Die vier Ritter aber versammelten sich und trösteten einander. Was haltet ihr von diesem Fremden? fragte Sir Gawein, mit einer Lanze hat er uns alle vier niedergestreckt. Wir empfehlen ihn dem Teufel, erwiderten sie alle, er ist ein Mann von gewaltiger Kraft. Das könnt ihr wohl sagen, entgegnete Sir Gawein, und ich wette meinen Kopf, es ist Sir Lanzelot. Ich erkenne ihn daran, wie er reitet. Doch laßt ihn ziehen; wenn wir an den Hof kommen, werden wir es erfahren. Und dann hatten sie viel Mühe, wieder in den Sattel zu gelangen.

WIE SIR LANZELOT EINER DOGGE IN EINE BURG FOLGTE, WO ER EINEN TOTEN RITTER FAND, UND WIE ER DANACH VON EINEM FRÄULEIN GEBETEN WURDE, IHREN BRUDER ZU HEILEN. ❧ Danach ritt Sir Lanzelot lange Zeit durch einen tiefen Wald. Auf einmal gewahrte er eine schwarze Dogge, die suchend dahinlief, als wäre sie einem schweißenden Wild auf der Fährte. Dieser Dogge ritt er nach, und er bemerkte eine breite Blutspur auf dem Boden. Immer wieder sah sich die Dogge um; sie lief über eine große morastige Heide, und Sir Lanzelot folgte ihr. Endlich erblickte er ein altes Schloß, und in das lief die Dogge hinein. Sir Lanzelot ritt über eine alte und baufällige Brücke, und als er in die Mitte einer großen Halle kam, sah er einen toten Ritter liegen, einen stattlichen Mann, und die Dogge leckte seine Wunden. Da kam eine Dame heraus, die weinte und rang die Hände und sagte: O Ritter, allzu großen Schmerz hast du mir bereitet! Warum sagt Ihr das? entgegnete Sir Lanzelot. Ich habe diesem Ritter nichts zuleide getan, die Dogge hat mich auf einer Blutspur hierher geführt. Deshalb, schöne Dame, zürnt mir nicht, denn Euer Kummer schmerzt mich sehr. Wahrhaftig, Herr, antwortete sie, ich glaube Euch, daß Ihr meinen Gatten nicht erschlagen habt, denn der das getan hat, ist schwer verwundet und wird sich nicht so schnell erholen, das kann ich ihm versichern. Wie war der Name Eures Gatten? fragte Sir Lanzelot. Herr, antwortete sie, er hieß Sir Gilbert der Bastard, einer der besten Ritter auf der Welt; aber wer ihn erschlagen hat, weiß ich nicht. Gott sende Euch besseren Trost, sagte Sir Lanzelot, und so schied er und ritt wieder in den Wald. Dort begegnete ihm ein Fräulein, das ihn gut kannte, und das sprach zu ihm: Gut, daß ich Euch treffe, edler Herr. Ich bitte Euch, bei Eurer Ritterehre, helft meinem Bruder, er ist schwer verwundet und hört nicht auf zu bluten. Er hat heute gegen Sir Gilbert den Bastard gekämpft und ihn im offenen Kampf erschlagen. Eine Zauberin, die in einem Schloß ganz in der Nähe wohnt, hat mir gesagt, die Wunden meines Bruders würden niemals heilen, wenn ich nicht einen Ritter fände, der in die Kapelle der Gefahren ginge. Dort lägen ein Schwert und ein blutgetränktes Tuch, in das der verwundete Ritter gehüllt worden war. Ein Stück von dem Tuch und das Schwert würden meines Bruders Wunden durch Berührung heilen. Das ist eine wunderliche Sache, sagte Sir Lanzelot, doch wie heißt Euer Bruder? Herr, erwiderte sie, sein Name ist Sir Meliot von Logris. Das tut mit leid, sprach Sir Lanzelot, denn er ist ein Ritter der Tafelrunde, und ihm zu helfen, will ich alles tun, was in meiner Macht steht. Dann, Herr, sagte sie, folgt immer diesem Wege, er führt zur Kapelle der Gefahren. Ich aber werde hier warten, bis Gott Euch zurückschickt, und wenn es Euch nicht gelingt, weiß ich keinen Ritter, der dieses Abenteuer zu bestehen vermag.

WIE SIR LANZELOT IN DIE KAPELLE DER GEFAHREN KAM UND VON EINEM LEICHNAM EIN STÜCK LEICHENTUCH UND EIN SCHWERT NAHM. ⅋

Kapitel 15

Sogleich brach Sir Lanzelot auf, und als er zu der Kapelle der Gefahren kam, stieg er ab und band sein Pferd an ein kleines Tor. Wie er den Hof betrat, erblickte er an der Vorderseite der Kapelle zahlreiche prachtvolle Schilde umgekehrt aufgehängt, und viele von ihnen hatte er früher Ritter tragen sehen. Auf einmal standen ihm dreißig große Ritter gegenüber, viel größer, als ihm je begegnet waren, und sie zogen alle Grimassen und fletschten die Zähne gegen ihn. Als er ihre Gesichter sah, fürchtete er sich sehr und nahm den Schild hoch und zog das Schwert und machte sich zum Kampf bereit, denn sie standen alle da in schwarzer Rüstung mit Schild und bloßem Schwert. Als Sir Lanzelot durch ihre Reihen hindurchgehen wollte, wichen sie vor ihm zurück und machten ihm Platz, und das gab ihm Mut. Er ging in die Kapelle hinein, wo es dunkel war und nur eine trübe Lampe brannte, und da bemerkte er, in ein seidenes Tuch gehüllt, eine Leiche. Sir Lanzelot bückte sich und schnitt ein Stück von dem Tuch ab, und da war es unter seinen Füßen, als ob die Erde leicht bebte, und er fürchtete sich. Da sah er neben dem toten Ritter ein prächtiges Schwert liegen, das ergriff er und eilte aus der Kapelle. Als er wieder auf den Hof kam, riefen die Ritter mit grimmiger Stimme: Ritter Lanzelot, lege dieses Schwert weg, oder du stirbst. Ob ich lebe oder sterbe, entgegnete Sir Lanzelot, mit großen Worten bekommt ihr es nicht zurück, deshalb kämpft darum, wenn es euch danach gelüstet. Dann schritt er mitten durch ihre Reihen hindurch. Kaum hatte er den Hof verlassen, trat ein schönes Fräulein auf ihn zu und sagte: Sir Lanzelot, laß ab von dem Schwert, oder es wird dir den Tod bringen. Ich lasse es nicht, erwiderte Sir Lanzelot, unter keiner Bedingung. Nein, sagte sie, wenn du dieses Schwert aufgäbest, würdest du nie zu Königin Ginevra gelangen. Da wäre ich ein Narr, antwortete Sir Lanzelot, wenn ich von dem Schwert ließe. Nun, edler Ritter, sagte das Fräulein, ich bitte dich, küß mich nur ein einziges Mal. Nein, erwiderte Sir Lanzelot, Gott bewahre mich davor. Nun gut, sagte sie, wenn du mich geküßt hättest, wäre es um dein Leben geschehen gewesen, aber so, weh mir, ist all meine Mühe umsonst, denn ich habe diese Kapelle für dich und für Sir Gawein errichtet. Einmal hatte ich Sir Gawein bei mir, und damals kämpfte er mit jenem Ritter Sir Gilbert dem Bastard, der jetzt tot in der Kapelle liegt und dem er damals die linke Hand abschlug. Und jetzt gestehe ich dir, Sir Lanzelot, ich habe dich sieben Jahre lang geliebt, aber keine Frau außer der Königin Ginevra kann deine Liebe erringen. Und da ich deinen Leib zu meiner Lust nicht lebendig haben kann, blieb mir nur die eine Freude in der Welt, deinen Leib tot zu bekommen. Ich hätte ihn einbalsamiert und gepflegt und so mein Leben lang besessen, und Tag für Tag hätte ich ihn umarmt und geküßt, Königin Ginevra zum Trotz. Du sprichst wahr, erwiderte Sir Lanzelot, Jesus schütze mich vor deinen Zauberkünsten. Und geschwind stieg er aufs Pferd und ritt von dannen. Das Fräulein aber befiel nach Lanzelots Abschied solcher Kummer, daß sie vierzehn Tage darauf starb. Ihr Name war Hellawes, Zauberin und Herrin der Burg Nigramous. Bald danach stieß Sir Lanzelot wieder auf Sir Meliots Schwester. Als sie ihn erblickte, schlug sie die Hände zusammen und weinte vor Freude. Da ritten sie zu einer Burg in der Nähe, in der Sir Meliot lag, und als Sir Lanzelot ihn sah, erkannte er ihn, doch war er wegen des Blutverlustes so grau wie Asche. Als Sir Meliot Sir Lanzelot erblickte, fiel er auf die Knie und rief: O Sir Lanzelot, helft mir! Da eilte Sir Lanzelot zu ihm und berührte seine Wunden mit Sir Gilberts Schwert und dann mit dem blutigen Tuch, in das Sir Gilbert eingehüllt worden war, und sogleich erhob sich Sir Meliot so gesund wie nie zuvor in seinem Leben. Darüber herrschte große Freude, und sie bewirteten Sir Lanzelot, so gut sie nur konnten. Am nächsten Morgen nahm Sir Lanzelot Abschied und trug Sir Meliot auf, sich eilends zum Hofe des Königs Artus zu begeben: Denn das Pfingstfest naht, und dann sollt Ihr mich mit Gottes Hilfe dort finden. Und damit schieden sie.

WIE SIR LANZELOT AUF BITTEN EINER DAME EINEN FALKEN WIEDER EINFING UND DABEI VON IHR VERRATEN WURDE. ❧ Und so ritt Sir Lanzelot durch viele seltsame Länder, durch Marschen und Täler, bis er von ungefähr zu einer schönen Burg kam. Und als er daran vorüberritt, vermeinte er zwei Glocken klingen zu hören. Da bemerkte er einen Falken, der über seinen Kopf hinweg zu einer hohen Ulme flog und lange Schnüre an seinen Füßen hatte. Wie er sich auf der Ulme niederlassen wollte, verfingen sich die Schnüre an einem Ast. Und als er wieder wegfliegen wollte, hing er mit den Beinen fest, und Sir Lanzelot sah den schönen Falken hilflos hängen, und er tat ihm leid. Mittlerweile kam eine Dame aus der Burg und rief laut: O Lanzelot, Lanzelot, so wahr du der edelste aller Ritter bist, hilf mir, meinen Falken zu fangen; wenn mein Falke verlorengeht, bringt mein Herr mich um! Denn ich hielt den Falken, und er flog mir davon, und wenn mein Herr und Gemahl das erfährt, wird er so zornig, daß er mich erschlägt. Wie heißt Euer Gemahl? fragte Sir Lanzelot. Herr, antwortete sie, sein Name ist Sir Phelot. Er ist als Ritter dem König von Nordwales untertan. Nun gut, schöne Dame, da Ihr meinen Namen kennt und bei meiner Ritterehre verlangt, daß ich Euch helfe, will ich versuchen, Euch Euern Falken zu holen, doch weiß Gott, ich bin ein schlechter Kletterer, und der Baum ist sehr hoch und hat wenig Äste zum Festhalten. Damit stieg Sir Lanzelot ab, band sein Pferd an dem Baum fest und bat die Dame, ihm die Rüstung abzunehmen. Dann legte er seine Kleider ab bis auf Hemd und Hose und kletterte unter Aufbietung aller Kräfte hinauf zum dem Falken und band die Schnüre an einen dicken dürren Ast und warf ihn mitsamt dem Falken hinab. Sogleich nahm die Dame den Falken auf. Da trat plötzlich aus den Büschen Sir Phelot, ihr Gemahl, hervor, in voller Rüstung und mit dem bloßen Schwert in der Hand, und sagte: Ritter Lanzelot, jetzt habe ich dich, wie ich dich haben wollte. Und er stellte sich an den Baumstamm, um ihn zu erschlagen. Ach, meine Dame, rief Sir Lanzelot, warum habt Ihr mich verraten? Sie hat nur getan, antwortete Sir Phelot, was ich ihr befohlen habe. Deine Stunde ist gekommen, du mußt sterben. Das wäre eine Schande für dich, sagte Sir Lanzelot, wenn du, ein bewaffneter Ritter, einen entblößten Mann durch Verrat erschlagen wolltest. Du findest keine Gnade, entgegnete Sir Phelot, hilf dir also selbst, wenn du kannst. Wahrlich, sagte Sir Lanzelot, das wird dir Schande bringen, aber da du es so haben willst, nimm meinen Harnisch an dich und hänge mein Schwert an einen Ast, so daß ich es erlangen kann, und dann versuche, mich zu töten, wenn du es vermagst. Nein, nein, erwiderte Sir Phelot, ich kenne dich besser, als du glaubst, darum bekommst du keine Waffe, wenn ich es verhindern kann. Wehe, rief Sir Lanzelot, daß ein Ritter waffenlos sterben soll. Und er schaute sich um nach oben und unten und sah über seinem Kopf einen dicken vertrockneten Ast ohne Blätter, und den brach er vom Stamm ab. Dann stieg er hinunter und gab acht, wo sein Pferd stand, und plötzlich sprang er hinab, so daß sein Pferd zwischen ihm und dem Ritter war. Sir Phelot hieb heftig auf ihn ein und glaubte schon, er hätte ihn erschlagen, doch Sir Lanzelot wehrte den Streich mit dem Knüppel ab und hieb ihm damit über den Schädel, daß er besinnungslos zu Boden sank. Sir Lanzelot nahm ihm das Schwert aus der Hand und schlug ihm den Kopf ab. Da schrie die Dame: Wehe! warum hast du meinen Gemahl erschlagen? Daran bin ich nicht schuld, entgegnete Sir Lanzelot, ihr wolltet mich durch tückischen Verrat töten, und jetzt ist das auf euch beide zurückgefallen. Da brach sie ohnmächtig zusammen, als wäre sie tot. Sir Lanzelot aber legte seine Rüstung an, so gut er konnte, denn er fürchtete, daß mehr Leute kämen, da die Burg des Ritters so nahe lag, und eilends nahm er sein Pferd und ritt davon und dankte Gott, daß er dieser Gefahr entronnen war.

WIE SIR LANZELOT EINEN RITTER EINHOLTE, DER SEIN WEIB VERFOLGTE, UM ES ZU TÖTEN, UND WIE ER ZU IHM SPRACH. ❧ So zog Sir Lanzelot weiter durch viele wilde Gegenden. Und als er durch ein Tal kam, sah er einen Ritter, der mit bloßem Schwert eine Dame verfolgte und sie töten wollte. In höchster Not rief die Dame Sir Lanzelot an und bat ihn, sie zu retten. Sir Lanzelot, der erkannte, welches Unheil drohte, spornte sein Pferd und ritt zwischen die beiden und sagte: Ritter, pfui Schande, warum willst du diese Dame töten? Du schändest dich damit und alle Ritter! Was fällt dir ein, dich zwischen mich und mein Weib zu stellen? antwortete der Ritter. Ich will sie dir zum Trotz erschlagen. Das wirst du nicht, entgegnete Sir Lanzelot, sondern wir zwei werden miteinander kämpfen. Sir Lanzelot, sagte der Ritter, du mischst dich ohne Grund ein, denn diese Dame hat mich verraten. Das ist nicht wahr, antwortete die Dame, er spricht falsch von mir. Nur weil ich meinen leiblichen Vetter gern habe und zärtlich zu ihm bin, ist er eifersüchtig auf ihn und mich; doch ich schwöre bei Gott, es war nie Sünde zwischen uns. Herr Ritter, fuhr die Dame fort, da Ihr der edelste Ritter der Welt genannt werdet, flehe ich Euch beim wahren Rittertum an, nehmt mich in Schutz und rettet mich. Denn was Ihr auch immer sagt, er wird mich töten, er ist ohne Gnade. Habt keine Furcht, antwortete Lanzelot, es wird nicht in seiner Macht stehen. Herr, sagte der Ritter, vor Euern Augen will ich tun, was Ihr wollt. So ritt Sir Lanzelot auf der einen Seite und sie auf der anderen. Kaum waren sie eine Weile geritten, als der Ritter Sir Lanzelot aufforderte, sich umzudrehen und nach hinten zu schauen: Herr, dort kommen bewaffnete Männer hinter uns hergeritten. Arglos drehte sich Sir Lanzelot um, und schon war der Ritter auf der Seite der Dame und schlug ihr den Kopf ab. Als Sir Lanzelot das sah, rief er: Verräter, du hast ewige Schande über mich gebracht! Rasch stieg Sir Lanzelot vom Pferd und zog sein Schwert, um ihn zu erschlagen, doch der Ritter warf sich lang hin auf den Boden und klammerte sich an Sir Lanzelots Beine und schrie um Gnade. Pfui über dich, sagte Sir Lanzelot, du schändlicher Wicht, du verdienst keine Gnade, deshalb stehe auf und kämpfe mit mir. Nein, erwiderte der Ritter, ich stehe nicht eher auf, als bis Ihr mir Gnade gewährt. Ich mache dir ein annehmbares Angebot, sagte Lanzelot, ich will meine Rüstung ablegen und nichts weiter anbehalten als mein Hemd und dazu mein Schwert in der Hand, und wenn du mich erschlagen kannst, sind wir quitt. Nein, Herr, entgegnete der Ritter, das will ich niemals. Nun denn, sprach Sir Lanzelot, nimm diese Dame und ihren Kopf und schwöre mir auf mein

Schwert, sie immer auf deinem Rücken zu tragen und nicht zu ruhen, bis du zu Königin Ginevra kommst. Herr, antwortete er, das will ich tun, bei meinem Leben. Jetzt sage mir noch, wie du heißt. Herr, mein Name ist Pedivere. Zu schändlicher Stunde bist du geboren, sagte Lanzelot. Alsdann machte sich Pedivere mit der toten Dame und dem Kopf auf den Weg und fand die Königin bei König Artus in Winchester, und er erzählte ihr getreulich den ganzen Vorfall. Herr Ritter, sagte die Königin, das ist eine gräßliche und schändliche Tat, und Sir Lanzelot verdient großen Tadel, denn noch ist seine Tugend in manchen Ländern nicht bekannt. Aber das will ich Euch zur Buße auferlegen, und tut dies, so gut Ihr könnt: Ihr sollt diese Dame auf Euerm Pferd zum Papst nach Rom bringen und von ihm Eure Strafe für Eure schlimmen Taten empfangen, und nie sollt Ihr zur Nacht ruhen, ohne daß der Leichnam bei Euch liegt. Darauf leistete er einen Eid und ritt von dannen. Als er nach Rom kam, so heißt es in dem französischen Buch, ließ der Papst den Leichnam der Dame in Rom bestatten und sandte den Ritter zurück zur Königin Ginevra. Danach lebte Sir Pedivere in großer Tugend und wurde ein heiliger Mann und Einsiedler.

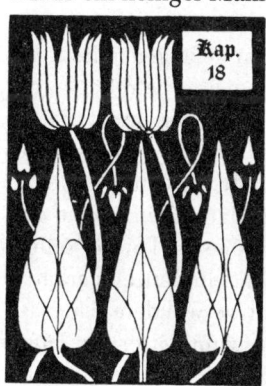 WIE SIR LANZELOT AN DEN HOF DES KÖNIGS ARTUS ZURÜCKKEHRTE, UND WIE DORT VON SEINEN TATEN UND ABENTEUERN BERICHTET WURDE. Zwei Tage vor dem Pfingstfest kehrte Sir Lanzelot vom See zurück, und der König und der ganze Hof waren sehr froh darüber. Als Sir Gawein, Sir Iwein, Sir Sagramore und Sir Ector von Maris Sir Lanzelot in Kays Rüstung sahen, wußten sie, daß er es war, der sie alle mit einer Lanze niedergeworfen hatte, und darüber schmunzelten sie und lachten.

Kap. 18

Nach und nach kamen all die Ritter heim, die Sir Turquine gefangengehalten hatte, und sie priesen und ehrten Sir Lanzelot. Als Sir Gaheris sie sprechen hörte, sagte er: Ich habe den ganzen Kampf von Anfang bis Ende gesehen; und er berichtete König Artus, wie sich alles zugetragen hatte und daß Sir Turquine der stärkste Ritter gewesen wäre, den er je gesehen hätte, Sir Lanzelot ausgenommen. Und viele Ritter traten auf, die Zeugnis für Lanzelot ablegten, fast sechzig an der Zahl. Dann berichtete Sir Kay dem König, wie ihn Sir Lanzelot aus Todesnot gerettet hatte und wie er die Ritter gezwungen hatte, sich ihm zu ergeben. Und alle drei waren sie da und bestätigten dies. Bei Jesus, sagte Sir Kay, weil Sir Lanzelot meinen Harnisch nahm und mir seinen ließ, konnte ich in Frieden reiten, und niemand wollte sich mit mir anlegen. Danach kamen die drei Ritter, die mit Sir Lanzelot an der langen Brücke gekämpft hatten, und sie ergaben sich Sir Kay, doch Sir Kay lehnte dies ab und erklärte, er habe nie mit ihnen gekämpft. Doch ich will euer Herz erleichtern, sagte Sir Kay, dort steht Sir Lanzelot, der hat euch besiegt. Als sie das erfuhren, waren sie froh. Dann kehrte Sir Meliot von Logris heim und erzählte dem König, wie Sir Lanzelot ihn vor dem Tode bewahrt hatte. Und alle seine Abenteuer wurden bekannt, wie vier Königinnen, Zauberinnen, ihn gefangenhielten und wie ihn die Tochter des Königs Bagdemagus befreite. Ferner wurden da alle die großen Waffentaten berichtet, die Sir Lanzelot in dem Streit zwischen dem König von Nordwales und König Bagdemagus vollbracht hatte. Davon berichteten wahrheitsgemäß Sir Gahalantine, Sir Mador de la Porte und Sir Mordred, denn sie hatten auch an diesem Turnier teilgenommen. Dann kam die Dame hinzu, die Sir Lanzelot erkannt hatte, als er Sir Belleus bei dem Zelt verwundete. Und auf Bitten Sir Lanzelots wurde Sir Belleus zum Ritter der Tafelrunde ernannt. So war zu dieser Zeit Sir Lanzelot der berühmteste Ritter der Welt und wurde von hoch und niedrig am meisten verehrt.

7. Buch

WIE BEAUMAINS AN DEN HOF DES KÖNIGS ARTUS KAM UND DORT DREI WÜNSCHE AN KÖNIG ARTUS RICHTETE.

LS König Artus seine Tafelrunde in großem Glanz abhielt, gab er einmal den Befehl, das hohe Pfingstfest in einer Burg zu feiern, die in jenen Tagen Kinkenadon hieß und auf einer Sandebene, die an Wales grenzt, lag. Damals pflegte der König den Brauch, daß er besonders zu Pfingsten, vor anderen Festtagen des Jahres, keine Speise zu sich nahm, ehe er nicht etwas Wunderbares gesehen oder gehört hatte. Wegen des Brauches kamen zu diesem Fest immer allerlei seltsame Abenteuer vor Artus. So bemerkte Sir Gawein am Pfingstsonntag kurz vor Mittag von einem Fenster aus drei Männer zu Pferde und einen Zwerg zu Fuß. Die drei Männer stiegen ab, und der Zwerg hielt ihre Pferde, und einer der drei Männer war anderthalb Fuß größer als die beiden anderen. Da ging Sir Gawein zum König und sagte: Herr, geht zu Euerm Mahle, gleich werden seltsame Abenteuer geschehen. Und der König ging mit vielen anderen Königen in den Speisesaal. Auch waren alle Ritter der Tafelrunde anwesend, außer denen, die im Kampf gefangen oder erschlagen worden waren. Bei dem hohen Feste sollte ihre Anzahl immer bis zu einhundertundfünfzig aufgefüllt werden, denn dann war die Tafelrunde voll besetzt. Auf einmal traten zwei prächtig und reich gekleidete Männer in die Halle, und auf ihren Schultern lehnte der stattlichste und schönste junge Mann, den sie je gesehen hatten. Er war groß und breitschultrig und hatte ein schönes Gesicht und ungewöhnlich schöne und große Hände, aber er tat, als ob er nicht gehen oder sich aufrecht halten könnte, ohne sich an ihre Schultern zu lehnen. Sobald Artus ihn erblickte, wurde Ruhe und Platz geboten, und sie gingen mit ihm zu

dem erhöhten Tisch, ohne ein Wort zu sagen. Dann trat der junge Mann zurück, richtete sich mit Leichtigkeit auf und sprach: König Artus, Gott segne Euch und Eure ganze edle Gefolgschaft und insbesondere die Ritter der Tafelrunde. Ich bin gekommen, Euch um drei Gaben zu bitten, sie sind nicht unbillig, und Ihr könnt sie mir würdig und in Ehren gewähren, ohne großen Schaden und Verlust für Euch. Um die erste Gabe will ich jetzt gleich bitten, um die beiden anderen heute übers Jahr, wo immer Ihr Euer hohes Fest feiert. Bittet nur, sagte Artus, und Ihr sollt haben, was Ihr begehrt. Nun, Herr, das ist mein Begehr für dieses Fest, daß Ihr mir für ein volles Jahr genügend zu essen und zu trinken gebt, und in einem Jahr will ich meine anderen beiden Bitten vorbringen. Mein lieber Sohn, antwortete Artus, ich rate dir, verlange Besseres, denn das ist nur eine geringe Bitte. Mein Herz ist dir sehr zugetan und sagt mir, daß du edler Herkunft bist, und ich müßte mich sehr irren, wenn aus dir nicht ein Mann mit großen Tugenden wird. Herr, entgegnete er, sei dem, wie ihm wolle, ich habe gebeten, worum ich bitten wollte. Gut denn, sagte der König, du sollst ausreichend zu essen und zu trinken haben, das habe ich noch niemanden verweigert, weder Freund noch Feind. Aber deinen Namen möchte ich wissen. Den kann ich nicht sagen, antwortete er. Es ist erstaunlich, sprach der König, daß du deinen Namen nicht weißt, und doch bist du einer der stattlichsten jungen Männer, die ich je gesehen habe. Da übergab ihn der König an Sir Kay, den Haushofmeister, und trug diesem auf, ihn mit den besten Speisen und Getränken zu versorgen und so zu behandeln, als sei er der Sohn eines Edelmannes. Es dürfte kaum nötig sein, antwortete Sir Kay, ihn so zu beköstigen; ich bürge dafür, er ist ein Bauernsohn und wird es nie zu etwas bringen, denn wäre er edler Herkunft, hätte er Euch um Pferd und Rüstung gebeten, aber so, wie er ist, sind seine Wünsche. Da er keinen Namen hat, will ich ihm einen geben. Er soll Beaumains heißen, das ist Schönhänder, und in die Küche werde ich ihn bringen, und dort soll er alle Tage fette Brühe bekommen, daß er in einem Jahr fett ist wie ein Mastschwein. Dann entfernten sich die zwei Männer und überließen ihn Sir Kay, der ihn ausschalt und verspottete.

 WIE SIR LANZELOT UND SIR GAWEIN ZÜRNTEN, WEIL SIR KAY BEAUMAINS VERSPOTTETE, UND VON EINEM FRÄULEIN, DAS EINEN RITTER SUCHTE, DER FÜR EINE DAME KÄMPFEN SOLLTE. Darüber wurde Sir Gawein zornig, und besonders Sir Lanzelot forderte Sir Kay auf, seinen Spott zu unterlassen: Denn ich setzte meinen Kopf, er wird ein Mann von großem Ruhm werden. Laßt gut sein, erwiderte Sir Kay, dafür gibt es keinen Grund, denn wie er ist, so sind seine Wünsche. Seht Euch vor, versetzte Sir Lanzelot, Ihr habt auch dem edlen Ritter Brunor, Sir Dinadans Bruder, einen Namen gegeben und ihn La Cote Male Taile genannt, und das mußtet Ihr später bereuen. Das beweist gar nichts, entgegnete Sir Kay, denn Sir Brunor begehrte immer Ruhm, und dieser begehrt Brot und Trinken und Brühe. So wahr ich lebe, er ist in irgendeinem Kloster aufgewachsen, und aus irgendeinem Grund gingen dort Speise und Trank aus, und deshalb ist er hierhergekommen, um sich füttern zu lassen. Und so forderte Sir Kay Beaumains auf, sich zum Essen einen Platz zu suchen, und Beaumains ließ sich an der Tür der Halle zwischen Jungen und Burschen nieder und aß tüchtig. Nach dem Mahle forderte ihn Sir Lanzelot auf, zu ihm in sein Gemach zu kommen, dort sollte er reichlich zu essen und zu trinken haben. Dasselbe tat Sir Gawein; aber er wies sie alle ab und wollte unter keinen Umständen etwas anderes tun, als was Sir Kay befohlen hatte. Sir Gawein hatte guten Grund, ihm Unterkunft, Essen und Trinken anzubieten; dieses Angebot kam aus seinem Blut, denn er war näher mit ihm verwandt, als er wußte. Sir Lanzelots Angebot aber entsprang seiner großen Güte und Ritterlichkeit. So wurde Beaumains

in der Küche untergebracht und schlief nachts bei den Küchenjungen. Das ertrug er ein ganzes Jahr und erzürnte weder Mann noch Kind, sondern war immer sanft und freundlich. Sooft aber ein Kampfspiel der Ritter stattfand, wollte er es sehen, wenn es irgend anging. Sir Lanzelot gab ihm immer Gold und Kleider und ebenso Sir Gawein, und wenn es Wettkämpfe gab, war er dabei, und allen war er beim Stangen- oder Steinwerfen um zwei Meter voraus. Dann pflegte Sir Kay zu sagen: Wie gefällt euch mein Küchenjunge? So verging die Zeit bis zum Pfingstfest. Und das feierte Artus damals in Carlion auf die königlichste Art, wie er es in jedem Jahr tat. Aber der König wollte am Pfingstsonntag nicht speisen, bevor er ein Abenteuer gehört hatte. Da kam ein Knappe zum König und sagte: Herr, Ihr könnt zu Euerm Mahle gehen, denn hier kommt ein Fräulein mit seltsamen Abenteuern. Da war der König froh und setzte sich nieder. In diesem Augenblick trat ein Fräulein in die Halle, grüßte den König und bat ihn um Beistand. Für wen? fragte der König, was für ein Abenteuer ist das? Herr, antwortete sie, ich habe eine Herrin von großem Ansehen und Ruhm. Sie wird von einem Tyrannen belagert und kann nicht aus ihrer Burg heraus; und weil hier die edelsten Ritter der Welt versammelt sind, komme ich, Euch um Beistand zu bitten. Wie heißt Eure Herrin, und wo wohnt sie, und wie heißt der, der sie belagert? Herr König, den Namen meiner Herrin werdet Ihr von mir jetzt nicht erfahren, aber ich sage Euch, sie ist eine Dame von großem Ruhm und besitzt weite Ländereien. Der Tyrann aber, der sie belagert und ihr Land verwüstet, wird der Rote Ritter vom Roten Land genannt. Ich kenne ihn nicht, sagte der König. Herr, warf Sir Gawein ein, ich kenne ihn gut, er ist einer der gefährlichsten Ritter, die es gibt. Man sagt, er besitzt die Kraft von sieben Männern, und ich habe mich einmal nur mit knapper Not vor ihm gerettet. Schönes Fräulein, sprach der König, hier sind die edelsten Ritter, die würden ihre ganze Macht aufbieten, um Eure Herrin zu befreien, aber da Ihr uns nicht sagen wollt, wie sie heißt und wo sie wohnt, soll mit meiner Zustimmung keiner meiner Ritter hier mit Euch gehen. Dann muß ich woanders vorsprechen, entgegnete das Fräulein dem König.

WIE BEAUMAINS GERN KÄMPFEN WOLLTE UND IHM DIES GEWÄHRT WURDE, UND WIE ER VON SIR LANZELOT BEGEHRTE, ZUM RITTER GESCHLAGEN ZU WERDEN.

Kap. 3

Bei diesen Worten trat Beaumains vor den König und sagte: Herr König, ich bin jetzt ein Jahr lang in Eurer Küche gewesen und habe meinen vollen Unterhalt gehabt. Gott möge es Euch lohnen, doch jetzt will ich meine zwei Bitten vorbringen, die noch ausstehen. Sprich sie nur aus, antwortete der König. Herr, dies sind meine zwei Bitten: erstens, daß Ihr mir das Abenteuer dieses Fräuleins übertragt, denn es gehört mir. Du sollst es haben, sagte der König, ich gewähre es dir. Dann, Herr, ist dies die andere Bitte, daß Ihr Lanzelot vom See heißt, mich zum Ritter zu schlagen, denn durch ihn will ich Ritter werden und sonst durch keinen. Und wenn ich fortgegangen bin, so laßt ihn mir nachreiten und mich zum Ritter schlagen, wenn ich es begehre. All das soll geschehen, entgegnete der König. Schande über Euch, rief das Fräulein, wollt Ihr mir nur einen Küchenjungen geben? Und voller Zorn nahm sie ihr Pferd und ritt davon. In diesem Augenblick kam einer zu Beaumains und sagte ihm, Pferd und Rüstung seien für ihn bereit, und da brachte der Zwerg alles, was er brauchte, in der reichsten Ausstattung, und der ganze Hof wunderte sich sehr, woher das alles kam. Als Beaumains sich so gewappnet hatte, gab es nur wenige so stattliche Männer wie

253

ihn; und er trat in die große Halle und nahm Abschied
von König Artus und Sir Gawein und Sir Lanzelot, den er
bat, ihm zu folgen.

WIE BEAUMAINS AUSRITT, UND
WIE ER SIR KAY LANZE UND
SCHILD ABNAHM, UND WIE ER
MIT SIR LANZELOT KÄMPFTE. ❧
Und viele gingen hin, um zu sehen, was
für ein treffliches Pferd er hatte und daß
die Schabracke aus goldenem Tuch war,
aber er besaß weder Schild noch Lanze.
Da sagte Sir Kay vor allen in der Halle:
Ich will meinem Küchenjungen nachrei-
ten und sehen, ob er mich als seinen Herrn
anerkennt. Sir Lanzelot und Sir Gawein jedoch entgegneten:
Bleibt Ihr zu Hause! Aber Sir Kay rüstete sich, nahm Pferd
und Lanze und folgte ihm. Und gerade als Beaumains das
Fräulein einholte, kam Sir Kay und sprach: Beaumains, was,
kennst du mich nicht? Da wendete er sein Pferd und erkannte
Sir Kay, der ihm all den Schimpf angetan hatte. Ja, erwiderte
Beaumains, ich kenne Euch als einen unedlen Ritter vom
Hofe, deshalb hütet Euch vor mir. Da legte Sir Kay seine
Lanze ein und sprengte gegen ihn, und Beaumains ging mit
dem Schwert gegen Sir Kay vor und wehrte die Lanze mit
dem Schwert ab und stieß es ihm in die Seite, daß er wie tot
zu Boden fiel. Dann stieg er ab und nahm Sir Kays Schild
und Lanze und saß wieder auf, hieß seinen Zwerg, Sir Kays
Pferd zu besteigen, und ritt seines Weges. All das sahen Sir
Lanzelot und ebenso das Fräulein. Als Sir Lanzelot ihn einholte, forderte er ihn auf, mit ihm zu kämpfen; und beide
machten sich bereit und rannten dann mit solcher Wucht
zusammen, daß jeder den anderen zu Boden warf und sie arg
mitgenommen waren. Da stand Sir Lanzelot auf und half
Beaumains, sich von seinem Pferd frei zu machen. Darauf warf
Beaumains seinen Schild von sich und forderte Sir Lanzelot

auf, zu Fuß mit ihm zu kämpfen. So stürzten sie wie wilde Eber aufeinander und fochten und hieben und stachen eine ganze Stunde lang. Sir Lanzelot spürte ihn so stark, daß er sich über seine Kraft wunderte, denn er kämpfte eher wie ein Riese als ein Ritter und war ein standhafter und gefährlicher Gegner. So viel machte er Sir Lanzelot zu schaffen, daß dieser zu unterliegen fürchtete und sagte: Beaumains, kämpfe nicht so wild, unser Streit ist nicht so groß, daß wir ihn nicht begraben könnten. Das ist wahr, erwiderte Beaumains, doch es tut mir gut, Eure Kraft zu spüren, und noch, Herr, bin ich nicht bis zum Äußersten gegangen.

 WIE BEAUMAINS SIR LANZELOT SEINEN NAMEN SAGTE UND VON SIR LANZELOT ZUM RITTER GESCHLA-GEN WURDE UND DANACH DAS FRÄULEIN EINHOLTE. ❧ In Gottes Namen, sagte Sir Lanzelot, ich gestehe ein, bei meinem Leben, du hast es mir sehr schwer gemacht, unbesiegt davonzukommen, daher brauchst du keinen Ritter auf Erden zu fürchten. Glaubt Ihr also, ich könnte jederzeit einem bewährten Ritter standhalten? fragte Beaumains. Jawohl, antwortete Lanzelot, wenn du so kämpfst wie jetzt eben, bürge ich dafür. Dann bitte ich Euch, sagte Beaumains, erhebt mich in den Stand der Ritterschaft. Dann mußt du mir deinen Namen nennen, erwiderte Lanzelot, und aus welchem Geschlecht du stammst. Herr, wenn Ihr mich nicht verratet, will ich es tun, sagte Beaumains. Ich verspreche dir bei meinem Leben, sprach Sir Lanzelot, dein Geheimnis zu wahren, bis es öffentlich bekannt ist. Dann sei es, Herr, mein Name ist Gareth, und ich bin von Vater und Mutter Sir Gaweins Bruder. Ach, Herr, erwiderte Sir Lanzelot, darüber bin ich sehr froh, mir schien es schon immer, Ihr wärt von edlem Blut und nicht an den Hof gekommen wegen des Essens und Trinkens. Dann schlug ihn Sir Lanzelot zum Ritter, und danach bat ihn Sir Gareth, sich von ihm zu trennen und ihn ziehen zu lassen.

So verabschiedete sich Sir Lanzelot und ging zu Sir Kay und ließ ihn auf seinem Schild nach Hause tragen. Auf diese Weise wurde er gerettet und kam mit dem Leben davon, und alle Männer tadelten Sir Kay; vor allem Sir Gawein und Sir Lanzelot meinten, es stünde ihm nicht an, einen jungen Mann zu verspotten, von dem er nicht wußte, aus welchem Geschlecht er stammte und aus welchem Grunde er an den Hof gekommen war. Als nun Beaumains das Fräulein eingeholt hatte, sagte sie sogleich: Was willst du hier? Du stinkst nach Küche, und deine Kleider sind schmutzig von Fett und Talg. Glaubst du, daß ich dich achte, weil du jenen Ritter getötet hast? Du hast ihn wahrhaftig tückisch und feige erschlagen, deshalb kehre um, schmutziger Küchenjunge, ich kenne dich wohl, denn Sir Kay nannte dich Beaumains. Was bist du anders als ein Faulpelz, Bratspießwender und Löffelwascher? Mein Fräulein, erwiderte Beaumains, nennt mich, wie Ihr wollt, ich gehe nicht von Euch; Ihr könnt sagen, was Ihr wollt. Ich habe König Artus geschworen, Euer Abenteuer zu bestehen, und ich will es zu Ende führen, und wenn ich dabei mein Leben lassen muß. Pfui über dich, Küchenbengel, du willst mein Abenteuer bestehen? Du sollst bald auf jemand treffen, dem du trotz all der Brühe, die du geschluckt hast, nicht einmal ins Gesicht blicken möchtest. Ich will es versuchen, erwiderte Beaumains. Als sie so in dem Wald dahinritten, kam ein Mann gelaufen, so schnell er konnte. Wohin willst du? fragte ihn Beaumains. O Herr, antwortete er, helft mir, hier in einem Tal haben sechs Diebe meinen Herrn überfallen und gefesselt, und ich fürchte, sie wollen ihn erschlagen. Führe mich hin, sagte er. Als sie zu dem gefesselten Ritter kamen, ging Beaumains auf die Diebe los und schlug einen tot und dann noch einen, mit dem dritten Streich erschlug er den dritten Dieb, und da flohen die anderen drei. Beaumains aber verfolgte sie und holte sie ein. Da griffen ihn die drei Diebe an und setzten ihm hart zu, doch schließlich erschlug er sie, kehrte zurück und band den Ritter los.

Der Ritter dankte ihm und bat ihn, mit auf seine nahegelegene Burg zu kommen; dort wollte er ihn für seine gute Tat reichlich belohnen. Herr, sagte Beaumains, ich bin heute vom edlen Sir Lanzelot zum Ritter geschlagen worden, deshalb will ich keinen Lohn, mich lohnt Gott. Außerdem muß ich diesem Fräulein folgen. Aber als er sich ihr näherte, schickte sie ihn wiederum weg: Du riechst nach Küche. Glaubst du, ich hätte Freude an dir? Was du eben getan hast, ist dir nur durch Zufall geglückt. Bald wirst du einen Anblick haben, der dich zum Umkehren bringt, und zwar schnell. Da ritt der befreite Ritter dem Fräulein nach und bat sie, die Nacht auf seiner Burg zu verbringen. Und da die Nacht nahe war, willigte das Fräulein ein, und sie wurden gut aufgenommen, und beim Abendessen setzte der Ritter Sir Beaumains neben das Fräulein. Pfui, Herr Ritter, sagte sie da, Ihr seid unhöflich, einen Küchenjungen neben mich zu setzen. Ihm steht es besser an, ein Schwein abzustechen, als neben einem Fräulein von hoher Geburt zu sitzen. Über diese Worte schämte sich der Ritter, er ließ Beaumains aufstehen und wies ihm einen Platz an einem Seitentisch an und setzte sich zu ihm. So verbrachten sie den Abend fröhlich und fanden angenehme Ruhe.

WIE BEAUMAINS AN EINER FURT MIT ZWEI RITTERN KÄMPFTE UND SIE ERSCHLUG

Am Morgen nahmen das Fräulein und Beaumains Abschied, dankten ihrem Gastgeber und ritten ihres Weges, bis sie in einen großen Wald kamen. Dort war ein breiter Fluß und nur eine Furt, und auf der anderen Seite versperrten ihnen zwei Ritter den Übergang. Was meinst du, sagte das Fräulein, willst du mit diesen Rittern kämpfen oder umkehren? Ich kehre nicht um, antwortete Beaumains, und wenn es noch sechs mehr wären. Damit sprengte er in das Wasser, und mitten im Fluß zerbrachen sie ihre Lanzen aneinander und zückten die Schwerter und hieben scharf aufeinander ein. Endlich versetzte Sir Beaumains seinem Gegner einen solchen Streich über den Helm, daß er betäubt ins Wasser fiel und ertrank. Da spornte er sein Pferd und ritt an Land, wo der andere Ritter über ihn herfiel. Als seine Lanze zerbrach, kämpften sie lange mit dem Schwert, bis ihm Sir Beaumains den Helm und den Kopf bis zu den Schultern spaltete. Darauf kehrte er zu dem Fräulein zurück und bat sie, auf ihrem Weg weiterzureiten. Wehe, sagte sie, daß es je einem Küchenjungen gelingen sollte, zwei so tapfere Ritter zu töten. Du glaubst, du hättest ehrlich gekämpft, doch dem ist nicht so. Dem ersten Ritter stolperte das Pferd, und er ertrank; du hast ihn durchaus nicht durch deine Kraft besiegt. Und den zweiten Ritter hast du durch Zufall von hinten erschlagen. Fräulein, erwiderte Beaumains, Ihr könnt sagen, was Ihr wollt, aber ich hoffe bei Gott, daß ich mit jedem fertig werde, mit dem ich zu tun bekomme. Darum kümmert mich Eure Rede nicht, denn ich will Eure Herrin befreien. Pfui, pfui, du stinkender Küchenkerl, du sollst Ritter sehen, bei denen wird dir das Prahlen vergehen. Edles Fräulein, gebt mir gute Worte, dann habe ich keine Sorge. Was das auch für Ritter sein mögen, es ist mir gleich, ich fürchte sie nicht. Ich sage das dir zuliebe, erwiderte sie, noch kannst du in Ehren umkehren. Aber wenn du mir folgst, wirst du erschlagen werden, denn ich sehe, alles was du tust, glückt dir nur durch bösen Zufall und nicht durch deine Waffentüchtigkeit. Sagt, was Ihr wollt, Fräulein, aber wo Ihr hingeht, dahin will ich Euch folgen. So ritt Beaumains mit der Dame bis zur Vesperzeit, und immerzu schmähte sie ihn und wollte nicht aufhören. Schließlich kamen sie auf eine schwarze Ebene, und dort stand ein schwarzer Hagedorn. Daran hing ein schwarzes Banner und an der anderen Seite ein schwarzer Schild, und an dem Schild lehnte eine lange schwarze Lanze. Ein großes schwarzes Pferd unter einer

seidenen Decke stand dicht daneben, und außerdem war noch
ein schwarzer Stein zu sehen.

Kap. 7

WIE BEAUMAINS MIT DEM RITTER
VOM SCHWARZEN LAND KÄMPFTE,
BIS DIESER ZU BODEN SANK UND
STARB. ☙ Darauf saß ein großer, stattlicher Ritter ganz in schwarzer Rüstung, der
hieß der Ritter vom Schwarzen Land. Als
das Fräulein den Ritter erblickte, forderte
sie Beaumains auf zu fliehen, denn sein
Pferd war nicht gesattelt. Besten Dank, entgegnete er, immer wollt Ihr mich zum Feig-
ling machen. Da sagte der Schwarze Ritter, als sie in seine Nähe
kamen: Fräulein, habt Ihr diesen Ritter von König Artus
als Euern Beschützer mitgebracht? Nein, edler Ritter, antwortete sie, das ist nur ein Küchenjunge, der in König Artus'
Küche aus Barmherzigkeit gefüttert wurde. Warum kommt er
in solchem Aufzug? fragte der Ritter. Es ist eine Schande,
daß er Euch Gesellschaft leistet. Herr, ich kann ihn nicht
loswerden, sagte sie, er folgt mir gegen meinen Willen. Gebe
Gott, daß Ihr mich von ihm befreit oder ihn tötet, wenn Ihr
könnt, denn er ist ein täppischer Kerl, und täppisch hat er
sich heute angestellt. Durch unglücklichen Zufall hat er zwei
Ritter an der Furt erschlagen, und zuvor hat er durch Ungeschick wunderliche Taten vollbracht. Ich staune, sagte der
Schwarze Ritter, daß ein Mann von Ehre mit ihm kämpft. Sie
kennen ihn nicht, entgegnete das Fräulein. Weil er mit mir
reitet, glauben sie, er sei ein Mann von edler Herkunft. Das
mag sein, antwortete der Schwarze Ritter, doch wenn Ihr auch
sagt, er sei kein Mann von Adel, ist er doch von stattlicher
Gestalt und sicher ein starker Mann. Indes will ich soviel für
Euch tun, daß ich ihn auf die Füße stellen und ihm Pferd und
Rüstung nehmen werde. Ihm mehr Schaden zuzufügen wäre
eine Schande für mich. Als ihn Sir Beaumains so sprechen
hörte, sagte er: Herr Ritter, Ihr geht sehr freizügig mit meinem

259

Pferd und meiner Rüstung um, das kostet Euch nichts. Ob es Euch nun gefällt oder nicht, ich werde Euch zum Trotz durch diese Ebene reiten, und von mir bekommt Ihr weder Pferd noch Rüstung, es sei denn, Ihr erobert sie eigenhändig. Darum laßt sehen, was Ihr vermögt. Sagst du das? rief der Schwarze Ritter. Laß jetzt von deiner Dame ab, es kommt einem Küchenjungen nicht zu, mit einer solchen Dame zu reiten. Ihr lügt, entgegnete Beaumains, ich bin ein geborener Edelmann und von besserer Herkunft als Ihr, und das will ich an Euerm Leibe beweisen. Da nahmen sie in großer Wut Anlauf mit ihren Pferden und stießen wie Donner zusammen, und die Lanze des Schwarzen Ritters brach, und Beaumains stieß ihn glatt durch beide Seiten hindurch, daß auch seine Lanze brach, doch die Spitze blieb im Körper stecken. Trotzdem zog der Schwarze Ritter sein Schwert und führte viele scharfe und mächtige Streiche und verletzte Beaumains schwer. Aber nach anderthalb Stunden fiel der Schwarze Ritter schließlich ohnmächtig vom Pferd und starb. Beaumains nahm ihm das treffliche Pferd und die Rüstung ab, legte den Harnisch an und ritt dem Fräulein nach. Als sie ihn näherkommen sah, rief sie: Hinweg, Küchenkerl, aus dem Wind, der Gestank deiner schmutzigen Kleider belästigt mich! Wehe, daß so ein Kerl wie du durch Mißgeschick einen so trefflichen Ritter erschlagen mußte; das kommt von deiner Unseligkeit. Hier in der Nähe ist einer, der wird dir das alles heimzahlen, deshalb rate ich dir noch einmal, fliehe. Vielleicht, erwiderte Beaumains, werde ich geschlagen oder getötet, aber ich erkläre Euch, schönes Fräulein, ich werde weder fliehen noch Euch verlassen, Ihr könnt sagen, was Ihr wollt. Immer verkündet Ihr mir, sie würden mich töten, und wenn es dann soweit ist, komme ich davon, und sie liegen am Boden. Ihr solltet lieber aufhören, mich den ganzen Tag zu schmähen, denn ich werde nicht weichen, bis ich das Ende dieser Reise gesehen habe oder aber erschlagen oder wirklich besiegt werde. Reitet also Euern Weg, ich folge Euch, was auch geschieht.

WIE DER BRUDER DES ER-
SCHLAGENEN RITTERS MIT
BEAUMAINS ZUSAMMEN-
TRAF UND MIT IHM
KÄMPFTE, BIS ER SICH ER-
GEBEN MUSSTE. ⁊ Als sie so
zusammen weiterritten, sahen sie
einen Ritter auf sich zukommen,
der war samt Roß und Rüstung
in Grün gekleidet. Als er sich der
Dame näherte, fragte er: Ist das
mein Bruder, der Schwarze Ritter,
den Ihr bei Euch habt? Nein, nein, antwortete sie, dieser unselige Küchenknabe hat Euern Bruder durch Ungeschick erschlagen. Wehe, sagte der Grüne Ritter, es ist ein großer
Jammer, daß ein edler Ritter wie er so unrühmlich erschlagen
wurde, noch dazu von der Hand eines gemeinen Kerls, wie
Ihr sagt. Ah, Verräter, du sollst sterben, weil du meinen Bruder
erschlagen hast; er hieß Sir Percard und war ein sehr edle Ritter. Ich trotze dir, erwiderte Beaumains, denn wisse, ich habe
ihn ritterlich und nicht schändlich erschlagen. Darauf ritt der
Grüne Ritter zu einem grünen Horn, das an einem Hagedorn
hing, und blies drei schreckliche Signale. Da erschienen zwei
Fräulein und wappneten ihn schnell. Dann nahm er ein starkes
Pferd und einen grünen Schild und eine grüne Lanze. Und sie
rannten mit aller Macht zusammen, daß ihre Lanzen bis zu
den Griffen zersplitterten. Nun zogen sie ihre Schwerter und
schlugen viele grimmige Streiche und verwundeten einander
schwer. Schließlich stieß Beaumains mit seinem Pferd bei
einem Zusammenprall das Pferd des Grünen Ritters zur Seite,
daß er herunterfiel. Schnell machte sich der Grüne Ritter
von seinem Pferd frei und drang zu Fuß auf ihn ein. Da stieg
Beaumains ebenfalls ab, und sie kämpften lange wie zwei
mächtige Recken und bluteten beide stark. Während sie so
stritten, kam das Fräulein und sagte: Herr Grüner Ritter,

261

schämt Ihr Euch nicht, so lange mit einem Küchenjungen zu
fechten? Es ist eine Schande, daß Ihr überhaupt zum Ritter
geschlagen worden seid, wo doch ein solcher Kerl Euch stand-
hält, wie das Unkraut das Korn überwuchert. Da schämte
sich der Grüne Ritter und schlug so gewaltig drein, daß er
Beaumains Schild zerspaltete. Wegen dieses Streiches und
ihrer Rede betroffen, versetzte Beaumains ihm einen solchen
Hieb auf den Helm, daß er auf die Knie fiel, worauf ihn
Beaumains vollends zu Boden warf. Da ergab sich der Grüne
Ritter und flehte um sein Leben. Es nützt dir nichts, sagte
Beaumains, du sollst sterben, wenn mich nicht das Fräulein
bittet, dein Leben zu schonen. Und er nahm ihm den Helm
ab, als wollte er ihn erschlagen. Pfui über dich, falscher Küchen-
bursche, ich werde dich niemals bitten, sein Leben zu schonen,
denn ich will nie in deiner Gewalt sein. Dann soll er sterben,
sagte Beaumains. So dreist bist du nicht, du schmutziger
Schurke, entgegnete das Fräulein, daß du ihn erschlägst. Ach,
laßt mich nicht sterben, sagte der Grüne Ritter, ein gutes
Wort von Euch kann mich retten. Edler Ritter, fuhr der Grüne
Ritter fort, schont mein Leben, und ich will Euch den Tod
meines Bruders verzeihen und Euch für immer ergeben sein,
und dreißig meiner Ritter sollen Euch stets zu Diensten stehen.
Zum Teufel, rief das Fräulein, daß so ein schmutziger Küchenjunge Euch und den Dienst von dreißig Rittern bekommen
soll. Herr, sagte Beaumains, all das hilft Euch nichts, wenn
mein Fräulein mich nicht um Euer Leben bittet. Und damit
machte er eine Bewegung, als wollte er ihn erschlagen. Laß
ab, du schmutziger Kerl, sagte das Fräulein, töte ihn nicht,
oder du wirst es bereuen. Fräulein, erwiderte Beaumains,
Euer Gebot ist mir ein Vergnügen, und auf Euern Befehl
soll sein Leben geschont werden, sonst nicht. Dann fuhr er
fort: Herr Ritter mit der grünen Rüstung, ich lasse Euch frei
auf Ersuchen dieses Fräuleins, denn ich will sie nicht erzürnen
und alles ausführen, was sie mir aufträgt. Daraufhin kniete
der Grüne Ritter nieder und huldigte ihm auf sein Schwert.

Da sagte das Fräulen: Es tut mir leid, Grüner Ritter, daß Ihr zu Schaden gekommen seid und daß Euer Bruder, der Schwarze Ritter, tot ist; denn ich hätte Eure Hilfe dringend gebraucht. Ich fürchte mich sehr, durch diesen Wald zu reiten. Fürchtet Euch nicht, sagte der Grüne Ritter, übernachtet heute bei mir, und morgen will ich Euch durch diesen Wald geleiten. So ritten sie auf sein Schloß, das ganz in der Nähe lag.

WIE DAS FRÄULEIN BEAU-MAINS IMMER SCHALT UND NICHT DULDEN WOLLTE, DASS ER AN IHREM TISCHE SASS, SONDERN IHN KÜCHENJUNGE NANNTE. ❧

Immerfort schmähte sie Beaumains und wollte nicht dulden, daß er an ihrem Tische saß, so daß ihn der Grüne Ritter an einem Seitentisch Platz nehmen ließ. Mich wundert sehr, sprach der Grüne Ritter zu dem Fräulein, warum Ihr diesen edlen Ritter so schmäht. Ich sage Euch, Fräulein, er ist ein sehr edler Ritter, und ich kenne keinen, der ihm gewachsen ist. Ihr tut sehr unrecht, ihn zu schelten, denn er wird Euch gute Dienste tun, und wie er sich auch gibt, Ihr werdet Euch am Ende überzeugen müssen, daß er von edlem Blut und königlichem Geschlecht abstammt. Pfui, pfui, antwortete das Fräulein, es ist eine Schande für Euch, ihm soviel Ehre anzutun. Wahrhaftig, erwiderte der Grüne Ritter, es wäre eine Schande für mich, etwas Unehrenhaftes über ihn zu sagen. Er hat sich als ein besserer Ritter erwiesen als ich, und ich bin in meinen Tagen schon vielen Rittern begegnet und habe doch nie einen getroffen, der ihm gleichkam. Schließlich begaben sie sich zur Ruhe, und der Grüne Ritter befahl dreißig Rittern, die ganze Nacht heimlich über Beaumains zu wachen, um ihn vor allem Verrat zu schützen. Am Morgen erhoben sie sich, hörten die

Messe und frühstückten, dann ritten sie los, und der Grüne
Ritter geleitete sie durch den Wald. Da sagte der Grüne Ritter:
Hoher Herr Beaumains, ich und diese dreißig Ritter werden
immer zu Euren Diensten stehen, jetzt und später, wie Ihr
befehlt und wohin Ihr uns auch schickt. Das ist gut gesprochen,
antwortete Beaumains, wenn ich Euch auffordere, müßt Ihr
Euch mit Euren Rittern König Artus unterwerfen. Wenn Ihr
es befehlt, werden wir jederzeit bereit sein, sagte der Grüne
Ritter. Pfui Schande über dich, in Teufels Namen, rief das
Fräulein, daß tapfere Ritter einem Küchenjungen gehorchen
sollen. So verabschiedete sich der Grüne Ritter von dem
Fräulein, und sie sagte zu Beaumains: Warum folgst du mir,
du Küchenjunge? Wirf Schild und Lanze weg und fliehe, das
rate ich dir beizeiten, oder du wirst sehr bald wehklagen,
denn wärst du auch so tapfer wie Wade oder Lanzelot, Tristan
oder der wackere Ritter Sir Lamorak, du wirst einen Paß hier
nicht überqueren, den man Paß der Gefahren heißt. Fräulein,
erwiderte Beaumains, laßt den fliehen, der sich fürchtet. Es
wäre Schande umzukehren, nachdem ich so weit mit Euch
geritten bin. Du wirst es bald tun, sagte das Fräulein, ob du
willst oder nicht.

 WIE DER DRITTE BRUDER, GE-
NANNT DER ROTE RITTER, MIT
BEAUMAINS KÄMPFTE, UND WIE
BEAUMAINS IHN BESIEGTE. ⁊ Nach
einer Weile sahen sie einen schneeweißen
Turm mit Verteidigungserkern und dop-
peltem Graben. Über dem Turmtor hingen
etwa fünfzig Schilde von verschiedenen Farben, und vor dem
Turm lag eine schöne Wiese. Darauf waren viele Ritter und
Knappen zu sehen und Gerüste und Zelte, denn am nächsten
Tag sollte ein großes Turnier stattfinden. Und der Herr des
Turmes war in seiner Burg und schaute aus dem Fenster und
sah ein Fräulein, einen Zwerg und einen in allen Stücken
gewappneten Ritter. So wahr mir Gott helfe, sagte der Herr,

mit diesem Ritter will ich kämpfen. Wie ich sehe, ist es ein fahrender Ritter. So rüstete er sich eilends und nahm sein Pferd. Wie er mit Schild und Lanze im Sattel saß, war alles rot, Pferd, Rüstung und was sonst zu ihm gehörte. Als er in die Nähe des Ritters gelangt war, glaubte er, es wäre sein Bruder, der Schwarze Ritter, und er rief laut: Bruder was machst du hier in dieser Gegend? Nein, nein, erwiderte das Fräulein, das ist er nicht. Es ist nur ein Küchenjunge, der von König Artus aus Barmherzigkeit an seinem Hof aufgenommen wurde. Trotzdem will ich mit ihm sprechen, sagte der Rote Ritter, ehe er weiterzieht. Ach, klagte das Fräulein, dieser Kerl, Sir Kay nannte ihn Beaumains, hat Euren Bruder getötet, und Pferd und Rüstung gehörten ihm. Ich habe auch gesehen, wie Euer Bruder, der Grüne Ritter, von ihm besiegt wurde. Jetzt könnt Ihr Euch an ihm rächen, denn ich kann ihn auf keine Weise loswerden. Da nahmen die beiden Ritter Anlauf und stießen mit aller Kraft aufeinander, daß beide Pferde stürzten, und sie machten sich von ihren Pferden frei, nahmen die Schilde vor, zogen die Schwerter und versetzten einander schwere Schläge, hier und da, vor und zurück, Hieb und Stich, wie zwei wilde Eber, und das zwei volle Stunden lang. Da rief das Fräulein laut dem Roten Ritter zu: Wehe dir, du edler Roter Ritter, denke an den Ruhm, den du erworben hast, dulde nicht, daß dir ein Küchenjunge so lange widersteht. Da wurde der Rote Ritter zornig und verdoppelte seine Streiche und verletzte Beaumains schwer, daß das Blut zu Boden rann. Und es war wie ein Wunder, so gewaltig war der Kampf. Doch schließlich streckte Sir Beaumains den Roten Ritter zu Boden, und als er ihn erschlagen wollte, flehte dieser um Gnade und sagte: Edler Ritter, tötet mich nicht, ich ergebe mich Euch mit fünfzig Rittern, die unter meinem Befehl stehen. Ich vergebe Euch allen Schimpf, den Ihr mir angetan habt, und den Tod meines Bruders, des Schwarzen Ritters. All das hilft nichts, erwiderte Beaumains, wenn mein Fräulein mich nicht bittet, Euer Leben zu schonen. Und er machte eine Bewegung, als wolle er dem Roten Ritter den Kopf abschlagen. Halt ein, Beaumains, töte ihn nicht, denn er ist ein edler Ritter. Sei du nicht so keck, sondern verschone ihn. Da hieß Beaumains den Roten Ritter aufstehen und dem Fräulein für sein Leben danken. Der Rote Ritter bat ihn, mit auf seine Burg zu kommen und die Nacht dort zu verbringen. Damit war das Fräulein einverstanden, und sie wurden dort gut aufgenommen. Aber unentwegt sprach das Fräulein schlecht von Beaumains, worüber sich der Rote Ritter sehr wunderte; und die ganze Nacht ließ er sechzig Ritter über Beaumains wachen und ihn vor Schande und Verrat bewahren. Am anderen Morgen hörten sie die Messe und speisten, und der Rote Ritter trat mit seinen sechzig Rittern vor Beaumains und leistete ihm Huldigung und Treueschwur für alle Zeiten, daß er und seine Ritter ihm zu Diensten wären. Ich danke Euch, sagte Beaumains, aber Ihr sollt mir auch geloben, wenn ich Euch auffordere, zu meinem Herrn, König Artus, zu kommen und ihm als seine Ritter zu dienen. Herr, entgegnete der Rote Ritter, ich und mein Gefolge werden auf Euer Gebot bereit sein. So nahmen Sir Beaumains und das Fräulein Abschied. Unterwegs fuhr sie fort, ihn in der schmählichsten Weise zu beschimpfen.

WIE SIR BEAUMAINS VON DEM FRÄULEIN GEDULDIG GROSSEN SCHIMPF HINNAHM.
☙ Ach Fräulein, sagte Beaumains, Ihr seid sehr unhöflich, mich so zu schmähen, denn mich dünkt, ich habe Euch gute Dienste getan. Immer droht Ihr mir, ich soll von Rittern, auf die wir treffen, geschlagen werden, doch trotz Eurer großen Worte liegen sie dann im Staub oder Kot, und darum bitte ich Euch, schmäht mich nicht mehr. Erst wenn Ihr seht, daß ich geschlagen bin oder mich feige ergeben habe,

könnt Ihr mich mit Schande von Euch weisen. Zunächst aber wisset, ich werde nicht von Eurer Seite weichen, denn dann wäre ich schlimmer als ein Narr, da ich doch die ganze Zeit Ruhm erwerbe. Nun gut, antwortete sie, du sollst bald jemandem begegnen, der dir deinen Lohn zahlt, denn er ist der berühmteste Ritter der Welt außer König Artus. Das ist mir recht, sagte Beaumains, je berühmter er ist, desto größer wird mein Ruhm sein, wenn ich mit ihm kämpfe. Bald darauf erblickten sie vor sich eine reiche und prächtige Stadt. Und anderthalb Meilen vor der Stadt war eine schöne Wiese, die frisch gemäht aussah, und darauf standen viele bunte Zelte. Schau hin, sagte das Fräulein, dort drüben ist der Herr der Stadt, der pflegt bei schönem Wetter auf dieser Wiese Turniere abzuhalten. Er hat immer fünfhundert Ritter und Edelleute um sich, und es werden alle möglichen Spiele ausgetragen, die ein Edelmann nur ersinnen kann. Diesen hohen Herrn, sprach Beaumains, möchte ich gern sehen. Du sollst ihn früh genug sehen, entgegnete das Fräulein; und als sie näher kam, erkannte sie sein Zelt. Schau, sagte sie, siehst du jenes Zelt, das ganz indigofarben ist? Und alles darum herum, Männer und Frauen, Pferdedecken, Schilde und Speere, ist indigofarben. Der Name des Herrn ist Sir Persant von Indien, und er ist der stattlichste Ritter, den du je gesehen hast. Das mag sein, erwiderte Beaumains, aber wenn er ein noch so starker Ritter ist, von diesem Feld will ich nicht weichen, bis ich ihn unter seinem Schild sehe. Ach, du Narr, sagte sie, du solltest lieber beizeiten fliehen. Wieso? entgegnete Beaumains, wenn er ein solcher Ritter ist, wie Ihr ihn darstellt, wird er nicht mit all seinen Mannen oder seinen fünfhundert Rittern auf mich losgehen, und wenn nicht mehr als einer auf einmal kommt, werde ich nicht weichen, solange ich am Leben bin. Pfui, pfui, rief das Fräulein, daß ein stinkender Kerl so prahlen darf. Fräulein, erwiderte er, Ihr seid zu tadeln, daß Ihr mich schmäht. Ich würde lieber fünf Kämpfe bestehen, als so beschimpft zu werden, laßt ihn nur kommen und seine Kraft beweisen. Herr, sagte sie, ich bin neugierig, wer du bist und aus welchem Geschlecht du stammst. Kühn sprichst du und kühn hast du gehandelt, das habe ich gesehen. Deshalb bitte ich dich, rette dich, solange du kannst, denn du hast mit deinem Pferd große Anstrengungen hinter dir. Ich fürchte, wir bleiben zu lange von der Belagerung fern, es sind nur noch sieben Meilen von hier, und an allen gefährlichen Orten sind wir vorbei, bis auf diesen. Ich bin in großer Angst, daß Ihr hier zu Schaden kommt. Darum wollte ich, wir wären fort, damit Euch dieser starke Ritter nicht verwundet. Aber ich sage Euch, daß die Kraft und Stärke dieses Sir Persant von Indien nichts sind gegen die des Ritters, der meine Herrin belagert. Sei dem, wie ihm wolle, erwiderte Beaumains, aber da ich nun einmal hier bin, will ich die Kraft dieses Ritters erproben. Ich müßte mich schämen, wenn ich mich jetzt zurückzöge. Sorgt Euch also nicht, Fräulein, wenn Gott will, werde ich mit diesem Ritter so verfahren, daß ich zwei Stunden nach Mittag mit ihm fertig bin, dann kommen wir noch bei Tag zu der Belagerung. Bei Gott, ich staune, was für ein Mann Ihr seid, sagte das Fräulein. Es ist nicht anders möglich, Ihr müßt von edler Herkunft sein, denn so gemein und schändlich hat nie eine Frau einen Ritter behandelt, wie ich Euch, und doch habt Ihr Euch immer ritterlich zu mir verhalten, und das kann nur von Euerm edlen Blut kommen. Fräulein, erwiderte Beaumains, der Ritter taugt nicht viel, der nicht duldsam gegen ein Fräulein ist. Was Ihr auch zu mir gesagt habt, ich habe nicht sonderlich auf Eure Worte geachtet, und je mehr Ihr gesagt habt, um so mehr habe ich meinen Zorn an denen ausgelassen, mit denen ich zu kämpfen hatte. Darum hat all der Schimpf, den Ihr mir angetan habt, mir in meinen Kämpfen geholfen und mich auf den Gedanken gebracht, mich erst am Ende als das, was ich bin, zu zeigen und zu beweisen. Denn obwohl ich in König Artus' Küche Speise erhielt, hätte ich doch an anderen Orten genug zu essen bekommen. Ich habe das alles nur getan, um meine Freunde zu prüfen, und das wird eines Tages offenbar werden. Ob ich nun ein geborener Edelmann bin oder nicht, nehmt zur Kenntnis, schönes Fräulein, ich habe Euch Edelmannsdienste geleistet und werde Euch vielleicht noch bessere Dienste leisten, ehe ich von Euch scheide. Ach, edler Beaumains, sagte sie, vergib mir alles, was ich Schimpfliches gegen dich gesagt oder getan habe. Von ganzem Herzen vergebe ich Euch, erwiderte er, denn Ihr habt nichts getan, als was Ihr solltet, und Eure bösen Worte gefielen mir. Da Ihr jetzt so freundlich zu mir sprecht, so wisset, es macht mein Herz sehr froh. Nun gibt es, glaube ich, keinen Ritter der Welt, für den ich nicht stark genug bin.

Kapitel 12

WIE BEAUMAINS MIT SIR PERSANT VON INDIEN KÄMPFTE UND IHN ZWANG, SICH ZU ERGEBEN. 🕊 Währenddessen hatte Sir Persant von Indien bemerkt, daß sie auf dem Feld warteten, und nach Ritterart sandte er zu ihnen und ließ fragen, ob Beaumains in friedlicher oder kriegerischer Absicht gekommen sei. Bestelle deinem Herrn, sagte Beaumains, ich gebrauche keine Gewalt, es sei denn, er verlangt selbst danach. Diese Antwort überbrachte der Bote Sir Persant. Gut, dann will ich bis zum Äußersten mit ihm kämpfen. Und so rüstete er sich und ritt gegen ihn. Beaumains sah ihn kommen und machte sich bereit, und dann sprengten sie gegeneinander, so schnell ihre Pferde laufen konnten, und ihr Lanzen zerbrachen beide in drei Stücke, und ihre Pferde stießen mit solcher Wucht zusammen, daß sie tot zu Boden stürzten. Rasch machten sie sich von ihren Pferden frei, nahmen ihre Schilde vor und hieben mit den Schwertern mächtig aufeinander ein. Manchmal sprangen sie so heftig gegeneinander, daß sie längelang zu Boden fielen.

So kämpften sie über zwei Stunden, bis ihre Schilde und Panzer ganz zerhauen und sie an vielen Stellen verwundet waren. Schließlich traf Beaumains Sir Persant in die Seite, und dann zog er sich ab und an zurück und setzte den Kampf noch lange Zeit ritterlich fort. Am Ende hieb Beaumains, obwohl es ihm leid tat, Sir Persant über den Helm, daß er längelang hinfiel. Er sprang auf ihn und löste ihm den Helm, um ihn zu töten. Da ergab sich Sir Persant und bat um Gnade. In diesem Augenblick trat das Fräulein vor und bat ebenfalls, sein Leben zu schonen. Das will ich gern, denn es wäre schade, wenn dieser edle Ritter stürbe. Ich danke Euch, edler Ritter und edles Fräulein, sagte Persant. Nun weiß ich wohl, Ihr wart es, der meinen Bruder, den Schwarzen Ritter, am schwarzen Hagedorn erschlug; er war ein sehr edler Recke, und sein Name war Sir Percard. Auch bin ich sicher, daß Ihr meinen Bruder, den Grünen Ritter, besiegt habt, sein Name ist Sir Pertolepe; und ebenso meinen Bruder, den Roten Ritter, Sir Perimones. Da Ihr sie alle überwunden habt, will ich dies Euch zu Gefallen tun: ich will Euch Huldigung und Lehenstreue leisten, und hundert Ritter sollen Euch immer zu Gebote stehen, wohin Ihr uns auch reiten heißt. Und danach begaben sie sich in Sir Persants Zelt und tranken Wein und aßen würzige Speisen, und dann ließ Sir Persant Beaumains auf einem Bett bis zum Abendessen ausruhen, und nach dem Essen legte er sich wieder hin. Als Beaumains sich schlafen gelegt hatte, rief Sir Persant seine schöne Tochter von achtzehn Jahren zu sich und befahl ihr bei seinem Segen, zum Bett des Ritters zu gehen: Lege dich zu ihm und sträube dich nicht, sondern sei lieb zu ihm, nimm ihn in deine Arme und küsse ihn und tue, was ich dir sage, sonst verlierst du meine Liebe und Zuneigung. So tat Sir Persants Tocher, was ihr Vater sie geheißen hatte, und sie ging zu Sir Beaumains' Bett, zog sich heimlich aus und legte sich zu ihm. Da erwachte er und sah sie und fragte, wer sie sei. Herr, antwortete sie, ich bin Sir Persants Tochter und bin auf Geheiß meines Vaters gekommen. Seid Ihr ein Mädchen oder eine Frau? fragte er. Herr, antwortete sie, ich bin ein reines Mädchen. Gott verhüte, sagte er, daß ich Euch entehre und Sir Persant solche Schande bereite; deshalb, schönes Fräulein, steht von diesem Bett auf, sonst stehe ich auf. Herr, erwiderte sie, ich bin nicht aus eigenem Willen zu Euch gekommen, ich wurde geschickt. Ach, sagte Sir Beaumains, ich wäre ein schamloser Ritter, wollte ich Euerm Vater Unehre machen. Und so küßte er sie, und sie verließ ihn und ging zu ihrem Vater und erzählte ihm alles, was vorgefallen war. Wahrhaftig, sagte Sir Persant, wer er auch sein mag, er stammt sicher aus sehr edlem Geschlecht.

VON DEM FREUNDLICHEN GESPRÄCH ZWISCHEN SIR PERSANT UND BEAUMAINS, UND WIE ER IHM ERZÄHLTE, DASS SEIN NAME SIR GARETH WAR.

Am nächsten Morgen hörten das Fräulein und Sir Beaumains die Messe und frühstückten und nahmen dann Abschied. Schönes Fräulein, sagte Sir Persant, wohin führt Ihr diesen Ritter? Herr, antwortete sie, zur Burg der Gefahren, in der meine Schwester belagert wird. O weh! rief Persant, das ist der Ritter vom Roten Land, der gefährlichste Ritter, den ich kenne, ein Mann ohne Gnade, von dem man sagt, er hätte die Kraft von sieben Männern. Gott schütze Euch vor diesem Ritter, sagte er zu Beaumains, er tut jener Dame großes Unrecht, und das ist ein großer Jammer, denn sie ist eine der schönsten Frauen der Welt, und mir scheint, dieses Fräulein ist ihre Schwester: Ist Euer Name nicht Linet? Ja, Herr, antwortete sie, und der Name meiner Schwester ist Lady Liones. Ich sage Euch, sprach Sir Persant, dieser Rote Ritter vom Roten Land liegt schon an die zwei Jahre vor der Burg, und oft hätte er sie erobern können, wenn er gewollt hätte, aber er zögerte immer wieder, weil er Sir Lanzelot vom See zum Kampf heranlocken wollte oder Sir Tristan oder Sir Lamorak von Wales oder Sir Gawein. Mein hoher Herr, sagte das Fräulein Linet, ich bitte Euch, schlagt diesen Edelmann zum Ritter, ehe er in den Kampf mit dem Roten Ritter zieht. Das will ich herzlich gern, erwiderte Sir Persant, wenn er den Orden der Ritterschaft von einem so schlichten Mann wie mir annehmen will. Herr, sagte darauf Beaumains, ich danke Euch für Euern guten Willen, doch bin ich in einer besseren Lage, denn mich hat der edle Sir Lanzelot bereits zum Ritter gemacht. Ah! entgegnete Sir Persant, von einem berühmteren Manne hättet Ihr nicht zum Ritter geschlagen werden können, denn von allen Rittern kann er die Krone der Ritterschaft genannt werden. Alle Welt sagt, daß der Glanz des Rittertums von drei Rittern ausgeht, von Sir Lanzelot vom See, Sir Tristan von Liones und Sir Lamorak von Wales. Es gibt viele andere edle Ritter, aber keiner von ihnen überragt diese. Gott stehe Euch bei, fuhr Sir Persant fort, denn wenn Ihr den Roten Ritter besiegt, wird man Euch den vierten großen Ritter der Welt nennen. Herr, sagte Beaumains, ich möchte sehr gern ein berühmter Ritter werden. Wisset, daß ich von trefflichen Männern abstamme, denn mein Vater war, wie ich sagen darf, ein Edelmann; und wenn Ihr und dieses Fräulein es für Euch behaltet, will ich Euch eröffnen, aus welchem Geschlecht ich bin. Wir werden nichts von Euch verraten, sagten sie beide, bis Ihr es uns heißt, bei der Treue, die wir Gott schulden. Wohlan, sagte er, mein Name ist Gareth von Orkney, König Lot war mein Vater, und meine Mutter ist die Schwester von König Artus, ihr Name ist Lady Margawse, und Sir Gawein, Sir Agrawein und Sir Gaheris sind meine Brüder, und ich bin der jüngste von ihnen. Noch wissen weder König Artus noch Sir Gawein, wer ich bin.

WIE DIE DAME, DIE BE-
LAGERT WURDE, KUND-
SCHAFT VON IHRER
SCHWESTER ERHIELT,
DASS SIE EINEN RITTER
GEFUNDEN HÄTTE, DER
FÜR SIE KÄMPFEN
WOLLTE, UND WAS FÜR
KÄMPFE ER SCHON BE-
STANDEN HÄTTE. ❧ Die
Dame in der belagerten Burg
erhielt durch den Zwerg Nach-
richt, daß ihre Schwester und
ein Ritter angekommen waren
und wie dieser Ritter alle die
gefährlichen Orte passiert hat-
te. Was für ein Mann ist er?
fragte sie. Er ist ein edler Ritter, wahrlich, hohe Frau, ant-
wortete der Zwerg, und er ist noch jung, doch sehr stattlich.
Wer ist es? fragte die Dame weiter, und aus welchem Ge-
schlecht stammt er, und wer hat ihn zum Ritter gemacht?
Edle Dame, sagte der Zwerg, er ist der Sohn des Königs von
Orkney, aber seinen Namen will ich Euch nicht nennen, doch
Ihr sollt wissen, Sir Lanzelot hat ihn zum Ritter gemacht,
denn von keinem anderen wollte er sich zum Ritter schlagen
lassen, und Sir Kay nannte ihn Beaumains. Wie ist er den
Brüdern Sir Persants entkommen? fragte die Dame. Wie ein
Edler Ritter: zuerst erschlug er zwei Brüder an einer Furt.
Ach, sagte sie, das waren zwei wackere Ritter, aber sie waren
Mörder, der eine hieß Gherard von Breuse, der andere Sir
Arnold von Breuse. Danach, edle Dame, traf er auf den Schwar-
zen Ritter und erschlug ihn im offenen Kampf und nahm sein
Pferd und sein Rüstung, und dann besiegte er den Grünen
Ritter und den Roten Ritter und schließlich den Blauen
Ritter. So hat er, sagte die Dame, Sir Persant von Indien

273

überwunden, einen der edelsten Ritter der Welt. Und der Zwerg fuhr fort: Vorher warf er Sir Kay nieder und ließ ihn fast tot am Boden liegen und focht einen großen Kampf mit Sir Lanzelot, der unentschieden ausging, und da schlug ihn Sir Lanzelot zum Ritter. Zwerg, sagte die Dame, ich bin froh über diese Kunde, gehe nun zu meiner Einsiedelei hier in der Nähe und nimm in zwei Silberkrügen, die zwei Gallonen fassen, von meinem Wein mit dir und zwei Laib Brot mit gebratenem Wildbret und knusprigen Hühnern, und dazu gebe ich dir einen kostbaren Becher aus Gold, und das alles überreichst du dem Einsiedler. Begib dich danach zu meiner Schwester und grüße sie und empfiehl mich jenem edlen Ritter und bitte ihn, zu essen und zu trinken und sich zu stärken, und sage ihm Dank für seine Ritterlichkeit und Güte, daß er solche Mühe für mich auf sich nehmen will, obwohl ich ihm niemals Gutes oder Freundliches erwiesen habe. Bitte ihn, er soll frohen Herzens und Mutes sein, denn er wird auf einen sehr vornehmen Ritter treffen, der aber weder Güte noch Ritterlichkeit noch Milde besitzt. Er ist nur auf Totschlag aus, und das ist der Grund, weshalb ich ihn nicht loben und nicht lieben kann. So ging der Zwerg und kam zu Sir Persant, wo er das Fräulein Linet und Sir Beaumains fand, und er bestellte seine Botschaft. Darauf nahmen sie Abschied, doch Sir Persant ritt auf einem Zelter ein Stück des Weges mit ihnen und empfahl sie dann Gott. Nach kurzer Zeit kamen sie zu der Einsiedelei. Dort tranken sie den Wein und aßen das Wildbret und die gebratenen Hühner. Und als sie gut gespeist hatten, kehrte der Zwerg mit dem Geschirr wieder zur Burg zurück. Dabei begegnete er dem Roten Ritter vom Roten Land, der ihn fragte, woher er komme und wo er gewesen sei. Herr, antwortete der Zwerg, ich bin bei der Schwester der Burgfrau gewesen: sie war am Hof von König Artus und hat einen Ritter mitgebracht. Dann halte ich ihre Mühe für vergebens. Auch wenn sie Sir Lanzelot, Sir Tristan, Sir Lamorak oder Sir Gawein mitgebracht hätte, so wäre ich doch stark genug für sie alle. Das mag sein, erwiderte der Zwerg, aber dieser Ritter hat alle die gefährlichen Orte passiert und den Schwarzen Ritter erschlagen und noch zwei andere und überdies den Grünen, den Roten und den Blauen Ritter besiegt. Dann ist er einer von den vieren, die ich eben genannt habe. Er ist keiner von ihnen, sagte der Zwerg, aber er ist ein Königssohn. Wie heißt er? fragte der Rote Ritter vom Roten Land. Das will ich Euch nicht sagen, antwortete der Zwerg, doch Sir Kay nannte ihn verächtlich Beaumains. Es ist mir gleich, meinte der Ritter, wer er ist, ich werde ihm bald den Garaus machen. Und wenn ich ihn besiegt habe, soll er einen ebenso schmählichen Tod finden wie viele andere vor ihm. Das wäre schade, entgegnete der Zwerg dem Ritter vom Roten Land. Ich wundere mich, warum Ihr gegen edle Ritter so schändlich Krieg führt.

 WIE DAS FRÄULEIN UND BEAUMAINS ZU DER BELAGERUNG KAMEN, UND WIE BEAUMAINS AUF EINEM HORN BLIES, DAS AN EINEM MAUL-BEERBAUM HING, WORAUF DER RITTER VOM ROTEN LAND HERAUS-KAM, UM MIT IHM ZU KÄMPFEN. ❧

Nachdem Sir Beaumains in der Einsiedelei übernachtet und am anderen Morgen die Messe gehört und gefrühstückt hatte, ritt er mit dem Fräulein Linet durch einen schönen, stillen Wald, bis sie auf eine Ebene gelangten, und da waren viele Zelte und eine feste Burg und viel Rauch und großer Lärm. Als sie näher an die Belagerer herankamen, bemerkte Sir Beaumains, daß an hohen Bäumen Ritter in voller Rüstung aufgehängt waren, mit Schild und Schwert um den Hals und goldenen Sporen an den Fersen. An die vierzig Ritter waren da schmachvoll aufgeknüpft. Da sank Sir Beaumains der Mut, und er fragte: Was bedeutet das? Edler Herr, antwortete das Fräulein, laßt den Mut nicht sinken bei diesem Anblick. Ihr müßt tapfer sein, sonst ist es um Euch geschehen, denn alle jene Ritter kamen hierher zu dieser Belagerung, um meine Schwester, Lady Liones, zu retten. Nachdem der Rote Ritter vom Roten Land sie besiegt hatte, tötete er sie ohne Gnade und Mitleid auf diese schändliche Weise. Und in derselben Art wird er mit Euch verfahren, wenn Ihr nicht der Stärkere seid. Jesus bewahre mich, sagte Beaumains, vor einem so schmählichen Tod und vor Schande, denn ehe es mir so ergeht, will ich lieber im offenen Kampf männlich erschlagen werden. Das wäre besser für Euch, erwiderte das Fräulein, denn vertraut nicht auf seine Ritterlichkeit. Er geht nur auf Totschlag oder schändlichen Mord aus, und das ist ein Jammer, denn er ist ein gut aussehender und wohlgestalter Mann und ein sehr tapferer Ritter und Herr über große Ländereien und Besitzungen. Sicher ist er ein wackerer Kämpe, sagte Beaumains, aber er hat schändliche Bräuche, und mich wundert sehr, daß in all der langen Zeit noch keiner der edlen Ritter des Königs Artus mit ihm abgerechnet hat. Danach ritten sie zu den Gräben und sahen, daß es Doppelgräben waren und starke kriegsmäßige Mauern. In der Nähe der Mauern lagerten viele große Herren, und es ging laut her mit Gesang; und das Meer schlug an die eine Seite der Mauern, wo viele Schiffe lagen und Seeleute lärmten und Hipp! und Ho! riefen. Ganz in der Nähe stand ein Maulbeerbaum, an dem hing ein Horn aus Elfenbein, so groß, wie sie noch keins gesehen hatten. Das hatte der Ritter vom Roten Land hingehängt, und wenn ein fahrender Ritter kam, mußte er in das Horn blasen, und darauf wappnete sich der Rote Ritter und kam zum Kampf heraus. Ich bitte Euch, sprach das Fräulein Linet, blast das Horn nicht vor Mittag. Es ist jetzt noch früh am Morgen, da nimmt seine Kraft zu, und dann hat er, wie die Leute sagen, die Stärke von sieben Männern. Ach, welche Schande, edles Fräulein, sagt so etwas nie wieder zu mir, denn wenn er ein so tüchtiger Ritter ist, will ich ihm in seiner größten Stärke nicht ausweichen und entweder auf ehrenvolle Weise Ruhm gewinnen oder ritterlich auf dem Kampfplatz sterben. Und danach sprengte er mit seinem Pferd gerade auf den Maulbeerbaum zu und stieß so gewaltig in das Horn, daß das ganze Lager und die Burg davon erdröhnten. Da sprangen die Ritter aus ihren Zelten heraus, und die in der Burg schauten über die Mauern und aus den Fenstern, und der Rote Ritter vom Roten Land wappnete sich eilends. Zwei Barone legten ihm die Sporen an, und ein Graf schnallte ihm den Helm fest, und seine ganze Rüstung war rot wie Blut. Dann brachten sie ihm einen roten Schild und eine rote Lanze und ein rotes Roß, und so ritt er zu einer kleinen Senke unter der Burg, damit alle, die in der Burg und bei der Belagerung waren, seinen Kampf mit Sir Beaumains mit ansehen konnten.

WIE DIE BEIDEN RITTER AUFEINANDERTRAFEN, WAS SIE SPRACHEN, UND WIE SIE DEN KAMPF BEGANNEN. ❧ Herr, sagte das Fräulein Linet zu Sir Beaumains, seid frohen und leichten Herzens, denn dort kommt Euer Todfeind, und an dem Fenster dort ist meine Schwester, Lady Liones. Wo? fragte Beaumains. Dort, antwortete das Fräulein und wies mit dem Finger hinauf. Wahrhaftig, sagte Beaumains, sie scheint bei weitem die schönste Frau zu sein, die ich je gesehen habe. Ich begehre wahrlich keinen besseren Streit, als jetzt zu kämpfen; sie soll meine Herrin sein, und für sie will ich fechten. Und er schaute mit strahlendem Blick zu dem Fenster hinauf. Lady Liones blickte hold zu ihm herab und winkte ihm zu. Da rief der Rote Ritter vom Roten Land Sir Beaumains zu: Herr Ritter, laß dein Blickewerfen und sieh mich an, das rate ich dir, denn ich warne dich, sie ist meine Gebieterin, und für sie habe ich viele schwere Kämpfe bestanden. Wenn

du das getan hast, erwiderte Beaumains, so war das wohl
vergebliche Mühe, denn sie liebt keinen Gesellen wie dich,
und da sie dich nicht liebt, ist es nichts als große Torheit,
wenn du sie liebst. Wenn ich erführe, daß sie nicht froh
wäre über mein Kommen, würde ich davon Abstand nehmen,
für sie zu kämpfen. Aber ich ersehe aus der Belagerung dieser
Burg, daß sie auf deine Gesellschaft verzichten kann. Deshalb
nimm zur Kenntnis, Roter Ritter vom Roten Land, ich liebe
sie und werde sie befreien oder sterben. Du wagst es? entgegnete der Rote Ritter. Mich dünkt, du solltest zur Vernunft
kommen beim Anblick jener Ritter, die du dort an den Bäumen
hängen sahst. Pfui Schande, sagte Beaumains, daß du je so
frevelhaft reden oder handeln konntest, denn damit schändest
du dich selbst und die ganze Ritterschaft, und du darfst
sicher sein, keine Dame wird dich lieben, die deine verruchten
Bräuche kennt. Du glaubst, der Anblick dieser gehenkten
Ritter würde mich abschrecken? Nein, wahrhaftig nicht; dieser
schändliche Anblick gibt mir Mut und Kühnheit gegen dich,
mehr als ich gehabt hätte, wenn du ein Ritter von edlen
Sitten wärst. Mach dich bereit, sagte der Rote Ritter vom
Roten Land, und schwatze nicht länger mit mir. Da hieß
Sir Beaumains das Fräulein von ihm gehen; und dann legten
sie ihre Lanzen ein und sprengten mit aller Gewalt gegeneinander, und jeder traf den anderen mitten auf den Schild,
daß die Brustplatten, die Sattelgurte und die Schwanzriemen
barsten und beide zur Erde fielen und die Zügel in der
Hand hatten. So lagen sie lange Zeit in tiefer Betäubung,
daß alle Burginsassen und Belagerer glaubten, sie hätten
beide das Genick gebrochen; und viele sagten, der fremde
Ritter sei ein starker Mann und trefflicher Recke, denn sie
hatten noch nie einen Ritter gesehen, der dem Roten Ritter
widerstand. Dann machten sich die beiden Gegner rasch
von ihren Pferden frei, nahmen die Schilde vor, zogen die
Schwerter und sprangen gegeneinander wie zwei wilde Löwen,
und jeder versetzte dem anderen solche Schläge auf den Helm,

daß sie beide zwei Schritte zurückwankten. Dann erholten sich beide und hieben einander große Stücke aus ihren Harnischen und Schilden, daß viele Teile auf dem Kampfplatz umherflogen.

Kapitel 17

WIE NACH LANGEM KAMPF BEAUMAINS DEN RITTER BEZWANG UND IHN ERSCHLAGEN WOLLTE, ABER AUF BITTEN DER BARONE SEIN LEBEN SCHONTE UND VERLANGTE, DASS ER SICH DER DAME ERGAB. ❧ So kämpften sie, bis die Mittagsstunde vorüber war, und sie hielten erst inne, als ihnen schließlich der Atem ausging. Dann standen sie und schüttelten sich und keuchten und schnauften und bluteten, daß die meisten der Zuschauer aus Mitgefühl weinten. Als sie sich nach einer Weile erholt hatten, setzten sie den Kampf fort und hieben und parierten und stießen wie zwei wilde Eber. Manchmal rannten sie gegeneinander wie zwei Widder und prallten zusammen, daß beide längelang auf den Boden schlugen; und manchmal waren sie so benommen, daß jeder das Schwert des anderen ergriff statt sein eigenes. So hielten sie durch bis zur Vesperzeit, und noch wußte niemand, wer den Kampf gewinnen würde. Ihre Rüstung war so zerhauen, daß man ihr nacktes Fleisch sehen konnte; auch an anderen Stellen waren sie entblößt, aber immer schützten sie diese Stellen. Der Rote Ritter war ein verschlagener Streiter; und seine Verschlagenheit lehrte Sir Beaumains Vorsicht, doch mußte er schweres Lehrgeld zahlen, bevor er seine Kampfweise durchschaute. Dann legten sie mit beiderseitiger Zustimmung eine Ruhepause ein und setzten sich jeder auf einen Maulwurfshügel am Rande des Kampfplatzes. Sie lösten den Helm und ließen die kühle Luft heran, und beider Knappen waren dicht bei ihnen, um auf ihr Gebot den Harnisch zu öffnen und wieder zu schließen. Als Sir Beaumains den Helm abgenommen hatte, schaute er zum Fenster hinauf und erblickte dort die schöne Lady Liones, und sie schaute so hold auf ihn herab, daß sein Herz leicht und fröhlich wurde. Darauf hieß er den Roten Ritter sich bereit machen: Jetzt kämpfen wir bis zum Äußersten. Das ist mir recht, sagte der Ritter. Da schlossen sie ihre Helme, und ihre Knappen machten Platz, und sie schritten aufeinander zu und fochten mit frischen Kräften, aber der Rote Ritter hielt sich zurück. Bei einem Angriff schlug er Beaumains auf die Hand, daß ihm das Schwert entfiel, und dann versetzte er ihm noch einen Streich auf den Helm, daß er zu Boden sank. Dann stürzte sich der Rote Ritter auf ihn, um ihn niederzuhalten. Da schrie das Fräulein Linet laut: O Sir Beaumains, wo ist dein Mut geblieben? Wehe, meine Schwester sieht dich liegen, und sie seufzt und weint, das drückt mir das Herz ab. Als Sir Beaumains das hörte, raffte er sich mit gewaltiger Kraft auf und kam auf die Füße, sprang zu seinem Schwert, packte es mit der Hand und war im Nu wieder bei dem Roten Ritter, und da begann der Kampf von neuem. Aber Sir Beaumains verdoppelte seine Streiche und hieb so hart, daß er jetzt dem Roten Ritter das Schwert aus der Hand schlug, und dann versetzte er ihm einen Streich über den Helm, daß er hinfiel. Sir Beaumains ließ sich auf ihn fallen und löste ihm den Helm, um ihn zu erschlagen. Da ergab er sich und sagte mit lauter Stimme: O edler Ritter, ich ergebe mich deiner Gnade! In diesem Augenblick erinnerte sich Sir Beaumains an die Ritter, die so schändlich gehenkt worden waren, und er sprach: Meine Ehre erlaubt es nicht, dein Leben zu schonen, wegen des schmachvollen Todes, den du viele wackere Ritter hast sterben lassen. Herr, erwiderte der Rote Ritter vom Roten Land, haltet ein. Ihr sollt den Grund hören, warum ich ihnen einen so schmachvollen

Tod bereitet habe. Sprich, sagte Sir Beaumains. Herr, ich liebte einmal eine Dame, ein schönes Fräulein, und ihr Bruder wurde erschlagen; und sie sagte, es sei Sir Lanzelot vom See oder Sir Gawein gewesen. Sie bat mich, so wahr ich sie von ganzem Herzen liebte, ihr bei meiner Ritterehre zu geloben, täglich die Waffen zu führen, bis ich einen von ihnen träfe. Alle Ritter, die ich besiegte, sollte ich einen schmachvollen Tod sterben lassen. Ich versprach ihr, den Rittern der Tafelrunde des Königs Artus jede Schurkerei zuzufügen und an allen Rittern seines Hofes Rache zu nehmen, und so habe ich gehandelt. Und nun, Herr, will ich Euch sagen, daß meine Kraft jeden Tag bis Mittag wächst, und dann habe ich die Stärke von sieben Männern.

WIE SICH DER RITTER ERGAB, UND WIE BEAUMAINS IHN ZUM HOF DES KÖNIGS ARTUS GEHEN UND SIR LANZELOT UM GNADE BITTEN HIESS. ❧ Es kamen viele Grafen und Barone und edle Ritter und ersuchten Sir Beaumains, das Leben des Roten Ritters zu schonen und ihn zum Gefangenen zu machen. Und alle fielen auf die Knie und baten um Gnade. Herr, sagten sie, es wäre gerechter, wenn Ihr ihm Huldigung und Treueeid abnähmt und ihn zu Euerm Lehensmann machtet, als wenn Ihr ihn sterben ließet. Sein Tod bringt Euch keinen Vorteil, und seine Missetaten können nicht ungeschehen gemacht werden, doch soll er allen Betroffenen Entschädigung bieten, und wir alle wollen Euch untertan sein und Euch Huldigung und Treueschwur leisten. Edle Herren, erwiderte Beaumains, ihr sollt wissen, daß ich diesen Ritter nur ungern erschlage, obwohl er sehr übel und schändlich gehandelt hat, aber da er all das auf Bitten einer Dame getan

hat, tadle ich ihn weniger. So will ich ihn um euretwillen freilassen und ihm sein Leben schenken unter der Bedingung,
daß er in die Burg geht und sich der Dame ergibt, und wenn
sie ihm verzeiht und ihn freispricht, will ich es auch. Doch soll
er ihr Ersatz leisten für all den Schaden, den er ihr und ihrem
Lande zugefügt hat. Und wenn Ihr das getan habt, sollt Ihr
an den Hof des Königs Artus gehen und Sir Lanzelot und
Sir Gawein um Gnade bitten wegen des schlimmen Vor-
habens, das Ihr gegen sie geplant hattet. Herr, sagte der Rote
Ritter vom Roten Land, all das will ich tun, wie Ihr gebietet,
und Ihr sollt Sicherheit und Bürgschaft dafür haben. Und als
die Sicherheit erbracht war, leistete er Huldigung und Treueeid und die Grafen und Barone mit ihm. Dann kam das Fräulein Linet zu Beaumains, nahm ihm die Rüstung ab, untersuchte seine Wunden und stillte sein Blut, und das gleiche
tat sie dem Roten Ritter vom Roten Land. So wohnten sie
zehn Tage in den Zelten, und der Rote Ritter bereitete mit
seinen Herren und Bediensteten Sir Beaumains alle nur er-
denklichen Freuden. Nach einer Weile begab sich der Rote
Ritter in die Burg und unterwarf sich der Gnade der Dame.
Und sie gewährte sie ihm und erhielt die Versicherung, daß
aller Schaden, über den sie sich beklagen konnte, voll ersetzt
würde. Der Ruhm, den Sir Beaumains mit seinen glänzenden
Waffentaten erwarb, drang bis an den Hof des Königs Artus.
Bei Gott, sagten König Artus und Sir Gawein, wir möchten
zu gern wissen, aus welchem edlen Blut der Fremde stammt,
denn ein edler Ritter ist er. Rätselt nicht, erwiderte Sir Lanzelot, ich sage euch, er stammt aus sehr edlem Blut, und es
gibt nur wenige, die ihm an Kraft und Kühnheit gleichkom-
men. Ihr scheint zu wissen, wie er heißt und woher er stammt,
sagte König Artus. Sicher weiß ich das, antwortete Sir Lanzelot, sonst hätte ich ihn nicht in den Ritterstand erhoben,
aber er selbst gebot mir damals, ich sollte seinen Namen
nicht entdecken, bis er mich dazu auffordere oder es im
Lande öffentlich bekannt würde.

Kapitel
19

WIE BEAUMAINS ZU DER DAME KAM UND DIE BURGTORE VOR IHM GESCHLOSSEN WURDEN, UND WAS DIE DAME ZU IHM SPRACH.

Jedoch Sir Beaumains begehrte indessen sehr, seine Dame, Linets Schwester, zu sehen. Herr, sagte Linet, ich möchte gern, daß Ihr zu ihr geht. Da wappnete sich Sir Beaumains, nahm sein Pferd und seine Lanze und ritt geradenwegs zur Burg. Als er ans Tor kam, fand er dort viele Bewaffnete, und die Zugbrücke wurde hochgezogen und das Tor geschlossen, und er wunderte sich sehr, warum sie ihn nicht einließen. Da schaute er zum Fenster hinauf und sah dort die schöne Lady Liones, die laut rief: Geh fort, Sir Beaumains, meine Liebe soll dir noch nicht ganz gehören, bis man dich zu den berühmten Rittern zählt. Deshalb bemühe dich ein Jahr lang um Ruhm, dann sollst du neue Kunde hören. Ach, schöne Dame, sagte Beaumains, ich habe diese Kälte nicht verdient und hatte geglaubt, Ihr würdet mich mit Freuden empfangen, denn mir kommt Dank zu, und ich weiß wohl, ich habe Eure Liebe mit einem Teil meines besten Blutes erkauft. Edler Ritter, antwortete Lady Liones, seid nicht erzürnt oder voreilig. Ich versichere Euch, Euer hoher Einsatz und Eure treue Liebe werden nicht vergebens sein, ich erkenne sie und Eure Großmut und Güte an, wie es mir geziemt. Deshalb geht Euern Weg und seid getrosten Mutes, denn alles geschieht nur zu Euerm Ruhm und zum Besten, und bei Gott, ein Jahr ist schnell vorbei, und glaubt mir, edler Ritter, ich werde Euch treu sein und Euch niemals verraten und Euch und keinen anderen lieben bis zu meinem Tod. Damit trat sie vom Fenster zurück, und Sir Beaumains ritt von der Burg fort und war sehr bekümmert. Er ritt hierhin und dorthin und wußte nicht, wohin, bis es dunkle Nacht war. Da kam er durch Zufall zum Haus eines armen Mannes und wurde dort für die Nacht aufgenommen. Aber Sir Beaumains fand keine Ruhe, sondern wälzte und wand sich im Bett aus Liebe zur Burgherrin. Am Morgen nahm er sein Pferd und ritt bis Mittag und kam dann an ein breites Wasser, und daneben war ein großer Lagerplatz, und dort stieg er ab, um zu schlafen. Er legte sein Haupt auf den Schild und übergab sein Pferd dem Zwerg und befahl ihm, die ganze Nacht zu wachen. Die Burgherrin aber mußte viel an Beaumains denken, und da rief sie Sir Gringamore, ihren Bruder, zu sich und bat ihn dringend, wenn er sie herzlich liebe, solle er Sir Beaumains nachreiten: Und gebt genau Obacht, bis Ihr ihn schlafend findet, denn ich bin sicher, er wird in seiner Müdigkeit irgendwo absteigen und sich schlafen legen. Und wenn er eingeschlafen ist, ergreift heimlich seinen Zwerg und reitet davon, so schnell Ihr könnt, bevor Sir Beaumains aufwacht; denn meine Schwester Linet erzählte mir, der Zwerg weiß, aus welchem Geschlecht er stammt und wie sein richtiger Name ist. Unterdessen will ich mit meiner Schwester zu Eurer Burg reiten und warten, bis Ihr den Zwerg bringt. Ich will ihn dann selbst ins Verhör nehmen. Solange ich nicht weiß, wie er wirklich heißt und von wem er abstammt, wird mein Herz nicht froh werden. Schwester, sagte Sir Gringamore, all das soll nach Euerm Willen geschehen. Und so ritt er den ganzen Tag und die Nacht, bis er Sir Beaumains an dem Wasser in festem Schlaf fand. Da schlich er sich heimlich an den Zwerg heran, ergriff ihn von hinten, hielt ihn unter seinem Arme fest und ritt davon zu seiner Burg, so schnell er konnte. Sir Gringamores Rüstung und alles, was ihm gehörte, waren schwarz. Wie er mit dem Zwerg zu seiner Burg ritt, schrie dieser nach seinem Herrn und flehte um Hilfe. Darüber erwachte Sir Beaumains, sprang rasch auf und sah Sir Gringamore mit seinem Zwerg davonreiten, bis Sir Gringamore seinen Blicken entschwunden war.

WIE BEAUMAINS SEINEM ZWERG NACHRITT, UM IHN ZU BEFREIEN, UND WIE ER IN DIE BURG GELANGTE, WO ER WAR. ❧ Da setzte Sir Beaumains rasch den Helm auf, schnallte den Schild um und ritt ihm in vollem Galopp nach durch Marschen und Felder, über Berg und Tal, daß sein Pferd und er viele Male kopfüber in bodenlosen Sumpf stürzten; denn er kannte den Weg nicht, sondern ritt in seiner Wut geradeaus, daß er oft beinahe umkam. Schließlich gelangte er auf einen angenehmen, grasbewachsenen Weg, und dort traf er einen armen Landmann, den grüßte er und fragte ihn, ob er nicht einen Ritter mit einem schwarzen Pferd und einem ganz schwarzen Harnisch gesehen hätte und dazu einen Zwerg mit trauriger Miene. Herr, sagte der arme Mann, hier ist Sir Gringamore, der Ritter, mit solch einem traurigen Zwerg vorbeigekommen. Aber ich rate Euch, folgt ihm nicht, denn er ist der gefährlichste Ritter der Welt. Seine Burg ist ganz in der Nähe, nur zwei Meilen entfernt, doch reitet Sir Gringamore nicht nach, wenn Ihr nicht sein Freund seid. Inzwischen war der Zwerg auf der Burg angekommen, und Lady Liones und Fräulein Linet fragten ihn, wo sein Herr geboren sei und aus welchem Geschlecht er stamme. Wenn du mir das nicht verrätst, sagte Lady Liones, sollst du diese Burg nie mehr verlassen, sondern für immer hier gefangen sein. Was das angeht, antwortete der Zwerg, ich scheue mich nicht sehr, seinen Namen und seine Herkunft zu nennen. So vernehmt denn, er ist ein Königssohn, seine Mutter ist die Schwester von König Artus, und er ist der Bruder des wackeren Ritters Sir Gawein, und sein Name ist Sir Gareth von Orkney. Nun habe ich Euch seinen richtigen Namen gesagt und bitte Euch, edle Dame, laßt mich wieder zu meinem Herrn zurückkehren, denn er wird dieses Land niemals verlassen, wenn er mich nicht wiederhat. Und wenn er zornig ist, wird er viel Schaden anrichten und Zerstörung über dieses Land bringen, ehe er zum Einhalten veranlaßt wird. Diese Drohung rührt mich nicht, sagte Sir Gringamore, gehen wir zum Essen. So wuschen sie sich und setzten sich zum Male und waren lustig und guter Dinge, und da Lady Liones von der Burg anwesend war, feierten sie fröhlich. Er mag ja durchaus ein Königssohn sein, sagte Linet zu ihrer Schwester, er hat viele gute Eigenschaften, er ist ritterlich und liebenswürdig und der duldsamste Mann, der mir je begegnet ist. Und ich muß sagen, nie hat eine Edelfrau einen Mann so schimpflich geschmäht wie ich ihn, und doch hat er mir immer gütig und freundlich geantwortet. Während sie so plauderten, erschien Sir Gareth wütend mit bloßem Schwert in der Hand am Tor und schrie laut, daß die ganze Burgbesatzung es hören konnte: Sir Gringamore, du Verräter, gib mir meinen Zwerg heraus, oder du wirst, bei meiner Ritterehre, meinen ganzen Zorn zu spüren bekommen. Da blickte Sir Gringamore von einem Fenster aus zu ihm hinunter und erwiderte: Sir Gareth von Orkney, behalte deine prahlerischen Worte für dich, du bekommst deinen Zwerg nicht wieder. Du feiger Ritter, rief Sir Gareth, bring ihn her und kämpfe mit mir, und wenn du gewinnst, dann behalte ihn. Das werde ich, wenn ich Lust habe, entgegnete Sir Gringamore, aber mit deinen großen Worten bekommst du ihn nicht. Ach, lieber Bruder, sagte Lady Liones, lasse ihm seinen Zwerg, mir liegt daran, daß er nicht zornig ist. Da er mir nun alles gesagt hat, was ich wissen wollte, brauche ich den Zwerg nicht mehr. Sir Gareth hat ja auch viel für mich getan, Bruder. Er hat mich von dem Roten Ritter vom Roten Land befreit, und deshalb bin ich ihm vor allen anderen Rittern Dank schuldig. Und bedenkt, daß ich ihn sehr liebe und herzlich gern mit ihm sprechen möchte; nur will ich unter keinen Umständen, daß er erfährt, wer ich bin, sondern er soll mich für eine fremde

Dame halten. Gut, erwiderte Sir Gringamore, da ich nun Euern Willen kenne, will ich nachgeben. Darauf ging er sogleich zu Sir Gareth hinunter und sagte: Herr, ich bitte Euch um Verzeihung, und allen Schaden, den ich Euch zugefügt habe, werde ich nach Euerm Willen wiedergutmachen. Darum bitte ich Euch, steigt ab und laßt Euch in dieser Burg so gut bewirten, wie es nur möglich ist. Werde ich meinen Zwerg bekommen? fragte Sir Gareth. Ja, Herr, und jeden Gefallen will ich Euch erweisen, denn nachdem mir Euer Zwerg gesagt hat, wer Ihr seid und von wem Ihr abstammt und was für edle Taten Ihr in diesem Land vollbracht habt, bereue ich, was ich Euch antat. Da stieg Sir Gareth aus dem Sattel, und sein Zwerg nahm ihm das Pferd ab. O mein Bursche, sagte Sir Gareth, um deinetwillen bin ich in manche Abenteuer geraten. Dann nahm ihn Sir Gringamore bei der Hand und geleitete ihn in die Halle.

WIE SIR GARETH, AUCH BEAUMAINS GENANNT, MIT SEINER DAME ZUSAMMEN-KAM, UND WIE SIE BEKANNT-SCHAFT SCHLOSSEN UND VON IHRER LIEBE. Da kam Lady Liones herein, gekleidet wie eine Prinzessin, und war sehr freundlich zu ihm und er zu ihr, und sie unterhielten sich gut miteinander und taten sehr verliebt. Und Sir Gareth dachte manches Mal: Jesus, ich wollte, die Herrin der Burg der Gefahren wäre so schön wie sie. Dann spielten sie allerlei Spiele und tanzten und sangen; und je länger Sir Gareth die Dame ansah, desto mehr verliebte er sich in sie. Schließlich entbrannte er so in Liebe, daß er fast den Verstand verlor; und als die Nacht hereinbrach, gingen sie zum Abendessen, doch Sir Gareth brachte keinen Bissen hinunter, und seine Liebe war so heiß, daß er nicht mehr wußte, wo er war. Sir Gringamore bemerkte alle diese verliebten Blicke, und nach dem Mahle rief er Lady Liones in ein Nebenzimmer und sprach: Liebe Schwester, ich habe wohl bemerkt, was zwischen Euch und dem Ritter vorging. Bedenkt, er ist ein sehr edler Ritter, und wenn Ihr ihn dazu bringen könnt, daß er hierbleibt, will ich ihm alles zu Gefallen tun, was ich vermag. Denn selbst wenn Ihr vornehmer wärt, als Ihr es seid, würdet Ihr mit ihm gut versorgt sein. Lieber Bruder, antwortete Lady Liones, ich weiß wohl, daß der Ritter trefflich ist und aus edlem Hause stammt. Dennoch will ich ihn noch besser prüfen, obgleich ich ihm mehr als jedem anderen Menschen auf Erden verpflichtet bin, denn er hat mir zuliebe viel Mühsal auf sich genommen und viele Gefahren bestanden. Darauf ging Sir Gringamore zu Sir Gareth und sagte: Herr, seid guten Mutes, zur Trauer habt Ihr keinen Grund, denn diese Dame, meine Schwester, ist in Ehren die Eure für immer; und wisset, sie liebt Euch so sehr wie Ihr sie, wenn nicht noch mehr, falls das möglich ist. Wenn dem so ist, erwiderte Sir Gareth, gibt es keinen glücklicheren Mann als mich. Bei meiner Ehre, sagte Sir Gringamore, Ihr könnt Euch auf mich verlassen, Ihr sollt bei mir bleiben, solange Ihr wollt, und diese Dame wird Tag und Nacht bei uns sein und Euch alle Freuden bereiten, die sie Euch schenken kann. Das nehme ich gern an, antwortete Sir Gareth, denn ich habe versprochen, mich das ganze Jahr in diesem Lande aufzuhalten. Ich bin sicher, König Artus und andere edle Ritter werden mich finden, wo immer ich in diesen zwölf Monaten bin. Dann ging der edle Sir Gareth zu Lady Liones und herzte und küßte sie viele Male, und sie erfreuten sich ihrer Liebe. Sie gelobte, ihn und keinen anderen zu lieben bis an das Ende ihrer Tage. Danach enthüllte Lady Liones mit Zustimmung ihres Bruders, wer sie in Wirklichkeit war, nämlich die Herrin der Burg der Gefahren, und daß sie ihren Bruder veranlaßt hatte, Sir Gareth den Zwerg zu rauben, um sich Gewißheit zu verschaffen, wie sein Name war und aus welchem Geschlecht er stammte.

WIE IN DER NACHT EIN BE-WAFFNETER RITTER KAM UND MIT SIR GARETH KÄMPFTE, UND WIE ER, SCHWER AM SCHENKEL VERLETZT, DIESEM RITTER DEN KOPF ABSCHLUG.

Darauf ließ sie Linet holen, das Fräulein, das auf vielen abenteuerlichen Wegen mit Sir Gareth geritten war, und da war er noch froher als zuvor. Und Lady Liones und Sir Gareth gelobten einander ewige Liebe und entbrannten so heftig, daß sie eins wurden, ihre Lust heimlich zu stillen. Lady Liones riet Sir Gareth, in der Halle zu schlafen, und sie versprach, kurz vor Mitternacht in sein Bett zu kommen. Das blieb jedoch nicht so geheim, wie sie meinten, denn sie waren beide noch jung und hatten keine Erfahrung in solchen Künsten. Das Fräulein Linet war ein wenig verstimmt und hielt ihre Schwester für übereilig, weil sie die Hochzeit nicht abwarten konnte; und um ihre Ehre zu retten, gedachte sie, ihre heiße Lust zu kühlen. Sie wollte mit ihren geheimen Zauberkünsten bewirken, daß sie nicht zum Ziele ihrer Lust kommen sollten, bis sie vermählt wären. Und so geschah es. Nach dem Abendessen wurde beschlossen, daß sich alle zur Ruhe begaben, aber Sir Gareth sagte offen, er wollte die Halle nicht verlassen, denn das wäre der angemessene Ruheplatz für einen fahrenden Ritter. Und so wurde eine große Liege gebracht, und Federbetten darauf gebreitet, und er legte sich schlafen. Bald darauf kam Lady Liones in einem mit Hermelin verzierten Mantel und legte sich zu Sir Gareth, und er begann sie zu küssen. Als er aufblickte, sah er einen gewappneten Ritter mit vielen Fackeln um sich näher kommen. Er hatte eine große Streitaxt in der Hand und schickte sich grimmig an, ihn zu erschlagen. Da sprang Sir Gareth aus dem Bett, packte sein Schwert und stürzte auf den Ritter los. Als dieser ihn so wild auf sich zukommen sah, traf er ihn durch eine Finte in den Oberschenkel, daß die Wunde eine Spanne breit war und durch viele Adern und Sehnen hindurchging. Darauf versetzte ihm Sir Gareth einen solchen Streich über den Helm, daß er zu Boden fiel. Da sprang er auf ihn, löste ihm den Helm und schlug ihm den Kopf ab. Er selbst aber blutete so stark, daß er nicht mehr stehen konnte, und er legte sich auf sein Bett und fiel in Ohnmacht und lag da wie tot. Da schrie Lady Liones laut auf, daß ihr Bruder es hörte und herunterkam. Als er Sir Gareth so heimtückisch verwundet sah, wurde er sehr zornig und rief: Es ist eine Schande für mich, daß dieser edle Ritter auf solche Weise behandelt wird! Schwester, wie kommt es, daß Ihr hier seid und dieser edle Ritter verwundet ist? Bruder, antwortet sie, ich kann es Euch nicht sagen, es ist nicht durch mich geschehen, noch mit meiner Zustimmung. Er ist mein Herr, und ich bin sein, und er muß mein Gemahl werden. Deshalb, mein Bruder, wißt, daß ich mich nicht schäme, bei ihm zu sein noch ihm alle Freuden zu bringen, die ich zu geben vermag. Schwester, sagte Sir Gringamore, ich versichere Euch und auch Sir Gareth, diese unselige Tat ist nicht durch mich noch mit meinem Wissen vollbracht worden. Dann stillten sie sein Blut, so gut sie konnten, und Sir Gringamore und Lady Liones begannen laut zu klagen. Darüber erschien Fräulein Linet und hob vor aller Augen den Kopf auf und rieb ihn mit einer Salbe ein, wo er abgehauen worden war, und dasselbe tat sie mit dem Rumpf und setzte die Teile zusammen, und der Kopf hielt so fest wie je. Und der Ritter stand ohne Mühe auf, und Linet brachte ihn in ihre Kammer. All das sahen Sir Gringamore und Lady Liones und auch Sir Gareth; und er merkte wohl, daß es das Fräulein Linet war, die mit ihm die Orte der Gefahren passiert hatte. Ach, Fräulein, sagte Sir Gareth, ich hätte nicht gedacht, daß Ihr so etwas tun würdet. Herr Gareth, erwiderte Linet, für alles, was ich getan habe, stehe ich ein, denn es wird Euch und uns allen zu Ehre und Ruhm gereichen. In kurzer Zeit wurde Sir

Gareth wieder fast heil und unbeschwert und fröhlich, und er sang, tanzte und spielte; er und Lady Liones entbrannten wieder in so heißer Liebe, daß sie sich verabredeten, sie sollte in der zehnten Nacht in sein Bett kommen. Und da er vordem verwundet worden war, legte er Rüstung und Schwert neben sein Lager.

WIE DER RITTER IN DER NÄCH-STEN NACHT WIEDERKAM UND WIEDER GEKÖPFT WURDE, UND WIE AM NÄCHSTEN PFINGSTFEST ALLE RITTER, DIE SIR GARETH BEZWUNGEN HATTE, ZU KÖNIG ARTUS KAMEN UND SICH IHM ERGABEN. ❧ Sie kam, wie es versprochen hatte; und kaum war sie in seinem Bett, als sie einen bewaffneten Ritter darauf zukommen sah. Sofort warnte sie Sir Gareth, und schnell war er mit ihrer Hilfe gerüstet. Die beiden Männer gingen mit Eifer und Wut aufeinander los und stoben durch die Halle; und es war hell, als ob zwanzig Fackeln vor und hinter ihnen leuchteten. Sir Gareth spannte seine Muskeln so an, daß seine alte Wunde wieder aufbrach und blutete, aber er war hitzig und ungestüm und streckte mit seiner großen Kraft den Ritter zu Boden, öffnete seinen Helm und schlug ihm den Kopf ab. Dann hieb er den Kopf in hundert Stücke und warf sie aus dem Fenster in den Burggraben, doch vor Blutverlust wurde er nun so schwach, daß er kaum mehr stehen konnte. Als seine Rüstung fast abgenommen war, sank er in tödlicher Ohnmacht zu Boden. Da schrie Lady Liones, daß Sir Gringamore es hörte. Als er Sir Gareth in solcher Not fand, klagte er laut, und dann brachte er Sir Gareth wieder zu sich und gab ihm einen Trank, der ihn wunderbar erquickte; aber den Jammer, den Lady Liones erhob, kann keine Zunge schildern, denn sie wütete so gegen sich, als wollte sie sterben. In diesem Augenblick trat das Fräulein Linet vor sie alle mit den Stücken des Kopfes, die Sir Gareth aus dem

Fenster geworfen hatte, bestrich sie mit Salbe, wie sie es zuvor getan hatte, und setzte sie wieder zusammen. Fräulein Linet, sagte Sir Gareth, ich habe all das Unrecht, das Ihr mir zufügt, nicht verdient. Herr Ritter, antwortete sie, ich habe nichts getan, wofür ich nicht einstehen werde, denn es dient Euch und uns zum Ruhm. Dann wurde Sir Gareth das Blut gestillt, aber die Ärzte sagten, niemand könne seine Wunde ganz und gar heilen außer dem, der die Wunde durch Zauber geschlagen hatte. Damit verlassen wir nun Sir Gareth mit Sir Gringamore und seinen Schwestern und wenden uns König Artus zu, der das nächste Pfingstfest feierte. Zu diesem Fest kamen Pertolepe, der Grüne Ritter, mit fünfzig Rittern, Perimones, der Rote Ritter, mit sechzig Rittern und Sir Persant von Indien, der Blaue Ritter, mit hundert Rittern, und diese drei Brüder ergaben sich Artus und berichteten ihm, wie sie von einem Ritter besiegt worden waren, der ein Fräulein bei sich hatte und Beaumains genannt wurde. Mein Gott, sagte der König, ich frage mich, was das für ein Ritter ist und aus welchem Geschlecht er stammt. Er weilte ein Jahr lang bei mir und wurde schlecht und schändlich beköstigt, und Sir Kay nannte ihn zum Spott Beaumains. Während der König mit den drei Brüdern sprach, kam Sir Lanzelot vom See und meldete dem König, es sei ein großer Herr mit fünfhundert Rittern angekommen. Da ritt der König von Carlion hinaus, denn dort fand das Fest statt, und der Herr kam auf den König zu und grüßte ihn ehrerbietig. Was wollt ihr, fragte König Artus, und was ist Euer Begehr? Herr, antwortete er, ich bin der Rote Ritter von den Roten Landen, und mein Name ist Sir Ironside. Ich bin zu Euch geschickt worden von einem Ritter namens Beaumains, denn er hat mich im offenen Kampf Mann gegen Mann besiegt, und das ist in dreißig Jahren außer ihm keinem gelungen. Ihr seid willkommen, sagte der König, Ihr seid lange Zeit mir und meinem Hof ein arger Feind gewesen, doch jetzt vertraue ich auf Gott, daß ich Euch als Freund gewinne. Herr König, ich und diese fünfhundert Ritter werden auf Euer

Gebot stets nach besten Kräften zu Diensten stehen. Gott sei mir gnädig, sagte König Artus, ich bin jenem Ritter sehr verpflichtet, der sich so eingesetzt hat, um mir und meinem Hof Ehre zu erweisen. Was Euch angeht, Sir Ironside, Roter Ritter vom Roten Land, so nennt man Euch einen gefährlichen Ritter; doch wenn Ihr mir untertan sein wollt, will ich Euch ehren und Euch zum Ritter der Tafelrunde erheben, aber dann dürft Ihr nie mehr morden. Herr König, ich habe bereits Sir Beaumains gelobt, nie mehr solche Bräuche zu üben. Alle die schändlichen Bräuche, die ich übte, tat ich auf Verlangen einer Dame, die ich liebte. Ich muß zu Sir Lanzelot und Sir Gawein gehen und sie wegen der bösen Absicht, die ich gegen sie hegte, um Verzeihung bitten; denn ich habe nur um Sir Lanzelots und Sir Gaweins willen getötet. Sie stehen jetzt hier vor Euch, sagte der König, und Ihr könnt ihnen sagen, was Ihr zu sagen habt. Da kniete er vor Sir Lanzelot und Sir Gawein nieder und bat sie um Vergebung für die Feindschaft, die er gegen sie gehegt hatte.

WIE KÖNIG ARTUS SIE BEGNADIGTE UND FRAGTE, WO SIR GARETH WÄRE. ❧ Freundlich sagten sie beide zugleich: Gott verzeihe Euch, wir tun es. Doch sagt uns bitte, wo wir Sir Beaumains finden können. Edle Herren, erwiderte Sir Ironside, das kann ich euch nicht sagen. Es ist schwer, ihn zu finden, denn junge Ritter wie er bleiben, wenn sie auf Abenteuern sind, nie lange an einem Ort. Aber der Ruhm Beaumains', von dem der Rote Ritter vom Roten Land und Sir Persant und sein Bruder berichteten, war wunderbar zu hören. Wohlan, edle Herren, sagte König Artus, hört denn, ich will euch Sir Beaumains zuliebe ehren. Sobald er wieder da ist, will ich euch alle an einem Tag zu Rittern der Tafelrunde machen. Ihr, Sir Persant von Indien, galtet immer als ein sehr edler Ritter und ebenso Eure drei Brüder, aber ich wundere mich, warum ich nichts von dem Schwarzen Ritter, Euerm Bruder, höre. Herr König, antwortete Pertolepe, der Grüne Ritter, Sir Beaumains hat ihn im Kampf mit seiner Lanze getötet. Das bedauere ich sehr, sagte König Artus, und viele andere Ritter waren derselben Meinung. Denn diese vier Brüder waren als edle Ritter hoch angesehen am Hofe des Königs Artus, und lange Zeit hatten sie gegen die Ritter der Tafelrunde Krieg geführt.

Kapitel 25

WIE DIE KÖNIGIN VON ORKNEY ZU DIESEM PFINGSTFEST KAM, UND WIE SIR GAWEIN UND SEINE BRÜDER SIE UM IHREN SEGEN BATEN. 🦢 Danach gingen sie alle zum Mahle und wurden aufs beste bedient. Während sie speisten, kam die Königin von Orkney mit einem großen Gefolge von Damen und Rittern herein. Da standen Sir Gawein, Sir Agrawein und Sir Gaheris auf und gingen zu ihr, begrüßten sie kniend und baten um ihren Segen; sie hatten sie fünfzehn Jahre nicht gesehen. Dann wandte sie sich mit lauter Stimme an ihren Bruder, König Artus: Wo habt Ihr meinen jüngsten Sohn, Sir Gareth, hingebracht? Er war ein Jahr lang hier bei Euch, und Ihr habt einen Küchenjungen aus ihm gemacht, das ist eine Schmach für euch alle. Wehe euch, wo ist mein lieber Sohn, der meine Freude und mein Glück war? O liebe Mutter, sprach Sir Gawein, ich habe ihn nicht erkannt. Ich auch nicht, sagte der König, das reut mich jetzt sehr, aber gelobt sei Gott, er hat sich als einer der ruhmvollsten Ritter erwiesen, die in diesen Zeiten leben, und ich werde nie mehr froh sein, bis ich ihn finde. Ach, Bruder, entgegnete die Königin, Ihr habt große Schande über Euch gebracht, als Ihr meinen Sohn in die Küche stecktet und wie einen armen Tölpel füttertet. Liebe Schwester, erwiderte der König, bedenkt doch, ich habe ihn nicht erkannt, ebensowenig wie Sir Gawein und seine Brüder, aber da er uns verlassen hat, müssen wir nach einem Mittel suchen, ihn wiederzufinden. Mir scheint auch, Schwester, Ihr hättet mir von seinem Kommen Nachricht geben sollen, und wenn ich ihn dann nicht gut behandelt hätte, wäre Grund für Eure Klage gewesen. Als er an diesen Hof kam, stützte er sich auf zwei Männer, als ob er nicht gehen könnte. Dann bat er mich um drei Gaben, um eine noch am selben Tag, das war Verpflegung für ein Jahr; um die anderen beiden bat er ein Jahr darauf, da wollte er das Abenteuer des Fräulein Linet bestehen, und Sir Lanzelot sollte ihn zum Ritter schlagen, wenn er es begehrte. Diese Bitten gewährte ich ihm, und viele an diesem Hofe wunderten sich, daß er für ein Jahr Verpflegung haben wollte, und deshalb glaubten etliche von uns, er stamme nicht aus einem edlen Haus. Herr, sagte die Königin von Orkney zu ihrem Bruder, Ihr sollt wissen, daß ich ihn wohlgewappnet und gut beritten und ritterlich ausgestattet und mit reichlich Gold und Silber versehen zu Euch geschickt habe. Das mag sein, antwortete der König, aber davon haben wir nichts gesehen. Nur am Tag seines Abschieds, so erzählten mir Ritter, kam plötzlich ein Zwerg und brachte ihm eine Rüstung und ein starkes, reich gezäumtes Pferd, und wir wunderten uns, woher dieser Reichtum kam, und meinten nun, er müßte wohl doch aus einem edlen Hause stammen. Bruder, erwiderte die Königin von Orkney, ich glaube Euch, was Ihr sagt, denn seit er erwachsen ist, hat er immer einen erstaunlichen Verstand gehabt und ist seinem Wort stets treu geblieben. Aber ich wundere mich darüber, fuhr sie fort, daß Sir Kay ihn verspottete und schmähte und ihm den Namen Beaumains gab; und doch hat ihn Sir Kay treffender genannt als er glaubte, denn ich darf sagen, sofern er noch lebt, daß er ein Mann mit so schönen Händen und so wohlgestalt ist wie nur irgend ein anderer. Schwester, sagte Artus, hört nun auf, so zu reden; mit Gottes Hilfe werden wir ihn finden, wenn er in diesen sieben Reichen weilt. Und nun vergeßt das alles und seid fröhlich, denn er hat sich als ein Mann von Ruhm und Ehre erwiesen, und darüber freue ich mich.

WIE KÖNIG ARTUS LADY LIONES HOLEN LIESS, UND WIE SIE EIN GROSSES TURNIER AUF IHRER BURG VERANSTALTETE, AN DEM VIELE DER RITTER TEILNAHMEN.

Herr König, sagten dann Sir Gawein und seine Brüder, wenn Ihr es erlaubt, wollen wir unseren Bruder suchen gehen. Nein, erwiderte Sir Lanzelot, das braucht ihr nicht. Und Sir Baldwin von Britannien fügte dem hinzu: Wenn nun auf unseren Rat König Artus einen Boten zu Lady Liones schickt und sie bittet, in aller Eile an den Hof zu kommen, wird sie das ohne Zweifel tun; sie kann euch dann am besten raten, wo ihr ihn findet. Das ist gut gesprochen, sagte der König. So wurden freundliche Briefe geschrieben, und man entsandte einen Boten, der Tag und Nacht unterwegs war, bis er zur Burg der Gefahren kam. Dann wurde Lady Liones geholt, die sich bei Sir Gringamore, ihrem Bruder, und Sir Gareth aufhielt. Als sie den Boten angehört hatte, hieß sie ihn zu König Artus reiten und bestellen, sie wolle in großer Eile folgen. Und sie berichtete Sir Gringamore und Sir Gareth, daß König Artus nach ihr geschickt hatte. Es handelt sich um mich, sagte Sir Gareth. Nun ratet mir, sprach Lady Liones, was ich sagen und wie ich mich verhalten soll. Meine Herrin und Geliebte, antwortete Sir Gareth, ich bitte Euch, in keiner Weise kundzutun, wo ich bin. Ich weiß genau, daß meine Mutter und meine Brüder dort sind, und sie werden mich suchen, bestimmt werden sie das tun. Und wenn Euch der König nach mir fragt, so sagt ihm, Euer Rat sei, wenn es ihm gefiele, daß Ihr zu Mariä Himmelfahrt ein Turnier ausruft, bei dem der beste Ritter Euch und Euer Land gewinnen soll. Wenn es ein verheirateter

Mann ist, soll sein Weib den Preis bekommen, eine goldene, mit Edelsteinen besetzte Krone im Werte von tausend Pfund und einen weißen Jagdfalken. So reiste Lady Liones ab und kam zu König Artus' Hof, wo sie würdig empfangen und vom König und der Königin von Orkney gründlich ausgefragt wurde. Aber sie antwortete, wo Sir Gareth wäre, könne sie nicht sagen. Nur folgendes sprach sie zu Artus: Ich will ein Turnier ausrufen lassen vor meiner Burg auf den Tag der Himmelfahrt Marias, und der Aufruf soll verkünden, daß Ihr, Herr Artus, mit Euern Rittern dort sein werdet, und ich werde dafür sorgen, daß meine Ritter gegen Eure stehen; dann werdet Ihr mit Sicherheit von Sir Gareth hören. Der Rat ist gut, sagte König Artus. So ritt Lady Liones wieder nach Hause. Als sie auf der Insel Avalon eintraf, wo ihr Bruder Sir Gringamore wohnte, berichtete sie, wie es ihr ergangen war und was sie König Artus versprochen hatte. Weh mir, rief Sir Gareth, ich bin so unglücklich verwundet worden, seit ich in diese Burg kam, daß ich nicht imstande sein werde, bei dem Turnier wie ein Ritter zu kämpfen, denn meine Wunde ist nie richtig verheilt. Seid guten Mutes, sagte das Fräulein Linet, ich nehme es auf mich, Euch binnen vierzehn Tagen wieder vollkommen heil und gesund zu machen. Dann rieb sie ihn ein und legte eine Salbe auf, und bald war er wieder so frisch und munter wie je zuvor. Danach sagte das Fräulein Linet: Schickt zu Sir Persant von Indien und laßt ihn und seine Ritter zu Euch kommen, wie sie es versprochen haben. Ferner schickt zu Sir Ironside, dem Roten Ritter vom Roten Land, und tragt ihm auf, mit seiner ganzen Ritterschar zu Euch zu stoßen, dann werdet Ihr es mit König Artus und seinen Rittern aufnehmen können. So geschah es, und alle Ritter wurden zur Burg der Gefahren bestellt, und der Rote Ritter sagte zu Lady Liones und Sir Gareth: Hohe Frau und hoher Herr, ihr sollt wissen, daß ich mit Sir Persant von Indien und seinen Brüdern am Hof von König Artus war und daß wir ihm unsere Huldigung darbrachten, wie ihr uns befohlen habt. Wir haben uns euch zuliebe verpflichtet, es mit Sir Lanzelot und den Rittern des Hofes aufzunehmen. Ihr habt wohl getan, erwiderte Sir Gareth, aber Ihr müßt wissen, uns stehen die berühmtesten Ritter der Welt gegenüber; deshalb müssen wir versuchen, uns mit tapferen Rittern zu verstärken. Das ist gut und trefflich gesprochen, sagte Sir Persant. Und so wurde das Turnier in England, Schottland, Irland, auf den äußeren Inseln, in der Bretagne und in vielen Ländern ausgerufen; und alle Ritter sollten die Wahl haben, entweder auf der Seite der Ritter der Burg oder auf der Seite des Königs Artus zu kämpfen. Zwei Monate waren es bis zu dem Turnier; und es kamen viele Ritter und stellten sich zum größten Teil gegen König Artus und seine Ritter von der Tafelrunde und traten auf die Seite der Burgritter. Unter ihnen waren Sir Epinogris, der Sohn des Königs von Northumberland, Sir Palamides, Sir Malegrine, Sir Brian de les Isles, Sir Carados vom Turm der Schmerzen, Sir Turquine, Sir Dinas und Sir Tristan, der damals noch kein Ritter der Tafelrunde, aber einer der besten Ritter der Welt war. Alle diese edlen Ritter ergriffen Partei für die Herrin der Burg, doch Sir Gareth wollte nicht mehr auf sich nehmen als andere einfache Ritter.

WIE KÖNIG ARTUS SICH MIT SEINEN RITTERN ZU DEM TURNIER BEGAB, UND WIE DIE DAME IHN EHRENVOLL EMPFING, UND WIE DAS TURNIER BEGANN. ⟫ Mit König Artus kamen Sir Gawein und seine Brüder Agrawein und Gaheris, dann seine Neffen Sir Iwein le Blanche Mains und Sir Aglovale, Sir Tor, Sir Parzival von Wales und Sir Lamorak. Danach traf auch Sir Lanzelot vom See mit seinen Brüdern, seinen Neffen und Vettern ein, die fast alle zur Tafelrunde gehörten. Ferner kamen mit Artus König Agwisance von Irland, König Carados von Schottland, König Uriens vom Lande Gore, König Bagdemagus und sein Sohn Sir Meliagaunce, Prinz Galahalt und viele andere, die nicht alle aufgezählt werden können. Unterdessen gingen die Vorbereitungen auf beiden Seiten in und vor der Burg voran. Lady Liones besorgte Unterkunft für ihre edlen Ritter und ließ zu Land und zu Wasser alle Arten von Lebensmitteln heranschaffen, daß es ihrer Partei wie auch der anderen an nichts fehlte, denn für Gold und Silber konnten König Artus und seine Ritter alles bekommen. Dann kamen die Quartiermeister von König Artus, um ihn und seine Könige, Herzöge, Grafen, Barone und Ritter unterzubringen. Und Sir Gareth bat Lady Liones, den Roten Ritter, Sir Persant und seinen Bruder und Sir Gringamore, daß keiner von ihnen seinen Namen nennen und nicht mehr Aufhebens von ihm machen sollte als von dem geringsten Ritter: Denn ich will nicht erkannt werden, weder am Anfang noch am Ende. Da sagte Lady Liones zu Sir Gareth: Herr, ich will Euch einen Ring leihen, doch ich bitte Euch, bei Eurer Liebe zu mir, gebt ihn mir nach dem Turnier zurück, denn dieser Ring macht mich viel schöner, als ich bin. Die Kraft meines Ringes besteht darin, daß er Grün in Rot und Rot in Grün verwandelt und Blau in Weiß und Weiß in Blau, und so geschieht es mit allen Farben. Wer meinen Ring trägt, wird kein Blut verlieren, und diesen Ring gebe ich Euch, weil ich Euch sehr liebe. Ich danke Euch, meine Herrin, sagte Sir Gareth, dieser Ring kommt mir sehr gelegen, denn er wird mich völlig verwandeln und bewirken, daß ich nicht erkannt werde. Dann gab Sir Gringamore Sir Gareth ein vorzügliches braunes Schlachtroß, einen guten festen Harnisch und ein prächtiges Schwert, das Sir Gringamores Vater einst von einem heidnischen Tyrannen erobert hatte. Und so bereitete sich jeder Ritter auf das Turnier vor. König Artus selbst war zwei Tage vor Mariä Himmelfahrt eingetroffen; und es gab jede Art von königlichem Gepränge und ritterlicher Unterhaltung. Auch waren Königin Ginevra und die Königin von Orkney, Sir Gareths Mutter, anwesend. Am Himmelfahrtstag nach Messe und Frühgottesdienst riefen Herolde mit Trompeten die Recken auf den Kampfplatz. Da kam Sir Epinogris, der Sohn des Königs von Northumberland, aus der Burg und stieß auf Sir Sagramore le Desirous, und beide zerbrachen ihre Lanzen aneinander. Dann ritt Sir Palamides aus der Burg und sprengte so gewaltig gegen Gawein, daß beide Reiter samt ihren Pferden zu Boden stürzten, worauf jeder von Rittern seiner Seite gerettet wurde. Und so ritten sie nacheinander in den Kampf.

Kap. 28

WIE DIE RITTER SICH IM KAMPFE HIELTEN. ᕫ Schließlich kam Sir Persant von Indien, ein Ritter der Burg, und traf auf Sir Lanzelot vom See, der Sir Persant samt seinem Roß zu Boden streckte. Darauf folgte Sir Pertolepe, der Grüne Ritter, der Sir Lionel, Lanzelots Bruder, niederwarf. Und jedesmal wurde der Name des Siegers von den Herolden verkündet. Dann kam Sir Perimones, der Rote Ritter, Sir Persants Bruder, auf den Kampfplatz, und ihm stellte sich Sir Ector von Maris, und beide fielen mit ihren Pferden zu Boden. Als nächstes folgten der Rote Ritter vom Roten Land und Sir Gareth von der Partei der Burg, und gegen sie ritten Sir Bors von Ganis und Sir Bleoberis. Der Rote Ritter und Sir Bors zerbrachen ihre Lanzen aneinander, und ihre Pferde stürzten; und Sir Bleoberis brach seine Lanze an Sir Gareth und fiel von der Wucht des Stoßes zu Boden. Als Sir Galihodin das sah, hieß er Sir Gareth sich vorsehen, doch Sir Gareth warf ihn nieder. Da griff Sir Galihud nach der Lanze, um seinen Bruder zu rächen, aber Sir Gareth verfuhr mit ihm in der gleichen Weise, ebenso mit Sir Dinadan und seinem Bruder La Cote Male Taile und Sir Sagramore le Desirous und Sir Dodinas le Savage. Als König Agwisance von Irland Sir Gareth so kämpfen sah, wunderte er sich, wer das sein könnte, der einmal grün aussah und beim nächsten Angriff blau und der so bei jedem Waffengang seine Farbe wechselte, daß ihn weder König noch Ritter erkennen konnten. Da stellte sich König Agwisance gegen Sir Gareth, und Sir Gareth stieß ihn vom Pferd samt dem Sattelzeug; und ebenso bediente er König Carados von Schottland und König Uriens aus dem Lande Gore und Sir Bagdemagus. Und Sir Bagdemagus' Sohn Meliagaunce brach mit ritterlicher Kraft eine Lanze an Sir Gareth. Dann rief Sir Galahalt, der edle Prinz, mit lauter Stimme: Ritter mit den vielen Farben, gut hast du gekämpft, doch jetzt mache dich fertig, ich will mit dir streiten! Sir Gareth hörte ihn und ergriff eine mächtige Lanze. Beim Zusammenprall brach die Lanze des Prinzen, und Sir Gareth traf ihn auf die linke Seite des Helms, daß er hin und her taumelte und gefallen wäre, wenn ihm seine Männer nicht beigesprungen wären. Weiß Gott, sagte König Artus, dieser Ritter mit den vielen Farben ist ein wackerer Kämpe. Deshalb rief der König Sir Lanzelot zu sich und bat ihn, mit diesem Ritter zu streiten. Herr, erwiderte Lanzelot, ich habe das Gefühl, es wäre besser, das jetzt nicht zu tun, denn er hat heute schon genug Kämpfe bestanden. Wenn sich ein wackerer Ritter so tapfer schlägt, steht es einem wahren Ritter nicht gut an, ihm den Ruhm zu nehmen, besonders wenn er sieht, daß der Ritter schon so schwere Waffengänge hinter sich hat. Vielleicht, fuhr Sir Lanzelot fort, wird sein Streit heute ausgefochten, und vielleicht liebt ihn die Dame von allen hier an meisten. Denn ich sehe wohl, er strengt sich an und zwingt sich, große Taten zu vollbringen, und deshalb soll ihm von mir aus heute der Ruhm gebühren; und wenn es in meiner Macht läge, ihm den Ruhm zu nehmen, so wollte ich es doch nicht.

HANDELT NOCH VON BESAGTEM TURNIER. Nachdem das Lanzenstechen beendet war, begann als nächster Waffengang das Schwertschlagen. Darin tat sich Sir Lamorak hervor und lieferte Sir Ironside, dem Roten Ritter vom Roten Land, einen harten Kampf. Auch zwischen Sir Palamides und Beloberis kam es zu einem heftigen Streit. Und Sir Gawein traf auf Sir Tristan, und Sir Gawein zog den kürzeren. Er wurde vom Pferd in den Schmutz geworfen und blieb lange zu Fuß. Sir Lanzelot und Sir Turquine hieben aufeinander los, und da griff Sir Carados, Turquines Bruder, ein. Beide griffen Sir Lanzelot gleichzeitig an, und der ruhmreichste aller Ritter kämpfte mannhaft mit beiden, daß alle über seine Tapferkeit staunten. Dann kam Sir Gareth auf den Kampfplatz. Er wußte, daß es Sir Lanzelot war, der mit den zwei gefährlichen Rittern kämpfte, und er ritt mit seinem starken Pferd dazwischen und trieb sie auseinander und wollte keinen Streich gegen Sir Lanzelot führen. Dieser merkte das und ahnte, daß er es mit Sir Gareth zu tun hatte; und Sir Gareth ritt hierhin und dorthin und hieb nach rechts und nach links, und alle Zuschauer konnten seine Bahn verfolgen. Durch Zufall traf er auf seinen Bruder Gawein und besiegte ihn, denn er schlug ihm den Helm ab; und so bezwang er fünf oder sechs Ritter der Tafelrunde, daß alle sagten, er habe am meisten geleistet und sich am besten geschlagen. Als Sir Tristan sah, daß Sir Gareth zuerst die Lanze und dann das Schwert so gut handhabte, ritt er zu Sir Ironside und Sir Persant von Indien und fragte sie bei ihrer Ehre: Was ist das für ein Ritter dort, der in so vielen Farben erscheint? Mich dünkt, er setzt seine ganze Kraft ein, denn er gönnt sich keine Ruhe. Wißt Ihr nicht, wer das ist? fragte Sir Ironside. Nein, antwortete Sir Tristan. Dann sollt Ihr wissen, es ist der Ritter, der die Herrin der Burg liebt und von ihr wieder geliebt wird; und er hat mich besiegt, als ich die Burgherrin belagerte, und er hat Sir Persant von Indien und seine drei Brüder überwunden. Wie ist sein Name, fragte Tristan, und aus welchem Geschlecht stammt er? Er wurde am Hofe von König Artus Beaumains genannt, doch sein wahrer Name ist Sir Gareth von Orkney, Sir Gaweins Bruder. Bei meinem Leben, sagte Sir Tristan, er ist ein guter Ritter und ein starker und waffentüchtiger Mann, und wenn er noch jung ist, wird er ein berühmter Ritter werden. Er ist fast noch ein Kind, erwiderten alle, und von Sir Lanzelot wurde er zum Ritter geschlagen. Das macht ihn noch besser, meinte Tristan. Dann taten sich Sir Tristan, Sir Ironside, Sir Persant und dessen Bruder zusammen, um Sir Gareth zu helfen, und es gab viele scharfe Streiche. Nach einer Weile ritt Sir Gareth zur Seite, um seinen Helm festzubinden. Da sagte sein Zwerg zu ihm: Gebt mir Euern Ring, damit Ihr ihn nicht verliert, während Ihr trinkt. Und als er getrunken hatte, setzte er den Helm wieder auf, stieg aufs Pferd und ritt auf den Kampfplatz. Und der Zwerg war froh, daß er den Ring hatte, denn er wußte, nun würde Sir Gareth erkannt werden. Und alle sahen ihn deutlich in gelben Farben; und er hieb Helme ab und warf Ritter nieder, daß sich Artus wunderte, wer er sein mochte, denn der König erkannte am Haar, daß es derselbe Ritter war.

WIE SIR GARETH VON DEN HEROL-
DEN ERKANNT WURDE, UND WIE
ER VOM TURNIERPLATZ ENTKAM.
Vorher erschien er in so vielen Farben,
und jetzt ist er nur gelb, sagte König Artus
zu verschiedenen Herolden. Reitet in seine
Nähe und findet heraus, wer er ist; ich habe
schon viele Ritter seiner Partei befragt, und alle sagten, sie wüßten es nicht. Und einer der Herolde ritt so dicht an Sir Gareth heran, daß er die goldene Schrift an seinem Helm erkennen konnte: Dieser Helm gehört Sir Gareth von Orkney. Da schrie der Herold wie toll und viele andere mit ihm: Das

Kapitel 30

ist Sir Gareth von Orkney in der gelben Rüstung. Sogleich hielten alle Könige und Ritter auf Artus' Seite inne und drängten sich danach, ihn zu sehen; und immerfort riefen die Herolde: Das ist Sir Gareth von Orkney, König Lots Sohn. Als Sir Gareth merkte, daß er entdeckt war, verdoppelte er seine Streiche und schlug Sir Sagramore und seinen Bruder Gawein nieder. Ach Bruder, sagte Sir Gawein, ich dachte, du würdest dich nicht mit mir schlagen. Als er ihn so sprechen hörte, zog er sich zurück und gelangte mit großer Mühe aus dem Gedränge heraus. Da traf er auf seinen Zwerg und sagte zu ihm: O Bursche, du hast mich heute schmählich betrogen, als du meinen Ring behieltest. Gib ihn mir zurück, damit ich mich verbergen kann. Und als er ihn wieder an sich genommen hatte, wußte niemand mehr, was so plötzlich aus Sir Gareth geworden war, nur Sir Gawein hatte bemerkt, in welcher Richtung er verschwand, und er ritt, so schnell er konnte, hinter ihm her. Da verbarg sich Sir Gareth rasch im Wald, und als Sir Gawein vorbeigeritten war, fragte er seinen Zwerg, was nun am besten zu tun sei. Herr, sagte der Zwerg, da Ihr jetzt den Spähern entkommen seid, wäre es wohl das beste, Lady Liones den Ring zurückzugeben. Das ist ein guter Rat, erwiderte Sir Gareth, nimm ihn und bringe ihn zu ihr, empfiehl mich ihrer Gnade und sage ihr, ich komme, sobald ich kann; und ich bitte sie, mir so treu zu bleiben wie ich ihr. Herr, sagte der Zwerg, es soll geschehen, wie Ihr befehlt. So ritt er davon und bestellte der Dame seine Botschaft. Da fragte sie: Wo ist mein Ritter? Hohe Frau, antwortete der Zwerg, er läßt Euch sagen, er würde nicht lange von Euch fernbleiben. Kurze Zeit später war der Zwerg wieder bei Sir Gareth, der sich nach einer Herberge sehnte, denn er brauchte Ruhe. Da kam ein heftiger Gewitterregen, als ob Himmel und Erde einstürzen wollten; und Sir Gareth war sehr müde, denn er hatte den ganzen Tag kaum ausruhen können. So ritt er lange durch den Wald, bis in die Nacht hinein, und es blitzte und donnerte sehr. Schließlich kam er zu einer Burg und hörte die Wachen auf den Wällen.

WIE SIR GARETH ZU EINER BURG KAM, WO ER GUT AUFGENOMMEN WURDE, UND WIE ER MIT EINEM RITTER KÄMPFTE UND IHN ERSCHLUG.

Da ritt Sir Gareth zum Wachtturm und bat den Pförtner höflich um Einlaß. Der Pförtner antwortete grob: Du bekommst hier kein Obdach. Guter Mann, sprich nicht so, ich bin ein Ritter des Königs Artus und bitte den Herrn oder die Herrin der Burg König Artus zuliebe um Unterkunft. Darauf meldete der Pförtner dies der Herzogin. Laßt ihn ein, sagte sie, ich möchte diesen Ritter sehen, und um König Artus' willen soll er nicht im Freien übernachten. Dann ging sie von vielen Fackeln begleitet zu dem Turm über dem Tor. Als Sir Gareth die Fackeln sah, rief er mit lauter Stimme: Ob du Herr oder Dame bist, Riese oder Recke, ich komme nicht mit Gewalt und möchte eine Unterkunft für diese Nacht haben; und wenn ich durchaus kämpfen muß, schone mich morgen nicht, wenn ich ausgeruht bin; jetzt bin ich müde und mein Pferd auch. Herr Ritter, antwortete die Dame, du sprichst ritterlich und kühn, aber du mußt wissen, der Herr dieser Burg liebt König Artus nicht und keinen von seinem Hof, mein Herr ist immer gegen ihn gewesen. Deshalb wäre es besser für dich, nicht in diese Burg zu kommen; und wenn du doch heute nacht hereinkommst, dann unter der Bedingung, daß du dich meinem Herrn als Gefangener ergibst, auf welchem Weg oder Steg du ihm auch begegnest. Edle Frau, erwiderte Sir Gareth, wie heißt Euer Herr? Sein Name ist Herzog de la Rouse. Wohlan, ich verspreche Euch, mich der Gnade Eures Herrn zu ergeben, wo immer ich ihn treffe. Darunter verstehe ich, daß er mir keinen Schaden zufügt; wenn er das doch tun will, werde ich mich mit Lanze und Schwert befreien. Ihr sprecht gut, sagte die Herzogin, und ließ die Zugbrücke herunter. Und so ritt er in die Halle, stieg aus dem Sattel und ließ sein Pferd in den Stall bringen. Darauf legte er die Rüstung ab und sagte: Frau Herzogin, ich will heute nacht in der Halle bleiben, wenn aber morgen früh jemand mit mir kämpfen möchte, soll er mich bereit finden. Dann wurde das Essen aufgetragen, und er erhielt viele gute Gerichte, und Sir Gareth aß ritterlich und mit großem Appetit. Um ihn waren viele schöne Damen, und einige sagten, sie hätten noch nie einen stattlicheren Mann gesehen noch einen so guten Esser, und sie waren sehr freundlich zu ihm. Kurz nach dem Mahl wurde sein Bett aufgeschlagen, und er ruhte die ganze Nacht. Am anderen Morgen ging er zur Messe, frühstückte und verabschiedete sich von der Herzogin und allen anderen und bedankte sich bestens für die Unterkunft und die gute Bewirtung. Dann fragte sie nach seinem Namen. Frau Herzogin, antwortete er, mein wahrer Name ist Gareth von Orkney, aber manche Leute nennen mich Beaumains. Da wußte sie, daß er der Ritter war, der für Lady Liones gekämpft hatte. Darauf ritt Sir Gareth fort und kam in ein Gebirge, wo er einem Ritter namens Sir Bendelaine begegnete, der zu ihm sagte: Du kommst hier nicht vorbei, entweder du kämpfst mit mir, oder du wirst mein Gefangener. Dann will ich kämpfen, erwiderte Sir Gareth. So ritten sie gegeneinander an, und Sir Gareth stieß ihm die Lanze durch den Leib. Sir Bendelaine schleppte sich zu seiner Burg in der Nähe und starb dort. Auf der Suche nach einer Raststätte kam Sir Gareth zu Bendelaines Burg, und die Ritter und Diener erkannten, daß er es gewesen war, der ihren Herrn erschlagen hatte. Da rüsteten sie zwanzig gute Mannen, und diese kamen heraus und griffen Sir Gareth an. Der aber hatte keine Lanze, sondern nur Schwert und Schild. Sie zerbrachen ihre Lanzen an ihm und bedrängten ihn sehr, doch Sir Gareth verteidigte sich ritterlich.

Kap. 32

WIE SIR GARETH MIT EINEM RITTER KÄMPFTE, DER AUF SEINER BURG DREISSIG DAMEN GEFANGENHIELT, UND WIE ER IHN ERSCHLUG.

Als sie sahen, daß sie ihm nicht beikommen konnten, beschlossen sie, sein Pferd zu töten, und bei einem neuen Angriff erstachen sie es mit ihren Lanzen. Als Sir Gareth zu Fuß war, versetzte er jedem, mit dem er kämpfte, einen solchen Streich, daß er sich nicht wieder erholte. So erschlug er einen nach dem anderen, bis nur noch vier übrig waren, und die ergriffen die Flucht, Sir Gareth aber suchte sich von ihren Pferden ein gutes aus und ritt davon. Nach langer Zeit kam er zu einer Burg, aus der lauter Klagen von Damen und Edelfrauen drang. Da fragte er einen Knappen, der des Weges kam: Was ist das für ein Lärm, der aus der Burg kommt? Herr Ritter, antwortete der Knappe, in dieser Burg sind dreißig Damen, alle Witwen, und ein Ritter lauert ständig auf dieser Burg, sein Name ist der Braune Ritter ohne Gnade, der gefährlichste Ritter der Welt. Deshalb rate ich Euch zu fliehen. Nein, erwiderte Sir Gareth, ich fliehe nicht, wenn du dich auch vor ihm fürchtest. Da erschien auch schon der Braune Ritter. Seht, sagte der Knappe, dort kommt er. Laß mich mit ihm abrechnen, sprach Sir Gareth. Als sie beide einander erblickten, spornten sie ihre Pferde, und der Braune Ritter zerbrach seine Lanze, Sir Gareth aber stieß ihm seine durch den Leib, daß er tot zu Boden fiel. Danach ritt Sir Gareth in die Burg und bat die Damen, sich ausruhen zu dürfen. Ach, entgegneten die Damen, Ihr dürft hier nicht bleiben. Wartet ihm gut auf, sagte der Knappe, denn dieser Ritter hat euern Feind erschlagen. Und da waren sie sehr freundlich zu ihm, sie konnten aber nichts weiter für ihn tun, denn sie waren sehr

arm. Am anderen Morgen ging er zur Messe, und da sah er
die dreißig Damen knien und hingestreckt auf Gräbern liegen
und laut klagen und weinen; daran erkannte er, daß ihre Gatten
in den Gräbern lagen. Edle Damen, sagte Sir Gareth, ihr müßt
zum nächsten Pfingstfest an den Hof von König Artus kommen
und sagen, daß ich, Sir Gareth, euch geschickt habe. Das werden
wir tun, erwiderten die Damen. So ritt er davon und kam durch
Zufall an einen Berg und fand dort einen stattlichen Ritter, der
ihm zurief: Bleibt stehen, Herr Ritter, und kämpft mit mir! Wer
seid Ihr? fragte Sir Gareth. Ich bin der Herzog de la Rouse. Ah,
Herr, Ihr seid der Ritter, in dessen Burg ich kürzlich übernach-
tete, und dabei gelobte ich Eurer Gattin, mich Euch zu ergeben.
Aha, sagte der Herzog, Ihr seid der stolze Mann, der meine Ritter zum Kampf herausgefordert hat. Nun macht Euch bereit, ich
will gegen Euch antreten. Sir Gareth warf den Herzog vom
Pferd, und sie kämpften zu Fuß über eine Stunde mit dem
Schwert und verwundeten einander schwer. Endlich zwang Sir
Gareth den Herzog zu Boden und hätte ihn erschlagen, wenn er
sich nicht ergeben hätte. Dann müßt Ihr zum nächsten Pfingstfest zu König Artus gehen und sagen, daß ich, Sir Gareth von
Orkney, Euch geschickt habe. Das soll geschehen, antwortete
der Herzog, und ich will Euch mit hundert Rittern huldigen,
und Treue schwören und Euch zeit meines Lebens dienen,
wohin Ihr mich auch sendet.

WIE SIR GAWEIN UND SIR
GARETH GEGENEINANDER
KÄMPFTEN, UND WIE SIE
DURCH DAS FRÄULEIN LINET
EINANDER ERKANNTEN. ❧ So
ritt der Herzog fort, und Sir Gareth
blieb allein zurück. Da sah er einen bewaffneten Ritter auf sich zukommen,
nahm den Schild des Herzogs auf, bestieg sein Pferd, und so rannten sie
ohne Zuruf wie der Donner gegen-

Kapitel
33

einander, und der Ritter verwundete Sir Gareth mit der Lanze an der Seite. Danach stiegen sie ab und versetzten einander im Schwertkampf viele scharfe Streiche, daß das Blut zu Boden tropfte. So kämpften sie zwei Stunden lang. Schließlich kam das Fräulein Linet, das von manchen Fräulein Savage genannt wurde, gemächlich auf einem Maultier angeritten und rief laut: Sir Gawein, Sir Gawein, höre auf, mit deinem Bruder Sir Gareth zu kämpfen. Als er das hörte, warf er Schild und Schwert von sich, lief zu Sir Gareth, schloß ihn in die Arme, kniete nieder und bat ihn um Vergebung. Wer seid Ihr, sagte Gareth, der Ihr eben noch so stark und mächtig wart und Euch jetzt plötzlich mir ergebt? O Gareth, ich bin dein Bruder Sir Gawein und habe um deinetwillen viel Leid und Mühe gehabt. Da nahm Sir Gareth den Helm ab, kniete nieder und bat ihn um Gnade. Dann standen beide auf, umarmten einander und weinten lange, ehe sie sprechen konnten, und jeder sprach dem anderen den Sieg im Kampfe zu. Und dann wechselten sie viele freundliche Worte. Ach, mein teurer Bruder, sagte Sir Gawein, bei Gott, ich schulde dir Verehrung, auch wenn du nicht mein Bruder wärst, denn du hast König Artus und seinem ganzen Hof Ehre gemacht und mir in diesen zwölf Monaten mehr berühmte Ritter geschickt als die sechs besten von der Tafelrunde, Sir Lanzelot ausgenommen. Darauf pflegte das Fräulein Linet Sir Gareths und Sir Gaweins Wunden. Was wollt ihr nun tun? fragte sie. Ich glaube, es wäre gut, wenn Artus jetzt Kunde von euch erhielte, denn eure Pferde sind stark mitgenommen und können euch kaum tragen. Edles Fräulein, sagte Sir Gawein, ich bitte Euch, reitet zu meinem Herrn und Onkel, König Artus, und berichtet ihm, was für ein Abenteuer mir hier begegnet ist, und ich denke, er wird nicht lange zögern. Da bestieg sie ihr Maultier und traf schon nach kurzer Zeit auf König Artus, der nur zwei Meilen von dort entfernt war. Als sie ihm die Nachricht überbracht hatte, ließ sich der König einen Zelter bringen und hieß die Herren und Damen, die Lust dazu hatten, mitkommen. Da wurden die Pferde der Königinnen und Prinzen gesattelt und gezäumt, und jeder wollte so schnell wie möglich fertig werden. Bald fand der König Sir Gawein und Sir Gareth, die am Abhang eines kleinen Hügels saßen. Dort stieg er ab, und als er auf Sir Gareth zutrat, wollte er sprechen, brachte aber kein Wort heraus, sondern sank vor Freude in eine Ohnmacht. Da sprangen sie ihrem Oheim bei und beruhigten ihn. Der König freute sich über alle Maßen und machte Sir Gareth bittere Vorwürfe und weinte wie ein Kind. Unterdessen traf seine Mutter, Lady Margawse, die Königin von Orkney, ein, und als sie Sir Gareth vor sich sah, konnte sie nicht weinen, sondern verlor plötzlich die Besinnung und lag lange wie tot. Dann sprach Sir Gareth seiner Mutter Trost zu, und sie kam wieder zu sich und war voll Freude. Darauf befahl der König, daß alle Ritter, die ihm untertan waren, aus Liebe zu seinem Neffen an diesem Ort ihr Quartier aufschlagen sollten. Und so geschah es, und aller nötige Proviant wurde herbeigeschafft, daß es an nichts fehlte, was man für Gold und Silber an Fleisch und Wildbret herbeischaffen konnte. Acht Tage blieben sie dort, und mit Hilfe des Fräuleins Savage heilten Sir Gaweins und Sir Gareths Wunden. Da sagte König Artus zu Fräulein Savage: Ich wundere mich, daß Eure Schwester, Lady Liones, nicht herkommt und ihren Ritter, meinen Neffen Sir Gareth, aufsucht, der aus Liebe zu ihr so viele Mühen auf sich genommen hat. Hoher Herr, antwortete das Fräulein Linet, Ihr müßt sie gnädigst entschuldigen, denn sie weiß nicht, daß Sir Gareth hier ist. So bringt sie her, sagte König Artus, damit wir festlegen können, was nach dem Wunsche meines Neffen am besten zu tun ist. Herr, erwiderte das Fräulein, das soll geschehen. So ritt das Fräulein Savage zu ihrer Schwester, und diese machte sich fertig, so schnell sie konnte, und kam am nächsten Morgen mit ihrem Bruder Sir Gringamore und vierzig Rittern. Und sie wurde von König Artus und vielen anderen Königen und Königinnen aufs freundlichste empfangen.

WIE SIR GARETH KÖNIG ARTUS GESTAND, DASS ER UND LADY LIONES EINANDER LIEBTEN, UND VON DER FESTSETZUNG IHRER HOCHZEIT. 🙟

Unter allen Damen wurde sie als die Schönste gepriesen und als unvergleichlich bezeichnet. Und als Sir Gareth sie zu Gesicht bekam, gab es viele strahlende Blicke und liebevolle Worte, daß alle Männer von Ehre sich freuten, sie anzusehen. Dann fragte König Artus vor Lady Ginevra und der Königin von Orkney seinen Neffen, ob er diese Dame als seine Geliebte oder als sein Weib haben wollte. Hoher Herr, Ihr sollt wissen, daß ich sie mehr liebe als alle anderen Frauen. Nun, edle Dame, sagte König Artus, was sagt Ihr? Höchst edler König, antwortete Lady Liones, ich möchte lieber Sir Gareth zum Gatten haben als irgendeinen König oder Prinzen in der ganzen Christenheit. Und wenn ich ihn nicht haben kann, gelobe ich Euch, will ich nie einen haben; denn er ist meine erste Liebe, und er soll meine letzte sein; und wenn Ihr ihm die freie Wahl erlaubt, bin ich sicher, er wird mich haben wollen. Das ist wahr, sagte Sir Gareth, wenn ich Euch nicht zur Frau haben kann, dann will ich auch keine andere. Was, Neffe, sagte der König, weht der Wind aus der Ecke? Ich versichere euch, nicht um den Verlust meiner Krone möchte ich eure Herzen trennen; auch kann eure Liebe nicht so groß sein, daß ich sie nicht eher vergrößern möchte als schmälern. Ihr könnt aller Liebe und königlichen Freundschaft, die ich Euch bieten kann, sicher sein. Und in derselben Art sprach Sir Gareths Mutter. Da wurde der Hochzeitstag festgesetzt. Auf des Königs Rat sollte sie am folgenden Michaelistag sein zu Kinkenadon am Meer in dem reichen Land. Und so wurde es in allen Orten im ganzen Reich ausgerufen. Sir Gareth schickte allen Rittern und Damen, die er im Kampf gewonnen hatte, die Aufforderung, sich am Hochzeitstag an der Küste in Kinkenadon einzufinden. Und Lady Liones ritt mit dem Fräulein Linet und Sir Gringamore zu ihrer Burg; und sie gab Sir Gareth einen schönen und kostbaren Ring, und er überreichte ihr auch einen; und König Artus schenkte ihr eine wertvolle goldene Spange. Danach ritten König Artus und sein Gefolge nach Kinkenadon, und Sir Gareth begleitete seine Dame ein Stück Weges und kehrte dann zum König zurück. Himmel! welche Freude Sir Lanzelot an Sir Gareth hatte und er an ihm; denn Sir Gareth mochte keinen anderen Ritter so sehr wie Sir Lanzelot, und meist war er in dessen Gesellschaft. Und nachdem Sir Gareth die Eigenschaften Sir Gaweins erkannt hatte, zog er sich aus der Gesellschaft seines Bruders zurück, denn dieser war rachsüchtig, und wo er haßte, da pflegte er sich durch Mord zu rächen, und das mißfiel Sir Gareth.

Kap. 35

VON DEM GROSSEN GE-PRÄNGE UND DEN RANG-ERHÖHUNGEN BEI DEM HOCH-ZEITSFEST UND VON DEM TURNIER ANLÄSSLICH DES FESTES. ❧ So kam Michaelis schnell heran, und Lady Liones, die Herrin der Burg der Gefahren, traf mit ihrer Schwester Linet und ihrem Bruder Sir Gringamore auf Kinkenadon ein. Am Michaelistag schloß der Bischof von Canterbury die Ehe zwischen Sir Gareth und Lady Liones mit großer Feierlichkeit. Und König Artus veran-laßte Gaheris, Lady Linet zur Frau zu nehmen, und Sir Agrawein verhei-ratete er mit einer schönen Nichte der Lady Liones namens Lady Laurel. Als die Trauungsfeierlichkeiten vorbei waren, kam Sir Pertolepe, der Grüne Ritter, mit dreißig Rittern, und sie leisteten Sir Gareth Huldigung und Treueschwur für immer. Und Sir Pertolepe sagte: Ich bitte Euch, daß ich bei diesem Fest Euer Kämmerer sein darf. Sehr gern, antwortete Sir

Gareth, wenn es Euch gefällt, ein so bescheidenes Amt zu übernehmen. Danach kam Sir Perimones, der Rote Ritter, mit sechzig Mannen, und sie leisteten Sir Gareth ebenfalls Huldigung und Treueschwur, und Sir Perimones bat um das Amt des Kellermeisters. Ich gebe Euch dieses Amt gern, erwiderte Sir Gareth, und wünschte, es wäre ein besseres. Ihm folgten Sir Persant von Indien mit hundert Rittern, der Herzog de la Rouse mit hundert Rittern und der Rote Ritter vom Roten Land, Sir Ironside, mit dreihundert Rittern, und sie leisteten Sir Gareth Huldigung und Lehenstreue. Sir Persant bat um das Amt des Küchenmeisters, der Herzog de la Rouse wurde Mundschenk und Sir Ironside Fleischvorschneider. Dann kamen dreißig Damen an den Hof, alle wie Witwen gekleidet, und brachten viele schöne Edelfrauen mit. Sie knieten alle sogleich vor König Artus und Sir Gareth nieder und berichteten dem König, wie Sir Gareth sie aus dem Turm der Schmerzen befreit und den Braunen Ritter ohne Gnade erschlagen hatte: Deshalb wollen wir und unsere Nachfahren Sir Gareth von Orkney für immer Huldigung leisten. So gingen denn die Könige und Königinnen, Prinzen und Grafen, Barone und viele tapfere Ritter zum Mahle, und seid versichert, es gab alle Arten von Speisen in Hülle und Fülle, alle möglichen Vorführungen und Spiele mit Tanz und Gesang, wie es in jenen Tagen üblich war. Auch wurde ein großes dreitägiges Turnier abgehalten, aber der König ließ Sir Gareth wegen seiner Braut nicht teilnehmen; denn Lady Liones bat den König, wie das französische Buch sagt, zu befehlen, die Neuvermählten sollten an ihrem Hochzeitsfest nicht kämpfen. So trug am ersten Tag Sir Lamorak von Wales den Sieg davon, denn er warf dreißig Ritter nieder und vollbrachte wunderbare Waffentaten; und dann ernannte König Artus Sir Persant und seine zwei Brüder zu Rittern der Tafelrunde bis an ihr Lebensende und gab ihnen große Ländereien. Am zweiten Tag war Sir Tristan der beste und besiegte vierzig Ritter und vollbrachte große Taten; und König Artus ernannte

Sir Ironside, den Roten Ritter vom Roten Land, zum Ritter der Tafelrunde bis an sein Lebensende und gab ihm Land. Am dritten Tage siegte Sir Lanzelot vom See, er warf fünfzig Ritter nieder und vollbrachte so wunderbare Waffentaten, daß alle über ihn staunten. König Artus ernannte den Herzog de la Rouse zum Ritter der Tafelrunde und gab ihm Land. Als aber das Turnier vorbei war, reisten Sir Lamorak und Sir Tristan plötzlich ab und sagten niemandem, warum und wohin, und darüber waren König Artus und der ganze Hof sehr verärgert. Das Fest und die großen Feierlichkeiten währten vierzig Tage. Und Sir Gareth war ein edler Ritter und in seinem Verhalten und seiner Redeweise ohne Tadel.

8. Buch

WIE SIR TRISTAN VON LIONES GEBOREN WURDE, UND WIE SEINE MUTTER BEI SEINER GEBURT STARB, WESHALB SIE IHN TRISTAN NANNTE.

M Lande Liones gab es einmal einen König, der hieß Meliodas und war einer der stattlichsten Recken seiner Zeit. Er war vermählt mit der Schwester des Königs Marke von Cornwall, Elisabeth, einer guten und schönen Frau. Zur gleichen Zeit war Artus König von ganz England, Wales und Schottland und von vielen anderen Reichen; denn wenn es in diesen Ländern auch Könige als Herren gab, besaßen sie ihr Land doch als Lehen von König Artus; so zwei Könige in Wales und zwei in Cornwall und im Westen und zwei oder drei in Irland und mehrere im Norden, ferner der König von Frankreich und der König der Bretagne und alle Herrscher bis hin nach Rom. Als König Meliodas eine Weile vermählt war, wurde seine Frau schwanger. Sie war eine sehr gütige Frau, und sie liebte ihren Gemahl sehr und er sie gleichermaßen, so daß sie große Freude aneinander hatten. Es gab da aber in dem Lande noch eine Dame, die den König Meliodas schon seit langem liebte und auf keine Weise seine Liebe gewinnen konnte. Daher richtete sie es eines Tages durch Zauber ein, daß König Meliodas während einer Jagd, denn er war ein leidenschaftlicher Jäger, allein einen Hirsch verfolgte, bis er zu einer alten Burg kam, wo sie ihn gefangennehmen ließ. Als ihr Gemahl nicht zurückkehrte, geriet Elisabeth fast außer sich, und obwohl sie hochschwanger war, nahm sie eine Edelfrau mit und lief in den Wald, um den König zu suchen. Mitten im Wald konnte sie plötzlich nicht weiter, denn heftige Wehen setzten sein, und die Geburt begann. Die Edelfrau half ihr, so gut sie konnte, und durch ein Wunder Unserer Lieben Frau im Himmel brachte sie unter großen Schmerzen ein Kind zur Welt. Wegen der fehlenden Pflege war ihr aber so kalt geworden, daß schwere Todesqualen sie ergriffen. Als Königin Elisabeth spürte, daß sie sterben mußte, klagte sie sehr und sprach zu der Edelfrau: Wenn Ihr zu meinem Gemahl kommt, so grüßt ihn von mir und berichtet ihm, was für Qualen ich aus Liebe zu ihm hier ertrage und wie ich aus Mangel an Hilfe um seinetwillen hier sterben muß; und sagt ihm, wie ungern ich von ihm aus dieser Welt scheide, und deshalb bittet ihn, sich meiner Seele anzunehmen. Und nun laßt mich mein Kind sehen, das die Ursache all meines Leidens ist. Als sie es erblickte, sagte sie: Ach, mein kleiner Sohn, du hast deine Mutter getötet. Da du so jung schon tötest, wirst du, glaube ich, in deinen Mannesjahren ein starker Recke werden. Und weil ich an deiner Geburt sterbe, gebe ich meiner Edelfrau den Auftrag, König Meliodas zu bitten, dich bei der Taufe Tristan zu nennen, das heißt soviel wie leidvolle Geburt. Damit gab die Königin den Geist auf und starb. Die Edelfrau legte sie in den Schatten eines großen Baumes und hüllte dann das Kind wegen der Kälte ein, so gut es ging. In diesem Augenblick kamen die Barone, die der Königin gefolgt waren, und als sie sahen, daß sie tot war, nahmen sie an, der König wäre auch umgekommen.

WIE SIR TRISTANS STIEFMUTTER GIFT BESCHAFFTE, UM SIR TRISTAN ZU TÖTEN. ❧ Da wollten einige von ihnen das Kind töten, weil sie selbst gern Herren des Landes Liones geworden wären. Aber durch die klugen Worte der Edelfrau und ihre Vermittlung gaben die meisten Barone ihre Zustimmung dazu nicht. Dann ließen sie die tote Königin nach Hause bringen, und es gab großes Klagen um sie. Mittlerweile befreite Merlin am Morgen nach dem Tode der Königin den König Meliodas aus der Gefangenschaft, und als er zurückkehrte, freuten sich die meisten Barone sehr. Aber der Jammer des Königs um seine Königin läßt sich nicht in Worte fassen. Er ließ sie prächtig bestatten und danach sein Kind Tristan taufen, wie es seine Gemahlin vor ihrem Tod bestimmt hatte. Dann lebte König Meliodas sieben Jahre unbeweibt, und die ganze Zeit über wurde Tristan gut versorgt. Schließlich heiratete König Meliodas die Tochter des Königs Howel von der Bretagne, mit der er bald Kinder hatte. Die Königin aber war betrübt und zornig, daß ihre Kinder nicht in den Genuß des Landes Liones kommen sollten, und sie beschloß deshalb, den jungen Tristan zu vergiften. Sie tat Gift in einen Silberbecher und ließ ihn in das Zimmer stellen, in dem sich Tristan und ihre Kinder aufhielten, mit der Absicht, daß Tristan daraus trinken sollte, wenn er Durst hätte. Doch eines Tages sah der Sohn der Königin den Becher mit dem Gift und glaubte, er enthielte ein gutes Getränk, und da er durstig war, trank er davon in vollen Zügen; und mit einem Male brach er zusammen und war tot. Als die Königin vom Tode ihres Sohnes erfuhr, war sie tief betrübt, doch der König ahnte nichts von dem Verrat. Die Königin aber wollte von ihrem Plan nicht lassen und bestellte bald darauf neues Gift und tat es in einen Becher. Durch Zufall fand König Meliodas, als er sehr durstig war, den Becher mit dem vergifteten Wein und wollte daraus trinken. Das bemerkte die Königin, lief zu ihm und riß ihm den Becher aus der Hand. Darüber wunderte sich der König, und er erinnerte sich, daß sein Sohn vergiftet worden war. Da nahm er sie bei der Hand und rief: Du Verräterin, sage mir, was für ein Trank dies ist, oder ich werde dich töten. Damit zog er sein Schwert und schwur, er würde sie erschlagen, wenn sie ihm nicht die Wahrheit sagte. Ach, Gnade, mein Gemahl, erwiderte sie, ich will Euch alles berichten. Und da gestand sie ihm, daß sie Tristan hatte töten wollen, damit ihre Kinder in den Besitz des Landes kämen. Dann soll Euch die Härte des Gesetzes treffen, sagte König Meliodas. Und so wurde sie durch den

Spruch der Barone zum Feuertod verurteilt. Ein großer Scheiterhaufen wurde errichtet, aber als sie verbrannt werden sollte, kniete Tristan vor König Meliodas nieder und bat ihn, ihm einen Wunsch zu erfüllen. Das will ich gern, antwortete der König. Da sagte der junge Tristan: Ich bitte um das Leben der Königin, meiner Stiefmutter. Das ist unrecht gebeten, entgegnete der König, denn du solltest sie eigentlich hassen, weil sie dich mit jenem Gift getötet hätte, wenn es nach ihrem Willen gegangen wäre; und vor allem um deinetwillen soll sie sterben. Herr König, sagte Tristan, ich erflehe von Eurer Gnade, ihr zu verzeihen, möge Gott ihr vergeben, ich meinerseits verzeihe ihr. Es gefiel Eurer Hoheit, mir eine Bitte zu gewähren, haltet nun Gott zuliebe Euer Versprechen. Da es so ist, sagte der König, sollst du ihr Leben haben; gehe zum Scheiterhaufen und nimm sie und mache mit ihr, was du willst. So rettete Sir Tristan sie durch den Spruch des Königs vor dem Feuertod. Aber König Meliodas wollte von nun an im Bett und bei Tisch nichts mehr mit ihr zu tun haben. Durch die Vermittlung des jungen Tristan versöhnte sich der König jedoch wieder mit der Königin, aber danach duldete der König den jungen Tristan nicht länger an seinem Hof.

Kapitel 3

WIE SIR TRISTAN MIT EINEM ERZIEHER NAMENS GOUVERNAIL NACH FRANKREICH GESCHICKT WURDE, UND WIE ER HARFE SPIELEN, BEIZEN UND JAGEN LERNTE. ❧ Der König ließ nach einem gelehrten Edelmann namens Gouvernail rufen und schickte Tristan mit ihm nach Frankreich, damit er die Sprache und Lebensart und den Waffengebrauch erlernte. Dort verweilte Tristan mehr als sieben Jahre. Und als er die Sprache gut beherrschte und alles gelernt hatte, was er in jenem Lande lernen konnte, kehrte er zu seinem Vater zurück. In seiner Jugend widmete sich

Tristan dem Harfenspiel und übte sich auch im Spielen anderer Musikinstrumente, und keiner war im Harfenspiel so berühmt wie er. Als später seine Kraft und Stärke wuchsen, ging er immer auf die Jagd und die Falkenbeize und wurde darin von keinem Edelmann übertroffen. Er bestimmte die rechten Zeiten, zu denen Wild und andere jagdbare Tiere und alle Arten von Raubzeug erlegt werden sollten, und alle diese Regeln gelten noch heute. Deshalb heißt das Buch der Jagd-kunst und der Falkenbeize das Buch von Sir Tristan. Alle Edelleute, die alte Wappen führen, sollten Sir Tristan ehren wegen dieser guten Regeln; denn daran kann ein Mann von Adel einen Edelmann von einem Freisassen und einen Frei-sassen von einem Fronbauern unterscheiden, weil ein Edler den edlen Sitten und Bräuchen der Männer von Adel folgen wird. So blieb Sir Tristan in Liones, bis er neunzehn Jahre alt und groß und stark war, und König Meliodas und auch die Königin hatten viel Freude an ihm. Weil Sir Tristan die Königin vor dem Feuertod gerettet hatte, begrub sie ihren Haß gegen ihn und blieb ihm ihr ganzes Leben lang herzlich zugetan und machte ihm viele große Geschenke; und er war bei allen Ständen im Lande sehr beliebt, wohin er auch ging.

WIE SIR MARHAUS AUS IRLAND KAM, UM VON CORNWALL TRIBUT ZU FOR-DERN, WIDRIGENFALLS ER DAFÜR KÄMPFEN WOLLTE. ❧ Dann geschah es, daß König Anguish von Irland zu König Marke von Cornwall schickte wegen des Tributs, den Cornwall lange Jahre bezahlt hatte, mit dem es aber nun sieben Jahre im Rück-stand war. Den Boten aus Irland gaben König Marke und seine Barone zur Antwort, sie wollten keinen Tribut zahlen: Bestellt König Anguish, wenn er von Cornwall Tribut haben will, soll er uns einen wackeren Ritter seines Landes schicken, der für sein Recht kämpft, und wir werden einen suchen, der unser Recht verteidigt. Als die Boten diese Antwort König

Anguish überbrachten, geriet er in großen Zorn und rief Sir Marhaus, den Bruder seiner Frau, zu sich, der sich als tüchtiger und tapferer Ritter bewährt hatte und der Tafelrunde angehörte. Zu ihm sprach der König: Lieber Bruder, ich bitte Euch, geht für mich nach Cornwall und kämpft für unser Recht auf den Tribut, für Eure Ausrüstung will ich reichlich sorgen. Herr, erwiderte Marhaus, Ihr sollt wissen, daß ich gern für Euer Recht und für Euer Land mit den besten Rittern der Tafelrunde kämpfe, denn ich kenne die meisten von ihnen und ihre Taten, und um meinen Ruhm zu vergrößern, unternehme ich diese Fahrt mit Freuden. So wurde eilends alles, was Sir Marhaus brauchte, herbeigeschafft; und er fuhr aus und kam in Cornwall ganz in der Nähe der Burg Tintagil an. Als König Marke erfuhr, daß Sir Marhaus gekommen war, um für Irland zu kämpfen, war er sehr betrübt, denn er kannte keinen Ritter, der es wagen durfte, gegen ihn anzutreten, weil Sir Marhaus damals einer der berühmtesten und bewährtesten Ritter der Welt war. Sir Marhaus aber blieb auf seinem Schiff und sandte jeden Tag zu König Marke, er solle den Tribut bezahlen, der für sieben Jahre fällig war, oder aber einen Ritter für den Zweikampf finden. Da ließen die von Cornwall überall ausrufen, der Ritter, der im Kampf Cornwall von dem Tribut befreien würde, sollte so belohnt werden, daß es ihm zeit seines Lebens gut ginge. Einige der Barone rieten König Marke, einen Boten an den Hof von König Artus zu senden und dort Sir Lanzelot vom See zu suchen, der damals als der berühmteste Ritter der Welt galt. Andere Barone rieten davon ab und sagten, das sei verlorene Mühe, denn Sir Marhaus sei ebenfalls ein Ritter der Tafelrunde, und diese würden nicht gern gegeneinander kämpfen, es sei denn auf eigene Faust und in Verkleidung und unerkannt. So kamen der König und die Barone zu der Überzeugung, daß es keinen Zweck habe, einen Ritter der Tafelrunde aufzusuchen. Mittlerweile kam die Kunde zu König Meliodas, daß Sir Marhaus kampfbereit vor Tintagil lag und daß König Marke keinen Ritter finden konnte, der für ihn den Streit austrug. Als der junge Tristan davon hörte, wurde er zornig und schämte sich sehr, daß es kein Ritter in Cornwall wagte, gegen Sir Marhaus von Irland anzutreten.

Kap. 5

WIE SIR TRISTAN DEN KAMPF UM DEN TRIBUT FÜR CORNWALL AUF SICH NAHM, UND WIE ER ZUM RITTER GESCHLAGEN WURDE. 🙠 Da ging Tristan zu seinem Vater und fragte ihn, was am besten zu tun sei, um Cornwall vor der Entrichtung des Tributs zu bewahren. Ich halte es für eine Schande, sagte Sir Tristan, wenn Sir Marhaus abzieht, ohne daß sich ihm jemand zum Kampf stellt. Mein Sohn, antwortete König Meliodas, Sir Marhaus ist einer der besten Ritter der Welt und ein Ritter der Tafelrunde. Ich kenne keinen in diesem Land, der sich mit ihm messen kann. Ach, sagte Tristan, daß ich nicht zum Ritter geschlagen bin! Wenn Sir Marhaus kampflos nach Irland zurückkehren sollte, wird Gott mich nie Ruhm gewinnen lassen. Wäre ich ein Ritter, dann wollte ich schon mit ihm kämpfen. Herr König, ich bitte Euch, gebt mir Urlaub und laßt mich zu König Marke reiten, und wenn es Euch nicht mißfällt, will ich von ihm in den Ritterstand erhoben werden. Gern, erwiderte König Meliodas, handelt nur, wie Euer Mut es Euch vorschreibt. Da dankte Sir Tristan seinem Vater sehr und rüstete sich, um nach Cornwall zu reiten. Währenddessen kam ein Bote zu Sir Tristan mit Briefen der Tochter des Königs Faramon von Frankreich voll wehmütiger Liebesklagen, doch Sir Tristan gefielen diese Briefe nicht, und er schenkte der Dame keine Beachtung. Auch sandte sie ihm einen sehr hübschen kleinen Hund. Als die Königstochter vernahm, daß Sir Tristan sie nicht liebte, starb sie vor Kummer, und derselbe Bote, der die Briefe und das Hündchen gebracht hatte, kehrte zu Sir Tristan zurück. Dann ritt der junge Tristan zu seinem Oheim, König Marke von Cornwall, und sagte zu ihm: Herr, wenn Ihr mich in den Stand der Ritterschaft erhebt, will ich mit Sir Marhaus kämpfen. Wer seid Ihr, fragte der König, und woher kommt Ihr? Herr, antwortete Tristan, ich komme von König Meliodas, mit dem Eure Schwester verheiratet war, und bin ein Edelmann. König Marke musterte Sir Tristan und sah, daß er zwar noch jung war, doch wohlgestalt und stark. Edler Herr, sagte er, wie ist Euer Name und wo seid Ihr geboren? Mein Name ist Tristan, und ich bin im Lande Liones geboren. Nun gut, sagte der König, wenn Ihr diesen Kampf ausfechten wollt, werde ich Euch zum Ritter schlagen. Nur aus diesem Grunde, erwiderte Sir Tristan, komme ich zu Euch. Da schlug ihn König Marke zum Ritter und sandte gleich darauf einen Boten zu Sir Marhaus mit Briefen, in denen er mitteilte, er habe einen jungen Ritter gefunden, der bereit sei, den Kampf bis zum Äußersten auszufechten. Das mag schon sein, antwortete Sir Marhaus, aber sagt König Marke, daß ich mit keinem Ritter kämpfe, der nicht von königlichem Blut ist. Als König Marke das hörte, ließ er Sir Tristan holen und teilte ihm diese Antwort mit. Darauf erwiderte Sir Tristan: So tut ihm kund, daß ich von Vater und Mutter her von ebenso edlem Blut stamme wie er, denn Ihr müßt wissen, ich bin der Sohn des Königs Meliodas und Eurer eignen Schwester, Lady Elisabeth, die bei meiner Geburt im Walde starb. O Jesus, rief König Marke, seid mir willkommen, lieber Neffe! Dann ließ der König in aller Eile ein Pferd für Sir Tristan aussuchen und wappnete ihn in der besten Art, die sich für Gold und Silber finden ließ. Und König Marke sandte zu Sir Marhaus und ließ ihm eröffnen, ein Mann von besserer Abkunft als er selbst würde mit ihm kämpfen, sein Name sei Sir Tristan von Liones, der Sohn des Königs Meliodas und der Schwester König Markes. Da war Sir Marhaus froh und glücklich, mit einem solchen Edelmann zu kämpfen. Mit Zustimmung von König Marke und Sir Marhaus wurde angeordnet, daß der Kampf auf einer Insel in der Nähe von Sir Marhaus' Schiffen stattfinden sollte.

Und so wurde Sir Tristan samt seinem Pferd und seiner ganzen Ausrüstung auf ein Schiff gebracht, und es fehlte ihm an nichts. Als König Marke und seine Barone sahen, wie Sir Tristan so mutig auszog, um für die Sache Cornwalls zu kämpfen, gab es keinen Mann und keine Frau von Ehre, die nicht weinten beim Anblick eines so jungen Ritters, der sein Leben für ihr Recht aufs Spiel setzte.

WIE SIR TRISTAN AUF DER INSEL ANKAM, UM DEN KAMPF MIT SIR MARHAUS AUSZUFECHTEN. ✌ Als Sir Tristan die Insel erreichte, sah er am gegenüberliegenden Ufer sechs Schiffe unter Land vor Anker liegen, und im Schatten dieser Schiffe wartete am Ufer der edle Ritter Sir Marhaus von Irland. Sir Tristan gebot seinem Bediensteten Gouvernail, ihm den Harnisch ordnungsgemäß anzulegen und sein Pferd an Land zu bringen. Und als er wohlgerüstet im Sattel saß, fragte Tristan Gouvernail: Wo ist der Ritter, mit dem ich kämpfen soll? Herr, antwortete Gouvernail, seht Ihr ihn nicht? Ich dachte, Ihr hättet ihn bemerkt; er wartet zu Pferde dort drüben im Schatten seiner Schiffe mit der Lanze in der Hand und dem Schild auf der Schulter. Das ist wahr, erwiderte Sir Tristan, jetzt erkenne ich ihn deutlich. Dann befahl er Gouvernail, wieder aufs Schiff zu gehen: Und empfiehl mich meinem Onkel, König Marke, und bitte ihn, wenn ich in diesem Kampf falle, meine Leiche zu bestatten, wie es ihm am besten scheint. Und sage ihm, daß ich mich niemals aus Feigheit ergeben werde. Wenn ich sterbe, sind sie durch mich ihres Tributs nicht ledig; und sollte ich doch fliehen oder mich ergeben, soll mir mein Onkel kein christliches Begräbnis gewähren. Und, bei deinem Leben, Gouvernail, fügte Sir Tristan hinzu, betritt du diese Insel nicht, bis du mich überwunden oder erschlagen siehst oder ich jenen Ritter besiegt habe. So schieden sie voneinander unter vielen Tränen.

WIE SIR TRISTAN MIT SIR MARHAUS KÄMPFTE UND DEN KAMPF GEWANN, UND WIE SIR MARHAUS AUF SEIN SCHIFF FLOH.

Dann richtete Sir Marhaus die folgenden Worte an Sir Tristan: Du junger Ritter, Sir Tristan, was suchst du hier? Ich bedauere deinen Mut, denn du mußt wissen, ich bin ein waffenerprobter Ritter und habe mit den besten Rittern der Welt gekämpft. Deshalb rate ich dir, kehre auf dein Schiff zurück. Edler und wohlerprobter Ritter, erwiderte Sir Tristan, vernimm, daß ich auf diesem Kampf bestehe, denn um deinetwillen bin ich zum Ritter geschlagen worden. Ich bin der Sohn eines Königs und einer Königin und habe meinem Onkel und mir selber gelobt, mit dir bis zum Äußersten zu kämpfen und Cornwall von dem alten Tribut zu befreien. Daß du einer der berühmtesten Ritter der Welt bist, gibt mir am meisten Mut, mich mit dir zu messen, denn ich habe noch nie gegen einen bewährten Ritter gekämpft. Da ich erst heute in den Stand der Ritterschaft aufgenommen worden bin, freut es mich besonders, gegen einen so wackeren Ritter wie dich antreten zu dürfen. Ich bin entschlossen, Sir Marhaus, Ruhm an dir zu ernten, und wenn ich mich auch noch nicht bewährt habe, vertraue ich doch auf Gott, daß ich gegen dich ehrenvoll bestehen und Cornwall für immer von jedem Tribut an Irland befreien werde. Nachdem Sir Marhaus ihn angehört hatte, erwiderte er: Edler Ritter, da du entschlossen bist, Ehre an mir zu gewinnen, so sage ich dir, du wirst keinen Ruhm verlieren, wenn du drei meiner Streiche aushalten kannst, denn du sollst wissen, für meine bewährten und bekannten Taten hat mich König Artus zum Ritter der Tafelrunde gemacht. Danach legten sie die Lanzen ein und stießen so heftig zusammen, daß sie beide samt ihren Pferden zu Boden stürzten, doch Sir Marhaus stach Sir Tristan mit der Lanze eine große Wunde in die Seite. Sie machten sich von ihren Pferden frei, zogen die Schwerter, hoben die Schilde und hieben aufeinander ein wie wilde und tapfere Männer. Und nachdem sie lange so gefochten hatten, packten sie einander an Helmschlüssen und Visieren, und als keiner die Oberhand gewann, stürzten sie wie Widder aufeinander los. So kämpften sie länger als einen halben Tag und beide trugen tiefe Wunden davon, daß das rote Blut auf den Boden rieselte. Doch am Ende war Sir Tristan frischer und stärker und besser bei Atem als Sir Marhaus, und er versetzte Sir Marhaus einen mächtigen Schlag auf den Helm, daß das Schwert durch den Helm und die Stahlkappe in den Schädel drang und so fest stak, daß Sir Tristan dreimal ziehen mußte, ehe er es wieder herausbrachte. Da sank Sir Marhaus auf die Knie, und ein Stück von Tristans Schwert blieb in seinem Schädel stecken. Plötzlich erhob sich Sir Marhaus mit Mühe, warf Schwert und Schild von sich und floh zu seinen Schiffen. Da rief Sir Tristan: Ah, Herr Ritter von der Tafelrunde, warum fliehst du? Du bringst große Schmach über dich und deine Sippe, denn ich bin noch ein junger Ritter und habe heute meinen ersten Kampf bestanden, und ich hätte mich eher in hundert Stücke hauen lassen, als daß ich geflohen wäre. Sir Marhaus antwortete mit keiner Silbe, sondern ging heftig stöhnend seines Weges. Wohlan denn, Herr Ritter, sagte Sir Tristan, dein Schwert und dein Schild sollen mir gehören, und deinen Schild will ich überall bei meinen Abenteuern tragen und ich will auch vor den Augen des Königs Artus und der ganzen Tafelrunde tragen.

 WIE SIR MARHAUS NACH SEINER AN-
Kapitel 8 KUNFT IN IRLAND AN DEM STREICH, DEN SIR TRISTAN IHM GESCHLAGEN HATTE, STARB, UND VON TRISTANS WUNDEN. ❧ Sir Marhaus fuhr mit seinem Gefolge eilends nach Irland ab, und sobald er zum König, seinem Schwager, kam, ließ er seine Wunden untersuchen. Dabei fand man in seinem Schädel ein Stück von Sir Tristans Schwert, aber kein Arzt konnte es entfernen, und

daran starb Sir Marhaus. Die Königin, seine Schwester, hob das Schwertstück auf, denn sie hoffte auf Rache. Auch Sir Tristan war schwer verwundet und blutete so stark, daß er nach einer Weile, als er sich abgekühlt hatte, kaum seine Glieder regen konnte. Behutsam ließ er sich auf einem kleinen Hügel nieder. Da kam Gouvernail herbei und brachte ihn auf sein Schiff, und der König und seine Barone kamen ihm entgegen. Als Sir Tristan an Land kam, schloß König Marke ihn in die Arme und geleitete ihn zur Burg Tintagil. Dort wurde er aufs sorgfältigste untersucht und gebettet. Als König Marke seine Wunden sah, konnte er die Tränen nicht zurückhalten, und auch die Barone weinten. Gott helfe mir, sagte König Marke, ich gäbe alle meine Länder, wenn mein Neffe nicht stürbe. So lag Sir Tristan über einen Monat und war dem Tode nahe von der Wunde, die ihm Sir Marhaus zuerst mit der Lanze beigebracht hatte; denn die Lanzenspitze war vergiftet gewesen, so daß Sir Tristan nicht gesund werden konnte. Da wurden der König und all seine Barone sehr traurig, und der König schickte nach den verschiedensten Heilkundigen und Ärzten, Männern und Frauen, doch keiner konnte Sir Tristan Heilung bringen. Schließlich kam eine sehr weise Dame und verkündete, Sir Tristan könne genesen, wenn er in das Land ginge, aus dem das Gift stammte, sonst nicht. Daraufhin ließ König Marke ein schönes Schiff wohl ausstatten und Sir Tristan an Bord bringen und mit ihm Gouvernail; und Tristan nahm seine Harfe mit und begab sich auf die Seereise nach Irland. Mit gutem Wind landete er ganz in der Nähe einer Burg, in der sich der König und die Königin aufhielten. Bei seiner Ankunft setzte er sich im Bett auf und spielte eine fröhliche Melodie auf der Harfe, wie man sie in Irland vordem noch nie gehört hatte. Als der König und die Königin erfuhren, daß ein Ritter angekommen sei, der ein so guter Harfenspieler war, ließen sie ihn sogleich zu sich kommen und seine Wunden untersuchen und fragten ihn nach seinem Namen. Da antwortete er: Ich bin aus dem

SCHÖN ISOLDE
PFLEGT
SIR TRISTAN

Lande Liones, und mein Name ist Tantrist, und ich wurde
verwundet in einem Kampf, den ich für das Recht einer Dame
ausfocht. Bei Gott, sagte König Anguish, Ihr sollt in diesem
Lande alle Hilfe bekommen, die zu haben ist. Wisset aber,
in Cornwall habe ich einen so großen Verlust erlitten wie nur
je ein König, denn dort verlor ich den besten Ritter der
Welt, sein Name war Sir Marhaus, ein sehr edler Ritter und

329

Mitglied der Tafelrunde; und dann erzählte er, wie Sir Marhaus erschlagen wurde. Sir Tristan tat, als sei er sehr traurig, und wußte doch besser als der König, wie sich alles wirklich zugetragen hatte.

WIE SIR TRISTAN ZUR HEILUNG SEINER WUNDEN IN DIE PFLEGE VON SCHÖN ISOLDE GEGEBEN WURDE. ❧ Aus großer Gunst ließ der König Tantrist in die Obhut und Pflege seiner Tochter Isolde geben, denn sie war ein trefflicher Wundarzt. Als sie ihn untersuchte, fand sie, daß in der Tiefe seiner Wunde Gift war, und so heilte sie ihn binnen kurzem, und daher überkam Tantrist große Liebe zur schönen Isolde, die damals das schönste Edelfräulein der Welt war. Tantrist lehrte sie das Harfenspiel, und sie faßte eine tiefe Zuneigung zu ihm. Zu jener Zeit weilte Sir Palamides der Sarazene in Irland, gastlich aufgenommen vom König und der Königin. Jeden Tag kam Sir Palamides zur schönen Isolde und machte ihr reiche Geschenke, denn er liebte sie sehr. Das bemerkte Tantrist, der Palamides als edlen und wackeren Ritter kannte. Und Sir Tantrist hegte bitteren Groll gegen ihn, denn die schöne Isolde hatte ihm erzählt, daß Palamides sich ihretwegen taufen lassen wollte. So war große Eifersucht zwischen Tantrist und Palamides. Da geschah es, daß König Anguish ein großes Turnier ankündigen ließ für eine Dame, welche die Dame von den Ebenen genannt wurde und dem König nahe verwandt war, und der Sieger sollte die Dame gewinnen und drei Tage später heiraten und ihr ganzes Land bekommen. Das wurde in England, Wales, Schottland und in Frankreich und der Bretagne ausgerufen. Eines Tages kam die schöne Isolde zu Sir Tantrist und sprach mit ihm über dieses Turnier. Er antwortete ihr: Edle Dame, ich bin nur ein schwacher Ritter und wäre vor kurzem fast gestorben, wenn Eure gute Pflege nicht gewesen wäre. Was soll ich für Euch in dieser Sache tun? Ihr wißt sehr wohl, daß ich nicht kämpfen darf. Ach Tantrist, sagte die schöne Isolde, warum wollt Ihr an diesem Turnier nicht teilnehmen? Wie ich weiß, wird Sir Palamides dabei sein und sich wacker schlagen; deshalb bitte ich Euch, Tantrist, nehmt teil, sonst könnte Sir Palamides den Preis gewinnen. Hohe Dame, erwiderte Tantrist, das mag schon sein, denn er ist ein bewährter Ritter, und ich bin noch jung und wurde erst vor kurzem zum Ritter geschlagen und schon in meinem ersten Kampf schwer verwundet, wie Ihr seht. Aber wenn Ihr meine Herrin sein wollt, werde ich zu dem Turnier gehen, doch darf niemand außer Euch und Euern Vertrauten davon erfahren. Mein geringes Leben will ich für Euch einsetzen, und Sir Palamides soll spüren, wenn ich komme. Tut Euer Bestes, sagte die schöne Isolde, ich verschaffe Euch mit meinen Mitteln Pferd und Rüstung. Es sei so, wie Ihr es haben wollt, entgegnete Tantrist, ich stehe Euch zu Gebote. Am Tage des Turniers erschien Sir Palamides mit einem schwarzen Schild, und er warf viele Ritter nieder, daß alle über ihn staunten. So besiegte er am ersten Tage unter anderen Sir Gawein, Gaheris, Agrawein, Bagdemagus und Sir Kay. Da war den Rittern bange vor Sir Palamides, und viele nannten ihn den Ritter mit dem schwarzen Schild, und Sir Palamides gewann an diesem Tag viel Ruhm. König Anguish aber lief zu Tantrist und fragte ihn, warum er nicht am Kampf teilnehme. Herr, antwortete er, ich bin erst vor kurzem verwundet worden und darf es noch nicht wagen. In diesem Augenblick kam der Knappe, den die Tochter des Königs von Frankreich einst zu Sir Tristan gesandt hatte. Als er in Tantrist Sir Tristan erkannte, fiel er vor ihm auf die Knie. Diese untertänige Begrüßung bemerkte die schöne Isolde. Da lief Sir Tristan rasch zu dem Knappen, der Hebes le Renoumes hieß, und bat ihn inständig, unter keinen Umständen seinen richtigen Namen preiszugeben. Herr, sagte Hebes, ich werde Euern Namen nicht verraten, bis Ihr mich dazu auffordert.

WIE SIR TRISTAN BEI EINEM TURNIER IN IRLAND DEN PREIS GEWANN UND SIR PALAMIDES BEFAHL, EIN JAHR KEINE RÜSTUNG ZU TRAGEN.

Dann fragte ihn Sir Tristan, was er in Irland machte. Herr, antwortete er, ich bin mit Sir Gawein hergekommen, um zum Ritter geschlagen zu werden, und zwar von Euch, wenn Ihr nichts dagegen habt. Wartet morgen heimlich auf mich, auf dem Turnierplatz will ich Euch zum Ritter schlagen. Die schöne Isolde aber hegte den Verdacht, daß Tantrist ein berühmter und angesehener Mann wäre, und darüber freute sie sich und liebte ihn um so mehr. Am nächsten Morgen rüstete sich Sir Palamides wieder für das Turnier, und er warf den König mit den hundert Rittern nieder und den König von Schottland. Inzwischen hatte die schöne Isolde für Sir Tantrist ein weißes Pferd und einen weißen Harnisch beschafft und ließ ihn aus einem verborgenen Tor hinausreiten, und so kam er auf den Turnierplatz wie ein strahlender Engel. Sogleich erspähte ihn Sir Palamides, und beide legten ihre Lanzen ein, und Sir Tantrist streckte Sir Palamides zu Boden. Da erhob sich unter allen Leuten großer Lärm, und einige sagten, Sir Palamides sei gestürzt, andere: der Ritter mit dem schwarzen Schild. Die schöne Isolde aber war von Herzen froh. Und Sir Gawein und seine neun Gefährten wunderten sich, wer der Ritter sein mochte, der Sir Palamides niedergeworfen hatte. Danach wollte keiner mit Tantrist kämpfen, sondern alle wichen ihm aus, Hohe wie Niedere. Da schlug Sir Tantrist Hebes zum Ritter und hieß ihn, sich im Kampf zu bewähren, und er machte seine Sache recht gut. Von da an hielt Sir Hebes immer zu Sir Tantrist. Als Sir Palamides zu Fall gekommen war, schämte er sich sehr und zog sich so heimlich wie möglich vom Kampfplatz zurück. Das bemerkte Sir Tantrist, und schnell ritt er ihm nach und holte ihn ein und forderte ihn zum Kampf heraus. Da machte Sir Palamides kehrt, und sie zogen die Schwerter. Doch mit dem ersten Streich über den Kopf schlug Sir Tantrist Palamides zu Boden und hieß ihn, sich zu ergeben und seinem Befehl zu folgen, andernfalls wolle er ihn töten. Als Sir Palamides seine entschlossene Miene sah, fürchtete er seine Streiche so, daß er in alles einwilligte. Gut, sagte Sir Tantrist, dies ist Euer Urteil: Erstens sollt Ihr bei Strafe Eures Lebens meiner hohen Herrin, der schönen Isolde, entsagen und Euch ihr in keiner Weise nähern; zweitens dürft Ihr ein Jahr und einen Tag keinen Harnisch und keine Kriegsrüstung tragen. Versprecht mir dies, oder Ihr seid des Todes. Wehe, erwiderte Palamides, das ist eine ewige Schande für mich. Dann gelobte er, was Sir Tantrist gefordert hatte: Und vor Zorn und Gram schnitt Sir Palamides seinen Harnisch auf und warf ihn weg. Dann kehrte Sir Tantrist zur schönen Isolde auf die Burg zurück. Unterwegs begegnete er einem Fräulein, das ihn nach Sir Lanzelot fragte und von ihm wissen wollte, wer er sei. Sie hatte nämlich erfahren, daß er Sir Palamides, von dem zehn Ritter des Königs Artus niedergeworfen worden waren, besiegt hatte, und deshalb glaubte sie, er sei Sir Lanzelot vom See, denn nach ihrer Meinung konnte kein Ritter der Welt außer Sir Lanzelot solche Waffentaten vollbringen. Edles Fräulein, sagte Sir Tantrist, seid versichert, ich bin nicht Sir Lanzelot, denn ich war nie ein solcher Held, aber es steht bei Gott, mich zu einem ebenso tüchtigen Ritter zu machen. Nun, edler Ritter, erwiderte sie, öffne dein Visier. Und als sie sein Gesicht erblickte, war es ihr, als hätte sie noch nie das Antlitz eines so schönen und wohlgestalten Ritters gesehen. Da war sie sicher, daß es nicht Sir Lanzelot war, und sie verabschiedete sich und ging von dannen. Sir Tantrist aber ritt zu dem verborgenen Tor, wo ihn die schöne Isolde mit großer Freude und Herzlichkeit empfing, und sie dankte Gott für sein Waffenglück. Bald darauf erfuhren der König und die

Königin, daß es Tantrist war, der Sir Palamides niedergeworfen hatte, und da wurde ihm viel Ruhm zuteil.

 WIE DIE KÖNIGIN AN TRISTANS SCHWERT ERKANNTE, DASS ER IHREN BRUDER SIR MARHAUS ERSCHLAGEN HATTE, UND IN WELCHER GEFAHR ER WAR. ❧ Deshalb stand Sir Tantrist für lange Zeit hoch in der Gunst des Königs und der Königin und besonders der schönen Isolde. Eines Tages ließen sie ein Bad für Sir Tantrist bereiten, und als er im Bade war, schauten sich die Königin und ihre Tochter in seinem Gemach um, während Gouvernail und Hebes Tantrist zur Hand gingen. Da sah die Königin sein Schwert auf dem Bett liegen, und durch einen unglücklichen Zufall zog sie es aus der Scheide und betrachtete es lange, und beide meinten, es sei ein sehr schönes Schwert, aber anderthalb Fuß von der Spitze war ein großes Stück herausgebrochen. Als die Königin die Scharte sah, erinnerte sie sich an das Schwertstück, das im Schädel ihres Bruders Sir Marhaus gefunden worden war. Wehe, sagte sie zur schönen Isolde, das ist der Verräter, der meinen Bruder, deinen Onkel, erschlagen hat. Als Isolde das hörte, war sie tief bestürzt, denn sie liebte Tantrist sehr und kannte die Grausamkeit ihrer Mutter. Sogleich lief die Königin in ihr eigenes Gemach und suchte aus ihrer Truhe das Stück Schwert heraus, und als sie es an Tantrists Schwert hielt, paßte es so genau, als wäre es gerade herausgebrochen. Da packte die Königin das Schwert und stürzte mit all ihrer Kraft auf Tantrist im Bade zu und hätte ihn durchbohrt, wäre Sir Hebes ihr nicht in den Arm gefallen und hätte ihr das Schwert entrissen. Nachdem ihr erster Zorn verraucht war, ging sie zu König Anguish, kniete nieder und sprach: O mein Herr und Gemahl, Ihr beherbergt in Euerm Hause den verräterischen Ritter, der den edlen Sir Marhaus, meinen Bruder und Euern Vasallen, erschlagen hat. Wer ist es, fragte der König, und wo ist er?

Mein König, antwortete sie, es ist Tantrist, der Ritter, den meine Tochter geheilt hat. Ach, sagte der König, das macht mich traurig, denn er ist ein sehr wackerer Ritter. Aber ich gebiete Euch, sprach der König zur Königin, nichts gegen ihn zu unternehmen, sondern ihn mir zu überlassen. Darauf ging der König zu Sir Tantrists Gemach und fand ihn gerüstet und bereit, sein Pferd zu besteigen, und er sagte: Nein, Tantrist, es schickt sich nicht, daß du gegen mich kämpfst, denn solange du an meinem Hof bist, wäre es unehrenhaft für mich, dich zu erschlagen. Soviel will ich für meine Ehre und um deinetwillen tun: Unter der Bedingung, daß du mir sagst, wer dein Vater ist und wie du heißt und ob du meinen Schwager Sir Marhaus erschlagen hast, will ich dir erlauben, diese Burg in Sicherheit zu verlassen.

Kap. 12

WIE SIR TRISTAN VON DEM KÖNIG UND VON SCHÖN ISOLDE AUS IRLAND FORT-GING UND NACH CORNWALL KAM. ❧ Herr, sagte Tantrist, jetzt kann ich Euch die ganze Wahrheit sagen: Mein Vater ist Meliodas, der König von Liones, und meine Mutter hieß Elisabeth und war die Schwester des Königs Marke von Cornwall. Sie starb bei meiner Geburt im Walde und gebot vor ihrem Tod, ich sollte Tristan getauft werden. Um in diesem Lande nicht erkannt zu werden, drehte ich meinen Namen um und nannte mich Tantrist. Meinem Onkel zuliebe stritt ich für das Recht Cornwalls und gegen den Tribut, den Ihr viele Jahre eintriebt. Nehmt also zur Kenntnis, sagte Tristan zum König, ich kämpfte aus Liebe zu meinem Onkel König Marke und aus Liebe zum Lande Cornwall und um Ruhm zu erwerben. Erst am selben Tag, an dem ich mit Sir Marhaus kämpfte, wurde ich zum Ritter geschlagen und hatte mich vorher noch nie mit einem Ritter gemessen, und Sir Marhaus ging lebend von mir und ließ seinen Schild und sein Schwert zurück. Bei Gott, sagte der König, ich muß zugeben, daß Ihr so gehandelt habt, wie es einem Ritter geziemt und es Euch zukam. Indessen erlaubt es meine Ehre nicht, Euch länger in diesem Lande zu behalten, sonst würde ich meine Barone, meine Gemahlin und ihre Sippe erzürnen. Herr, erwiderte Tristan, ich bin Euch für die Gastfreundschaft, die ich hier genossen habe, zu Dank verpflichtet, ebenso für die große Güte, die mir Euer Fräulein Tochter erwiesen hat. Deshalb kann es wohl sein, daß Ihr durch mein Leben mehr gewinnt als durch meinen Tod, denn ich könnte Euch irgendwann in den verschiedenen Teilen Englands Dienste leisten, daß Ihr froh sein werdet, mir Euer Wohlwollen geschenkt zu haben. Weiter verspreche ich Euch bei meiner Ritterehre, immer und überall, im Guten wie im Bösen, Diener und Ritter Eurer Tochter zu sein und immer für sie einzutreten, wie es einem Ritter zukommt. Auch bitte ich Euer Gnaden, mich von Eurer Tochter und allen Baronen und Rittern verabschieden zu dürfen. Das gestatte ich, erwiderte der König. Dann nahm Sir Tristan Abschied von der schönen Isolde, und er erzählte ihr, wer er war und warum er seinen Namen gewechselt hatte, und wie ihm eine Heilkundige eröffnet hatte, er werde nie genesen, wenn er nicht in das Land ginge, aus dem das Gift stamme: So wäre ich beinahe gestorben, wenn Ihr, mein Fräulein, nicht gewesen wärt. O edler Ritter, sagte die schöne Isolde, wie weh ist mir, daß Ihr scheidet, denn ich war noch nie einem Mann so zugetan wie Euch. Und dabei weinte sie bitterlich. Mein Fräulein, sprach Sir Tristan, ich gelobe Euch treulich, bis an das Ende meiner Tage Euer Ritter zu sein. Ich danke Euch, entgegnete die schöne Isolde, ich verspreche Euch dafür, in den nächsten sieben Jahren nicht zu heiraten, es sei denn mit Eurer Zustimmung; und wenn Ihr einen Mann für mich bestimmt, so will ich ihn nehmen. Dann gab ihr Sir Tristan einen Ring, und sie gab ihm gleichfalls einen; und damit ging er von ihr und ließ sie klagend und weinend zurück. Er ging geradenwegs an den Hof zu den Baronen und verabschiedete sich von hoch und niedrig und sprach: Edle Herren, da ich euch nun verlassen muß, frage ich, ist einer hier, den ich beleidigt oder gekränkt habe, so möge er jetzt seine Klage vorbringen, und ich werde nach besten Kräften Wiedergutmachung leisten. Und wenn einer da ist, der mich des Unrechts bezichtigen oder mir hinter meinem Rücken Böses oder Schändliches nachsagen will, der melde sich jetzt oder nie, ich stehe dafür ein, Mann gegen Mann. Aber alle standen still da, keiner sagte ein Wort; und doch waren einige Ritter aus der Sippe der Königin und Sir Marhaus' anwesend, aber sie wollten nicht gegen ihn antreten.

WIE SIR TRISTAN UND KÖNIG MARKE EINANDER AUS LIEBE ZU DEM WEIB EINES RITTERS VERWUNDETEN. Sodann reiste Sir Tristan über das Meer und kam mit gutem Wind nach Tintagil in Cornwall, wo König Marke in Glück und Gedeihen lebte. Als er erfuhr, daß Sir Tristan angekommen und von seinen Wunden geheilt war, freute er sich sehr und sein ganzer Hof mit ihm. Nach einiger Zeit ritt Sir Tristan zu seinem Vater und wurde mit Freuden empfangen. Und König Meliodas und seine Königin traten den größten Teil ihrer Länder und Besitzungen an Sir Tristan ab. Danach kehrte er mit Erlaubnis seines Vaters an den Hof König Markes zurück und lebte dort lange Zeit in großer Freude, bis schließlich Eifersucht und Streit zwischen König Marke und ihm entstanden, denn sie liebten beide dieselbe Dame. Sie war die Frau eines Grafen namens Sir Segwarides, und sie liebte Sir Tristan sehr, und er sie wieder, denn sie war ungewöhnlich schön. Das bemerkte König Marke, der sie ebenfalls begehrte, und wurde eifersüchtig. Eines Tages sandte diese Dame einen Zwerg zu Sir Tristan und bat ihn, wenn er sie liebe, in der folgenden Nacht zu ihr zu kommen, aber gut gewappnet zu sein, denn ihr Gemahl sei ein starker Ritter. Sir Tristan antwortete dem Zwerg: Grüße meine Dame und sage ihr, ich werde kommen, wie sie es dir aufgetragen hat. Mit dieser Antwort ging der Zwerg fort. König Marke aber erspähte, daß der Zwerg Sir Tristan eine Botschaft von der Frau der Grafen Segwarides überbracht hatte, und ließ den Zwerg ergreifen und zwang ihn mit Gewalt, den Inhalt der Botschaft preiszugeben. Nun gehe, wohin du willst, sagte König Marke, aber bei Strafe des Todes erzähle niemandem, daß du mit mir gesprochen hast. So entfernte sich der Zwerg. Am Abend des Stelldicheins wappnete sich König Marke, nahm zwei vertraute Ritter mit und ritt aus, um Sir Tristan unterwegs aufzulauern. Als Sir Tristan mit der Lanze in der Hand angeritten kam, stürzte sich König Marke mit seinen zwei Rittern plötzlich auf ihn, und alle drei trafen ihn mit ihren Lanzen, und König Marke verwundete ihn schwer an der Brust. Da legte Sir Tristan seine Lanze ein und traf König Marke so heftig, daß er ihn zu Boden warf und so verletzte, daß er besinnungslos liegenblieb. Dann warf Sir Tristan die beiden Ritter nieder, daß sie wie tot lagen. Danach ritt er trotz seiner Wunde weiter zu der Dame, die an einem Tor wartete.

WIE SIR TRISTAN BEI DER DAME LAG, UND WIE IHR GATTE MIT SIR TRISTAN KÄMPFTE. ❧ Sie begrüßte ihn freudig, und sie umarmten einander. Dann nahm sie ihm den Harnisch ab und ließ sein Pferd wohl versorgen. Und nach einem kleinen Mahl gingen sie in großer

Lust und Freude zu Bett. In seiner Leidenschaft achtete Sir Tristan nicht auf die frische Wunde, die ihm König Marke geschlagen hatte, und befleckte so das ganze Bett mit seinem Blut. Nach einer Weile kam eine Bedienstete herbei mit der Warnung, Ihr Gemahl sei nur noch einen Pfeilschuß entfernt. Da hieß sie Sir Tristan aufstehen, und er wappnete sich, nahm sein Pferd und ritt davon. Inzwischen war Segwarides hereingekommen, und als er sah, daß ihr Bett in Unordnung war, betrachtete er es bei Kerzenlicht aus der Nähe und bemerkte, daß ein verwundeter Ritter darin gelegen hatte. Ah, du Verräterin, rief er, warum hast du mich betrogen? Dabei zog er sein Schwert. Wenn du mir nicht sagst, wer hier gewesen ist, stirbst du auf der Stelle! Ach, mein Gebieter, habt Erbarmen, entgegnete die Dame und hielt die Hände hoch. Tötet mich nicht, ich will Euch sagen, wer hier war. Sprich schnell, erwiderte Segwarides, und die ganze Wahrheit. Und aus Angst sagte sie: Sir Tristan war bei mir, und auf dem Weg zu mir wurde er schwer verwundet. Verräterin, rief Segwarides, wo ist er? Herr, antwortete sie, er ist gewappnet weggeritten und kann noch keine halbe Meile weit sein. Gut, sagte Segwarides und rüstete sich schnell, nahm sein Pferd und verfolgte Sir Tristan auf dem Wege nach Tintagil. Nach einer Weile holte er ihn ein und schrie: Halt, du verräterischer Ritter! Da machte Sir Tristan kehrt, und Segwarides traf ihn mit der Lanze, daß sie zersplitterte. Dann zog er das Schwert und hieb heftig auf Sir Tristan ein. Herr Ritter, entgegnete Sir Tristan, ich rate Euch, haltet ein, denn wegen des Unrechts, daß ich Euch angetan habe, will ich Euch schonen, solange ich kann. Nein, antwortete Segwarides, niemals, einer von uns beiden muß sterben. Da packte Sir Tristan sein Schwert, ritt scharf gegen Segwarides und durchbohrte ihm den Leib, daß er ohnmächtig zu Boden fiel. So ließ ihn Sir Tristan liegen, ritt nach Tintagil und ging heimlich in sein Gemach, denn niemand sollte wissen, daß er verwundet war. Zu seinem Glück waren Sir Segwarides seine Gefolgsleute nachgeritten; sie fanden ihren Herrn schwer verwundet am Boden liegen und trugen ihn auf seinem Schild nach Hause. Es dauerte lange, ehe er genas, aber schließlich erholte er sich. Und König Marke ließ niemand wissen, daß er in jener Nacht mit Sir Tristan zusammengetroffen war, und Sir Tristan wußte nicht, daß er es mit König Marke zu tun gehabt hatte. So kam der König mit scheelem Blick zu Sir Tristan, um ihn zu trösten, als er krank im Bett lag. Von da an liebte König Marke, solange er lebte, Sir Tristan nicht mehr; und wenn sie auch freundlich miteinander sprachen, war keine Zuneigung dabei. So vergingen viele Tage und Wochen, und alles war vergessen und vergeben. Sir Segwarides durfte es nicht wagen, Sir Tristan anzugreifen, wegen dessen Tapferkeit und Kraft, und auch weil er ein Neffe König Markes war. Deshalb ließ er Gras darüber wachsen; denn wer eine verborgene Wunde trägt, scheut die öffentliche Schande.

Kapitel
15

WIE SIR BLEOBERIS DIE SCHÖNSTE DAME AN KÖNIG MARKES HOF BEGEHRTE, DIE ER DANN MITNAHM, UND IN WELCHE KÄMPFE ER VERWICKELT WURDE. ❧ Da kam eines Tages der edle Ritter Bleoberis von Ganis, der Bruder des Blamore von Ganis und ein Vetter Sir Lanzelots vom See, an den Hof und bat König Marke, ihm einen Wunsch zu erfüllen. Der König wunderte sich darüber, aber da Bleoberis sehr berühmt und ein Ritter der Tafelrunde war, gewährte er ihm die Bitte. Dann, sagte Sir Bleoberis, will ich die Dame an Euerm Hof haben, die mir am besten gefällt. Ich darf nicht nein sagen, antwortete König Marke, wählt also nach Euerm Belieben. So wählte Sir Bleoberis das Weib des Sir Segwarides, ergriff sie bei der Hand und führte sie hinweg, nahm sein Pferd, ließ sie hinter seinem

Knappen aufsitzen und ritt von dannen. Als Sir Segwarides hörte, daß sein Weib mit einem Ritter vom Hof des Königs Artus fortgegangen war, rüstete er sich und ritt ihnen nach, um seine Gemahlin zu retten. Auch König Marke und sein ganzer Hof waren zornig darüber. Nun wußten einige Damen von der großen Liebe zwischen Sir Tristan und ihr, und eine von ihnen schmähte Sir Tristan in der schimpflichsten Weise und nannte ihn einen Feigling, der zur Schmach für sein Rittertum zusehe, wie eine Dame so schändlich vom Hof seines Onkels entführt werde. Sie hatte nämlich geglaubt, die beiden hätten einander von ganzem Herzen geliebt. Aber Sir Tristan antwortete ihr: Edle Dame, es steht mir nicht zu, mich in solche Dinge einzumischen, während ihr Herr und Gemahl hier anwesend ist. Wenn er nicht am Hof gewesen wäre, hätte ich wohl um der Ehre dieses Hofes willen für sie gekämpft; und sollte Sir Segwarides keinen Erfolg haben, kann es geschehen, daß ich den guten Ritter zur Rede stelle, bevor er dieses Land verläßt. Nach einer Weile kam einer von Sir Segwarides' Knappen und meldete, daß sein Herr von Sir Bleoberis besiegt und lebensgefährlich verwundet worden sei, als er seine Gemahlin retten wollte. Darüber waren König Marke und sein ganzer Hof traurig. Und Sir Tristan schämte sich und war bekümmert. Schnell rüstete er sich und bestieg sein Pferd, und Gouvernail, sein Diener, trug ihm Schild und Lanze. Als Sir Tristan schnell dahinritt, traf er auf seinen Vetter Sir Andret, den König Marke ausgesandt hatte, um nach Möglichkeit zwei Ritter des Königs Artus an den Hof zu bringen, die auf der Suche nach Abenteuern das Land durchstreiften. Sir Tristan fragte ihn, was es Neues gäbe. Bei Gott, sagte Sir Andret, mir ist es nie schlimmer ergangen. Der eine der beiden Ritter, die ich holen soll, hat mich besiegt und verwundet und meine Botschaft in den Wind geschlagen. Lieber Vetter, erwiderte Sir Tristan, reite du deines Weges, und wenn ich ihnen begegnen sollte, kann ich vielleicht an ihnen Rache nehmen. Danach ritt Sir Andret nach Cornwall weiter, und Sir Tristan folgte den beiden Rittern, von denen der eine Sagramore le Desirous und der andere Dodinas le Savage hieß.

Kapitel 16

WIE SIR TRISTAN MIT ZWEI RITTERN DER TAFELRUNDE KÄMPFTE.

Nach einer Weile sah sie Tristan vor sich reiten: zwei stattliche Ritter. Herr, sagte Gouvernail, ich möchte Euch raten, nicht mit ihnen anzubinden, denn sie sind zwei Ritter von Artus' Hof. Zweifle nicht daran, erwiderte Sir Tristan, daß ich mit ihnen kämpfen werde, um meinen Ruhm zu mehren, denn ich habe schon lange keine Waffentaten mehr vollbracht. Tut, wie es Euch beliebt, sagte Gouvernail. Und darauf fragte Sir Tristan die Ritter, woher sie kämen und wohin sie wollten und was sie in dieser Gegend machten. Sir Sagramore schaute Sir Tristan höhnisch an und fragte zurück: Edler Ritter, seid Ihr aus Cornwall? Weshalb fragt Ihr? entgegnete Sir Tristan. Weil man selten sieht, sagte Sir Sagramore, daß ihr kornischen Ritter Helden seid, denn vor noch nicht zwei Stunden begegnete uns einer von ihnen, der sprach große Worte und wurde mit Leichtigkeit zu Boden gestreckt; und mir scheint, Euch ergeht es ebenso. Ihr Herren, erwiderte Sir Tristan, vielleicht stehe ich meinen Mann besser als er, jedenfalls will ich mit euch kämpfen, denn es war mein Vetter, den ihr geschlagen habt. Also strengt euch an, sonst wird euch ein Ritter aus Cornwall auf der Stelle beide schlagen. Als Sir Dodinas le Savage das hörte, griff er zur Lanze und sagte: Ritter, gib acht! Dann nahmen sie Anlauf und prallten zusammen wie der Donner. Und Sir Dodinas' Lanze barst, Sir Tristan aber warf ihn mit einem stärkeren Stoß glatt über den Schweif des Pferdes hinunter, daß er beinahe den Hals gebrochen hätte. Als Sir Sagramore seinen Gefährten so stürzen sah, wunderte er sich, wer der Ritter sein mochte. Und dann sprengte er mit aller Kraft gegen Sir Tristan; der aber versetzte ihm einen so gewaltigen Stoß, daß er samt seinem Pferd zu Boden fiel und sich dabei ein Bein brach. Da fragte Sir Tristan: Edle Ritter, wollt ihr noch mehr? Gibt es keine stärkeren Ritter am Hofe des Königs Artus? Es ist eine Schande für euch, uns Ritter aus Cornwall zu schmähen, denn ein kornischer Ritter kann sehr wohl mit euch fertig werden. Das ist wahr, entgegnete Sir Sagramore, wir haben es zu spüren bekommen. Doch ich bitte Euch, sagt uns Euern richtigen Namen, bei der Treue, die ihr dem hohen Stand der Ritterschaft schuldet. Ihr führt eine große Sache ins Feld, antwortete Sir Tristan, aber da ihr es durchaus wissen wollt, sollt ihr erfahren, daß mein Name Sir Tristan von Liones ist. Ich bin der Sohn des Königs Meliodas und der Neffe König Markes. Da waren die beiden Ritter froh, daß sie mit Sir Tristan zusammengetroffen waren, und sie baten ihn, in ihrer Gesellschaft zu bleiben. Nein, erwiderte Sir Tristan, ich muß mit einem eurer Leute kämpfen, es ist Sir Bleoberis von Ganis. Gott gebe Euch Erfolg, sagten Sir Sagramore und Dodinas, und Sir Tristan ritt weiter seines Weges. Da gewahrte Sir Tristan vor sich in einem lieblichen Tal Sir Bleoberis und Sir Segwarides' Frau, die hinter seinem Knappen auf einem Zelter ritt.

 WIE SIR TRISTAN MIT SIR BLEOBERIS UM EINE DAME KÄMPFTE, UND WIE DER DAME DIE WAHL GELASSEN WURDE, ZU WEM SIE GEHEN WOLLTE.

Rapitel 17

Sir Tristan ritt schneller, bis er ihn eingeholt hatte, dann rief er: Wartet, Ritter vom Hof des Königs Artus, bringt diese Dame zurück oder übergebt sie mir. Ich werde keins von beiden tun, versetzte Sir Bleoberis, ich fürchte keinen kornischen Ritter so sehr, daß ich sie ausliefern würde. Wieso, fragte Sir Tristan, kann nicht ein kornischer Ritter so tüchtig sein wie ein anderer? Erst heute sind mir zwei Ritter von

Euerm Hof keine drei Meilen von hier begegnet, und bevor wir auseinandergingen, mußten sie feststellen, daß ein kornischer Ritter stark genug war für sie beide. Wie hießen sie? fragte Bleoberis. Sie sagten mir, antwortete Sir Tristan, einer hieße Sir Sagramore le Desirous und der andere Dodinas le Savage. Ah, meinte Sir Bleoberis, habt Ihr sie getroffen? Bei Gott, das sind zwei wackere und berühmte Ritter, und wenn Ihr sie beide besiegt habt, müßt Ihr tatsächlich ein starker Ritter sein. Trotzdem fürchte ich Euch nicht, und bevor Ihr diese Dame bekommt, müßt Ihr mich erst schlagen. Dann wehrt Euch! rief Sir Tristan. Und sie prallten wie der Donner zusammen und stürzten beide samt ihren Pferden zur Erde. Dann hieben sie mit den Schwertern mächtig aufeinander ein und fielen nach rechts aus und nach links, länger als zwei Stunden. Und manchmal stießen sie so zusammen, daß sich beide am Boden wälzten. Dann trat Sir Bleoberis von Ganis zurück und sagte: Edler Ritter, haltet jetzt eine Weile ein und laßt uns miteinander sprechen. Sagt, was Ihr wollt, erwiderte Tristan, ich werde Euch antworten. Ich möchte wissen, sagte Bleoberis, woher Ihr seid und von wem Ihr abstammt und wie Ihr heißt. Bei Gott, sagte Sir Tristan, ich scheue mich nicht, Euch meinen Namen zu nennen. Ich bin der Sohn des Königs Meliodas, meine Mutter ist König Markes Schwester, und ich heiße Sir Tristan von Liones. Wahrlich, erwiderte Bleoberis, das freut mich sehr, denn Ihr habt Sir Marhaus wegen des kornischen Tributs im Zweikampf erschlagen und den wackeren Sir Palamides bei einem Turnier besiegt und auch Sir Gawein und seine neun Gefährten. Bei Gott, sagte Sir Tristan, ich bin dieser Ritter; jetzt wißt Ihr meinen Namen, nennt mir nun den Euren. Mein Name ist Sir Bleoberis von Ganis, und Sir Blamore von Ganis, den man einen wackeren Ritter heißt, ist mein Bruder, und wir sind Vettern des hohen Herrn Sir Lanzelot vom See, den wir den besten Ritter der Welt nennen. Das ist wahr, pflichtete ihm Sir Tristan bei, Sir Lanzelot gilt als unvergleichlich an höfischer Art und Rittertum; und aus Liebe zu Sir Lanzelot will ich von mir aus nicht mehr mit Euch kämpfen. Ich meinerseits, erwiderte Sir Bleoberis, will auch nicht gern weiter mit Euch streiten; aber da Ihr mir hierher gefolgt seid, um diese Dame zurückzugewinnen, will ich Euch Freundlichkeit, höfische Sitte und Edelmut erweisen. Diese Dame soll sich zwischen uns stellen, und zu dem sie geht, der soll sie in Frieden haben. Ich willige gern ein, sagte Tristan, denn mir scheint, sie wird Euch verlassen und mit mir kommen. Das werden wir gleich sehen, erwiderte Bleoberis.

WIE DIE DAME SIR TRISTAN VERSCHMÄHTE UND BEI SIR BLEOBERIS BLIEB, UND WIE SIE BEGEHRTE, ZU IHREM GATTEN ZURÜCKZUKEHREN. 🙰 Als sie zwischen beiden stand, sprach sie zu Sir Tristan: Du sollst wissen, Sir Tristan von Liones, daß du bis vor kurzem der Mann warst, den ich auf der Welt am meisten liebte, und ich glaubte, du hättest mich auch mehr geliebt als alle anderen Frauen; aber als mich dieser Ritter fortführte, unternahmst du nichts, um mich zu befreien, sondern überließest es meinem Gemahl Segwarides, mir nachzureiten. Darum verlasse ich dich jetzt und werde dich nie mehr lieben. Und damit ging sie zu Sir Bleoberis. Sir Tristan aber war überaus zornig auf die Dame, und er schämte sich, ohne sie wieder an den Hof zu kommen. Sir Tristan, sprach Sir Bleoberis, die Schuld liegt bei Euch, denn ich höre aus den Worten der Dame, daß sie Euch bis zu diesem Tage mehr als allen Rittern der Welt vertraute, doch wie sie sagt, habt Ihr sie verraten. Daher müßt Ihr verstehen, daß niemand ihren Willen ändern kann. Dabei wäre mir lieber, Ihr hättet sie und sie würde bei Euch bleiben, als daß Ihr mir von Herzen böse wärt. Nein, erwiderte die Dame, Gott stehe mir bei,

ich will nimmermehr mit dem gehen, der meine Liebe ent-
täuscht hat. Deshalb, Sir Tristan, sagte sie, reite dahin, woher du gekommen bist, denn auch wenn du diesen Ritter
bezwungen hättest, was dir zuzutrauen war, wäre ich niemals mit dir gegangen. Ich will diesen Ritter bei seiner Ehre
beschwören, daß er mich, bevor er dieses Land verläßt, zu
dem Kloster bringt, in dem mein Gemahl Sir Segwarides
liegt. Bei Gott, sagte Bleoberis, ich erkläre Euch, edler Sir
Tristan, nachdem König Marke mir an seinem Hof einen
Wunsch gewährte und mir diese Dame am besten gefiel,
obwohl sie verheiratet ist, und ich nun mein Abenteuer erfüllt
habe, soll sie zu ihrem Ehemann zurückkehren, besonders
um Euretwillen, Sir Tristan; und wenn sie mit Euch ginge,
wollte ich, Ihr hättet sie. Ich danke Euch, erwiderte Sir Tristan,
aber im Gedenken an sie werde ich achtgeben bei der Wahl der
Dame, die ich liebe oder der ich vertraue; denn wäre ihr
Gemahl nicht am Hofe gewesen, ich wäre ihr als erster gefolgt. Da sie mich nun verschmäht, will ich, so wahr ich ein
Ritter bin, künftig die gut prüfen, der ich Liebe und Vertrauen
schenke. Und so nahmen sie Abschied voneinander. Sir Tristan
ritt nach Tintagil und Sir Bleoberis zu dem Kloster, in dem Sir
Segwarides schwer verwundet lag, und dort ließ er die Dame
zurück und ritt wie ein edler Ritter weiter. Als Sir Segwarides
seine Gemahlin sah, war er getröstet. Sie erzählte ihm, wie Sir
Tristan einen großen Kampf mit Sir Bleoberis ausgefochten
und ihn dazu gebracht hatte, sie zu ihm zurückzubringen.
Es gefiel Sir Segwarides sehr, daß Sir Tristan so viel getan hatte.

 WIE KÖNIG MARKE SIR TRISTAN
ALS BRAUTWERBER ZU SCHÖN
ISOLDE NACH IRLAND SANDTE,
UND WIE ER DURCH ZUFALL
NACH ENGLAND KAM. ❦ Von dieser
Zeit an erwog König Marke immer in sei-
nem Herzen, wie er Sir Tristan vernichten
könnte. Da kam er auf den Gedanken, ihn

als Brautwerber zur schönen Isolde nach Irland zu senden, denn Sir Tristan hatte ihre Schönheit und ihre Güte so gepriesen, daß König Marke sie heiraten wollte. Er hoffte, daß Tristan dabei erschlagen würde. Dennoch wollte Sir Tristan diesen Auftrag wegen keiner Gefahr, die ihm drohen könnte, ablehnen, sondern seinem Onkel den Gefallen erweisen, und so bereitete er sich aufs beste auf seine Abreise vor. Die trefflichsten Ritter, die er am Hofe finden konnte, nahm er mit und ließ sie nach der damaligen Sitte prächtig einkleiden. Dann stach er mit seinem Gefolge in See. Als sie auf dem offenen Meer waren, gerieten sie in einen Sturm, der sie an die englische Küste zurückwarf. In der Nähe von Camelot trieben sie an Land und waren heilfroh, wieder festen Boden unter den Füßen zu haben. Am Strand von Camelot ließ Sir Tristan sein Zelt aufschlagen und seinen Schild daran hängen. Noch am selben Tage kamen zwei Ritter der Königs Artus vorbei, Sir Ector von Maris und Sir Morganore, und schlugen an den Schild und forderten Sir Tristan auf, aus dem Zelt zu kommen und mit ihnen zu kämpfen. Ihr sollt haben, was ihr begehrt, antwortete er, wenn ihr eine Weile warten wollt. So rüstete er sich und warf mit einer Lanze zuerst Sir Ector nieder und danach Sir Morganore. Als sie arg mitgenommen am Boden lagen, fragten sie Sir Tristan, wer er sei und aus welchem Land er käme. Edle Herren, antwortete er, ich bin aus Cornwall. Wehe, rief Sir Ector, es ist eine Schande für mich, daß mich ein kornischer Ritter bezwungen hat. Und vor Wut warf Sir Ector seine Rüstung ab und ging zu Fuß und wollte nicht reiten.

WIE KÖNIG ANGUISH VON IRLAND WEGEN VERRATES AN DEN HOF DES KÖNIGS ARTUS GELADEN WURDE. ❧ Dann geschah es eines Tages, daß die beiden Brüder Sir Bleoberis und Sir Blamore von Ganis König Anguish von Irland an den Hof des

Königs Artus geladen hatten. Und wenn der König von Irland nicht am festgesetzten Tag erschiene, sollte er die Gnade des Königs Artus und sein ganzes Land verlieren. An diesem Tag konnte aber weder König Artus noch Sir Lanzelot anwesend sein, um das Urteil zu sprechen, denn sie hielten sich beide auf der Burg Freudenturm auf. Daher bestimmte König Artus als Richter den König von Schottland und König Carados, und diese empfingen König Anguish in Camelot, als er kam, seine Ankläger kennenzulernen. Da trat Sir Blamore von Ganis auf und bezichtigte den König von Irland des Verrats, weil er an seinem Hof in Irland einen seiner Vettern heimtückisch erschlagen hätte. Der König war bestürzt über diese Anschuldigung. Er war auf Vorladung von König Artus gekommen, hatte aber, bevor er in Camelot eintraf, nicht gewußt, warum nach ihm geschickt worden war. Nachdem Sir Blamore seine Anklage vorgebracht hatte, war sich König Anguish im klaren, daß es keinen anderen Ausweg gab als eine ritterliche Antwort; denn es war in jenen Tagen Sitte, daß jeder, der wegen Verrat oder Mord angeklagt war, selbst einen Zweikampf ausfechten oder einen anderen Ritter dafür stellen mußte. Und alle Mörder wurden damals Verräter genannt. So war König Anguish sehr betroffen, als er die Anklage vernahm, denn er kannte Sir Balmore von Ganis als einen trefflichen Ritter aus edlem Geschlecht, und die Erwiderung fiel ihm schwer. Da gaben ihm die Richter drei Tage Aufschub für seine Antwort, und der König zog sich in eine Unterkunft zurück. In der Zwischenzeit kam eine Dame zu Sir Tristans Zelt und weinte bitterlich. Was habt ihr, fragte Sir Tristan, daß ihr so weint? Ach, edler Ritter, antwortete die Dame, ich bin verloren, wenn mir nicht ein tapferer Ritter hilft. Eine Dame von hohem Adel sandte durch mich ein schönes und edles Kind zu Sir Lanzelot vom See, und hier in der Nähe begegnete mir ein Ritter, der warf mich vom Pferd und entriß mir das Kind. Gut, meine Dame, sagte Sir Tristan, um Sir Lanzelots willen werde ich

Euch das Kind zurückbringen oder aber besiegt werden. Dann fragte er die Dame, welchen Weg der Ritter eingeschlagen hatte, stieg aufs Pferd und ritt ihm nach. Nach einer Weile holte er ihn ein und hieß ihn wenden und das Kind herausgeben.

WIE SIR TRISTAN EIN KIND VOR EINEM RITTER RETTETE, UND WIE GOUVERNAIL VON KÖNIG ANGUISH BERICHTETE. 🙠 Der Ritter wandte sein Pferd und rüstete sich zum Kampf. Da versetzte ihm Sir Tristan einen solchen Streich mit dem Schwert, daß er zu Boden taumelte und sich ergab. Dann komme mit, sagte Sir Tristan, und gib der Dame das Kind zurück. Und demütig nahm der Ritter sein Pferd und folgte Sir Tristan, und unterwegs fragte Tristan ihn nach seinem Namen. Da sagte er: Mein Name ist Breunis Saunce Pité. Und als er das Kind der Dame übergeben hatte, fügte er hinzu: Damit ist dem Kind recht geschehen. Dann ließ Sir Tristan ihn wieder ziehen, was ihn später sehr reute, denn Breunis war ein gefährlicher Feind für viele Ritter vom Hof des Königs Artus. Als Sir Tristan wieder in seinem Zelt war, kam sein Diener Gouvernail und erzählte ihm, König Anguish von Irland sei angekommen und befinde sich in großer Not, denn er sei des Mordes angeklagt. Gott stehe mir bei, sagte Sir Tristan, das ist die beste Nachricht, die ich in den letzten sieben Jahren vernommen habe, denn jetzt wird der König von Irland meine Hilfe brauchen. Ich darf behaupten, daß es in diesem Lande keinen Ritter gibt, der nicht zu Artus' Hof gehört und es wagen kann, gegen Sir Blamore von Ganis anzutreten. Um die Gunst des Königs von Irland zu gewinnen, will ich den Kampf auf mich nehmen; deshalb, Gouvernail, melde mich beim König. Da ging Gouvernail zu König Anguish von Irland und grüßte ihn höflich. Der König hieß ihn willkommen und fragte ihn, was er wolle. Herr, antwortete er, da ist ein Ritter, der mit Euch zu sprechen wünscht und der mich sagen hieß, er wolle Euch dienen. Was für ein Ritter ist das? fragte der König. Herr, antwortete Gouvernail, es ist Sir Tristan von Liones, der Euch die Gnade, die Ihr ihm in Euerm Land erwiesen habt, in diesem Lande lohnen will. Vorwärts, Freund, sagte der König, führe mich zu Sir Tristan. So kam der König auf einem kleinen Pferd und mit nur wenig Gefolge zu Sir Tristans Zelt. Als Sir Tristan den König erblickte, lief er auf ihn zu und wollte ihm den Steigbügel halten, aber der König sprang leicht vom Pferd, und sie fielen einander in die Arme. Mein gnädiger Herr, sagte Sir Tristan, ich danke Euch für die vielen Wohltaten, die Ihr mir in Euerm Lande erwiesen habt. Damals versprach ich, Euch zu dienen, wenn es je in meiner Macht stehen sollte. Edler Ritter, erwiderte der König, jetzt brauche ich Euch sehr, nie hatte ich die Hilfe eines Ritters so nötig. Wie kommt das, mein gnädiger Herr? fragte Sir Tristan. Ich will es Euch sagen, antwortete der König. Ich wurde vorgeladen und wegen des Todes eines Ritters angeklagt, der mit dem edlen Ritter Sir Lanzelot verwandt ist. Deshalb hat mich Sir Bleoberis herausgefordert, mit ihm zu kämpfen oder einen Ritter an meiner Statt zu finden. Ich weiß sehr gut, daß die Männer aus dem Geschlecht König Bans, wie Sir Lanzelot, sehr wackere Recken und äußerst schwer im Kampf zu bezwingen sind. Herr, erwiderte Sir Tristan, wegen der Gastfreundschaft, die Ihr mir in Irland erwiesen habt, und um meiner Herrin, der schönen Isolde, Eurer Tochter, willen nehme ich den Kampf auf mich unter der Bedingung, daß Ihr mir zwei Bitten gewährt. Erstens sollt Ihr mir schwören, daß Ihr im Recht seid und niemals in den Tod dieses Ritters eingewilligt habt. Zweitens sollt Ihr mir als Belohnung geben, was ich Vernünftiges von Euch fordern werde, wenn ich diesen Kampf bestanden und mit Gottes Gnade gesiegt habe. Bei meiner Ehre und so wahr mir Gott helfe, beteuerte der König, Ihr sollt haben, was immer Ihr von mir begehrt. Das ist gut gesprochen, sagt Sir Tristan.

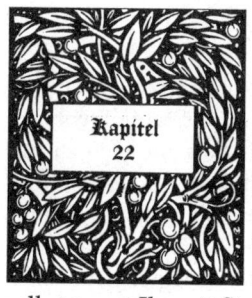

Kapitel 22

WIE SIR TRISTAN FÜR SIR ANGUISH FOCHT UND SEINEN GEGNER ÜBERWAND, UND WIE SEIN GEGNER SICH NICHT ERGEBEN WOLLTE.

Jetzt gebt Eure Antwort, daß Euer Kämpe bereit ist, ich will eher in Euerm Streit sterben als mich schimpflich ergeben. Ich zweifle nicht an Euch, sagte der König, selbst wenn Ihr mit Sir Lanzelot vom See zu kämpfen hättet. Herr, entgegnete Sir Tristan, Sir Lanzelot ist der trefflichste Ritter der Welt, und die Männer seiner Sippe sind edle Ritter, die keine Schmach dulden. Mit Bleoberis, dem Bruder Sir Blamores, habe ich schon gekämpft, und bei meinem Leben, es ist keine Schande, ihn einen wackeren Ritter zu nennen. Man erzählt sich, sagte der König, Blamore sei der kühnere Ritter. Herr, wie dem auch sei, er wird jeden Schlag zurückbekommen, und wenn er der beste Ritter wäre, der jetzt Schild oder Lanze trägt. Da ging König Anguish zu König Carados und den anderen Königen, die als Richter eingesetzt waren, und verkündete ihnen, er habe einen Kämpen gefunden und der sei bereit. Auf Befehl der Könige wurden Sir Blamore von Ganis und Sir Tristan geholt, um die Anklage zu hören. Als sie vor den Richtern standen, betrachteten viele Könige und Ritter Sir Tristan und machten große Worte, weil er den wackeren Sir Marhaus erschlagen und den tüchtigen Sir Palamides im Turnier bezwungen hatte. Als sie die Anklage vernommen hatten, zogen sie sich zurück und rüsteten sich zum Kampf. Dann sagte Sir Bleoberis zu Sir Blamore: Mein lieber Bruder, denke daran, aus welchem Geschlecht wir stammen und welch ein Mann Sir Lanzelot vom See ist, dem wir nicht ferner und nicht näher verwandt sind als Bruderskinder. Noch nie hat einer aus unserer Sippe im Kampf Schande davongetragen, deshalb wähle lieber den Tod als die Schande. Bruder, erwiderte Blamore, zweifle nicht an mir, ich werde niemandem von uns Schande bereiten. Und wenn jener Ritter auch einer der tapfersten Ritter der Welt ist, werde ich doch nicht weichen, und eher wird er mich mit seiner großen Kraft erschlagen, als daß ich mich ihm ergebe. Gott sei mit dir, sagte Bleoberis, du triffst auf den stärksten Ritter, mit dem du es je zu tun gehabt hast. Ich kenne ihn, denn ich habe schon mit ihm gekämpft. Gott stehe mir bei, sagte Sir Blamore von Ganis. Damit lenkte er sein Pferd an das eine Ende der Schranken und Sir Tristan seines an das andere, und sie legten die Lanzen ein und stießen krachend zusammen; und Sir Tristan warf mit seiner großen Stärke Sir Blamore samt seinem Pferd zu Boden. Da machte sich Sir Blamore schnell von seinem Pferd frei, zog das Schwert, nahm den Schild hoch und hieß Sir Tristan absteigen: Wenn mich auch mein Pferd im Stich gelassen hat, vertraue ich doch auf Gott, daß mich die Erde nicht im Stich lassen wird. Darauf stieg Sir Tristan ab, und sie schlugen mächtig aufeinander ein, vor und zurück, Hieb und Stich, und führten viele scharfe Streiche. Die Könige und Ritter wunderten sich sehr, daß sie sich noch auf den Beinen halten konnten, denn sie kämpften wie von Sinnen, wie noch nie zwei Ritter gekämpft hatten. Sir Blamore focht ungestüm und gönnte sich keine Pause, und alle staunten, daß sie noch bei Atem waren. Der ganze Platz, auf dem sie fochten, war voll Blut. Schließlich versetzte Sir Tristan seinem Gegner einen solchen Streich über den Helm, daß er niederfiel und liegenblieb. Da hielt Sir Tristan inne und schaute ihn an.

 WIE SIR BLAMORE SIR TRISTAN AUFFORDERTE, IHN ZU TÖTEN, UND WIE SIR TRISTAN IHN SCHONTE, UND WIE SIE SICH VERSÖHNTEN. ❧ Als Sir Blamore wieder sprechen konnte, sagte er: Sir Tristan von Liones, ich fordere von dir, so wahr du ein edler Ritter bist und der beste, dem ich je begegnet bin, daß du

mich tötest, denn nicht für alle Reichtümer der Welt möchte ich am Leben bleiben. Ich will lieber in Ehren sterben als in Schande leben, und erschlagen mußt du mich, sonst wird dir der Sieg nicht gehören, denn das verhaßte Wort werde ich niemals sagen. Deshalb erschlage mich. Als Sir Tristan ihn so ritterlich sprechen hörte, wußte er nicht, was er mit ihm machen sollte. Einerseits dachte er an seine Herkunft, und um Sir Lanzelots willen wollte er ihn nicht gern erschlagen; andererseits blieb ihm keine Wahl, er mußte ihn dazu bringen, um Gnade zu bitten, oder aber ihn töten. Da begab sich Sir Tristan zu den königlichen Richtern, kniete vor ihnen nieder und bat sie bei ihrer Ehre und um König Artus' und Sir Lanzelots willen, die Sache in ihre Hände zu nehmen. Denn, edle Herren, sagte Sir Tristan, es wäre schändlich und schade, wenn der edle Ritter, der dort liegt, getötet würde. Wie ihr gehört habt, will er keine Schande auf sich nehmen, und ich bete zu Gott, daß er meinetwegen nicht erschlagen oder in Schande gebracht wird. Den König, für den ich kämpfe, bitte ich, so wahr ich sein treuer Kämpe auf diesem Platz bin, daß er Gnade an diesem guten Ritter walten läßt. Bei Gott, sagte König Anguish, um Euretwillen, Sir Tristan, folge ich Euerm Vorschlag und bitte die Könige von Herzen, ihr Richterwort zu sprechen. Da riefen die Könige Sir Bleoberis zu sich und fragten ihn nach seiner Meinung. Ihr Herren, sagte Bleoberis, wenn auch mein Bruder durch Waffengewalt unterlegen ist, darf ich doch sagen, Sir Tristan hat seinen Körper geschlagen, aber nicht seinen Geist. Ich danke Gott, daß sich mein Bruder heute keine Schande aufgeladen hat; und ehe er in Schande kommt, laßt Sir Tristan ihn vollends erschlagen. Das soll nicht geschehen, erwiderten die Könige, denn seine Gegenpartei, sowohl der König wie der Kämpe, erweisen Sir Blamores Rittertum Gnade. Ihr Herren, antwortete Bleoberis, ich folge euerm Willen gern. Dann befragten die Könige den König von Irland und fanden ihn gutwillig und entgegenkommend. Mit Zustimmung aller hoben Tristan und Bleoberis Sir Blamore auf, und die beiden Brüder versöhnten sich mit König Anguish und besiegelten ihre Freundschaft mit einem Kuß. Danach küßten Sir Tristan und Sir Blamore einander, und die beiden Brüder schwuren einen Eid, daß keiner von ihnen jemals wieder mit Sir Tristan kämpfen würde, und das beschwor Sir Tristan auch. Und wegen dieses ritterlichen Kampfes liebte die ganze Sippe Sir Lanzelots Sir Tristan für immer. Dann nahmen König Anguish und Sir Tristan ihren Abschied und segelten mit großem Ruhm und voll Freude nach Irland. Dort ließ der König im ganzen Land bekanntmachen, was Sir Tristan für ihn getan hatte. Und die Königin und alle anderen überhäuften ihn mit Geschenken und Gunstbezeigungen. Aber die Glückseligkeit der schönen Isolde mit Sir Tristan läßt sich nicht in Worten beschreiben, denn von allen Männern liebte sie ihn am meisten.

Kapitel 24

WIE SIR TRISTAN UM SCHÖN ISOLDE FÜR KÖNIG MARKE WARB, UND WIE SIR TRISTAN UND ISOLDE DEN LIEBES-TRANK TRANKEN. Eines Tages fragte König Anguish Sir Tristan, warum er seine Belohnung nicht verlange, denn alles, was er versprochen habe, wolle er ihm ohne Zögern geben. Herr König, antwortete Sir Tristan, jetzt ist die Zeit da. Ich möchte, daß Ihr mir Schön Isolde, Eure Tochter, gebt, doch nicht für mich, sondern für meinen Onkel, König Marke, der sie zur Gemahlin haben will; das habe ich ihm versprochen. Ach, sagte der König, es wäre mir lieber als all mein Land, würdet Ihr sie selber heiraten. Herr, wenn ich das täte, wäre es eine ewige Schande für mich, und ich hätte mein Versprechen gebrochen. Deshalb bitte ich Euch, fuhr Sir Tristan fort, haltet Eure Zusage ein und gebt mir

WIE SIR TRISTAN
DEN LIEBES=
TRANK NAHM

Schön Isolde. Sie soll mit mir nach Cornwall gehen und König
Marke heiraten. So mögt Ihr sie haben, sagte König Anguish,
und verfügt über sie, wie Ihr es für richtig haltet, das heißt,
wenn Ihr sie selber zur Frau haben wolltet, so wäre mir das
am liebsten, und wenn Ihr sie Euerm Onkel geben wollt,
dann steht das bei Euch. Um die Sache kurz zu machen,
die schöne Isolde wurde mit allem für die Reise ausgestattet,
und Lady Bragwaine begleitete sie als ihre oberste Hofdame

355

in einem großen Gefolge. Beim Abschied gab die Königin, Isoldes Mutter, Lady Bragwaine und Gouvernail einen Trank und trug ihnen auf, diesen am Hochzeitstage König Marke zu reichen, und der sollte damit Isolde zutrinken. Dann, sagte die Königin, verbürge ich mich dafür, daß sie einander zeit ihres Lebens lieben werden. Darauf stachen Sir Tristan und Schön Isolde in See. Als sie während der Fahrt in der Kajüte saßen, verspürten sie beide großen Durst und sahen ein kleines goldenes Fläschchen stehen, das nach Farbe und Duft edlen Wein zu enthalten schien. Da nahm Sir Tristan das Fläschchen und sagte: Lady Isolde, hier ist der beste Trank, den Ihr je genossen habt. Lady Bragwaine und Gouvernail haben ihn für sich aufbewahrt. Und sie lachten und waren fröhlich und tranken einander herzlich zu und meinten, daß nie ein Trank, den sie zusammen genommen hatten, so süß und so gut gemundet hätte. Aber kaum war der Trank in ihrem Körper, liebten sie einander heiß, daß ihre Liebe in Wohl und Weh nie mehr aufhörte. So begann die Liebe zwischen Sir Tristan und Isolde, die bis an das Ende ihrer Tage währte. Sie segelten dahin, bis sie in die Nähe einer Burg kamen, die Pluere hieß. Dort landeten sie, um sich auszuruhen, und sie wähnten sich in Sicherheit. Doch kaum waren sie in der Burg, als sie gefangengenommen wurden, denn es gab auf der Burg einen Brauch, daß jeder, der mit einer Dame ankam, gegen den Burgherrn kämpfen mußte, der Breunor hieß. Und wenn Breunor siegte, wurden der fremde Ritter und seine Dame getötet, wer immer sie waren. Wenn aber der fremde Ritter siegte, dann sollten Sir Breunor und seine Gemahlin sterben. Dieser Brauch wurde viele Jahre geübt, und deshalb hieß die Burg Pluere, das heißt Burg der Tränen.

 WIE SIR TRISTAN UND ISOLDE IM KERKER WAREN, UND WIE ER UM IHRER SCHÖNHEIT WILLEN KÄMPFTE UND EINER ANDEREN DAME DEN KOPF ABSCHLUG. ⟨⟩ Während Sir Tristan und Schön

Isolde im Kerker saßen, kam ein Ritter mit einer Dame zu
ihnen, um ihnen Mut zuzusprechen. Ich möchte wissen, sagte
Sir Tristan zu den beiden, aus welchem Grunde uns der Herr
dieser Burg gefangenhält. An keinem ehrenhaften Ort, den
ich kenne, war es je Sitte, einen Ritter und eine Dame, die
um Herberge bitten, aufzunehmen und dann die Gäste ins
Verderben zu stürzen. Herr, antwortete der Ritter, es ist
ein alter Brauch in dieser Burg, daß ein Ritter, der hierher-
kommt, mit unserem Herren kämpfen und der Unterliegende
seinen Kopf verlieren muß. Und nachdem das geschehen ist,
muß seine Dame sterben, wenn sie häßlicher ist als die Gemahlin unseres Herrn. Wenn sie aber schöner ist als unsere
Herrin, dann muß die Herrin dieser Burg ihren Kopf verlieren.
Bei Gott, sagte Sir Tristan, das ist ein verruchter und schändlicher Brauch; aber einen Vorteil habe ich, meine Dame ist
sehr schön, eine schönere habe ich all mein Lebtag nicht
gesehen. Ich bin sicher, aus Mangel an Schönheit wird sie
nicht sterben, und ehe ich meinen Kopf verliere, will ich im
offenen Kampf um ihn fechten. Darum, Herr Ritter, sagt bitte
Euerm Herrn, ich werde morgen früh bereit sein zum Kampf,
wenn ich mein Pferd und meine Rüstung bekomme. Herr,
antwortete der Ritter, ich verbürge mich, daß Euer Wunsch
erfüllt werden soll. Ruht Euch nun aus und steht beizeiten
auf und bereitet Euch und Eure Dame vor, denn es soll Euch
nichts fehlen, was Ihr braucht. Damit ging er fort. Am nächsten Morgen kam derselbe Ritter in aller Frühe zu Sir Tristan,
um ihn und seine Dame abzuholen, und er brachte ihm sein
Pferd und seinen Harnisch und hieß ihn sich rüsten, denn alle
Adligen und Gemeinen des Burgbereiches seien anwesend, um
Kampf und Urteil beizuwohnen. Dann kam Sir Breunor mit
seiner Gemahlin, die verschleiert war, und fragte Sir Tristan,
wo seine Dame sei: Wenn deine Dame schöner ist als meine,
so schlage meiner Dame mit deinem Schwert den Kopf ab,
und wenn meine Dame schöner ist als deine, muß ich ihr mit
meinem Schwert den Kopf abschlagen. Bezwinge ich dich,

soll deine Dame mir gehören, und du verlierst deinen Kopf. Herr, erwiderte Tristan, das ist ein abscheulicher und schrecklicher Brauch, und ehe meine Dame getötet wird, will ich lieber sterben. Nein, nein, sagte Sir Breunor, zuerst sollen die Damen gegenübergestellt und an der einen das Urteil vollstreckt werden. Nein, das will ich nicht, entgegnete Sir Tristan, denn hier ist niemand, der ein gerechtes Urteil fällen kann. Aber ich zweifle nicht, daß meine Dame schöner ist als deine, und das will ich mit meiner Faust beweisen, und wenn jemand das Gegenteil behauptet, dem will ich es an seinem Kopf widerlegen. Da stellte Sir Tristan mit dem bloßen Schwert in der Hand die schöne Isolde vor und führte sie dreimal im Kreise herum, und Sir Breunor tat dasselbe mit seiner Gemahlin. Aber als Sir Breunor Schön Isolde erblickte, deuchte ihn, er hätte nie eine schönere Frau gesehen, und er fürchtete für den Kopf seiner Gemahlin. Und alle, die dabei waren, fällten das Urteil, daß Isolde schöner und wohlgestalter sei. Wie nun, sagte Sir Tristan, mir scheint, es wäre schade um sie, wenn die Dame ihren Kopf verliert, aber weil ihr beide diesen gräßlichen Brauch so lange geübt und viele gute Ritter und Damen umgebracht habt, wäre es kein Verlust, euch beide zu vernichten. Gott stehe mir bei, antwortete Sir Breunor, aber, um die Wahrheit zu sagen, deine Dame ist schöner als meine, und das bedauere ich sehr. Das höre ich auch das Volk heimlich sagen, denn von allen Frauen, die ich sah, ist keine so schön. Wenn du also meine Gemahlin töten willst, so zweifle ich nicht daran, daß ich dich erschlagen und deine Dame bekommen werde. Du sollst sie so teuer gewinnen, entgegnete Sir Tristan, wie nur je ein Ritter eine Dame gewonnen hat. Getreu deinem eigenen Urteil, das du an meiner Dame vollstreckt hättest, wenn sie häßlicher gewesen wäre, und getreu deinem üblen Brauch, gib mir deine Dame. Mit diesen Worten schritt Sir Tristan rasch auf ihn zu, entriß ihm seine Dame und schlug ihr mit einem wilden Streich glatt den Kopf ab. Wohlan, Ritter, rief Sir Breunor, jetzt hast du mir eine Kränkung zugefügt.

WIE SIR TRISTAN MIT SIR BREUNOR KÄMPFTE UND IHM DEN KOPF ABSCHLUG.

Nimm nun dein Pferd, und da ich keine Dame mehr habe, will ich deine gewinnen. Dann galoppierten sie mit aller Wucht gegeneinander, und Sir Tristan stieß Sir Breunor glatt vom Pferd. Schnell sprang dieser wieder auf, und als Sir Tristan wieder auf ihn zu ritt, durchbohrte er dem Pferd die ganze Brust, daß es taumelte und tot zu Boden fiel. Sir Breunor rannte zu Sir Tristan, um ihn zu töten, aber Sir Tristan war flink und behend und machte sich leicht von seinem Pferd frei. Doch bevor er Schild und Schwert heben konnte, versetzte ihm sein Gegner drei oder vier schlimme Streiche. Dann stürzten sie aufeinander los wie zwei wilde Eber und fochten mit Kraft und Geschick wie zwei erprobte Ritter. Denn dieser Sir Breunor war ein bewährter Recke und hatte vordem viele tapfere Ritter erschlagen, und es war ein Jammer, daß er es so lange hatte treiben können. So kämpften sie an die zwei Stunden und stürmten vor und zurück und waren beide schwer verwundet. Schließlich stürzte sich Sir Breunor auf Sir Tristan und umklammerte ihn mit den Armen, denn er vertraute sehr auf seine Kraft. Nun war aber Sir Tristan stark und hochgewachsen wie kein Ritter der Welt und wurde für stärker gehalten als Sir Lanzelot, nur hatte Sir Lanzelot den längeren Atem. So warf Sir Tristan Sir Breunor lang hin auf die Erde, löste ihm den Helm und schlug ihm den Kopf ab. Und da kamen alle, die zur Burg gehörten, zu ihm und huldigten ihm und schwuren ihm Treue und baten ihn, er möchte noch eine Weile bleiben und dem üblen Brauch ein Ende machen. Sir Tristan willigte ein. Mittlerweile ritt einer der Ritter der Burg zu Sir Galahalt, dem edlen Prinzen, Sir Breunors Sohn, der ein wackerer Ritter war, und berichtete ihm, was für ein Mißgeschick seinem Vater und seiner Mutter widerfahren war.

WIE SIR GALAHALT MIT SIR TRISTAN KÄMPFTE, UND WIE SICH SIR TRISTAN ERGAB UND VERSPRACH, SICH LANZELOT ANZUSCHLIESSEN.

Kap. 27

Sir Galahalt kam zusammen mit dem König der hundert Ritter und forderte Sir Tristan zum Kampf Mann gegen Mann heraus. Mit großem Mut rüsteten sie sich zum Reiterkampf, und so gewaltig war der Zusammenprall, daß Sir Galahalt und Sir Tristan beide samt ihren Pferden zu Boden stürzten. Dann kämpften sie voll Eifer und Wut mit dem Schwert und schlugen viele scharfe Streiche und hieben und stachen und gingen vorwärts und rückwärts und fielen seitwärts aus wie erfahrene Ritter. So fochten sie fast einen halben Tag und trugen beide schwere Wunden davon. Schließlich wuchs Sir Tristans Kraft, und er verdoppelte seine Streiche und trieb Sir Galahalt rückwärts von einer Seite zur anderen und war nahe daran, ihn zu erschlagen. Da griff der König mit den hundert Rittern ein und fiel mit seinem ganzen Gefolge heftig über Sir Tristan her. Als Sir Tristan das sah, wußte er, daß er nicht standhalten konnte, und als kluger Kämpfer sagte er zu Sir Galahalt: Hoher Prinz, Ihr zeigt mir keine Ritterlichkeit, wenn Ihr duldet, daß sich alle Eure Mannen gleichzeitig auf mich stürzen. Da Ihr ein kampferprobter Ritter zu sein scheint, ist das eine große Schande für Euch. Bei Gott, antwortete Sir Galahalt, es gibt keinen anderen Weg, Ihr müßt Euch mir ergeben oder sterben. Ich will mich Euch lieber ergeben als sterben, doch mehr wegen der

Übermacht Eurer Leute als der Stärke Eurer Arme. Damit packte Sir Tristan sein Schwert an der Spitze und legte den Knauf in die Hände Sir Galahalts. In diesem Augenblick griff der König mit den hundert Rittern Sir Tristan scharf an. Haltet ein, sagte Sir Galahalt, seid nicht so ungestüm und rührt ihn an, denn ich habe diesem Ritter das Leben geschenkt. Das ist eine Schande für Euch, erwiderte der König mit den hundert Rittern, hat er nicht Euern Vater und Eure Mutter erschlagen? Was das angeht, sagte Sir Galahalt, kann ich ihn nicht sehr tadeln, denn mein Vater hatte ihn eingekerkert und zum Kampf gezwungen. Außerdem pflegte mein Vater den schändlichen Brauch, wenn ein Ritter mit einer Dame bei ihm um Herberge nachsuchte, die Dame zu töten, falls sie nicht schöner war als meine Mutter, und den Ritter zu erschlagen, wenn er im Kampf gegen ihn unterlag. Wegen dieses üblen Brauches habe ich mich nie bei ihm aufgehalten. Bei Gott, sagte der König, das war ein übler Brauch. Das meine ich auch, fuhr Sir Galahalt fort, und mir scheint, es wäre sehr schade gewesen, wenn dieser Ritter erschlagen worden wäre, denn ich darf wohl sagen, er ist der edelste aller Männer, Sir Lanzelot vom See ausgenommen. Und nun, edler Ritter, fuhr Sir Galahalt fort, sagt mir bitte Euern Namen und woher Ihr stammt und wohin Ihr wollt. Herr, mein Name ist Sir Tristan von Liones. König Marke von Cornwall schickte mich mit einer Botschaft zu König Anguish von Irland, dessen Tochter zu holen, die er zum Weibe begehrt, und sie ist jetzt bei mir auf dem Weg nach Cornwall, und ihr Name ist Schön Isolde. Sir Tristan, sagte der edle Prinz Sir Galahalt, seid willkommen in diesem Lande, und wenn Ihr mir versprecht, zu Sir Lanzelot zu gehen und Euch ihm anzuschließen, könnt Ihr mit Eurer Dame ziehen, wohin Ihr wollt. Und ich versichere Euch, solange ich lebe, sollen solche üblen Bräuche nie wieder in der Burg geübt werden. Herr, erwiderte Sir Tristan, jetzt kann ich es Euch sagen, ich hatte, bei Gott, geglaubt, als ich Euch zuerst sah, Ihr wäret Sir Lanzelot vom See, und deshalb fürchtete ich Euch um so mehr. Und nun verspreche ich Euch, sobald ich kann, zu

Sir Lanzelot zu gehen und mich ihm anzuschließen, denn von allen Rittern der Welt suche ich seine Gesellschaft am meisten.

 WIE SIR LANZELOT AUF SIR CARADOS STIESS, DER SIR GAWEIN WEGFÜHRTE, UND VON DER RETTUNG SIR GAWEINS.

Kapitel 28

☙ Kurz darauf erhielten beide, Sir Galahalt und Sir Tristan, die Nachricht, daß Sir Carados, der mächtige König, der wie ein Riese gebaut war, mit Sir Gawein gekämpft und ihm solche Streiche versetzt hatte, daß er im Sattel ohnmächtig geworden war; und danach hatte Sir Carados ihn beim Kragen gepackt, aus dem Sattel gerissen und an seinem Sattelbaum festgebunden und war mit ihm zu seiner Burg geritten. Durch Zufall begegnete Sir Carados unterwegs Sir Lanzelot, der Sir Gawein erkannte. Ach, sagte Sir Lanzelot zu Sir Gawein, wie ist es um Euch bestellt? Noch nie stand es so schlimm, antwortete Sir Gawein, wenn Ihr mir nicht helft. Ich weiß bei Gott, keinen Ritter, der mich befreien könnte, außer Euch und Sir Tristan. Über diese Worte Sir Gaweins war Sir Lanzelot sehr traurig, und er forderte Sir Carados auf: Leg diesen Ritter nieder und kämpfe mit mir! Du bist ein Narr, erwiderte Sir Carados, ich werde mit dir auf die gleiche Weise verfahren. Was das angeht, sagte Sir Lanzelot, schone mich nicht, und ich sage dir, ich werde dich auch nicht schonen. Darauf band Sir Carados Sir Gawein an Händen und Füßen und warf ihn auf die Erde. Dann ergriff er seine Lanze und nahm Anlauf. Und so prallten sie zusammen, daß ihre Lanzen ganz zersplitterten. Darauf zogen sie die Schwerter und gingen über eine Stunde lang zu Pferde gegeneinander an. Schließlich versetzte Sir Lanzelot Sir Carados einen solchen Schlag auf den Helm, daß das Schwert in den Schädel drang. Dann packte er Sir Carados und warf ihn unter die Hufe seines Pferdes, stieg ab, öffnete ihm den Helm und schlug ihm den Kopf ab. Darauf befreite er Sir Gawein von seinen Fesseln. Diesen Bericht erhielten Sir Galahalt und Sir Tristan, woraus man entnehmen kann, welch großer Ruhm Sir Lanzelot folgte. Ach, sagte Sir Tristan, wenn ich den Auftrag mit dieser schönen Dame nicht hätte, ich würde nicht ruhen, bis ich Sir Lanzelot fände. Dann fuhren Sir Tristan und Isolde aufs Meer und gelangten nach Cornwall, wo der ganze Hof sie empfing.

VON KÖNIG MARKES VERMÄHLUNG MIT SCHÖN ISOLDE, VON IHRER HOFDAME BRAGWAINE UND VON PALAMIDES. ❧ Wenige Tage später feierten König Marke und die schöne Isolde mit großem Gepränge Hochzeit. Aber immer liebten Sir Tristan und Isolde einander. Es fanden große Turniere und Kampfspiele statt; und viele Herren und Damen waren anwesend, und von allen wurde Sir Tristan am meisten gepriesen. Und so dauerte das Fest lange. Kurze Zeit nach dem Fest beschlossen zwei Frauen vom Gefolge der Königin Isolde aus Haß und Neid, Lady Bragwaine, die erste Hofdame Schön Isoldes, umzubringen. Sie wurde in den Wald geschickt, um Kräuter zu holen, und dort wurde sie gefaßt und mit Händen und Füßen an einen Baum gebunden. Durch einen glücklichen Zufall fand Sir Palamides drei Tage später Lady Bragwaine, rettete sie vor dem Tode und brachte sie in ein nahegelegenes Kloster, damit sie sich erholen konnte. Als Königin Isolde ihre Hofdame vermißte, war sie über alle Maßen traurig, denn von allen Frauen liebte sie sie am meisten, weil sie aus ihrer Heimat stammte. Eines Tages ging die Königin in den Wald, um ihre Trübsal zu vertreiben, und ließ sich an einer Quelle nieder und klagte sehr. Plötzlich erschien Palamides, der alles mit angehört hatte, und sagte: Lady Isolde, wenn Ihr mir einen Wunsch erfüllt, bringe ich Euch Lady Bragwaine heil und gesund wieder. Die Königin war so froh über dieses Anerbieten, daß sie ohne Zögern zustimmte. Wohlan, hohe Frau, sagte Palamides, ich vertraue Euerm Wort, und wenn Ihr eine halbe Stunde hier wartet, bringe ich sie Euch. Ich werde warten, erwiderte Isolde. Sir Palamides ritt zu dem Kloster und kehrte binnen kurzem mit Lady Bragwaine zurück, aber freiwillig wäre sie nicht mitgekommen, weil ihr Leben in Gefahr war wegen ihrer Liebe zur Königin. Trotzdem ging sie halb gegen ihren Willen mit Sir Palamides. Als die Königin sie erblickte, war sie sehr froh. Und nun, Frau Königin, sagte Sir Palamides, denkt an Euer Versprechen, ich habe das meinige gehalten. Sir Palamides, antwortete die Königin, ich weiß nicht, was Ihr begehrt, aber bedenkt, wenn ich auch ohne Einschränkung zugesagt habe, dachte ich doch an nichts Böses, und ich weise Euch darauf hin, daß ich nichts Böses tun werde. Hohe Frau, erwiderte Sir Palamides, Ihr sollt mein Begehren jetzt nicht erfahren, aber vor Euerm Herrn Gemahl werde ich Euch meinen Wunsch sagen, den zu erfüllen Ihr versprochen habt. Darauf entfernte sich die Königin und ritt heim zum König, und Sir Palamides folgte ihr. Und als Sir Palamides vor den König trat, sagte er: Herr König, ich verlange von Euch, so wahr Ihr ein gerechter König seid, daß Ihr mir Recht zuteil werden laßt. Bringt Eure Sache vor, erwiderte der König, und ihr sollt Recht bekommen.

 WIE PALAMIDES DIE KÖNIGIN ISOLDE BEGEHRTE, UND WIE LAMBEGUS IHR NACHRITT, UM SIE ZU RETTEN, UND WIE ISOLDE ENTKAM. ❧ Herr König, sagte Palamides, ich hatte Eurer Königin versprochen, ihr Lady Bragwaine, die ver-

Kapitel 30

schwunden war, unter der Bedingung zurückzubringen, daß
sie mir einen Wunsch erfüllt, und ohne Einwand und Zögern
versprach sie das. Was sagt Ihr dazu, meine Gemahlin? fragte
der König. Es ist so, Gott helfe mir, antwortete die Königin.
Um die Wahrheit zu sagen, ich gab ihm das Versprechen aus
Freude, Lady Bragwaine wiederzusehen. Nun, Frau, sagte der
König, wenn es auch voreilig von Euch war, ihm zu gewähren,
was immer er erbitten würde, will ich doch, daß Ihr Euer Versprechen haltet. Dann, sagte Palamides, möchte ich Eure Königin haben und sie mit mir nehmen, wohin es mir gefällt. Da
erstarrte der König und dachte an Sir Tristan und hoffte, er
würde sie retten. Und der König sagte schnell: So nehmt sie
samt den Gefahren, die Euch daraus erwachsen werden, denn
ich glaube nicht, daß Ihr lange Freude an ihr haben werdet.
Die Gefahren, erwiderte Palamides, kann ich getrost abwarten.
Da nahm Sir Palamides Isolde bei der Hand und sagte: Frau
Königin, grollt nicht, mit mir zu gehen, denn ich halte mich
nur an Euer eigenes Versprechen. Ich habe keine große Angst,
mit dir zu gehen, erwiderte die Königin. Obwohl du durch
mein Versprechen einen Vorteil über mich hast, zweifle ich
doch nicht, daß ich ehrenvoll von dir befreit werde. Das mag
sein oder auch nicht, antwortete Sir Palamides. Dann setzte er
die Königin hinter sich aufs Pferd und ritt davon. Sogleich
schickte der König nach Sir Tristan, konnte ihn aber nirgendwo finden, denn er war im Wald auf der Jagd, wie es immer
seine Gewohnheit war, wenn er sich nicht im Waffengebrauch
übte. Wehe, sagte der König, jetzt ist meine Ehre für immer geschändet, da mit meiner Zustimmung meine Königin und Gemahlin entführt wurde. In diesem Augenblick trat ein Ritter
Sir Tristans namens Lambegus vor und sprach: Mein König,
da Ihr Euch auf meinen Herrn Sir Tristan verlassen habt, will
ich an seiner Statt Eurer Königin nachreiten und sie befreien
oder aber geschlagen werden. Ich danke Euch, Sir Lambegus,
antwortete der König, das will ich Euch lohnen. Daraufhin
rüstete sich Sir Lambegus und ritt Sir Palamides nach, so

schnell er konnte, und nach einer Weile holte er ihn ein. Sir Palamides setzte die Königin ab und fragte: Wer bist du, bist du Tristan? Nein, war die Antwort, ich bin sein Gefolgsmann Sir Lambegus. Das bedauere ich, erwiderte Sir Palamides, mir wäre es lieber, du wärst Sir Tristan. Das glaube ich gern, sagte Lambegus, aber wenn du mit Sir Tristan zusammentriffst, wird es dir schlecht ergehen. Dann stürzten sie gegeneinander und zerbrachen ihre Lanzen und zogen die Schwerter und hieben einander auf Helm und Harnisch. Schließlich schlug Sir Palamides Sir Lambegus eine solche Wunde, daß er wie tot zu Boden fiel. Dann blickte Palamides sich nach der schönen Isolde um, doch er fand sie nicht mehr, und darüber war Sir Palamides über alle Maßen traurig. Die Königin aber lief in den Wald, wo sie eine Quelle fand, in der sie sich zu ertränken gedachte. Doch wie es das gute Geschick wollte, kam ein Ritter namens Sir Adtherp vorbei, dem in der Nähe eine Burg gehörte. Als er die Königin in dieser Not fand, rettete er sie und brachte sie auf seine Burg. Nachdem er erfahren hatte, wer sie war, wappnete er sich, nahm sein Pferd und sagte, er wolle an Sir Palamides Rache nehmen. Schließlich fand er ihn, doch Sir Palamides verwundete ihn schwer und zwang ihn zu gestehen, warum er mit ihm gekämpft und wie er die Königin zu seiner Burg gebracht hatte. Führe mich sogleich dorthin, sagte Palamides, oder du sollst von meiner Hand sterben. Herr, antwortete Sir Adtherp, ich bin schwer verwundet und kann Euch nicht begleiten; aber wenn Ihr diesen Weg entlangreitet, kommt Ihr zu meiner Burg, und dort ist die Königin. Da ritt Sir Palamides zu der Burg. Schön Isolde aber sah ihn von einem Fenster aus nahen und ließ die Tore fest verschließen. Und als er merkte, daß er nicht in die Burg hineingelangen konnte, nahm er seinem Pferd Zaum und Sattel ab und ließ es grasen, und er setzte sich am Tor nieder wie ein Mann, der von Sinnen ist.

WIE SIR TRISTAN PALAMIDES VER-
FOLGTE, IHN EINHOLTE UND MIT
IHM KÄMPFTE, UND WIE DURCH
ISOLDES VERMITTLUNG DER KAMPF
AUFHÖRTE. 🙐 Als Sir Tristan von der Jagd
zurückkehrte und erfuhr, daß Schön Isolde
mit Sir Palamides weggegangen war, wurde er
maßlos zornig. Wehe, sagte er, dieser Tag bringt mir Schande.
Dann rief er nach Gouvernail: Beeile dich, daß ich in meine
Rüstung und aufs Pferd komme, denn Lambegus hat nicht die
Kraft, es mit Sir Palamides aufzunehmen. Ach, daß ich nicht an
seiner Stelle war! So schnell sie konnten, ritten Sir Tristan und
Gouvernail in den Wald, und nach einer Weile fanden sie Lambegus fast zu Tode verwundet. Sir Tristan brachte ihn zu einem
Waldhüter und trug ihm auf, ihn gut zu pflegen. Dann ritt er
weiter und fand Sir Adtherp schwer verletzt, und dieser erzählte
ihm, wie sich die Königin ertränkt hätte, wenn er nicht gewesen
wäre, und wie er um ihretwillen mit Sir Palamides gekämpft
hatte. Wo ist meine Herrin? fragte Sir Tristan. Herr, antwortete
der Ritter, sie ist in Sicherheit in meiner Burg und kann sich
dort halten. Vielen Dank, sagte Sir Tristan, für deine große
Güte. Und so ritt er zu der Burg und sah dort Sir Palamides
schlafend am Tor sitzen und sein Pferd dicht neben ihm grasen.
Geh du zu ihm, Gouvernail, sagte Sir Tristan, und heiße ihn aufwachen und sich bereitmachen. Gouvernail ritt zu ihm hin und
sprach: Sir Palamides, steht auf und wappnet Euch. Aber
dieser war so tief in Gedanken versunken, daß er nicht vernahm, was Gouvernail sagte. So kam Gouvernail zurück und
berichtete Sir Tristan, er schliefe oder sei von Sinnen. Gehe
wieder hin, befahl Sir Tristan, heiße ihn aufstehen und sage
ihm, daß ich, sein Todfeind, hier bin. Daraufhin ritt Gouvernail
wieder zu ihm und stieß ihn mit dem Lanzenschaft an: Sir
Palamides, wappnet Euch, Sir Tristan ist hier und läßt Euch
sagen, er sei Euer Todfeind. Sogleich erhob sich Sir Palamides,
ohne ein Wort zu sprechen, sattelte und zäumte sein Pferd

und sprang behend hinauf. Dann legten beide ihre Lanzen ein und sprengten gegeneinander, und Tristan stieß Palamides über den Schweif seines Pferdes zu Boden. Rasch nahm Palamides seinen Schild vor und zog sein Schwert, und es begann ein heftiger Kampf. Beide fochten aus Liebe zu derselben Dame, und diese sah ihnen vom Wall aus zu, wie sie maßlos wüteten, und beide waren schwer verwundet, Palamides aber schwerer. So kämpften sie länger als zwei Stunden, daß Schön Isolde vor Schmerz und Kummer fast ohnmächtig wurde. Ach, sagte sie, den einen liebte ich und liebe ihn noch, den anderen liebe ich nicht, und doch wäre es ein Jammer, wenn Sir Palamides erschlagen würde. Denn ich weiß wohl, wenn der Kampf zu Ende geht, ist Sir Palamides ein toter Mann; und da er nicht getauft ist, täte es mir leid, wenn er als Sarazene stürbe. Da ging Isolde hinunter und bat Sir Tristan, den Kampf abzubrechen. Oh, Frau Königin, entgegnete er, was soll das, wollt Ihr Schande über mich bringen? Ihr wißt, daß ich Euch gehorche. Ich will Eure Ehre nicht schmälern, antwortete Isolde, aber ich möchte, daß Ihr um meinetwillen diesen unglücklichen Sarazenen schont. Frau Königin, sagte Sir Tristan, um Euretwillen werde ich diesmal zu kämpfen aufhören. Da sagte sie zu Sir Palamides: Das soll dein Richtspruch sein, daß du dich von diesem Land fernhältst, solange ich darin weile. Ich will Euerm Gebot gehorchen, antwortete Sir Palamides, obwohl es sehr gegen meinen Willen ist. Dann mach dich auf den Weg zum Hof des Königs Artus und grüße die Königin Ginevra von mir und überbringe ihr meine Botschaft, daß es in diesem Lande nur vier Liebende gibt, nämlich Sir Lanzelot vom See und Königin Ginevra und Sir Tristan von Liones und Königin Isolde.

 **Kap. 32** WIE SIR TRISTAN DIE KÖNIGIN ISOLDE HEIMBRACHTE UND VON DEM STREIT ZWISCHEN KÖNIG MARKE UND SIR TRISTAN. ❧ So zog Sir Palamides in tiefem Kummer davon. Sir Tristan aber nahm

die Königin und brachte sie zu König Marke zurück. Am Hofe herrschte große Freude über ihre Heimkehr. Und keiner wurde so gefeiert wie Sir Tristan. Dann ließ Tristan seinen Ritter Sir Lambegus aus dem Haus des Wildhüters holen, und es dauerte lange, bis seine Wunden heilten, aber schließlich genas er wieder. So lebten sie lange Zeit in Freuden bei Spiel und Unterhaltung. Aber immer lag Sir Andret, ein Vetter Tristans, auf der Lauer und beobachtete Sir Tristan und Schön Isolde, um sie zu ertappen und zu verraten. Eines Tages sah Sir Andret, wie Tristan und Isolde an einem Fenster miteinander plauderten, und berichtete es dem König. Da ergriff König Marke ein Schwert, lief zu Sir Tristan und nannte ihn einen heimtückischen Verräter und wollte ihn erschlagen. Aber Tristan stand zu nahe bei ihm, unterlief sein Schwert und entwand es seiner Hand. Da schrie der König: Wo sind meine Ritter und meine Mannen? Ich gebiete euch, erschlagt diesen Verräter. Aber nicht einer rührte sich auf diesen Befehl hin von der Stelle. Als Sir Tristan sah, daß sich keiner gegen ihn wandte, schwang er das Schwert gegen den König und tat, als wolle er ihn erschlagen. Da floh König Marke, und Tristan folgte ihm und schlug ihn fünf- oder sechsmal mit der flachen Klinge auf den Nacken, daß der König auf die Nase fiel. Danach ging Sir Tristan seines Weges, wappnete sich, nahm seinen Bediensteten mit und ritt in den Wald. Eines Tages begegneten ihm zwei Brüder, Ritter König Markes, und er schlug dem einen den Kopf ab und verwundete den anderen lebensgefährlich und trug ihm auf, den Kopf seines Bruders im Helm zum König zu tragen. Als jener Ritter an den Hof kam, um seine Botschaft zu bestellen, starb er vor dem König und der Königin an seinen Verletzungen. Außerdem verwundete Tristan dreißig andere Ritter. Daraufhin berief König Marke seine Ratgeber zu sich und bat um die Meinung seiner Barone, was am besten mit Sir Tristan zu tun sei. Herr König, sagten die Barone und besonders Sir Dinas, der Seneschall, wir raten

Euch, laßt Sir Tristan zurückholen, denn Ihr müßt bedenken, daß viele Leute zu Sir Tristan halten werden, wenn es schlimm um ihn steht. Denkt auch daran, fuhr Sir Dinas fort, Sir Tristan gilt unter allen christlichen Rittern als unvergleichlich, und an Stärke und Kühnheit kennen wir keinen so guten Ritter, es sei denn Sir Lanzelot vom See. Wenn er Euch verläßt und an den Hof des Königs Artus geht, wird er dort so viele Freunde finden, daß er Euern Zorn mißachtet. Deshalb raten wir Euch, ihn in Gnaden wieder aufzunehmen. Also gut, erwiderte der König, dann laßt ihn holen, wir wollen ihn in Freundschaft empfangen. So wurde Sir Tristan unter sicherem Geleit zurückgebracht. Der König hieß ihn willkommen, und es gab keine Untersuchung, sondern Spiel und Lustbarkeit. Dann gingen der König und die Königin mit Sir Tristan zur Jagd.

 **WIE SIR LAMORAK MIT DREISSIG RITTERN KÄMPFTE, UND WIE SIR TRISTAN AUF KÖNIG MARKES VERLANGEN LAMORAKS PFERD NIEDERWARF.** *Kap. 33* An einem Fluß im Wald schlugen sie ihre Zelte auf, und täglich fanden Jagden und Turnierspiele statt, denn immer waren dreißig Ritter bereit, mit allen zu kämpfen, die herbeikamen. Durch Zufall verschlug es auch Sir Lamorak von Wales und Sir Driant dahin, und Sir Driant hielt sich recht wacker, aber schließlich kam er zu Fall. Dann forderte Sir Lamorak zum Kampf heraus. Und von den dreißig Rittern war keiner, den er nicht zu Boden warf, und einige kamen arg zu Schaden. Wer mag wohl dieser Ritter sein, fragte König Marke, der solche Waffentaten vollbringt? Herr, antwortete Sir Tristan, ich kenne ihn gut, er ist ein sehr edler Ritter und heißt Sir Lamorak von Wales. Es wäre eine Schande, sagte der König, wenn er wieder fortginge, ohne daß ihm einige von euch besser begegneten. Herr, entgegnete Sir Tristan, mich dünkt, es wäre nicht ehrenhaft für einen Edelmann, jetzt mit ihm zu kämpfen, denn er hat schon mehr gelei-

stet, als für einen Ritter gut ist. Deshalb wäre es schändlich und bösartig, ihn nochmals herauszufordern, weil sowohl er als auch sein Pferd müde sind. Die Waffentaten, die er heute vollbracht hat, wären Sir Lanzelots vom See würdig. Ich ersuche Euch dennoch, sagte König Marke, wenn Ihr mich und meine Königin liebt, Euch zu wappnen und mit Sir Lamorak zu tjosten. Herr, erwiderte Sir Tristan, Ihr heißt mich etwas tun, was gegen die Ritterehre verstößt. Ich kann mir gut vorstellen, daß ich ihn bezwinge, denn das wäre kein Kunststück, da mein Pferd und ich frisch sind. Aber er wird es als grobe Unfreundlichkeit auffassen, denn jeder gute Ritter setzt einen anderen nur ungern in Nachteil; aber um Euch nicht zu mißfallen, will ich tun, was Ihr verlangt, und Euerm Befehl gehorchen. So wappnete sich Sir Tristan, stieg in den Sattel und ritt auf den Turnierplatz. Sir Lamorak sprengte wuchtig gegen ihn an, doch von der Gewalt seiner eigenen und von Sir Tristans Lanze ging Sir Lamoraks Pferd zu Boden, während er noch im Sattel saß. So schnell er konnte, machte er sich von Sattel und Pferd frei, nahm den Schild vor und zog das Schwert und forderte Tristan auf: Steig ab, Ritter, wenn du es wagst. Nein, erwiderte Tristan, ich will nicht weiter mit dir kämpfen, ich habe dir schon mehr als genug angetan, zu meiner Schmach und deiner Ehre. Dafür weiß ich dir keinen Dank, sagte Sir Lamorak. Da du mich zu Pferde bezwungen hast, fordere ich dich heraus, wenn du Sir Tristan bist, mit mir zu Fuß zu kämpfen. Das will ich nicht, antwortete Tristan. Es ist wahr, mein Name ist Sir Tristan von Liones, und ich weiß wohl, du bist Sir Lamorak von Wales. Was ich dir angetan habe, geschah gegen meinen Willen, es wurde mir befohlen; aber deine Herausforderung zum Kampf nehme ich jetzt nicht an, ich schäme mich darüber, wie ich an dir gehandelt habe. Was deine oder meine Schande angeht, antwortete Sir Lamorak, so trage sie, wenn du willst. Wenn mich auch der Sohn einer Stute im Stich gelassen hat, der Sohn einer Königin wird vor dir nicht weichen. Wenn du ein solcher Ritter bist, wie die Leute sagen, fordere ich dich auf, steig ab und stelle dich mir zum Kampf. Sir Lamorak, sprach Sir Tristan, ich weiß, dein Herz ist groß und edel und, um die Wahrheit zu sagen, mit gutem Grund; aber es würde mich sehr kränken, wenn sich ein Ritter frisch halten und dann einen ermüdeten Ritter niederstrecken wollte; denn der Ritter und auch das Pferd sind noch nicht geboren, die immer standhalten und ausdauern. Deshalb will ich nicht mit dir kämpfen, mich reut schon, was ich getan habe. Ich werde es dir heimzahlen, antwortete Sir Lamorak, wenn meine Zeit kommt.

WIE SIR LAMORAK AUS BOSHEIT GEGEN SIR TRISTAN EIN HORN AN KÖNIG MARKE SCHICKTE, UND WIE SIR TRISTAN IN EINE KAPELLE GETRIEBEN WURDE. ❧ So ritten Sir Lamorak und Sir Driant von dannen, und unterwegs trafen sie auf einen Ritter, den Morgan le Fay mit einem schönen, goldverzierten Horn zu König Artus gesandt hatte. Dieses Horn besaß die Eigenschaft, daß keine Dame oder Edelfrau, die ihrem Gatten nicht treu war, daraus trinken konnte, sondern den ganzen Trank verschüttete. War sie aber treu, konnte sie ruhig und sicher daraus trinken. Morgan le Fay hatte es König Artus geschickt, um Königin Ginevra und Sir Lanzelot zu verderben. Mit Gewalt zwang Sir Lamorak den Ritter, den ganzen Sachverhalt zu berichten, und er sprach zu ihm: Jetzt bringe dieses Horn zu König Marke, oder du mußt sterben. Ich sage dir ganz offen, es geht darum, Sir Tristan zu schaden. Teile König Marke mit, ich schicke ihm das Horn, damit er prüft, ob ihm seine Gemahlin treu ist. Der Ritter suchte König Marke auf und übergab ihm das reichverzierte Horn und sagte, Sir Lamorak habe es ihm geschickt, und dann berichtete er ihm

In der Bildmarke: Kap. 34

von den Eigenschaften des Horns. Darauf ließ König Marke Isolde und hundert andere Damen daraus trinken, und von allen waren nur vier, die nichts dabei verschütteten. Wehe, rief König Marke, das ist ein großer Frevel! Und er schwur einen heiligen Eid, daß Isolde und die anderen Damen verbrannt werden sollten. Doch da taten sich die Barone zusammen und sagten frei heraus, sie wollten diese Damen nicht verbrennen lassen wegen eines verzauberten Horns, das von einer der heimtückischsten Zauberinnen und Hexen käme. Das Horn brächte nie Gutes, sondern nur Streit und Hader, und die Zauberin wäre schon immer ein Feind aller wahren Liebenden gewesen. Und viele Ritter schwuren, wenn sie Morgan le Fay träfen, kurzen Prozeß mit ihr zu machen. Auch Sir Tristan war sehr zornig darüber, daß Sir Lamorak das Horn zu König Marke gesandt hatte, denn er wußte wohl, die Prüfung war gegen ihn gerichtet gewesen; und er beschloß, sich an Sir Lamorak zu rächen. Damals pflegte Sir Tristan bei Tag und Nacht zu Königin Isolde zu gehen, wann immer er konnte, doch stets beobachtete ihn sein Vetter Sir Andret, um ihn mit Schön Isolde zu ertappen. Eines Abends erkundete Sir Andret Zeit und Stunde, wann Sir Tristan zu seiner Geliebten ging. Da nahm er sich zwölf Ritter und drang um Mitternacht heimlich und plötzlich in das Gemach und fand Sir Tristan nackt im Bett mit Schön Isolde, und er band ihn an Händen und Füßen fest und ließ ihn so bis zum Tagesanbruch liegen. Dann wurde Sir Tristan auf Beschluß König Markes und Sir Andrets und einiger Barone gefesselt von vierzig Rittern zu einer Kapelle geführt, die hoch auf einer Klippe am Meer stand, um dort sein Urteil zu empfangen. Als Sir Tristan sah, daß es keinen Ausweg gab und er sterben mußte, sagte er: Edle Herren, denkt daran, was ich für das Land Cornwall getan und in welche Gefahr ich mich für euer aller Wohl begeben habe. Als ich mit dem wackeren Ritter Sir Marhaus wegen des Tributs kämpfte und ihr alle nicht kämpfen wolltet, wurde mir ein besserer Lohn versprochen. Deshalb, wenn ihr gute und edle Ritter seid, laßt mich nicht so schändlich sterben, denn das wäre eine Schmach für die ganze Ritterschaft. Ich darf von mir sagen, daß ich nie einem Ritter begegnet bin, dem ich nicht ebenbürtig oder überlegen war. Pfui über dich, antwortete Sir Andret, du bist ein Verräter und ein Großmaul, trotz deiner Prahlerei sollst du heute sterben. O Andret, Andret, sagte Sir Tristan, du bist mein Verwandter, und bist doch voller Feindschaft gegen mich; aber wenn wir zwei allein hier wären, könntest du mich nicht töten. Nein, erwiderte Sir Andret, und damit zog er das Schwert und wollte ihn erschlagen. Als Sir Tristan seine Absicht bemerkte, blickte er auf seine Hände, die an zwei Rittern festgebunden waren, und plötzlich riß er sie beide an sich, sprengte seine Fesseln, stürzte sich auf seinen Vetter und entwand ihm das Schwert. Dann schlug er Sir Andret nieder und focht, bis er zehn Ritter getötet hatte. So erreichte er die Kapelle und behauptete sie mit gewaltiger Kraft. Da erhob sich ein großes Geschrei, und mehr als hundert Leute zogen gegen Sir Tristan blank. Als er das sah, erinnerte er sich, daß er nackt war, und er sperrte das Tor der Kapelle fest zu, brach das Gitter eines Fensters heraus und sprang hinaus und fiel auf die Klippen im Meer. Und dahin konnten weder Sir Andret noch seine Leute gelangen.

WIE SIR TRISTAN VON SEINEN MANNEN UNTERSTÜTZT WURDE, WIE KÖNIGIN ISOLDE IN EIN AUSSÄTZIGENHAUS GEBRACHT WURDE, UND WIE TRISTAN VERWUNDET WURDE. ❧ Nachdem sich alle entfernt hatten, suchten Gouvernail, Sir Lambegus und Sir Sentraille von Lushon ihren Herrn. Als sie erfuhren, daß er entkommen war, freuten sie sich sehr. Auf den Klip-

Kap. 35

pen fanden sie ihn und zogen ihn mit Tüchern hoch. Dann fragte Sir Tristan, wo Schön Isolde wäre, denn er glaubte, Sir Andrets Leute hätten sie beiseite geschafft. Herr, sagte Gouvernail, sie ist in ein Aussätzigenhaus gebracht worden. Wehe, rief Sir Tristan, das ist ein schlimmer Platz für eine so schöne Dame, und wenn ich Abhilfe schaffen kann, wird sie nicht lange dort bleiben. Dann nahm er seine Mannen und holte Schön Isolde heraus und brachte sie in ein prächtiges Schloß in einem Wald und blieb bei ihr. Und der wackere Ritter schickte alle seine Mannen weg: Denn ich kann jetzt nichts für euch tun. So verließen ihn alle außer Gouvernail. Eines Tages ging Sir Tristan in den Wald, um sich zu erquicken, und dort überkam ihn der Schlaf. Da fand ihn ein Mann, dessen Bruder Sir Tristan früher erschlagen hatte, und schoß ihm einen Pfeil durch die Schulter, und Sir Tristan sprang auf und tötete den Mann. Mittlerweile war die Kunde zu König Marke gedrungen, daß sich Sir Tristan und Schön Isolde in dem Schloß aufhielten, und so schnell er konnte, eilte er mit vielen Rittern hin, um Tristan zu erschlagen. Aber als er ankam, war Sir Tristan fort; da nahm er Schön Isolde mit sich heim und schloß sie streng ein, damit sie keinerlei Nachricht von Tristan erhalten noch ihm welche zukommen lassen konnte. Als Sir Tristan zum Schloß zurückkam, entdeckte er die Spuren von vielen Pferden, und da wußte er, daß seine Herrin fort war. Da fiel Tristan in tiefe Trauer, und er litt lange Zeit große Schmerzen, denn der Pfeil, der ihn getroffen hatte, war vergiftet gewesen. Schließlich gelang es Isolde, eine Dame zu verständigen, die mit Lady Bragwaine verwandt war, und sie fand den Weg zu Sir Tristan und sagte ihm, er könne so auf keinen Fall genesen. Denn Schön Isolde kann Euch nicht helfen, deshalb bittet sie Euch, in aller Eile zu König Howel in die Bretagne zu fahren. Dort werdet Ihr seine Tochter Isolde la Blanche Mains finden, und sie wird Euch helfen. Da nahmen Sir Tristan und Gouvernail ein Schiff und segelten nach der Bretagne. Und König Howel freute sich sehr über Tristans Ankunft.

Herr, sagte Sir Tristan, ich komme in dieses Land, um die Hilfe Eurer Tochter zu erlangen, denn es ist mir gesagt worden, daß niemand mich heilen kann als sie. Und nach kurzer Zeit heilte sie ihn.

WIE SIR TRISTAN KÖNIG HOWEL VON DER BRETAGNE IN EINEM KRIEG BEISTAND UND SEINE GEGNER ERSCHLUG.

Kap. 36

In der Bretagne lebte damals ein Graf namens Grip, der führte einen großen Krieg gegen König Howel, in dem er die Oberhand gewann und ihn belagerte. Einmal unternahm Sir Kehydius, der Sohn König Howels, einen Ausfall und wurde lebensgefährlich verwundet. Da ging Gouvernail zum König und sagte: Herr König, ich rate Euch, meinen Herrn Sir Tristan aufzufordern, Euch in Eurer Not zu helfen. Ich will Euern Rat befolgen, antwortete der König. Und so ging er zu Sir Tristan und bat ihn um Unterstützung in seinem Krieg: Denn mein Sohn Kehydius kann nicht ins Feld ziehen. Herr, erwiderte Tristan, ich will ins Feld ziehen und tun, was ich kann. So machte Sir Tristan mit einem Gefolge, wie er es gerade finden konnte, einen Ausfall aus der Stadt und vollbrachte solche Waffentaten, daß die ganze Bretagne von ihm sprach. Mehr als hundert Ritter tötete er an diesem Tag, und schließlich erschlug er dank seiner großen Kraft und Stärke eigenhändig den Grafen Grip. Danach wurde Sir Tristan in feierlichem Zuge ehrenvoll empfangen, und König Howel schloß ihn in seine Arme und sagte: Sir Tristan, ich übergebe dir mein ganzes Königreich. Gott behüte, antwortete Sir Tristan, denn ich bin um Eurer Tochter willen verpflichtet, für Euch einzutreten. In der darauffolgenden Zeit wuchs durch die großen Bemühungen von König Howel und von Kehydius und durch reiche Geschenke eine tiefe Liebe zwischen Isolde und Sir Tristan, denn das Fräulein war ebenso gut wie schön und von edlem Blut und Namen. Über der guten Aufnahme und den reichen Gaben und all den anderen Freuden hatte Sir Tristan Schön Isolde beinahe vergessen. So kam es, daß er nach einiger Zeit einwilligte, Isolde la Blanche Mains zu heiraten. Schließlich wurden sie vermählt und hielten feierlich Hochzeit. Und als sie beide im Bett waren, erinnerte sich Sir Tristan an seine alte Herrin Schön Isolde. Der Gedanke überfiel ihn so plötzlich, daß er ganz niedergeschlagen und zu keiner anderen Zärtlichkeit mehr fähig war, als seine Gemahlin in die Arme zu nehmen und zu küssen. An andere Fleischeslust dachte er nicht und genoß auch keine mit ihr, wie das französische Buch erwähnt, in dem es auch heißt, die Dame hätte geglaubt, es gäbe keine anderen Freuden als Küssen und Umarmen. In der Zwischenzeit kam ein Ritter aus der Bretagne namens Suppinabiles über das Meer nach England und an den Hof von König Artus, und dort traf er Sir Lanzelot vom See und erzählte ihm von der Vermählung Sir Tristans. Da sagte Sir Lanzelot: Schande über ihn, den treulosen Ritter, der so edel ist und doch seine erste Herrin, die schöne Isolde von Cornwall, verraten hat; aber sagt ihm, daß ich ihn von allen Rittern der Welt am meisten geliebt und das meiste Wohlgefallen an ihm hatte wegen seiner edlen Taten. Tut ihm kund, daß die Freundschaft zwischen ihm und mir für alle Zeiten vorbei ist und daß er von diesem Tage an vor mir als seinem Todfeind ständig auf der Hut sein soll.

Kap. 37

WIE SIR SUPPLINABILES SIR TRISTAN BERICHTETE, WIE ER AM HOF DES KÖNIGS ARTUS VERLEUMDET WURDE, UND VON SIR LAMORAK.

Danach reiste Sir Suppinabiles wieder in die Bretagne zurück, fand dort Sir Tristan und erzählte ihm, er sei am Hof des Königs Artus gewesen. Habt Ihr etwas über mich gehört? fragte Sir Tristan. Gott steh mir bei, antwortete Sir Suppinabiles, ich hörte Sir Lanzelot viel Schmachvolles von Euch sprechen, und daß Ihr untreu wäret gegen Eure Herrin, und er bat mich, Euch kundzutun, daß er Euer Todfeind sei, wo immer er Euch begegne. Das bedauere ich sehr, sagte Sir Tristan, denn von allen Rittern war mir seine Freundschaft am teuersten. Und Sir Tristan klagte sehr und schämte sich, daß edle Ritter ihn um einer Dame willen verachteten. Unterdessen schrieb Schön Isolde einen Brief an Königin Ginevra, in dem sie sich über die Treulosigkeit Sir Tristans beklagte, weil er die Tochter des Königs der Bretagne geheiratet hätte. Ginevra sandte ihr einen Brief zurück und tröstete sie, auf ihren Kummer würde Freude folgen. Sir Tristan sei als ein höchst edler Ritter bekannt, und Frauen könnten so edle Männer durch Zaubermittel dazu bringen, sie zu heiraten. Am Ende wird es so sein, schrieb Ginevra, daß er Isolde la Blanche Mains haßt und Euch mehr liebt als je zuvor. Während all das geschah, segelte Sir Lamorak von Wales an der Küste entlang, und sein Schiff lief auf ein Felsenriff auf. Alle Insassen ertranken außer Sir Lamorak, der kräftig schwamm, bis ihn die Fischer von der Insel Servage retteten, obwohl sie große Mühe hatten, ihn am Leben zu erhalten, trotz aller Pflege, die sie ihm angedeihen ließen. Der Herr der Insel hieß Sir Nabon der Schwarze und war ein mächtiger Riese. Dieser Sir Nabon haßte alle Ritter des Königs Artus und wollte ihnen keinerlei Gefallen erweisen. Die Fischer erzählten Sir Lamorak von der Feindseligkeit Sir Nabons: Niemals sei ein Ritter des Königs Artus hergekommen, den er nicht umgebracht habe. Im letzten Kampf, den er ausfocht, wurde Sir Nanowne der Kleine bezwungen und König Artus zum Trotz auf schändliche Weise getötet und ihm Glied für Glied ausgerissen. Der Tod dieses Ritters geht mir nahe, sagte Sir Lamorak, denn er war mit mir verwandt, und wenn ich wohlauf und bei Kräften wäre wie sonst, würde ich seinen Tod rächen. Sachte, sagten die Fischer, macht hier keine großen Worte, denn bevor Ihr wieder abreist, muß Sir Nabon, der Schwarze erfahren, daß Ihr hier seid, sonst müßten wir um

Euretwillen sterben. Wenn ich von der Krankheit, die ich mir beim Schiffbruch zugezogen habe, geheilt bin, sagte Sir Lamorak, sollt ihr ihm mitteilen, daß ich einer der Ritter des Königs Artus bin, denn ich habe noch nie aus Furcht meinen edlen Herrn verleugnet.

 WIE SIR TRISTAN UND SEIN WEIB IN WALES ANKAMEN, UND WIE ER DORT MIT SIR LAMORAK ZUSAMMENTRAF. ✿ Unterdessen bestieg Sir Tristan eines Tages eine kleine Barke, um mit seiner Frau Isolde la Blanche Mains und ihrem Bruder Sir Kehydius eine Spazierfahrt vor der Küste zu unternehmen. Als sie auf See waren, trieb sie ein Sturm auf Wales zu, und an den Klippen der Insel Servage, auf der Sir Lamorak weilte, zerschellte die Barke, und Isolde wurde verletzt. Sie waren am Ende ihrer Kräfte, als sie in einen Wald gelangten. Dort sahen sie an einer Quelle Sir Segwarides und ein Fräulein. Sie grüßten einander, und Segwarides sagte: Herr, ich erkenne in Euch Sir Tristan von Liones, den Mann, den ich in der ganzen Welt am meisten Grund zu hassen habe, denn Ihr habt die Liebe zwischen mir und meinem Weib zerstört. Dennoch werde ich niemals einen edlen Ritter wegen einer leichtsinnigen Frau hassen; deshalb bitte ich Euch, seid mein Freund, und ich will nach meinen Kräften der Eure sein; denn Ihr müßt wissen, Ihr seid in diesem Tal in großer Gefahr, und wir werden genug zu tun haben, uns gegenseitig zu helfen. Sir Segwarides führte Sir Tristan danach zu einer Dame in der Nähe, die in Cornwall geboren war, und sie berichtete ihm von all den Gefahren des Tales und davon, daß nie ein Ritter hinkam, der nicht gefangengenommen oder erschlagen worden wäre. Vernehmt, schöne Dame, sagte Sir Tristan, ich habe Sir Marhaus erschlagen und Cornwall von dem irischen Tribut befreit, und ich habe den König von Irland vor Sir Blamore von Ganis gerettet, und ich habe

Sir Palamides bezwungen. Ich bin Sir Tristan von Liones, und mit Gottes Hilfe werde ich diese geplagte Insel befreien. So war Sir Tristan guten Mutes. Dann meldete ein Fischer, ein Ritter des Königs Artus sei auf den Klippen gestrandet und befinde sich auf der Insel. Wie heißt er? fragte Sir Tristan. Wir wissen es nicht, antworteten die Fischer, aber er macht kein Geheimnis daraus, daß er ein Ritter des Königs Artus ist, und den gewaltigen Herrn dieser Insel fürchtet er nicht. Ich bitte euch, sagte Sir Tristan, bringt mich zu ihm, wenn ihr könnt; ich möchte ihn sehen, und wenn er vom Hof des Königs Artus ist, werde ich ihn kennen. Da bat die Dame die Fischer, ihn zu dem Ort zu geleiten. Am nächsten Morgen brachten sie ihn als Fischer verkleidet hin, und als Sir Tristan den Ritter erblickte, erkannte er ihn sofort und lächelte ihm zu, aber der Ritter erkannte ihn nicht. Edler Herr, sagte Sir Tristan, Euerm Aussehen nach seid Ihr in letzter Zeit krank gewesen, ich glaube, ich kenne Euch von früher. Das mag sein, erwiderte Sir Lamorak, daß Ihr mich schon gesehen habt und mir begegnet seid. Edler Herr, fuhr Sir Tristan fort, sagt mir Euern Namen. Unter der Bedingung will ich ihn Euch nennen, antwortete Sir Lamorak, daß Ihr mir sagt, ob Ihr der Herr dieser Insel, Nabon der Schwarze, seid oder nicht. Wahrlich, antwortete Sir Tristan, der bin ich nicht und bin auch keiner von seinen Leuten; ich bin sein Feind so gut wie Ihr, und das wird sich erweisen, bevor ich diese Insel verlasse. Da Ihr so offen zu mir gesprochen habt, entgegnete Lamorak, mein Name ist Sir Lamorak von Wales, Sohn des Königs Pelinore. Das ist wahr, sagte Sir Tristan, und wenn Ihr etwas anderes gesagt hättet, wüßte ich es besser. Wer seid Ihr, fragte Sir Lamorak, daß Ihr mich kennt? Ich bin Sir Tristan von Liones. Ah, Herr, erinnert Ihr Euch nicht, wie Ihr mich einmal zu Fall gebracht und Euch dann geweigert habt, zu Fuß mit mir zu kämpfen? Das geschah nicht aus Furcht vor Euch, antwortete Sir Tristan, vielmehr schämte ich mich damals, Euch noch mehr zuzusetzen, denn mir schien, Ihr hattet genug.

Für mein Entgegenkommen aber, Sir Lamorak, habt Ihr über viele Damen Schande gebracht, als Ihr das Horn von Morgan le Fay an König Marke schicktet, was Ihr tatet, um mir zu schaden. Wenn ich es noch einmal tun könnte, sagte Lamorak, täte ich es wieder; es ist mir lieber, Streit und Hader finden sich bei König Marke ein als bei Artus, denn die Ehre beider Höfe steht nicht auf gleicher Stufe. Das weiß ich wohl, sagte Sir Tristan, doch Ihr habt es getan, um mir einen bösen Streich zu spielen. Aber all Eure Bosheit hat, Gott sei Dank, keinen großen Schaden angerichtet. Vergessen wir deshalb beide unseren Streit und sehen wir zu, wie wir gemeinsam im Kampf gegen den Riesen Sir Nabon den Schwarzen, den Herrn dieser Insel, Ruhm gewinnen und ihn vernichten können. Herr, antwortete Sir Lamorak, jetzt erkenne ich Eure Ritterlichkeit. Es stimmt, was die Leute sagen, an Großmut, Adel und Kühnheit seid Ihr ohnegleichen unter allen Rittern; und ich bin Eurer Höflichkeit und Sanftmut mit Boshaftigkeit begegnet, und das tut mir jetzt leid.

 WIE SIR TRISTAN MIT SIR NABON KÄMPFTE UND IHN BEZWANG UND SIR SEGWARIDES ZUM HERRN DER INSEL MACHTE. 🕭 Mittlerweile kam Botschaft, Sir Nabon hätte ausrufen lassen, alle Bewohner der Insel sollten sich in fünf Tagen auf seiner Burg einfinden. An diesem Tage wollte er seinen Sohn zum Ritter schlagen, und alle Ritter aus jenem Tal und der Umgebung wurden zum Turnier eingeladen, und die aus dem Gebiet von Logris sollten gegen die von Nordwales kämpfen. So erschienen fünfhundert Ritter, und die aus jenem Tal brachten Sir Lamorak, Sir Tristan, Sir Kehydius und Sir Segwarides mit, denn sie durften nicht anders handeln. Auf Sir Lamoraks Wunsch lieh ihm Sir Nabon Pferd und Rüstung, und Sir Lamorak ritt zum Turnier und vollbrachte solche Waffentaten, daß Nabon und alle anderen sagten, sie hätten noch nie einen Ritter so kämpfen sehen, denn er bezwang die meisten der

fünfhundert Ritter, und keiner konnte ihm im Sattel standhalten. Danach forderte ihn Sir Nabon zum Kampfspiel heraus. Ich mache gern ein Kampfspiel mit Euch, sagte Sir
Lamorak, aber ich bin müde und arg mitgenommen. Und da
griffen sie beide zur Lanze, aber Nabon zielte nicht auf
Lamorak, sondern stach seinem Pferd gegen die Stirn und
tötete es dabei. Nun war Sir Lamorak zu Fuß. Er hob den
Schild und zog das Schwert, und es begann ein harter Zweikampf. Doch war Sir Lamorak so überanstrengt und außer
Atem, daß er beim Fechten etwas zurückwich. Guter Freund,
sagte Sir Nabon, halte ein, und ich will dir größeres Entgegenkommen zeigen als jedem anderen Ritter, denn ich habe dich
heute als trefflichen Kämpen kennengelernt. Gehe deshalb
zur Seite und laß uns sehen, ob einer deiner Gefährten mit
mir kämpfen will. Als Sir Tristan das hörte, trat er vor und
sagte: Sir Nabon, gebt mir ein Pferd und eine gute Rüstung,
und ich will mich Euch stellen. Gut, Freund, erwiderte Sir
Nabon, geh zu jenem Zelt und wappne dich mit dem Besten,
was du dort findest, und ich will ein wunderbares Spiel mit
dir spielen. Da sagte Sir Tristan: Seht zu, daß Ihr gut spielt,
sonst könnte ich Euch vielleicht ein neues Spiel lehren. Gut
gesagt, Freund, antwortete Sir Nabon. Und als sich Sir
Tristan gewappnet hatte, so gut er konnte, und mit Schild
und Schwert wohl versehen war, ging er zu Fuß gegen ihn
vor; denn er hatte wohl bemerkt, daß Sir Nabon einem Stoß
mit der Lanze nicht standhalten würde und deshalb immer
das Pferd seines Gegners tötete. Jetzt, guter Freund, sagte Sir
Nabon, wollen wir spielen. Und so fochten sie lange zu Fuß
und sprangen vor und zurück und hieben und stachen ohne
Pause. Schließlich bat ihn Sir Nabon, ihm seinen Namen zu
nennen. Ich sage Euch, mein Name ist Sir Tristan von Liones,
ich bin ein Ritter aus Cornwall im Dienste des Königs Marke.
Du bist willkommen, erwiderte Sir Nabon, ich habe mir schon
immer gewünscht, einmal mit dir oder mir Sir Lanzelot zu
kämpfen. Und so fochten sie erbittert weiter, und Sir Tristan

382

erschlug Sir Nabon und lief augenblicks auf seinen Sohn zu und schlug ihm den Kopf ab. Da sagten alle Leute, sie wollten Sir Tristan untertan sein. Nein, erwiderte Sir Tristan, das will ich nicht; doch hier ist ein ruhmvoller Ritter, Sir Lamorak von Wales, der soll statt meiner Herr dieses Landes sein, denn er hat hier große Waffentaten vollbracht. Nein, antwortete Sir Lamorak, ich möchte nicht Herr dieses Landes werden, ich habe das nicht so verdient wie Ihr, also gebt es, wem Ihr wollt, ich will es nicht haben. Nun gut, sagte Sir Tristan, da wir dieses Land beide nicht haben wollen, geben wir es einem, der es nicht so verdient hat. Macht damit, was Ihr wollt, warf Segwarides ein, es gehört Euch, und ich wollte es nicht haben, auch wenn ich es verdient hätte. Schließlich erhielt es Segwarides doch, und er dankte ihnen dafür. So wurde er Herrscher und regierte ruhmvoll. Er ließ alle Gefangenen frei, setzte einen guten Statthalter ein und kehrte dann nach Cornwall zurück. Dort erzählte er König Marke und Schön Isolde, wie Sir Tristan ihn zum Herrn der Insel Servage gemacht hatte, und er verkündete alle Abenteuer der beiden Ritter in ganz Cornwall. Aber Schön Isolde war sehr weh ums Herz, als sie ihn sagen hörte, daß Sir Tristan mit Isolde la Blanche Mains vermählt war.

WIE SIR LAMORAK SICH VON SIR TRISTAN TRENNTE, UND WIE ER SIR FROL UND DANACH SIR LANZELOT TRAF.

Kap. 40

Sir Tristan und sein Weib und Sir Kehydius bestiegen danach ein Schiff und segelten nach der Bretagne, wo sie von König Howel freudig begrüßt wurden. Als er von diesen Abenteuern hörte, staunte er sehr über Sir Tristans edle Taten. Sir Lamorak aber machte sich, nachdem er sich von Sir Tristan verabschiedet hatte, auf den Weg zum Hof des Königs Artus. Als er aus dem Wald herausritt, stieß er auf eine Einsiedelei. Der Einsiedler kam heraus und fragte ihn, woher er komme. Aus diesem Tal, antwortete Sir Lamorak. Herr, sagte der Einsiedler, das wundert mich, denn in den letzten zwanzig Jahren ist nie ein Ritter in dieses Land gekommen, der nicht entweder erschlagen oder schlimm verwundet oder schimpflich gefangen wurde. Diese üblen Bräuche sind vorbei, erwiderte Sir Lamorak, denn Sir Tristan hat euern Herrn Sir Nabon und seinen Sohn erschlagen. Da war der Einsiedler froh, und alle seine Brüder waren es auch, und er sagte, es hätte unter Christenmenschen nie einen solchen Tyrannen gegeben. Deshalb wollen wir in diesem Tal Sir Tristan untertan sein. Am nächsten Morgen ritt Sir Lamorak weiter und sah, wie vier Ritter gegen einen kämpften, der sich zwar gut wehrte, aber schließlich doch niedergeworfen wurde. Da ritt Sir Lamorak zwischen sie und fragte, warum sie den einen erschlagen wollten, und er fügte hinzu, es sei eine Schande, vier gegen einen. Ihr müßt wissen, sagten die vier, er ist ein Verräter. Das sagt ihr, erwiderte Sir Lamorak; wenn er auch so spricht, will ich euch glauben. Dann fuhr er fort: Nun, Ritter, könnt Ihr Euch rechtfertigen? Herr, antwortete er, ich kann mich mit meinem Wort und mit meinen Fäusten rechtfertigen, und das will ich an dem Besten von ihnen im Zweikampf beweisen. Da riefen sie alle zusammen: Wir wollen unser Leben nicht wegen dir in Gefahr bringen! Du aber sollst wissen, sagten sie zu Lamorak, auch wenn König Artus selber hier wäre, stünde es nicht in seiner Macht, das Leben dieses Verräters zu retten. Das ist zuviel behauptet, entgegnete Sir Lamorak, aber viele reden hinter dem Rücken eines Mannes mehr, als sie ihm ins Gesicht sagen. Vernehmt deshalb, daß ich einer der Geringsten am Hof des Königs Artus bin. Zum Ruhme meines Herrn, wehrt euch jetzt, so gut ihr könnt, und euch zum Trotz will ich ihn befreien. Dann schlugen sie alle gemeinsam auf Sir Lamorak ein, aber mit zwei Streichen hatte er sogleich zwei von ihnen erschlagen, und die beiden anderen flohen. Darauf wandte sich Sir Lamorak an den Ritter und fragte ihn nach seinem Namen. Herr, antwortete er, mein Name ist Sir Frol von den Fernen Inseln. Und dann ritt er mit Sir Lamorak und leistete ihm Gesellschaft. Nach einer Weile sahen sie einen stattlichen Ritter ganz in Weiß auf sich zukommen. Ah, sagte Frol, dieser Ritter hat vor kurzem mit mir gekämpft und mich niedergeworfen, deshalb will ich es jetzt wieder mit ihm aufnehmen. Tut das nicht, erwiderte Sir Lamorak, laßt Euch raten und erzählt mir den Grund eures Streites und ob Ihr auf sein Verlangen kämpftet oder auf Eures. Wir kämpften auf mein Verlangen, antwortete Sir Frol. Dann rate ich Euch, sagte Lamorak, laßt ab von ihm, denn seinem Aussehen nach muß er ein edler Ritter sein und nicht bloß ein Abenteurer, und ich glaube, er gehört zur Tafelrunde. Deshalb will ich ihn nicht schonen, versetzte Sir Frol. Und dann rief er: Ritter, mach dich fertig zum Kampf! Das ist nicht nötig, entgegnete der weiße Ritter, denn ich habe keine Lust, mit dir zu kämpfen. Aber dennoch legten sie die Lanzen ein, und der weiße Ritter warf Sir Frol zu Boden und ritt darauf gemächlich seines Weges. Da folgte ihm Sir Lamorak und bat ihn, seinen Namen zu nennen: Denn mir scheint, Ihr seid ein Mitglied der Tafelrunde. Unter einer Bedingung will ich Euch meinen Namen nennen, antwortete er, daß Ihr nämlich meinen Namen geheimhaltet und daß Ihr mir Euern Namen sagt. Mein Name ist Sir Lamorak von Wales. Und mein Name ist Sir Lanzelot vom See. Da steckten sie ihre Schwerter in die Scheide und umarmten einander und freuten sich sehr. Herr, sagte Sir Lamorak, wenn es Euch recht ist, will ich Euch dienen. Gott behüte, erwiderte Lanzelot, daß ein Mann aus so edlem Blut wie Ihr dienen sollte. Und er fuhr fort: Überdies bin ich auf einem Abenteuer, das ich allein bestehen muß. Viel Glück dabei, sagte Sir Lamorak. So trennten sie sich. Sir Lamorak kehrte zu Sir Frol zurück und half ihm wieder aufs Pferd. Wer war das? fragte Sir Frol. Herr, antwortete Lamorak, das geht Euch nichts an, und ich habe nicht den Auftrag, es Euch mitzuteilen. Ihr seid recht unhöflich, sagte Sir Frol, und darum will ich Euch verlassen. Macht, was Ihr wollt, erwiderte Sir Lamorak. Und damit gingen sie auseinander.

WIE SIR LAMORAK SIR FROL ERSCHLUG UND VON DEM RITTERLICHEN KAMPF MIT SIR BELLIANCE, DESSEN BRUDER. ❧ Nach zwei oder drei Tagen fand Sir Lamorak einen Ritter, der an einer Quelle schlief, und seine Dame saß bei ihm und hielt Wache. Plötzlich tauchte Sir Gawein auf, ergriff die Dame und setzte sie hinter seinen Knappen aufs Pferd. Da ritt Sir Lamorak hinter Sir Gawein her und rief: Sir Gawein, macht kehrt! Und Sir Gawein antwortete: Was wollt Ihr von mir? Ich bin der Neffe des Königs Artus. Herr, sagte Lamorak, aus diesem Grunde will ich Euch schonen, sonst sollte diese Dame bei mir bleiben, oder Ihr müßtet mit mir kämpfen. Da wendete Sir Gawein sein Pferd und rannte mit der Lanze gegen den Ritter an, dem die Dame gehörte, aber dieser warf mit seiner bloßen Kraft Sir Gawein nieder und nahm seine Dame wieder an sich. Das alles sah Sir Lamorak und sagte sich: Wenn ich Sir Gawein nicht räche, wird er mir am Hofe des Königs Artus Übles nachreden. Und so forderte Sir Lamorak den Ritter zum Kampf auf. Herr, antwortete der, ich bin bereit. Mit voller Wucht prallten sie gegeneinander, und Sir Lamorak stieß den Ritter durch den Leib, daß er tot zur Erde fiel. Da ritt die Dame zu dem Bruder des Ritters, der hieß Belliance der Stolze und wohnte in der Nähe, und sie berichtete ihm, wie sein Bruder erschlagen wurde. Wehe, sagte er, ich werde Rache nehmen. Dann wappnete er sich und stieg aufs Pferd, und schon nach kurzer Zeit holte er Sir Lamorak ein und rief ihm zu: Stelle dich zum Kampf, denn du hast meinen Bruder Sir Frol erschlagen, und der war ein besserer Ritter als du. Das mag sein, erwiderte Sir Lamorak, aber heute war ich der bessere im Kampf. So sprengten sie gegeneinander und warfen sich gegenseitig vom Pferd und hoben die Schilde und zogen die Schwerter und fochten erbittert wie zwei erprobte Ritter zwei volle Stunden lang. Dann fragte Sir Belliance nach dem Namen seines Gegners. Herr, antwortete dieser, mein Name ist Sir Lamorak von Wales. Ah, sagte Sir Belliance, du bist der Mann, den ich auf der Welt am meisten hasse, denn deinetwegen habe ich meine Söhne getötet und dir das Leben gerettet, und nun hast du meinen Bruder erschlagen, wie könnte ich mich da mit dir versöhnen; deshalb wehre dich, denn du sollst sterben, es geht nicht anders. Ach, entgegnete Sir Lamorak, ich hätte Euch erkennen müssen. Ihr seid der Mann, der das meiste für mich getan hat. Und da kniete Sir Lamorak nieder und bat um Gnade. Steh auf, sagte Sir Belliance, sonst muß ich dich erschlagen, während du kniest. So weit braucht es nicht zu kommen, antwortete Sir Lamorak, ich ergebe mich Euch, zwar nicht aus Furcht oder wegen Eurer Stärke, aber Eure Güte verbietet mir, mit Euch zu kämpfen, und so bitte ich Euch, mir um Gottes und der Ehre der Ritterschaft willen alles zu verzeihen, was ich Euch angetan habe. Wehe, sagte Belliance, erhebe dich von den Knien, sonst muß ich dich ohne Gnade töten. Da setzten sie den Kampf fort und verwundeten einander, daß der ganze Kampfplatz voller Blut war. Schließlich zog sich Sir Belliance zurück und setzte sich vorsichtig auf einen kleinen Hügel, denn der Blutverlust hatte ihn so geschwächt, daß er nicht mehr stehen konnte. Da warf Sir Lamorak seinen Schild auf den Rücken und fragte ihn, wie es ihm gehe. Gut, antwortete Sir Belliance. Herr, sprach Sir Lamorak, ich will Euch in Eurer Not schonen. Ach Ritter, sagte Sir Belliance zu Sir Lamorak, du bist ein Narr, denn wenn ich einen solchen Vorteil über dich gehabt hätte, ich hätte dich erschlagen; aber dein Edelmut ist so groß und gut, daß ich dir deine Feindseligkeit vergeben muß. Danach kniete Sir Lamorak nieder und öffnete zuerst ihm und dann sich selber das Visier, und sie küßten einander und weinten. Dann führte Sir Lamorak Sir Belliance zu einem Kloster in der Nähe und wich nicht von seiner Seite, bis er geheilt war. Und sie schwuren, nie wieder gegeneinander zu kämpfen. So nahm Sir Lamorak seinen Abschied und ritt zum Hof des Königs Artus.

Romane, Erzählungen, Prosa

Hans Christian Andersen. Glückspeter
Mit Scherenschnitten von Alfred Thon. it 643

Bettina von Arnim. Bettina von Arnims Armenbuch
Herausgegeben von Werner Vordtriede. it 541
– Dies Buch gehört dem König
Herausgegeben von Ilse Staff. it 666
– Die Günderode
Mit einem Essay von Christa Wolf. it 702

Apuleius. Der goldene Esel
Mit Illustrationen von Max Klinger zu »Amor und Psyche«. Aus dem
Lateinischen von August Rode. Mit einem Nachwort von Wilhelm
Haupt. it 146

Jane Austen. Emma
Aus dem Englischen von Charlotte Gräfin von Klinckowstroem. it 511

Honoré de Balzac. Die Frau von dreißig Jahren
Deutsch von W. Blochwitz. it 460
– Das Mädchen mit den Goldaugen
Aus dem Französischen von Ernst Hardt. Vorwort Hugo von Hof-
mannsthal. Illustrationen Marcus Behmer. it 60

Joseph Bédier. Tristan und Isolde
Roman. Deutsch von Rudolf G. Binding. Mit Holzschnitten von 1484.
it 387

Harriet Beecher-Stowe. Onkel Toms Hütte
In der Bearbeitung einer alten Übersetzung herausgegeben und mit
einem Nachwort versehen von Wieland Herzfelde. Mit 27 Holzschnitten von George Cruikshank aus der englischen Ausgabe von 1852.
it 272

Ambrose Bierce. Aus dem Wörterbuch des Teufels
Auswahl, Übersetzung und Nachwort von Dieter E. Zimmer. it 440
– Mein Lieblingsmord
Erzählungen. Aus dem Amerikanischen von G. Günther. it 39

Die Blümlein des heiligen Franziskus von Assisi
Aus dem Italienischen nach der Ausgabe der Tipografia Metastasio,
Assisi 1901, von Rudolf G. Binding. Mit Initialen von Carl Weidemeyer.
it 48

Romane, Erzählungen, Prosa

Blumenschatten hinter dem Vorhang. Von Ting Yao Kang. Aus dem Chinesischen übertragen und mit einem Nachwort versehen von Franz Kuhn. Mit 18 Holzschnitten. it 744

Giovanni di Boccaccio. Das Dekameron
Hundert Novellen. Ungekürzte Ausgabe. Aus dem Italienischen von Albert Wesselski und mit einer Einleitung versehen von André Jolles. Mit venezianischen Holzschnitten. Zwei Bände. it 7/8

Hermann Bote. Ein kurzweiliges Buch von Till Eulenspiegel aus dem Lande Braunschweig. Wie er sein Leben vollbracht hat. Sechsundneunzig seiner Geschichten.
Herausgegeben, in die Sprache unserer Zeit übertragen und mit Anmerkungen versehen von Siegfried H. Sichtermann. Mit zeitgenössischen Illustrationen. it 336

Clemens Brentano. Gedichte, Erzählungen, Briefe
Herausgegeben von Hans Magnus Enzensberger. it 557

Emily Brontë. Die Sturmhöhe
Aus dem Englischen von Grete Rambach. it 141

Giordano Bruno. Das Aschermittwochsmahl
Übersetzt von Ferdinand Fellmann. Mit einer Einleitung von Hans Blumenberg. it 548

Gottfried August Bürger. Wunderbare Reisen zu Wasser und zu Lande. Feldzüge und lustige Abenteuer des Freiherrn von Münchhausen
Mit Holzschnitten von Gustave Doré. it 207

Hans Carossa. Eine Kindheit. it 295
– Verwandlungen einer Jugend. it 296

Lewis Carroll. Geschichten mit Knoten
Herausgegeben und übersetzt von W. E. Richartz. Mit Illustrationen von Arthur B. Frost. it 302
– Alice im Wunderland
Mit 42 Illustrationen von John Tenniel. Übersetzt und mit einem Nachwort versehen von Christian Enzensberger. it 42
– Alice hinter den Spiegeln
Mit Illustrationen von John Tenniel. Übersetzt von Christian Enzensberger. it 97

Romane, Erzählungen, Prosa

Lewis Carroll. Briefe an kleine Mädchen
Aus dem Englischen übersetzt und herausgegeben von Klaus Reichert. Mit Fotografien des Autors. it 172

Miguel de Cervantes Saavedra. Der scharfsinnige Ritter Don Quixote von der Mancha
Mit einem Essay von Iwan Turgenjew und einem Nachwort von André Jolles. Mit Illustrationen von Gustave Doré. 3 Bände. it 109

Adelbert von Chamisso. Peter Schlemihls wundersame Geschichte
Nachwort von Thomas Mann. Illustriert von Emil Preetorius. it 27

Matthias Claudius. Der Wandsbecker Bote
Mit einem Vorwort von Peter Suhrkamp und einem Nachwort von Hermann Hesse. it 130

James Fenimore Cooper. Die Lederstrumpferzählungen
In der Bearbeitung der Übersetzung von E. Kolb durch Rudolf Drescher. Mit Illustrationen von O. C. Darley. Vollständige Ausgabe.
5 Bände in Kassette.
Der Wildtöter · Der letzte Mohikaner · Der Pfadfinder
Die Ansiedler · Die Prärie. – it 760

Alphonse Daudet. Montagsgeschichten
Aus dem Französischen von Eva Meyer. it 649
– Briefe aus meiner Mühle
Aus dem Französischen von Alice Seiffert. Mit Illustrationen. it 446
– Tartarin von Tarascon. Die wunderbaren Abenteuer des Tartarin von Tarascon. Mit Zeichnungen von Emil Preetorius. it 84

Daniel Defoe. Moll Flanders. Herausgegeben und mit einem Essay versehen von Norbert Kohl. it 707
– Robinson Crusoe. Mit Illustrationen von Ludwig Richter. it 41

Deutsche Künstlernovellen des 19. Jahrhunderts
Herausgegeben von Jochen Schmidt. it 656

Charles Dickens. David Copperfield. Mit Illustrationen von Phiz. it 468
– Große Erwartungen. Aus dem Englischen von Margit Meyer. Mit Illustrationen von F. W. Pailthorpe. it 667
– Der Raritätenladen. Aus dem Englischen von Leo Feld. Mit Illustrationen von Cruikshank u. a. it 716

Romane, Erzählungen, Prosa

Charles Dickens. Oliver Twist
Aus dem Englischen von Reinhard Kilbel. Mit einem Nachwort von
Rudolf Marx und 24 Illustrationen von George Cruikshank. Vollständige
Ausgabe. it 242
– Weihnachtserzählungen
Mit Illustrationen von Cruikshank u. a. it 358

Denis Diderot. Die Nonne
Mit einem Nachwort von Robert Mauzi. Der Text dieser Ausgabe
beruht auf der ersten deutschen Übersetzung von 1797. it 31
– Erzählungen und Gespräche
Aus dem Französischen von Katharina Scheinfuß. it 554

Die drei Reiche. Roman. Aus dem Chinesischen von Franz Kuhn. Mit
24 Holzschnitten. it 585

Fjodor M. Dostojewski. Der Idiot. Aus dem Russischen von Hermann
Röhl. Mit einem Nachwort von Hermann Hesse. it 740
– Schuld und Sühne. Roman in sechs Teilen. Aus dem Russischen
von Hermann Röhl. Illustrationen von Theodor Eberle. it 673
– Der Spieler. Aus den Erinnerungen eines jungen Mannes. Aus dem
Russischen von Hermann Röhl. it 515

Annette von Droste-Hülshoff. Bei uns zulande auf dem Lande. Prosa-
skizzen. Herausgegeben von Otto A. Böhmer. it 697
– Die Judenbuche. Ein Sittengemälde aus dem gebirgichten West-
falen. Mit Illustrationen von Max Unold. it 399

Alexandre Dumas. Der Graf von Monte Christo. Bearbeitung einer
alten Übersetzung von Meinhard Hasenbein. Mit Illustrationen von
Pavel Brom und Dagmar Bromova. Zwei Bände. it 266
– Die Kameliendame. Aus dem Französischen von Walter Hoyer. Mit
Illustrationen von Paul Garvani. it 546

Joseph Freiherr von Eichendorff. Aus dem Leben eines Taugenichts
Mit Illustrationen von Adolf Schrödter und einem Nachwort von Ansgar
Hillach. it 202
– Novellen und Gedichte. Herausgegeben von Hermann Hesse.
it 360

Romane, Erzählungen, Prosa

Eisherz und Edeljaspis
Aus dem Chinesischen von Franz Kuhn. Mit Holzschnitten einer alten chinesischen Ausgabe. Mit einem Nachwort und Anmerkungen von Franz Kuhn. it 123

Paul Ernst. Der Mann mit dem tötenden Blick und andere frühe Erzählungen. Herausgegeben von Wolfgang Promies. it 434

André Ficus/Martin Walser. Heimatlob
Ein Bodenseebuch. it 645

Harry Fielding. Die Geschichte des Tom Jones, eines Findlings
Mit Stichen von William Hogarth. it 504

Gustave Flaubert. Bouvard und Pécuchet
Mit einem Vorwort von Victor Brombert und einem Nachwort von Uwe Japp. Mit Illustrationen von András Karakas. it 373
– Die Versuchung des heiligen Antonius
Aus dem Französischen übersetzt von Barbara und Robert Picht. Mit einem Nachwort von Michel Foucault. it 432
– Lehrjahre des Gefühls
Geschichte eines jungen Mannes, übertragen von Paul Wiegler. Mit einem Essay »zum Verständnis des Werkes« und einer Bibliographie von Erich Köhler. it 276
– Madame Bovary
– Revidierte Übersetzung aus dem Französischen von Arthur Schurig. it 167
– Salammbô
Herausgegeben und mit einem Nachwort versehen von Monika Bosse und André Stoll. Mit Abbildungen. it 342
– Ein schlichtes Herz. it 110
– Drei Erzählungen/Trois Contes
Zweisprachige Ausgabe. Neu übersetzt von Cora von Kleffens und André Stoll. it 571
– November. Aus dem Französischen von Ernst Sander. it 411

Theodor Fontane. Allerlei Glück
Plaudereien, Skizzen, Unvollendetes. Ausgewählt und herausgegeben von Otto Drude. it 641
– Cécile. Roman. Mit einem Nachwort von Walter Müller-Seidel. it 689

Romane, Erzählungen, Prosa

Theodor Fontane. Effi Briest
Mit Lithographien von Max Liebermann. it 138
– Frau Jenny Treibel. Roman. Mit einem Nachwort von Richard
Brinkmann. it 746
– Meine Kinderjahre. Autobiographischer Roman. Mit zahlreichen
Abbildungen und einem Nachwort von Otto Drude. it 705
– Der Stechlin
Mit einem Nachwort von Walter Müller-Seidel. it 152
– Unwiederbringlich
Roman. it 286
– Vor dem Sturm. Roman aus dem Winter 1812 auf 13
Mit einem Nachwort von Hugo Aust. it 583

Georg Forster. Reise um die Welt
Mit einem Nachwort von Gerhard Steiner. it 757

Anatole France. Blaubarts sieben Frauen und andere Erzählungen
Aus dem Französischen von Irmgard Nickel. Mit Illustrationen von Lutz
Siebert. it 510

Johann Wolfgang Goethe. Erfahrung der Geschichte
Historisches Denken und Geschichtsschreibung in einer Auswahl
herausgegeben von Horst Günther. Mit Zeichnungen des Autors.
it 650
– Dichtung und Wahrheit
Mit zeitgenössischen Illustrationen, ausgewählt von Jörn Göres. Drei
Bände in Kassette. it 149/150/151
– Italienische Reise
Mit vierzig Zeichnungen des Autors. Herausgegeben und mit einem
Nachwort von Christoph Michel. Zwei Bände. It 175
– Maximen und Reflexionen
Text der Ausgabe von 1907 mit den Erläuterungen und der Einleitung
Max Heckers. Nachwort von Isabella Kuhn. it 200
– Reise-, Zerstreuungs- und Trostbüchlein
Herausgegeben von Christoph Michel. it 400
– Über die Deutschen
Erweiterte Ausgabe mit Illustrationen, einem Nachwort, Nachweisen
und Register. Herausgegeben von Hans J. Weitz. it 325
– Goethes Letzte Schweizer Reise
Dargestellt von B. Schnyder-Seidel. Mit zeitgenössischen Abbildun-
gen. it 375

Romane, Erzählungen, Prosa

Johann Wolfgang Goethe. Anschauendes Denken
Goethes Schriften zur Naturwissenschaft. In einer Auswahl herausge-
geben von Horst Günther. Mit Zeichnungen des Autors. it 550
– Wilhelm Meisters Lehrjahre
Herausgegeben von Erich Schmidt. Mit sechs Kupferstichen von F. L.
Catel. Sieben Musikbeispiele und Anmerkungen. it 475
– Wilhelm Meisters theatralische Sendung. Mit einem Nachwort von
Wilhelm Voßkamp. it 725
– Wilhelm Meisters Wanderjahre oder Die Entsagenden. Mit einem
Nachwort von Adolf Muschg. it 575
– Novellen
Herausgegeben und mit einem Nachwort versehen von Katharina
Mommsen. Mit Federzeichnungen von Max Liebermann. it 425
– Reineke Fuchs. Mit Stahlstichen von Wilhelm von Kaulbach. it 125
– Das römische Carneval. Mit farbigen Figurinen. Herausgegeben von
Isabella Kuhn. it 750
– Die Wahlverwandtschaften
Mit einem Essay von Walter Benjamin. it 1
– Die Leiden des jungen Werther
Mit einem Essay von Georg Lukács »Die Leiden des jungen Werther«.
Nachwort von Jörn Göres »Zweihundert Jahre Werther«. Mit Illustra-
tionen von David Chodowiecki und anderen. it 25

Goethe – warum? Ein Almanach. Herausgegeben von Katharina
Mommsen. it 759

Gogol. Der Mantel und andere Erzählungen
Aus dem Russischen übersetzt von Ruth Fritze-Hanschmann. Mit
einem Nachwort von Eugen und Frank Häusler. Mit Illustrationen von
András Karakas. it 241
– Die Nacht vor Weihnachten. Mit farbigen Bildern von Monika Wurm-
dobler. it 584

Iwan Gontscharow. Oblomow
Mit Illustrationen von Theodor Eberle. it 472

Franz Grillparzer. Der arme Spielmann. Mit einem Nachwort von
Richard Brinkmann. it 690

Maxim Gorki. Der Landstreicher und andere Erzählungen. Mit einer
Einleitung von Stefan Zweig und Illustrationen von András Karakas.
it 749

Romane, Erzählungen, Prosa

Grimmelshausen. Der abenteuerliche Simplizissimus. Mit Illustrationen von Fritz Kredel. it 739
– Trutz-Simplex oder Ausführliche und wunderseltzame Lebensbeschreibung der Erzbetrügerin und Landstörtzerin Courasche
Mit einem Nachwort von Wolfgang Koeppen. Mit Abbildungen aus dem 17. Jahrhundert. it 211

Manfred Hausmann. Der Hüttenfuchs. Erzählung. Mit farbigen Illustrationen von Rolf Köhler. it 730

Nathaniel Hawthorne. Der scharlachrote Buchstabe
Mit Illustrationen von Renate Sendler-Peters. it 436

Johann Peter Hebel. Kalendergeschichten
Ausgewählt und mit einem Nachwort von Ernst Bloch. Mit neunzehn Holzschnitten von Ludwig Richter. it 17
– Das Schatzkästlein des rheinischen Hausfreundes. Herausgegeben und mit einem Nachwort versehen von Jan Knopf. it 719

Heinrich Heine. Aus den Memoiren des Herren von Schnabelewopski
Mit Illustrationen von Julius Pascin. it 189
– Shakespeares Mädchen und Frauen
Mit Illustrationen der Ausgabe von 1838. Herausgegeben von Volkmar Hansen. it 331

Hermann Hesse. Bäume. Betrachtungen und Gedichte. Mit Fotographien von Imme Techentin. it 455
– Dank an Goethe
Betrachtungen, Rezensionen, Briefe. Mit einem Essay von Reso Karalaschwili. it 129
– Schmetterlinge
Betrachtungen, Erzählungen, Gedichte. Zusammengestellt und mit einem Nachwort versehen von Volker Michels. it 385
– Hermann Lauscher
Mit frühen, teils unveröffentlichten Zeichnungen und einem Nachwort von Gunter Böhmer. it 206
–/Walter Schmögner. Die Stadt
Ein Märchen von Hermann Hesse, ins Bild gebracht von Walter Schmögner. it 236
– Knulp
Mit dem unveröffentlichten Fragment »Knulps Ende« und Steinzeichnungen von Karl Walser. it 394

Romane, Erzählungen, Prosa

Hermann Hesse. Magie der Farben
Aquarelle aus dem Tessin mit Betrachtungen und Gedichten. it 482
– Morgenländische Erzählungen. Herausgegeben von Hermann
Hesse. it 409
– Der Zwerg
Ein Märchen. Mit Illustrationen von Rolf Köhler. it 636

Hölderlin. Hyperion oder Der Eremit in Griechenland
Herausgegeben und mit einem Nachwort versehen von Jochen
Schmidt. it 365

E. T. A. Hoffmann. Der Elementargeist
Mit Illustrationen von Emil Preetorius. it 706
– Die Elixiere des Teufels
Mit Illustrationen von Hugo Steiner-Prag. it 304
– Das Fräulein von Scuderi
Erzählung aus dem Zeitalter Ludwig des Vierzehnten. Mit Illustrationen
von Lutz Siebert. it 410
– Der goldne Topf
Mit Illustrationen von Karl Thylmann. Herausgegeben und mit einem
Nachwort versehen von Jochen Schmitt. it 570
– Lebensansichten des Katers Murr
nebst fragmentarischer Biographie des Kapellmeisters Johannes
Kreisler in zufälligen Makulaturblättern. Mit Illustrationen von Maximi-
lian Liebenwein. it 168
– Nachtstücke
Mit einem Nachwort von Lothar Pikulik und Illustrationen von Renate
Sendler-Peters. it 589
– Prinzessin Brambilla
Ein Capriccio nach Jacques Callot. Mit Illustrationen, einem Nachwort
und Anmerkungen. it 418
– Die Serapions-Brüder
Mit farbigen Illustrationen von Monika Wurmdobler und einem Nach-
wort von Hartmut Steinecke. it 631
– Der Unheimliche Gast
und andere phantastische Erzählungen. Herausgegeben von Ralph-
Rainer Wuthenow. Mit Illustrationen. it 245

Homer. Ilias
Neue Übertragung von Wolfgang Schadewaldt. it 153

Ricarda Huch. Der Dreißigjährige Krieg
Mit Illustrationen von Jacques Callot. it 22/23

Romane, Erzählungen, Prosa

Victor Hugo. Notre-Dame von Paris
Aus dem Französischen von Else von Schorn. Mit zeitgenössischen
Illustrationen. it 298

Karl Lebrecht Immermann. Münchhausen. Eine Geschichte in Ara-
besken. Mit einem Nachwort von Hans-Joachim Piechotta. it 747

Washington Irving. Diedrich Knickerbockers humoristische Geschichte der Stadt New York. Mit Illustrationen von Rudolf Preschel. it 592

Jens Peter Jacobsen. Niels Lyhne
Mit Illustrationen von Heinrich Vogeler. Nachwort von Fritz Paul. Aus
dem Dänischen von Anke Mann. it 44
– Die Pest in Bergamo
und andere Novellen. Aus dem Dänischen von Mathilde Mann. Mit
Illustrationen von Heinrich Vogeler. it 265

W. Jan. Batu Khan. it 462
– Dschingis Khan. it 461
– Zum letzten Meer. it 463

Jean Paul. Der ewige Frühling
Ausgewählt von Carl Seelig. Mit Zeichnungen von Karl Walser und mit
einem Vorwort von Hermann Hesse. it 262
– Des Luftschiffers Giannozzo Seebuch und Über die natürliche
Magie der Einbildungskraft. Mit Illustrationen von Emil Preetorius und
Aufsätzen zu Jean Pauls Werk von Ralph-Rainer Wuthenow. it 144
– Titan. Mit einem Nachwort von Ralph-Rainer Wuthenow. it 671

Marie Luise Kaschnitz. Beschreibung eines Dorfes
Mit Photographien von Michael Grünwald. it 665
– Eisbären
Erzählungen. it 4

Gottfried Keller. Der grüne Heinrich
Erste Fassung. Mit Zeichnungen Gottfried Kellers und seiner Freunde.
Zwei Bände. it 335
– Romeo und Julia auf dem Dorfe
Mit einem Nachwort von Klaus Jeziorkowski. it 756
– Züricher Novellen
Mit einem Nachwort von Werner Weber. it 201